現代マルクス経済学

長島誠一 著

桜井書店

はしがき

　大学の前期課程でマルクス『資本論』を読んだときには，歴史過程や現状分析についての叙述は興味深く理解もしやすかったが，冒頭の商品論とくに価値形態論は難解であった。後期課程そして大学院に進み，ゼミで本格的に読み直しまた専門的に討論することによって次第に理解度も深まっていったが，それとともに通説的な『資本論』解釈にも疑問を感じるようになった。教壇に立つようになってから40年近くになるが，恐慌論や経済原論関係の講義をしてきた。論理的に話すということは，自分なりの見解が一貫していなければできないことであり，よく講義のテープをとって聴きなおしながら論理的一貫性がつくように再考してみた。それでも「世代間のギャップ」もあって，ナイーブな学生たちに『資本論』の全体系まで話し終えるのには苦労してきた。それは『資本論』そのものが完成稿でないせいでもあり（第2・3巻），また訳が噛み砕いた日本語になっていないせいでもあり，さらにマルクス自身の「論理的難点」の場合もあったが，なによりも私自身の思考力不足のせいだった。しかし完全にマルクスそしてエンゲルスが理解できたとしても，19世紀後半の資本主義と現代資本主義そして現代日本との間にあるギャップを埋めないかぎり，学生諸君が簡単には納得してくれないのは当然であった。

　こうした悪戦苦闘を年々繰り返してきたので，現代資本主義分析の基礎となるような経済学の教科書を作ってみた（『経済学原論』1996年）。最初に社会科学の方法論を紹介し（Ⅰ部），現代資本主義とのギャップを埋めるべく資本主義の段階的発展過程を説明してみた（Ⅱ部）。そして，経済の動態過程（再生産・蓄積と景気循環）を説明した後に，『資本論』のエッセンスを叙述してみた（「下降の経済学」，Ⅲ部）。それでも，商品・貨幣・資本の一般的概念の説明の前に動態論を展開するには，いわば概念の「先取り」をしなければならず，学生たちにはいちいち断っておかなければならなかった。やっと「国民所得と諸階級」まで終わると，残された講義回数はあまり残っていない。それでも現代資本主義の世界的展開過程と理論的問題のいくつかは扱ったが（Ⅳ部），と

うてい現代資本主議論としては不充分であり，「現代資本主義分析の基礎」となるような一般理論の展開（形態変化論，変容論）にはなっていなかった。

10年以上前の前著のこのような欠陥を克服すべく，『資本論』の一般理論を踏まえながら現代資本主義にまで展開した体系を構想してみた。いわば『資本論』の上向を二段階しようとする試みである。第一は，『資本論』からマルクスの経済学批判プランへの上向であり，第二には，一般理論の独占資本主義そして現代資本主義（国家独占資本主義）への段階的上向である。こうした執筆プランを前著からお世話になっている桜井香さんに見てもらったら，『資本論』の現代化は個々の領域ではやられてきたが，体系だてて試みたものは皆無に近い。また，共同執筆とすると問題意識が多様化しかえって一貫性に欠けがちであるとアドヴァイスしてくれ，何年後かの定年退職のときでも原稿はよいとまで言ってくれた。誠にありがたく，それに励まされて執筆作業に取り組んでみた。最初のプランは，マルクスのプランの後半体系にまで展開するようになっていた。現代資本主義は，私見によれば，国内体制は仕組みとしてはそれほど変化していないが，世界体制は1970年代を境にして大きく変化してきたから，現代資本主義論とするためには後半体系の完成が必要不可欠となってくる。しかし，後半体系は前半体系とは質的な次元の相違があることに気がつき，従来の世界経済論や国際経済論とマルクスの構想とは必ずしも同じでないように考えるようになった。私の勉強不足と能力的限界，そして新学期の講義に生かしたいという配慮から，後半体系の現代化はさしあたり断念せざるをえなかった。それこそ定年退職後に世に問うことができることに望みをかけることにしたい。

本書は序章と24章から構成されているが，各章に共通する視点を説明しておこう。『資本論』の「二段階上向」であるから，各章の多くにおいて，①資本主義一般の基礎理論を紹介・検討した後で，②その一般理論が独占資本主義においてどう変容したか，③そして現代資本主義における発現様式を明らかにしようとした（もちろん，①だけに終わっている章もあれば，②を飛び越えて③にいっている章もあり，いきなり③からはじめている章もある）。①については，流通過程の循環や回転や価値維持・価値喪失，利子生み資本，資本制地代の創世記，競争の仮象，資本蓄積の一般的法則や歴史的法則などでは，マルクスの見解の引用や要約を重視した。しかし全体的には『資本論』の解説は極力

避けて，私なりの思考を一貫させようとした。したがって，通説的な『資本論』解釈とは違っているし，マルクス自身の論理的難点と思われたところは批判的に叙述することに結果的になっている。さらに，マルクスの商業論・信用論・株式会社論の延長線上で具体化しているヒルファディング『金融資本論』の成果を積極的に商業・信用・株式会社・擬制資本の章に導入してみた。現代の世界的な投機活動の本質を理解するためにもヒルファディングから学ぶべきであろう。土地所有については，私的所有は現存しているが，土地所有者階級は消滅しているとした。また，環境問題や農業問題と土地所有とを関連づけようとした。賃労働については現代の労働疎外や労働過程の現状分析を重視した。資本の動態過程については，再生産論，蓄積モデル，景気循環論としてまとめてみた。②と③については，貨幣についてははじめから不換銀行券として考察し，現代の価値尺度機能を相対価格調整機構の変質として考察している。独占資本主義における流通費や商業の縮小傾向と増大傾向の両方を析出し，生産価格が独占価格と非独占価格に分裂し，賃金も分断化し，投資行動も独占と非独占で異なる。支配的資本は産業資本から金融資本に変化し，金融資本は現代においても企業集団や利益集団としていぜんとして支配的である。金融資本は土地所有者階級と連合することによって国家権力を掌握する（金融寡頭制の支配）。戦後日本では政・官・財複合体として再現してきた。国家の分析は，現代資本主義において国家が経済過程の組織化に乗りだしていることからも，必要不可欠である。現実資本（実体経済）面での資本蓄積と貨幣・信用との全体的・総合的運動機構が景気循環にほならないが，それが独占資本主義そして現代資本主義においてどのように変容しているかを考察した。景気循環の変容や恐慌の形態変化は，現代資本主義がどのように均衡を達成しようとしているのか否なのかという問題に密接に関連するし，そうした視角から価値尺度や相対価格調整機構を明らかにすべきことを主張した。利潤率の長期的傾向については蓄積モデルを設定して数値解析して検討し，利潤率の歴史的な波動と資本主義の段階的発展とを結びつけるべきだと提起した。マルクスが論定した資本蓄積の一般的法則・歴史的法則については，その現代における妥当性や発現形態を重視した。

　本書の構成はつぎのようになるが，必ずしも『資本論』の編別構成とは同じ

ではない。『資本論』の現代化が目標だから，現代資本主義をたえず念頭においておかなければならない。そのために冒頭の序章において，経済力の集中化・競争の形態変化・不換銀行券制度を俯瞰した。第1～3章で，資本制商品経済の基礎的範疇である商品・貨幣・資本を説明するが，現代においても市場経済化・「資本の文明化作用」としてますます純化・深化している基礎的範疇である。第4章ではシステムとしての資本制経済を総体的に把握しようとしているが，現代の国家の役割を考えればますます必要となっている。資本の生産過程（第5章），流通過程が第6・7章で分析されている。第8章からは『資本論』第3巻の編別構成にほぼ対応している。すなわち，剰余価値の利潤への転化（第8章），利潤の平均利潤への転化と独占利潤への転化（第9章），剰余価値の分配と近代的な商業・銀行・土地所有の成立（第10・11・14章），と展開されている。国民所得論（第16章），競争の仮象と「三位一体」範式（第17章）として『資本論』と同じように総括的に締めくくった。さらに，信用論の展開としての株式会社論（第12章）と擬制資本論（第13章），賃労働（第15章）の具体化が試みられている。第18～20章は資本制経済の動態過程とその現代における変容が考察され，第21章では現代貨幣論としてインフレーションと価値尺度機能が相対価格調整機構として分析される。第22・23章は資本制商品経済の長期的傾向が，利潤率の長期動向と資本蓄積の一般的・歴史的法則として検討される。第24章で「ブルジョア社会の総括者」としての国家の本質とその現代的機能が考察される。

　以上本書は，『資本論』を現代資本主義の理論的・実践的分析に真に生かすために「二段階上向」を試みたものである。執筆していく過程で，多くの先生たちや先輩たちから受けた示唆やアドヴァイスや私見が生々しく記憶の中に蘇ってきた。こうした人たちの学恩に感謝しなければならないと同時に，自分なりに「学問的借り」を少しでも返せたのではないかとホットしている。最後になってしまったが，出版を励ましてくれた桜井書店・桜井香さんにあらためてお礼申し上げます。

2008年3月5日　冬の琵琶湖と雪山を眺望しながら

長島誠一

目　　次

はしがき　3

序　章　国家独占資本主義 …………………………15
0.1　自由競争の独占への転化 ……………………15
0.1.1　集中の実態　15
0.1.2　参入障壁　26
0.2　金本位制から不換銀行券制度への変質 ……27
0.3　国家の組織化（政策体系）…………………29
0.4　マルクスの経済学批判プランと現代 ………31
0.4.1　国民経済と世界経済の歴史　31
0.4.2　マルクスの経済学批判プラン　32

第1章　商品経済 ……………………………………36
1.1　商品経済の必然性 ……………………………36
1.2　商品の二要因 …………………………………38
1.2.1　使用価値の体系　39
1.2.2　価値の体系　40
1.3　労働の二重性 …………………………………41
1.4　労働過程と価値形成過程 ……………………43
補論　価値の計算例 ………………………………45

第2章　貨幣経済 ……………………………………47
2.1　金本位制度の停止 ……………………………47
2.2　信用貨幣の機能 ………………………………49
2.2.1　価値尺度　49
2.2.2　流通手段と支払手段　51
2.2.3　蓄蔵手段（預金と金に二重化）　53
2.2.4　国際通貨　53
2.3　貨幣数量説批判 ………………………………54

第3章 資　　本 …… 56

3.1 資本の定義：価値増殖する運動体 …… 56
3.2 価値増殖過程（剰余価値のマクロ的規定） …… 57
3.3 労働力商品の特殊性と剰余価値生産 …… 59
3.4 不変資本と可変資本 …… 60
3.5 剰余価値増大の方法 …… 61

第4章 システムとしての資本制商品経済 …… 63

4.1 資本主義システム …… 64
    4.1.1 「資本＝賃労働」関係の再生産　64
    4.1.2 階級闘争（労使関係）　66
    4.1.3 資本循環と国家　67
    4.1.4 資本循環とイデオロギー　68
4.2 人格の物象化と物象の人格化 …… 69

第5章 資本の生産過程 …… 72

5.1 現代の生産様式 …… 72
    5.1.1 戦後の科学＝産業革命　72
    5.1.2 資本制生産様式の変化　75
    5.1.3 産業構造の変化（サービス化・情報化・金融化）　76
5.2 現代の労働過程 …… 79
5.3 現代の労働関係 …… 82
    5.3.1 管理—被管理のピラミッド体系　82
    5.3.2 現代の管理システム　82
5.4 現代の生産関係 …… 84

第6章 資本の流通過程 …… 86

6.1 マルクスの分析 …… 86
    6.1.1 資本の循環　86
    6.1.2 流通費用　90
    6.1.3 資本の回転—商業・信用論の基礎　92
6.2 生産資本の遊休化と価値喪失 …… 97
6.3 生産的労働論 …… 100

6.4　流通費用の増大傾向と節約傾向—独占資本の製品差別化競争と情報通信革命 …………101

第7章　再生産論 …………103
7.1　マルクスの再生産表式の基本性格（二部門分割） …………103
7.2　三部門表式 …………105
7.3　成長論への組み換え …………106
7.4　市場価格表示の再生産表式 …………108
7.5　軍需産業と再生産 …………109

第8章　剰余価値の利潤への転化 …………111
8.1　資本の物神化作用 …………112
8.2　剰余価値の利潤への転化 …………114

第9章　生産価格と独占価格 …………117
9.1　自由競争の独占への転化 …………117
　9.1.1　競争と独占　117
　9.1.2　競争の形態変化—独占的競争　119
9.2　生産価格論 …………120
　9.2.1　転化論争　120
　9.2.2　価値と生産価格　122
9.3　独占価格論 …………124
　9.3.1　ヒルファディングの独占価格規定　124
　9.3.2　白杉庄一郎の独占価格論　126
9.4　参入阻止価格論 …………128
9.5　独占価格・非独占価格体系 …………131
9.6　総価値からの総価格の乖離傾向 …………135
補論　生産価格と独占価格の例解 …………136

第10章　商業（商業資本） …………140
10.1　商業資本の自立化と再生産 …………140
10.2　商品取引（所） …………142
10.3　独占と商業 …………145

10.4　商業部門の歴史的動向 …………………………………………151
第11章　信用（銀行資本）……………………………………………153
  11.1　再生産と信用機構 ……………………………………………153
  11.2　銀行資本の自立化と再生産 …………………………………155
  11.3　信用創造―銀行の本質 ………………………………………158
  11.4　銀行利得 ………………………………………………………160
  11.5　金融資本 ………………………………………………………164
  11.6　金本位制の形骸化 ……………………………………………165
  11.7　中央銀行券制度と不換銀行券の性格 ………………………169
第12章　株式会社 ………………………………………………………172
  12.1　所有と機能の分離（マルクス）………………………………172
  12.2　株式会社 ………………………………………………………173
  12.3　法人資本主義論（現代の所有と支配）………………………179
    12.3.1　マルクスとヒルファディング　179
    12.3.2　バーリー＝ミーンズの経営者革命論　180
    12.3.3　会社による所有と支配の統一　180
第13章　擬制資本 ………………………………………………………182
  13.1　利子生み資本（マルクス）……………………………………182
  13.2　擬制資本と投機 ………………………………………………185
  13.3　取引所と銀行 …………………………………………………189
第14章　土地所有と地代 ………………………………………………192
  14.1　土地所有 ………………………………………………………192
    14.1.1　物質代謝過程と農業・環境問題　192
    14.1.2　封建制地代から資本制地代へ　195
    14.1.3　土地所有形態　199
  14.2　差額地代 ………………………………………………………201
  14.3　絶対地代 ………………………………………………………203
  14.4　土地の商品化 …………………………………………………204
  14.5　農業人口比率の急減とアグリビジネス ……………………206

第15章　賃労働 …………………………………………………………211

15.1　現代の労働力再生産機構 ……………………………………212

15.2　労働市場の分断化 ………………………………………………215

15.3　現代の労働疎外と労働者の闘争 ……………………………216

15.4　現代の過剰人口 …………………………………………………219

　15.4.1　マルクスの本源的蓄積論　219
　15.4.2　産業予備軍　223
　15.4.3　過剰人口　225

第16章　国民所得と諸階級 ……………………………………234

16.1　生産価格法則と剰余価値の分配 ……………………………235

16.2　国民所得と再生産 ………………………………………………238

　16.2.1　再生産と国民所得(1)——一般的分析　238
　16.2.2　再生産と国民所得(2)—数値例解　240

16.3　「三位一体」範式の世界 ………………………………………242

16.4　日本の階級構成 …………………………………………………245

第17章　競争の仮象と「三位一体」範式 ………………247

17.1　競争の仮象（資本の競争の世界）……………………………247

17.2　物神的性格 ………………………………………………………252

　17.2.1　商品物神　253
　17.2.2　貨幣物神　254
　17.2.3　資本物神　255
　17.2.4　土地物神　255

17.3　物神化の完成と「三位一体」範式批判 ……………………256

17.4　競争の現実的運動 ………………………………………………260

　17.4.1　新技術の導入・普及・陳腐化と投資行動　261
　17.4.2　市場価格の運動　264

第18章　蓄積モデルと循環 ……………………………………266

18.1　予備的考察 ………………………………………………………266

18.2　価格調整型蓄積モデル …………………………………………270

18.3　数量調整型蓄積モデル …………………………………………273

18.4 価格調整＋数量調整型蓄積モデル ……………274
18.5 蓄積モデルの周期 ……………278

第19章　景気循環機構 ……………280

19.1 予備的考察 ……………280
　19.1.1 制度的枠組み―自由競争と金本位制度　280
　19.1.2 投資関数　282
　19.1.3 価格調整と数量調整　282
19.2 蓄積メカニズム ……………282
19.3 好況 ……………284
19.4 恐慌―下方への反転運動 ……………289
19.5 不況 ……………292
19.6 回復 ……………295
19.7 景気循環と資本主義の存続 ……………296

第20章　現代の景気循環 ……………299

20.1 予備的考察―段階的変化 ……………299
20.2 好況―不均等発展の弱化 ……………300
20.3 恐慌―激発性の消滅と均衡回復作用の弱化 ……………303
20.4 恐慌の形態変化 ……………306
20.5 不況―成長率循環 ……………307
20.6 回復―他律性と自律性 ……………309

第21章　価格体系とインフレーション ……………311

21.1 インフレーションの基礎理論 ……………312
21.2 相対価格調整機構 ……………317
21.3 生産性変化率格差インフレーションの展開とその変容 ……………322
補論　マネタリズムの貨幣観批判（貨幣数量説批判） ……………327

第22章　利潤率の長期波動 ……………329
　　　―資本主義の存続条件と解体条件―

22.1 マルクスの利潤率傾向的低下法則とその問題点 ……………330
　22.1.1 マルクスの利潤率傾向的低下法則　330

22.1.2　マルクスの論定の難点　330
　22.2　資本蓄積メカニズムと利潤率の長期動向(1)——二部門分析 …… 331
　　　22.2.1　置塩信雄の問題提起　332
　　　22.2.2　蓄積モデル　335
　　　22.2.3　利潤存在の条件——利潤はかならずしも消滅しない　338
　　　22.2.4　利潤率傾向的低下法則の検討　349
　　　22.2.5　資本主義の存続条件　352
　22.3　資本蓄積メカニズムと利潤率の長期動向(2)——三部門分析 …… 354
　22.4　利潤率の歴史的動向と長期波動論の可能性 …………………… 356

第23章　資本蓄積の現代的傾向 …………………………………… 362
　23.1　資本蓄積の一般法則（マルクス）と現代 …………………… 362
　23.2　資本蓄積の歴史的法則（マルクス）と現代 ………………… 375
　23.3　集積・集中運動の現代的形態——多国籍企業の
　　　　グーロバルな再編成 ……………………………………………… 377

第24章　国家と金融寡頭制支配 …………………………………… 386
　24.1　国家によるブルジョア社会の総括 …………………………… 387
　24.2　金融資本と金融寡頭制支配 …………………………………… 390
　24.3　金融寡頭制の現代版——日本の政・官・財複合体制 ……… 394
　　　24.3.1　政・官・財複合体の構造　394
　　　24.3.2　政・官・財複合体の腐敗　395
　24.4　金融寡頭制のイデオロギー支配——戦後日本 ……………… 399
　　　24.4.1　国家の統合機能　399
　　　24.4.2　戦後のイデオロギー　400

　索　　引　405

序章　国家独占資本主義

　カール・マルクス『資本論』は，自由競争と金本位制の枠組みの中での「理念的に平均化した」[1]（理念的・平均的）資本主義を想定して，資本主義一般の構造（内的編成）と動態（経済循環と発展）を解明した理論体系である。この自由競争段階の資本主義は，独占段階に発展し変質し，第２次大戦後は国家独占資本主義となった。自由競争は独占に転化し，金本位制は停止された。こうした現代資本主義を念頭において，その経済理論の体系を提示しようとするのが本書の課題であるから[2]，まず国家独占資本主義の構造的（制度的）特徴を明らかにしておこう。

0.1　自由競争の独占への転化

　資本の集積・集中運動から独占が形成されてくる。その成立過程については本書では扱わないが[3]，21世紀初頭の日本経済の実態を確認しておこう。

0.1.1　集中の実態

　一般集中度　2003年度において，資本金10億円以上の法人は5686社あり（全法人の0.22％），その集中度は，従業員18.4％，自己資本額60.2％，総資本額47.6％，売上高38.1％，経常利益58.0％，となる（金融・保険は除く）[4]。表0-1

---

1) カール・マルクス『資本論』第３巻第48章，新日本出版社版（以下，『資本論』からの引用は同版による），第13分冊，1454頁。
2) 筆者は資本主義一般・独占資本主義・国家独占資本主義の制度的枠組みのもとで，景気循環メカニズムとその段階的変化について，試論を提示した（拙著『現代の景気循環論（第２版）』桜井書店，2007年）。本書の課題は，経済原論体系（マルクスの経済学批判プランの前半体系に拡大）全体の法則変容を解明することにある。
3) 独占形成の基本的プロセスについては，さしあたり，拙著『経済学原論』（青木書店，1996年）116-117頁，拙著『現代の景気循環論（第２版）』41-42頁，参照。
4) 松葉正文『現代日本経済論』（晃洋書房，2006年）100頁（原資料：財務省『法人企業統計年報』2003年度，46頁以下）。

表 0-1　一般集中度（規模別，1,000人以上，2005年）　　　　　　　　（単位：％）

	従業員	総資産	資本	売上高	経常利益	純利益	企業数
全産業	16.22	46.93	61.12	37.48	56.94	68.72	0.21
製造業	29.73	63.72	72.88	56.93	70.99	73.73	0.55

出所：財務省・財務総合政策研究所編『財政金融統計月報（法人企業統計年報特集）』2005年度版（2006年9月）より計算。

は，従業員1000人以上の企業の集中度を示している（2005年度）。全産業では，企業数でわずかに0.2％の独占的大企業が，従業員16.2％，総資産46.9％，資本金61.1％，売上高37.5％，経常利益56.9％，純利益68.7％となり，高度に集中化している。

業種別集中度　表0-2は，2004年度の業種別集中度を示している。3社集中度90％以上の業種が全業種の8.4％，5社集中度90％以上に拡大すると累積で22.9％，10社集中度90％以上では累積で47.0％にもなる。半分近くの産業では，上位10社が90％以上のシェア（市場占拠率）を占めていることになる。逆に，10社集中度が50％に満たない産業は14.5％にすぎない。

系列別集中度　巨大独占的大企業は，それぞれの業種内で単独に経営活動をしているのではない。産業独占と銀行独占とが融合・癒着（結合）した金融資本（企業集団）として行動する[5]。六大企業集団（金融・保険を除く）への集中度（1998年）は，資本金10.3兆円（13.97％），従業員123万人（3.24％），総資産148兆円（11.9％），売上高159兆円（11.50％），経常利益2.1兆円（9.94％），となる[6]。資本金・資産・売上高・経常利益で10％台を占めている。

生産集中度　表0-3は，製品別の集中度を示す。集中度の高い業種の生産する製品の集中度は，当然高くなっている。3社集中度90％以上の製品は全製品の21.2％にもなっており，5社集中度90％まで広げると累計で45.5％，10社集中度では累計71.8％にもなる。逆に，10社で50％に達しない製品は全体の3.7％

---

[5]　金融資本の定義については，第24章第2節（24.2）で説明する。戦後日本の企業集団については，さしあたり，拙著『戦後の日本資本主義』（桜井書店，2001年）の第1章第3・4節，参照。

[6]　松葉正文『現代日本経済論』100-101頁（原資料：『企業系列総覧』東洋経済新報社，2000年，23頁）。

表 0-2　業種別集中度（2004年）

3社集中度90％以上	医療事務代行業	
	有線ラジオ放送業	
国際基本電気通信業	外国語会話教室業	
衛星通信業	ニュース供給業	
国内定期航空運送業（旅客）		

5社集中度90％以上	機内食業	ハンバーガー店業
	国内データ通信業	昇降機保守業
専用電気通信業	国際データ通信業	住宅情報誌
専用国際電気通信業（データ通信除く）	引越業	
	一般長距離国際電気通信業	
宅配便運送業	全国紙（夕刊）	

10社集中度90％以上	信除く）	携帯電話業
	全国紙・ブロック紙（夕刊）	書籍取次業
電気業	移動電気通信業	リゾートクラブ業
全国紙・ブロック紙（朝刊）	書籍・雑誌取次業	映画配給業
外航海運業	損害保険業	海運業
総合商社	インターネットサービスプロバイダー業	PHS業
コンビニエンスストア業		雑誌取次業
専用国内電気通信業（データ通	スポーツ新聞紙	広告代理業

10社集中度50％以上	大型セルフ店業	旅行業
	消費者金融業	広告代理業（テレビ）
都市ガス業	生命保険業	民間テレビジョン放送業
一般日刊新聞紙（朝刊）	FMラジオ放送業	洋書輸入業
総合スーパー業	シンクタンク	クレジットカード業（ショッピング機能を有するものに限る）
銀行業	レンタカー業	
証券業	国内基本電気通信業	フィットネスクラブ業
AMラジオ放送業	教科書	病院リネンサプライ業
遊園地・テーマパーク	家電量販店	主催旅行（国内）業
主催旅行（海外）業	クレジットカード業	LPガス元売業
電気通信事業	病院給食業	
一般日刊新聞紙（夕刊）	リネンサプライ業	

10社集中度50％未満	情報処理サービス業	ホテル・その他リネンサプライ業
	ホテル業	
ソフトウェア業	電子計算機賃貸業	警備業
事業所給食業	エンジニアリング業	
総合リース業	広告代理業（新聞）	
人材派遣業	百貨店業	

出所：公正取引委員会「累積生産・出荷集中度」(www.jftc.go.jp/katudo/ruiseki/ruisekiseisan06.xls（2008年2月20日））より整理。

表 0-3　製品別集中度

3 社集中度90％以上

ルウ類	その他の白黒写真フィルム	ダクタイル鋳鉄管
カレールウ	医療用 X 線写真フィルム	アルミナ
シチュールウ	特殊用白黒写真フィルム	アルミニウム地金
シチューミクスを除くシチュールウ	カラー写真フィルム	スポンジチタン
	一般用カラー写真フィルム	スチール缶
	映画用カラー写真フィルム	TFS 缶
即席和風めん	その他のカラー写真フィルム	ガス炊飯器
即席欧風めん	インスタントカラーフィルム	シャッタ
ビール	レンズ付き写真フィルム	コンテナ
ウイスキー	写真印画紙	水管ボイラ
特級ウイスキー	白黒用写真印画紙	コンバイン
1 級ウイスキー	カラー用写真印画紙	クローラクレーン
2 級ウイスキー	写真用化学薬品（調整，包装されたもの）	電動工具
インスタントコーヒー		織機
たばこ	鋳物用コークス	デジタル印刷機
紙巻たばこ	燃料ガス（高炉ガス，コークス炉ガスを含む）	ステッパー（投影・露光用装置）
医療用・介護用ベッド	新車用自動車タイヤ・チューブ	電子式卓上計算機
溶解パルプ	トラック・バス用タイヤ	ジアゾ式複写機
フォトマスク	特殊車両・航空機用タイヤ	ワードプロセッサ
石灰窒素	伝導用ゴムベルト	ピストンリング（自動車用）
ソーダ灰	板ガラス	ピストンリング
カルシウムカーバイド	普通板ガラス	直流・交流小形電動機（3 W 以上70W未満）
合成アセトン	変り板ガラス	
テレフタル酸ジメチル	磨き板ガラス	点火プラグ
合成石炭酸（合成フェノール）	合わせガラス	扇風機
ポリアセタール	強化ガラス	換気扇
セルロイド生地	陰極線管用ガラスバルブ	電気温水洗浄便座（暖房便座を含む）
レーヨンフィラメント	テレビ用ガラスバルブ	
アセテート	その他の電子管用ガラスバルブ	電気かみそり
キュプラ，アセテート長繊維糸・短繊維	気泡コンクリート製品	白熱灯器具（自動車用）
	石こうボード・同製品	磁気録画・再生装置（VTR，EVR）
アセテート長繊維	衛生陶器（附属品を含む）	
ナイロンモノフィラメント	衛生陶器	ビデオカメラ
ナイロンステープル	ファインセラミック製 IC パッケージ	電子顕微鏡
アクリル長繊維糸，短繊維		半導体・IC 測定器
ビニロン	石こうプラスタ	核磁気共鳴 CT 装置
洗濯用合成洗剤	鋳物用銑	数値制御装置
歯磨	重軌条	アルカリ蓄電池（産業用）
写真フィルム（乾板を含む）	普通鋼冷延鋼板	アルカリ蓄電池
白黒写真フィルム	普通鋼冷延電気鋼帯	磁気録音テープ
X 線用白黒写真フィルム	冷間ロール成形形鋼	その他の磁気テープ
映画用白黒写真フィルム	特殊鋼冷延鋼板	印刷電信装置
一般用白黒写真フィルム	ティンフリースチール	通信制御装置

| | | 序章　国家独占資本主義　19 |

カラーテレビジョン受信機	テレビ用陰極線管	医用内視鏡
PDP受信機	受信用真空管	ミニラボ機
白黒テレビジョン受信機	圧膜集積回路	8ミリ映写機
ステレオセット	磁気ヘッド	8ミリ撮影機
ヘッドホンステレオ	マイクロバス	デジタル式腕時計
ミニディスクプレーヤ	バス・トラックシャシー	アナログ式腕時計
携帯形ミニディスクプレーヤ	トラックシャシー（ギャブ付き）	掛け時計
補助装置		ピアノ
はん用コンピュータ	1200cc以下の二輪自動車	電子オルガン
汎用端末装置	バス・ボデー	家庭用テレビゲーム機
制御用コンピュータ	放熱器	ゲーム用カセット
ミニコンピュータ	クラッチ装置	ゴルフボール
携帯情報端末（PDA）	二輪車用ショックアブソーバー	スライドファスナー
中央処理装置（MPU）	電気機関車	ディスポライター
光ディスク装置	貨車	ユニット住宅
インクジェットプリンター	モノレール	コンパクトディスクプレーヤ
マイクロ波用真空管	航空機	
	サンカブロビレン	アクリル長繊維糸，短繊維
5社集中度90％以上	エンカビニモノマー	住居・家具用合成洗剤
石炭	アクニロニトリル	住居用合成洗剤
調製粉乳	酢酸ビニルモノマー	柔軟仕上げ剤
バター	アセトアルデヒト	家庭用殺虫剤
チーズ	メタクリル酸メチル	防虫剤
クリーム（食品）	テレフタル酸，ジメチルテレフタレート	シャンプー，ヘアリンス
グルタミン酸ソーダ		工業ガソリン
複合化学調味料	テレフタル酸	潤滑油
マヨネーズ・ドレッシング類	テレフタル酸（高純度）	アスファルト
トマト・ケチャップ	カプロラクダム	鋳物溶解用コークス
ポテトチップス	ポリプロピレン（化学）	プラスチック積層品
混合食物油脂	塩化ビニル樹脂	プリント配線用銅張り積層板
発泡酒	メタクリル樹脂	飲料用プラスチックボトル
新聞巻き取り紙	ポリビニルアルコール	自動車タイヤ・チューブ
塗工印刷用紙	ポリビニルアルコール（繊維用を除く）	補修用自動車タイヤ・チューブ
感熱紙		小型トラック用タイヤ
ノーカーボン紙	ポリアミド系樹脂	乗用車用タイヤ
セロファン	フッ素樹脂	ゴムベルト
子供用紙おむつ	ポリカーボネート	運搬用ゴムベルト
生理用品	フタジエン・ラバー（BR）	ガラス製飲料用容器
ティッシュペーパー	精製メタノール	ガラス短繊維製品
酸化チタン	レーヨンステーブル	ガラス長繊維製品
カーボンブラック	ポリエステル	光ファイバ
芳香族混合溶剤	ナイロン，長繊維，短繊維	石英系光ファイバ
酢酸	ナイロン長繊維	石綿セメント板
酢酸（副生酢酸を除く）	ポリエステル長繊維	軽量気泡コンクリート
エチレングレコール	ポリエステル短繊維	内装タイル

人造黒鉛電極	アルミ缶	制御用コンピュータ
銑鉄	溶接材料	PCサーバ
高炉銑（製鋼用銑鉄）	電気溶接棒	外部記憶装置
形鋼用銑鉄	被覆アーク溶接棒	磁気ディスク装置
鋼矢板	溶接用ワイヤー	金融用端末装置
厚中板	ボイラー	陰極線管（ブラウン管）
薄版	タービン	ダイオード
鋼帯	蒸気タービン	整流素子（100ミリアンペア以上）
帯鋼	汎用ディーゼル機関	
広幅帯鋼	動力耕運機	トランジスタ（シリコントランジスタを除く）
熱延広幅帯鋼（ホットコイル）	農業用トラクター	
電線管	田植え機	DRAM
普通鋼配管用鋼管	バインダー	線形回路
普通鋼冷延広幅帯鋼	建設用トラクター	フラッシュメモリ
高抗張力鋼	中ぐり盤	プリント配線板用コネクタ
ピアノ線材	NC放電加工機	普通乗用車
特殊鋼冷延広幅帯鋼	圧延機械	バス
特殊鋼磨帯鋼	化学繊維機械	大型バス
特殊鋼熱間鋼管（ペンディングロール成型を除く）	ニット機械	普通トラック
	家庭用ミシン	軽四輪トラック
特殊鋼熱間鋼管	工業用ミシン	125cc超の二輪自動車
ブリキ	製版機械	トレーラ
特殊鋼鍛鋼品	ウェーハプロセス装置	輸送機械用エアコンディショナ
鋳鉄管	エレベータ	自動車用ガソリン機関
電気銅，銅ビレット，銅ケーク	エスカレータ	自動車用ディーゼル機関
電気銅	空気圧シリンダー	ショックアブソーバ
亜鉛	鉄道信号保安装置	カーエアコン
電気亜鉛	火災報知設備	電気機関車
シリコン（単結晶）	デジタル形電子計算機本体	電車
チタン展伸材	ミッドレンジコンピュータ	ショベルトラック
食缶	UNIXサーバ	コンタクトレンズ
ブリキ缶	オフィスコンピュータ	腕時計
ガスこんろ	ワークステーション	置時計
ガス湯沸かし器	通信機用リレー	オーディオディスクレコード
アルミサッシ	テレビジョン用チューナ	釣ざお
住宅用アルミニウム製サッシ	スモールカード	シャープペンシル
ビル用アルミニウム製サッシ	普通・小型乗用車	ボールペン
アルミニウム製ドア	二輪自動車	歯ブラシ
高圧容器	軽乗用車	チャイルドシート

10社集中度90％以上

	風味調味料	チューインガム
乳飲料，乳酸菌飲料	異性化糖	食用大豆油
インスタント・クリーミング食品	精製糖（角砂糖，氷砂糖，液糖，ざらめ糖を含む）	サラダ油
		てんぷら油
水産缶詰	菓子パン（イーストドーナッツを含む）	ショートニング
		コーンスターチ

即席めん類	アクリル	工具鋼
スナックめん	ポリプロピレン（繊維）	軸受鋼
即席中華めん	洗濯用石鹸	構造用合金鋼
イースト	合成洗剤	特殊用途鋼
缶詰カレー	家庭用合成洗剤	快削鋼
焼ちゅう	台所用合成洗剤	ばね鋼
ペットフード	印刷インキ	フェロアロイ
スフ糸	軽油	PC鋼線（ピアノ線を含む）
麻糸	A重油	亜鉛めっき鋼板（亜鉛めっき帯
合成繊維タイヤコード	発毛・育毛剤	鋼を含む）
木製ベッド	口紅・ほほ紅・アイメイクアッ	鉄管継手（可鍛鋳鉄製）
じゅうたん	プ	鉄管継手（鋼管製）
ベッド	口紅	鍛鋼(打ち放しのもの)
非塗工印刷用紙	芳香消臭脱臭剤	金地金
微塗工印刷用紙	B重油	アルミニウム圧延製品
特殊印刷用紙	C重油	アルミニウム押出し品（抽伸品
情報用紙	揮発油（ガソリン）	を含む）
未ざらし包装紙	ナフサ	銅裸線（電線メーカー向け心
両更クラフト紙	ジェット燃料油	線）
紙おむつ	灯油	銅裸線（ユーザー向け完成品）
大人用紙おむつ	液化石油ガス	巻線
硫安（副生硫安を除く）	コークス	ガス風呂釜（バーナー付一体の
酸素ガス	鋳物用を除くコークス	ものを含む）
アンモニア	硬質塩化ビニル管	石油ストーブ
尿素	食品包装用ラップフィルム	石油温風暖房機
アルゴンガス	ゴム底布靴	金属製パッキン，ガスケット
エチレン	複層ガラス	（非金属併用を含む）
ブタン・ブチレン	ガラス製食料用・調味料用容器	トラクタ
キシレン	防振ゴム	舶用ボイラ
スチレンモノマー	ガラス繊維製品	はん用内燃機関
無水フタル酸	セメント	はん用ガソリン・石油機関（は
合成繊維用合成染料	遠心力鉄筋コンクリート柱（ポ	ん用ガス機関を含む）
アクリロニトリル・ブタジエ	ール）	農業用乾燥機
ン・スチレン樹脂（ABS樹脂）	フレキシブルボード	掘さく機械
ポリエチレンテレフタレート	波形石綿スレート	ショベル系掘さく機
不飽和ポリエステル樹脂	形鋼（鋼矢板，リム・リングバ	掘さく機（ショベル系を除く）
ポリエチレン	ー，サッシバーを含む）	建設用クレーン
高密度ポリエチレン	H形鋼	整地機械
低密度ポリエチレン	大形形鋼	鋳鉄製ロール
ポリスチレン	中・小形形鋼	ドリル
エポキシ樹脂	中形形鋼	ダイヤモンド工具
合成ゴム	線材	射出成形機
スチレン・ブタジエン・ラバー	綿材，バーインコイル	紡績機械
（SBR）	普通鋼熱間鋼管（ベンディング	抄紙機
フタル酸系可塑剤	ロール成型によるものを除く）	鋳型及び鋳型定盤

往復圧縮機	電気カーペット	シリコントランジスタ
回転圧縮機	蛍光ランプ	発光ダイオード
金銭登録機	白熱電灯器具	バイポーラ型 IC
コンベア	白熱灯器具（一般用）	SRAM
スチールチェーン	蛍光灯器具（直管，環形を除	変成器
普通紙複写機（PPC）	く）	コネクタ
デジタル式複写機	デジタルカメラ	コネクタ（プリント配線板用を
冷凍機	構内用電子交換機	除く）
冷凍・冷蔵ショーケース	蓄電池	水晶デバイス
業務用アミューズメントマシン	乾電池	液晶素子
回胴式遊技機	光ディスク（生のもの）	乗用車
自動販売機	電話機	軽・小型乗用車
給排水用バルブ・コック	電話自動交換装置	小型乗用車
監視制御装置	ボタン電話装置	トラック
継電器	ファクシミリ	小型四輪トラック
小型電動機	携帯電話機，PHS 電話機	乗用車ボデー
標準変圧器	移動局通信装置	舶用ディーゼル機関
非標準変圧器	カーナビゲーションシステム	フォークリフトトラック
高圧しゃ断器	テレビジョン受信機	ガスメータ
アーク溶接機	カーステレオ	35ミリカメラ
プログラマブルコントローラ	電子計算機本体	カメラ用交換レンズ
シリコン整流器	端末装置	眼鏡レンズ
電気がま	パーソナルコンピュータ	レコード盤
電気冷蔵庫	印刷装置	魔法びん
エアコンディショナ	表示装置	コンパクトディスク
電気掃除機	トランジスタ	浴室ユニット

10社集中度50％以上	マーガリン	タフテッドカーペット
	調理済カレー	パンティストッキング
飲用牛乳	レトルトカレー	パーティクルボード
アイスクリーム	清涼飲料	金属製机類
乳飲料，乳酸菌飲料	炭酸飲料	金属製いす類
はっ酵乳	コーヒー飲料（ミルク入りを含	紙
ハム・ソーセージ	む）	製紙パルプ
水産缶詰	茶飲料	上質紙
しょう油	スポーツドリンク	薄葉紙
ソース類	添加用アルコール	印刷筆記図画用紙
食酢	原料用アルコール	外装用ライナ
純カレー	コーヒー	さらし包装紙
焼き肉等のたれ	レギュラーコーヒー	ロール紙
砂糖	純綿糸	衛生用紙
小麦粉	ビニロン紡績糸	雑種紙
食パン	綿織物	板紙
ビスケット・クラッカー	ポプリン・ブロード	粘着テープ
チョコレート製品	漁網	中芯原紙
食用植物油脂	刺しゅうレース生地	白ボール

硫安（副生硫安を含む）	軟質ウレタンフォーム	コンクリート機械
過燐酸石灰	プラスチックフィルム（軟質農業用）	NC工作機械
高度化成肥料		NC旋盤
か性ソーダ	合成皮革	旋盤
窒素ガス	塩化ビニルレザー	ボール盤
硫酸	ウレタンフォーム	フライス盤
プロピレン	強化プラスチック製品	研削盤
純ベンゼン	総ゴム靴	専用機
純トルオール	ゴムホース	複合専用機
合成染料	紳士用革靴	マシニングセンタ
フェノール樹脂	遠心力鉄筋コンクリートパイル	金属加工用プレス
メラミン樹脂	がい子・がい管	超硬工具
アルキド樹脂	タイル	空気動工具
フタル酸樹脂	モザイクタイル	織物用準備機械
合成繊維	耐火れんが	木工機械
浴用石けん	研削と石	プラスチック加工機械
界面活性剤	普通鋼熱間圧延鋼材	半導体チップ組立装置
塗料	粗鋼	ポンプ
溶剤系合成樹脂塗料	形鋼	遠心送風機
ビタミン剤	特殊鋼熱間圧延鋼材	天井走行クレーン
ドリンク剤	小形棒鋼	巻上機
抗生物質製剤	構造用鋼	変速機
循環器官用薬	機械構造用炭素鋼	工業窯炉
医薬品原末，原液	ステンレス鋼	分離機器
浴用剤	針金	熱交換器
化粧品	機械用銑鉄鋳物	機械式駐車装置
仕上用化粧品	鍛工品	パチンコ遊技機
皮膚用化粧品	アルミニウム再生地金・アルミニウム合金	自動ドア（建物用）
香水・オーデコロン		バルブコック
ファウンデーション	伸銅製品	産業用ロボット
クリーム	銅伸銅品	交流発電機
化粧水	銅・圧延伸線製品	交流電動機
頭髪用化粧品	アルミニウム押出し品（抽伸品を含む）	直流機
特殊用途化粧品		閉鎖型配電盤
産業用爆薬	電線・ケーブル	監視制御装置
農業用殺虫剤	銅被覆線	低圧しゃ断器
殺菌剤	電力ケーブル	コンデンサ
除草剤	通信ケーブル	電力変換装置
セルロース系接着剤，プラスチック接着剤	アルミニウム・同合金鋳物	白熱電球
	アルミニウム・同合金ダイカスト	プロセス用工業計器
石油製品		ラジオ
重油	18リットル缶	ハイファイ用アンプ
LPG	家庭用浄水器	入出力装置
煉炭・豆炭	ばね	電子計算機及び周辺装置
硬質ウレタンフォーム	はん用内燃機関	光電変換素子

集積回路	鋼船	マーキングペン
モス型IC	鋼製貨物船の新造（20総t以上	電気時計
抵抗器	の動力船）	マッチ
蓄電器	自転車	
トラックボデー	試験機	
10社集中度50％未満	特殊合板	プラスチックシート
	家庭用薄葉紙	プラスチック発泡製品
プレハブ住宅建設業	段ボール	婦人用革靴
練乳，粉乳，脱脂粉乳	ユリア樹脂（尿素樹脂）	遠心力鉄筋コンクリート管
味噌	医薬品	鋳鋼品（鋳放しのもの）
清酒	中枢神経系用薬	鉄骨
生糸	消化器官用薬	橋りょう
アクリル紡績糸	外皮用薬	鋼索
ポリエステル紡績糸	医薬品製剤（医薬部外品を含	反応用機器
梳毛糸	む）	変成器
合成繊維タイヤコード	プラスチックフィルム（軟質包	
普通合板	装用）	

出所：表0-2に同じ。整理した。

にすぎない。圧倒的な製品が10社でほぼ生産されていることになる。

寡占度（HHI） 同じ集中度でも，少数の上位企業の集中度が高い場合と，企業のシェアが均等化している場合とでは，独占度（寡占度）は異なる。それを知るために，10社なら10社のシェア（％）の2乗の合計値（ハーフィンダール・ハーシュマン指標：HHI）を比較する方法がある。表0-4は，2004年の業種別の寡占度（HHI）を示している（2004年以前のデータの産業もある）。数値が高い業種は寡占度が高いことになる。寡占度の著しく低い業種は競争的業種とみなせる。公正取引委員会では，HHIが1000未満であれば競争的産業とみなして，合併を認める方針のようである[7]。

以上の簡単な考察によっても，21世紀初頭の日本経済は，高度に独占化（寡占化）された経済であることが確認できる[8]。新古典派の想定する完全競争の世界ではないし，マルクスが想定した自由競争の世界でもない。こうした想定は，あまりにも現実と乖離していることを指摘しておきたい。この経済力の集中化は，物価騰貴や，独占資本主義に固有の停滞性や腐朽性をもたらす根源で

---

7) 『日本経済新聞』2007年4月4日朝刊。
8) 多国籍企業による世界市場の独占化については，第23章第3節（23.3）で考察する。

表 0-4 業種別寡占度（2004年）

業　種	寡占度(HHI)	業　種	寡占度(HHI)
統合オフィスソフト業	9,962	映画配給業	1,578
音楽著作権管理業	9,835	損害保険業	1,478
鉄道及び軌道業（貨物）	9,342	広告代理業（テレビ）	1,460
パソコン基本ソフト（OS）業	8,548	携帯電話業	1,437
有線ラジオ放送業	7,755	スポーツ新聞紙	1,415
ニュース供給業	7,698	インターネットサービスプロバイダー業	1,373
興信所	7,441	一般日刊新聞紙（夕刊）	1,273
ダストコントロール業	7,057	総合商社	1,193
専用電気通信業	6,706	鉄道及び軌道業（旅客）	1,174
国際基本電気通信業	5,176	鉄道及び軌道業	1,106
国内データ通信業	4,839	レンタカー業	1,043
衛星通信業	4,756	FMラジオ放送業	1,036
一般地域電気通信業	4,475	病院給食業	1,034
国内定期航空運送業（旅客）	4,183	LPガス元売業	910
外国語会話教室業	3,935	生命保険業	861
国内基本電気通信業	3,758	AMラジオ放送業	849
住宅情報誌	3,705	大型セルフ店業	795
コンピュータチケッティング業	3,607	教科書	784
専用国際電気通信業（データ通信除く）	3,474	消費者金融業	777
機内食業	3,449	主催旅行（国内）業	737
書籍・雑誌取次業	3,301	病院リネンサプライ業	699
一般長距離電気通信業	3,251	シンクタンク	683
ハンバーガー店業	3,114	リネンサプライ業	675
一般長距離国際電気通信業	3,061	クレジットカード業（ショッピング機能を有するものに限る）	664
国内定期航空運送業（貨物）	2,930		
雑誌取次業	2,830	総合スーパー業	633
全国紙（夕刊）	2,572	フィットネスクラブ業	595
都市ガス事業	2,557	民間テレビジョン放送業	589
電気通信事業	2,462	クレジットカード業	582
リゾートクラブ業	2,454	家電量販店	539
国際データ通信業	2,394	旅行業	519
昇降機保守業	2,370	銀行業	490
書籍取次業	2,370	広告代理業（新聞）	400
宅配便運送業	2,272	証券業	390
専用国内電気通信業（データ通信除く）	2,241	総合リース業	271
監査法人業	2,071	百貨店業	266
全国紙・ブロック紙（夕刊）	2,066	電子計算機賃貸業	261
洋書輸入業	2,054	エンジニアリング業	254
全国紙・ブロック紙（朝刊）	2,006	ホテル・その他リネンサプライ業	239
外航海運業	1,999	人材派遣業	146
海運業	1,984	情報処理サービス業	125
コンビニエンスストア業	1,960	倉庫業	61
引越業	1,867	事業所給食業	26
遊園地・テーマパーク	1,791	ソフトウェア業	13
電気業	1,625	ホテル業	6

出所：公正取引委員会「累積集中度データ」（ホーム・ページ）より作成。

ある。しかし単に独占化の弊害だけを見るのは一面的であり，こうした独占のもとでの生産力の発展は，同時に社会主義的な計画経済を可能にする物質的基盤をもつくりだしていることも認識しておかなければならない[9]。

0.1.2 参入障壁

参入障壁 前項でみたような高度の集中化は，さまざまな参入障壁を形成し，自由競争を阻害する。参入障壁の基本的なものは，市場規模に対する企業規模の増大（パーセンテージ効果）と，必要資本量の巨大化である。後者は部門内競争を制限し，前者は，必要資本量を調達できる資本の他産業からの参入を阻

---

[9] マルクスはすでに140年ほど前に独占化を予想し，それが社会主義を準備すると展望していた。少々長い文章であるが，現代においても堅持すべき重要な視点なので，全文引用しておく。

「この転化過程が旧社会を深さと広がりから見て十分に分解させてしまえば，労働者がプロレタリアに転化され彼らの労働諸条件が資本に転化されてしまえば，資本主義的生産様式が自分の足で立つことになれば，ここに，労働のいっそうの社会化，および，土地その他の生産手段の社会的に利用される生産手段したがって共同的生産手段へのいっそうの転化，それゆえ私的所有者のいっそうの収奪が，新しい形態をとる。いまや収奪されるべきものは，もはや自営的労働者ではなく，多くの労働者を搾取する資本家である。／こうした収奪は，資本主義的生産そのものの内在的諸法則の作用によって，諸資本の集中によって，なしとげられる。一人ずつの資本家が多くの資本家を打ち滅ぼす。この集中，すなわち少数の資本家による多数の資本家の収奪と相ならんで，ますます増大する規模での労働過程の協業的形態，科学の意識的な技術的応用，土地の計画的利用，共同的にのみ使用されうる労働手段への労働手段の転化，結合された社会的な労働の生産手段としてのその使用によるすべての生産手段の節約，世界市場の網のなかへのすべての国民の編入，したがってまた資本主義体制の国際的性格が，発展する。この転化過程のいっさいの利益を横奪し独占する大資本家の数が絶えず減少していくにつれて，貧困，抑圧，隷属，堕落，搾取の総量は増大するが，しかしまた，絶えず膨張するところの，資本主義的生産過程そのものの機構によって訓練され結合され組織される労働者階級の反抗もまた増大する。資本独占は，それとともにまたそのもとで開花したこの生産様式の桎梏となる。生産手段の集中と労働の社会化とは，それらの資本主義的な外被とは調和しえなくなる一点に到達する。この外被は粉砕される。資本主義的私的所有の弔鐘が鳴る。収奪者が収奪される。」（マルクス『資本論』第1巻第24章第7節，第4分冊，1305-1306頁）。

このようにマルクスは，独占化が，労働の社会化，共同的生産手段化，労働過程の協業形態の変化，科学の意識的応用，土地の計画的利用，結合された社会的労働，を準備すると展望していた。社会主義＝国有化ではまったくない。しかし20世紀の歴史は，独占化が国家によって戦時経済として利用された（戦時国家独占資本主義）こと，また，国有化をもって社会主義が建設されたと宣言されたこと（スターリン主義）も忘れてはならない。

止する(部門間競争の制限)。そのほかの参入障壁としては,販売網,原料確保,技術独占,製品差別化,政府の規制などがある。

参入障壁と競争状態 このように種々の参入障壁が形成されているから,集中度だけで独占度を推定するのは一面的である。また,集中度は静態的な指標であり,集中度が高いからといって協調的である(競争が弱い)とはかぎらない。参入が阻止されていても,産業内では独占的大企業が激烈なシェア競争をしている場合もあり,また参入障壁を強化するための競争もしている。産業内の競争状態を測る動態的指標としてシェア変動指標が使われているが[10],シェアと利潤率との関係は,「シェア変動指標で表される動態的な競争の程度が低い市場では,シェアが高いほど,また,参入障壁が高いほど,高利益が実現している」[11]と報告されている。また,シェアと価格との関係は,「シェア変動または順位変動で表される競争が活発であるほど価格は下落し,競争が活発でないほど価格は上昇する」[12],と報告されている。同じ集中度でも,その産業の成長率や技術開発やプロダクト・サイクルの違いによって,競争状態も異なってくる。

0.2 金本位制から不換銀行券制度への変質

金本位制の停止 1929年大恐慌後,資本主義世界は金本位制から離脱していった。戦後成立したIMF通貨体制は,国内的には金本位制を完全に停止し,国際的には中央銀行間のかぎられた範囲においてドルと金との交換を保証していたが,1971年8月15日にアメリカは一方的に「金・ドル交換」を放棄した。それ以後は世界的に不換銀行券制度となり,信用貨幣である各国中央銀行券[13]が国内で流通し,国際的にはドルが国際通貨として使用されるようになってき

---

10) シェア変動指標は,対象期間におけるi企業のt期とt−1期のシェア差を2乗した値をすべての企業ついて合計した値を時間数で割り,それに万を掛けて計算される。
11) 泉田成美・船越誠・高橋佳久『新たな市場構造指標と競争状況の関係に関する経済分析調査』(公正取引委員会・競争政策研究センター共同研究,2004年4月)40頁。
12) 同上書,45頁。
13) 不換銀行券については,古くから国家紙幣なのか信用貨幣なのかについて論争されてきたが,本書では信用貨幣と規定する。第11章第7節(11.7)で論じる。

た。したがって現代では，信用貨幣としての中央銀行券（日本では日本銀行券）が貨幣の機能を果たしている。

不換中央銀行券による決済システム[14]　日本銀行が発行する日本銀行券（日銀券）は，民間銀行の日銀・当座預金をとおして民間銀行に流れ，民間銀行からの預金引出しによって企業間や家計間で日銀券が流通する。家計は，賃金を支払う企業の預金から振り替えられたさまざまな給与（預金）を引き出して，日銀券や補助通貨を日常生活で使用する（流通手段と支払手段として）。クレジット購入の場合は，銀行の預金が振り替えられる。企業同士は信用売買が普通であるから，振り出された手形は銀行内部で振り替えられたり，銀行間では手形交換所において相殺され，決済残額は日銀の当座預金口座への預金・引出しとなる。このように，不換の中央銀行券（日銀券）と預金通貨（当座預金と普通預金）といった信用貨幣が，現代では種々の貨幣機能[15]を果たすようになっている。国際取引においては，債権・債務関係は国内銀行をとおしてアメリカの銀行のドル建て当座預金の振替で決済されるから，ドルが国際通貨として機能することができるのである。

中央銀行の裁量的金融政策　このように中央銀行券が金兌換の義務から「解放」されたことは，中央銀行が貨幣供給量（マネー・サプライ）を裁量的に調整できることを意味する。具体的には，中央銀行は公定歩合（手形の再割引率）を操作したり，窓口規制や銀行の準備率を操作して，日銀・当座預金をとおして銀行そして民間に流通する貨幣量をコトロールしようとする。政府の国債と結びつけば，国債の発行（売りオペレーション）や国債の買上げや償還（買いオペレーション）によっても，民間に流通する貨幣量を調整もできる。このようなさまざまな金融政策によって，国家・中央銀行が金から「解放」されて，ある程度，裁量的に貨幣量を調整できるようになったことが，次節で説明するような国家の弾力的な財政政策を可能とする。しかし，日銀券は国家紙幣ではない以上，無制限に発行はできない。インフレーションを回避するためには，基本的には，現実資本の貨幣需要（成長通貨）に応じて供給しなければならな

---

14)　国内の決済システムについて，第11章の図11-2，参照。
15)　信用貨幣が果たしている貨幣機能については，第2章第2節（2.2）で説明する。

い。現代の貨幣制度の特徴は，その供給を裁量的・弾力的にできるようになってきたところにある。しかし金融政策が適切でなければ，インフレーションや通貨危機が発生してしまう危険も同時に抱え込んでしまっている点に，注意しておかなければならない。

0.3 国家の組織化（政策体系）

現代では資本主義の安定化のために，国家が全面的に組織化（管理・調整化）に乗りだしている。経済過程への介入についていえば，資本循環の全過程にかかわっている[16]。資本の循環と「資本＝賃労働」関係の再生産，階級闘争，国家，イデオロギーの関係は第4章の図4-1（65頁）のように表現できる。資本の循環（価値増殖運動）は，それ単独で自立化して展開できるのではなく，生産関係・階級闘争・社会制度・国家・思想（イデオロギー）に規制されながら貫徹することによって，逆に，これらを規制する関係にある[17]。詳しくは第4章で考察しよう。

筆者は，資本主義発展の段階的時期区分をつぎのようにしてきた。①封建制社会から資本制社会への移行期（本源的蓄積期の資本主義），②資本主義の確立期（自由競争資本主義，自由競争段階の資本主義），③資本主義の成熟と変質期（独占資本主義，独占段階の資本主義）。そして，戦後の現代資本主義は独占資本主義であるが，国家の経済過程への組織化・管理化が進んできた資本主義であるから，国家独占資本主義と規定してきた。この用語は，マルクス経済学内部ではあまり使われなくなってきた。旧ソ連のスターリン主義下の教条的マルクス主義の影響から「解放」されようとして，この用語を放棄する人たちもいるが，現代資本主義の規定としては正確だと考える。宇野弘蔵の三段階論では，ロシア革命以後は社会主義への過渡期となる。レーニンは帝国主義（独占資本主義）の死滅性を論じたが，その後，資本主義世界は1世紀近く生

---

16) 久留間鮫造『マルクス経済学レキシコンの栞』第7号（大月書店，1973年），拙著『現代資本主義の循環と恐慌』（岩波書店，1981年）第1章2・3，参照。

17) 新古典派や宇野・原理論は，経済の論理が自己貫徹すると想定しているが，それは資本主義の現実の運動や発展過程を無視した恣意的な仮定にすぎない。

き延びてきた。また，20世紀末から21世紀初頭においては，ソ連の解体と中国の「市場社会主義」化によって，全世界にグローバリゼーションが席巻している現実をどう説明するのだろうか。現代資本主義論を本格的に展開しようとするならば，こうした段階区分では，現代資本主義はロシア革命以後となるだろう。現代資本主義の社会主義への移行を問題にする点においては首肯できるが，独占資本主義も国家独占資本主義も，それなりに資本主義社会としての経済原則や社会原則を充たしてきたがゆえに，強固に生き延びてきた現実を無視することはできないはずである。独占資本主義概念は使わず，資本主義を1930年代までの前期と第2次大戦後の後期に分ける見解もある。この見解は，現代資本主義における国家の役割を重視しようとするのであればそのかぎりでは首肯できるが，自由競争が独占に転化したことの理論的・歴史的分析を放棄するものとなる恐れがある。最近，現代資本主義は新しい「段階」なり生産様式に入ったとして，「グローバル資本主義」とか「情報資本主義」と規定する人たちも登場してきた。たしかに，グローバル化や情報化は新しい局面をもたらしている。「グローバル資本主義」規定についていえば，戦後の資本主義（国家独占資本主義）にとってかわる新しい「段階」なり「生産様式」となるかどうかは，今後の推移を慎重にみなければならないと考える。グローバリゼーションについていえば，次節で説明するが，資本主義は成立のときからグローバル化を推進してきたのであり，ことさら新しい展開ではない。資本主義の段階的変化とともに，独占資本主義においては植民地再分割闘争と資本輸出が典型的となり，現代では多国籍企業によるグローバル化であり，しかも現在までは，金融資本を先頭としたアメリカ多国籍企業の世界的展開として実現されてきた。今後，アメリカのヘゲモニーがどう推移するか，反グローバル運動の動向を注視しなければならないし，あるいは，ドルの暴落や大恐慌などによるグローバリゼーションの崩壊の可能性も視野に入れておく必要があろう。「情報資本主義」規定についていえば，たしかに情報通信革命は生産・流通・信用関係はもとより，科学＝産業革命や生活様式にも大きな影響を与えているが，それは問屋制手工業・工場制手工業・機械制大工業・オートメーションなどの生産様式の変化であり，段階区分の有力な指標と考えられる支配的資本の蓄積様式の変化とはなっていないように思える。

このような段階的時期区分からすれば，現代資本主義論は，資本主義の一般的分析，独占資本主義論，国家の政策体系，といった「三層構造」の体系となるだろう[18]。レーニンの独占資本主義論は「重ね餅」だとする論評があるが[19]，それでよいと考える。すなわち，資本主義一般の体系（それは『資本論』体系のままでは不十分であり，プラン前半にまで拡充する必要がある）に，独占と国家を立体的に重ねた三層の構造と動態（循環と発展）を，現代的にグローバル化が進展する世界経済を視野に入れながら解明していくことになるだろう。

0.4 マルクスの経済学批判プランと現代

0.4.1 国民経済と世界経済の歴史

資本制生産様式（資本主義）は，ヨーロッパを中心として16世紀初頭ごろ，オランダやイギリスやフランスにおいて，勃興する資本家階級と絶対王政とが同盟を結んだ国民経済として成立した。オランダを中心としたネーデルランド地方は，スペインから独立し，「市民・民族革命」によって資本主義をいち早く確立した。それと同時に，オランダを覇権国とするヨーロッパの中心諸国は，環大西洋経済圏ともいうべき世界経済をつくりだした。このように，国民経済と世界経済は歴史的にもほぼ同時期に形成されたといえる。ひとつの世界システム（世界市場）が形成されたのであるが（もちろん資本主義システム内部に

---

18) こうした方法論は，北原勇・鶴田満彦・本間要一郎編『現代資本主義』（『資本論体系』10，有斐閣，2001年）の，第1章「『資本論』体系と現代資本主義分析の方法」（北原執筆）や，増田寿男・澤田幸治編『現代経済と経済学（新版）』（有斐閣，2007年）の序章第3節「経済学の対象と方法」（増田執筆）と基本的に同じである。しかし，独占資本の投資行動論，景気循環の変容論，恐慌の形態変化論などでは見解が異なる。

19) 大内力『経済学方法論』（『大内力経済学大系』第1巻）267-270頁。大内・段階論は，世界経済レベルでのポジとネガの関係，すなわち先進国イギリス（基軸）と後発国ドイツ（副軸）とした一種の「国際的不均等発展論」となっているように判断できる（大内力『帝国主義論』上・下『大内力経済学大系』第4・5巻）東京大学出版会，1985年）。しかしかつて大内氏は，現代資本主義を国家独占資本主義と規定し，恐慌論をベースとした「法則変容論」を展開した（同『国家独占資本主義』東京大学出版会，1970年）。宇野学派の中で，この大内・国家独占資本主義論を発展させようとしてきたのが，馬場宏二氏と加藤榮一の一連の現代資本主義論である。

入らない外部世界もいまだ存在していた），世界が同時に資本主義化したのではなく，中心諸国は「資本＝賃労働」という資本主義的生産関係が成立ないし形成されていたが，半周辺の地中海世界は「分益小作」労働であり，周辺のアメリカ大陸やカリブ海地域は黒人奴隷労働にもとづくプランテーション農業経営であったし，アフリカは資源と奴隷の供給地域であった。しかも，その中心にはオランダという国民経済が君臨しており，世界全体の統治機構は不在であり，中心国や半中心国が，周辺地域を植民地として支配統治していた。この国民経済と世界経済との関係は，現代でも基本的には継承されている。すなわち，世界全体に「資本＝賃労働」が展開しているのではない。奴隷労働は消滅したとしても，発展途上国では，家族労働や封建的・共同体的労働や自己労働（自給自足経済）がいまだに圧倒的に多い。また，世界のヘゲモニーを握っているアメリカ合衆国は，いぜんとして国民経済の枠組みを保持しながら，経済的・政治的・軍事的なアメリカ支配を世界全体に展開してきた。EUのような地域統合は新しい20世紀末からの動きであり，今後，東アジア共同体構想や環太平洋経済圏構想がどう具体化されていくかは注目しなければならないが，それは国民経済と世界経済の中間に地域統合が入り込んできたような関係であり，諸国民経済・諸国民国家の対立と協調の関係から世界経済が構成されている点には変化がない。けっして，世界政府が形成されているのではないし，国連などの国際的機関はそれほどの権力基盤をもっていない。

0.4.2 マルクスの経済学批判プラン

こうした国民経済と世界経済の相互関係を前提とした場合，マルクスの「経済学批判プラン」は現代資本主義分析においても生かされなければならない。周知のようにプランは以下のようになる。

　　　Ⅰ資本（α資本一般　β競争　γ信用　δ株式会社）
　　　Ⅱ土地所有
　　　Ⅲ賃労働
　　　Ⅳ国家
　　　Ⅴ外国貿易
　　　Ⅵ世界市場

『資本論』全3巻の体系がプランのどの範囲までを解明しているかについていえば（プラン論争），基本的には資本一般であるが資本の説明に不可欠なかぎりにおいて，競争・信用・土地所有・賃労働の基本規定がなされている，とするのが本書の立場である（プランの「両極分解」・「資本一般の拡充」説)[20]。筆者は，プランの前半については，資本一般以外の競争・信用・株式会社・土地所有・賃労働についてもその固有の領域と解明すべき課題が残されていると考える。プランの後半についても，段階論としての類型論としてしまうのではなく，世界経済論として理論的考察の対象としなければならないと考える。

しかし『資本論』は，自由競争と金本位制を前提とした「理念的に平均化した」資本主義分析であり，現代資本主義分析に生かすためには「二重の上向」をしなければならない。すなわち第一に，「経済学批判プラン」体系の具体化である。『資本論』は基本的には「均衡化された世界」の分析であり，そうした世界を生みだす運動機構こそ，不均衡の累積化とその暴力的調整の繰り返し運動たる景気循環（産業循環）にほかならない。景気循環を解明するためには，マルクスも言及しているように，資本の現実的運動過程たる競争と信用を具体化しなければならない。さらに，現代資本主義の主要な資本形態は株式会社であるのだから，プラン中の株式会社の分析が必要不可欠となってくる。プラン中の土地所有や賃労働もその基本的性格は貫徹しているが，その形態は大きく変化してきたのであり，それらの現代的形態の分析が必要となる。第二に，資本主義は段階的・構造的に変化してきたのであるから，自由競争段階から現代にまで「段階的に上向」し，資本主義の一般法則の現代における変容論を解明しなければならない。本書の各章では，それぞれのテーマの一般理論の説明を踏まえながら，その現代的変容に重点を置いている。なお本書は，プラン前半体系への「プラン的・段階的上向」までとなっており，プラン後半（国家と外

---

20) 佐藤金三郎「『経済学批判』体系と『資本論』」（『経済学雑誌』第31巻第5・6号，1954年）。周知のように宇野・三段階論は，プランの前半部分を『資本論』は解明しているとし，それを原理論として「純化」し，後半部分は段階論として分離させた。その段階論の方法と内容については，宇野学派の内部でもさまざまな見解があり，統一したものは不在である。

国貿易と世界市場)への上向については,今後の課題としたい。

　本書はクローズド・システムを想定した現代資本主義論の理論的展開であり,それはまた資本主義の一般的運動法則の現代的貫徹論でもある。しかし,現代資本主義はマルクスの時代の資本主義から変貌している。自由競争は独占に転化し,独占的大企業同士の独占的競争と競争的市場の自由競争とに分裂している。信用もすでに考察したように,不換銀行券制度になり金本位制ではなくなっている。株式会社は全面的に支配的形態となった。株式会社制度を展開することが,マルクス以後のマルクス主義者に課された課題となったといっていいだろう[21]。独占的大企業下で分断されているが,「資本＝賃労働」関係はますます深化・拡大している。土地所有については根本的に再考しなければならない。今日の土地所有の基本的形態は,企業所有であり,土地所有者階級は消滅していると考えざるをえない。国家論については第24章で展開する。したがってクローズド・システムでの分析では,「資本＝賃労働」関係が全面的に支配し,資本関係は独占的競争と非独占の自由競争に分裂し,土地所有者階級は消滅している世界を想定する。

　しかしクローズド・システムを想定するのは,あくまで理論的考察のためであり,現実にはグローバル化した世界経済,いいかえれば,資本主義の世界的存在とその運動に国民経済は規制されている。両システムの区別はあくまでも方法論上の区別であり,現代的法則を解明しようとするさいには,たえず世界的視野に立ってその現実を直視していかなければならない。

研究を深めるために

資本論辞典編集委員会編『資本論辞典』(青木書店,1961年)

久留間鮫造『マルクス経済学レキシコン』第1～15巻(大月書店,1968～1985年)

富塚良三・服部文男・本間要一郎編集代表『資本論体系』1～10(有斐閣,1984～2001年)

―――『資本論体系』1 (服部文男・佐藤金三郎編「資本論体系の成立」有斐閣,2000年)

―――『資本論体系』10 (北原勇・鶴田満彦・本間要一郎編「現代資本主義」有斐閣,2001年)

---

[21] その古典的研究が,R.ヒルファディング著,岡崎次郎訳『金融資本論』上・中・下(岩波文庫版。以下では簡略に,ヒルファディング『金融資本論』と表記する)である。

『宇野弘蔵著作集』全10巻・別巻 1 （岩波書店，1973〜1974年）
『大内力経済学大系』全 8 巻（東京大学出版会，1980〜2000年）
『都留重人著作集』全13巻（講談社，1975〜1976年）
『川合一郎著作集』全 6 巻（有斐閣，1982年）
大谷禎之介『図解 社会経済学』（桜井書店，2001年）
本間要一郎『現代資本主義分析の基礎理論』（岩波書店，1984年）

第1章　商品経済

　私たちが1日に消費する質素な商品の中にも，外国製品が多く含まれている。火力発電所の石油，原子力発電所のウラン鉱，ヨーグルト，紅茶，コーヒー，モンゴル産の岩塩などの飲料や調味料，背広，ネクタイなどの衣服，食料の日本の自給率は約4割であるから食卓で食べる食品の6割，靴，帽子，自動販売機のほとんどのボトルや缶の飲料，パソコン・ソフトウェア，などである。これらは，世界のどこかの国のある地方で生産されたものや，多国籍企業が独占的に製造・販売しているものである。逆に，日本が輸出する商品は世界各地で消費されている。このように国際的分業体制のもとで生産された商品が，貿易によって交換され，消費される。

1.1　商品経済の必然性

　国内で生産され消費される商品も，国際的商品と同じである。工業製品ならいろいろな工場で生産され，農水産商品なら農業地帯や漁村で生産・水揚げ・養殖され，野菜などは都市近郊で生産される。さらにそれぞれの生産が細分化され，各商品の生産に生産者たちは特化している。自家消費する部分以外はすべてほかの生産物の生産に特化・専門化した人々が消費し，自分たちが生活や生産活動で消費（使用）する生産物は，ほかの人たちが生産したものである。こうした生産・消費の分担制度のことを社会的分業[22]と呼ぶ。こうした分業は，経済のグローバル化によって現代ではいっそう進展した。しかし，それがただちに商品経済となるのではない。ロビンソン・クルーソーのような自給自足の世界を除けば，中世の荘園内の労働や，共同体社会や，社会主義計画経済においても社会的分業は存在する。生産力の発展とともに社会的分業は発展してい

---

[22] 仕事（業）の分担は家族内や工場内でもおこなわれる。前者を家族内分業といい，後者を工場内分業と呼び，社会的分業とは区別する。

くだろう。商品経済の特質は，社会的分業が生産手段の私的所有によって遂行されている点にある。生産手段は個々の生産者（独立自営の生産者）や企業によって私的に所有されているのであり，現代の独占的大企業たる多国籍企業にしても，生産手段ともろもろの資産を私的に所有して生産していることにはかわりはない。私的所有下の生産であるから，個々の生産やそれに投下される労働は私的な生産であり，私的な労働にすぎない。社会全体あるいは世界全体でどれだけ必要な生産量であるのか，そうした意味においてどれだけ社会的に有用な生産（労働）であるのかは，生産する時点において事前に知ることができない。生産手段を社会的に所有する社会システムであれば，事前に社会の構成員たちが民主的に協議して必要物（社会的需要）を決めてから生産することが可能であるから，個々の生産は同時に社会的生産になっている。労働に即していえば，個々の私的労働は同時に社会的労働でもある。私的労働と社会的労働とが一致しているのである。ところが生産手段が私的に所有されている社会においては，私的労働はあくまで私的労働にすぎず，その労働が社会的に有用でしたがって社会的労働であることは，生産時点においては保証されていない。その社会性を獲得するためには，市場に運んで一定の価格で販売されなければならない（個別的価値の社会的価値としての実現）。この社会性を事後的にしろ確定する必要があるから，労働生産物は商品とならなければならない。これが商品の必然性である。

　こうして社会的分業体制が遂行されているということは，生産と消費をめぐる生産者同士の関係（人と人との関係）が，商品と貨幣の交換というかたちで物を媒介として間接的に結びつけられていることを意味する。いいかえれば，人と人との関係が商品と貨幣という物と物との関係として現れてくるし，そうでなければ人と人とが結びつくことができない。こうした，人と人との相互関係が，物と物との関係として現象し実現されていくことを，マルクスは「物象化」と呼んだ。商品の世界では，背後の生産者同士の関係が見えなくなり，商品があたかも主体のような錯綜した性格が発生する。商品世界は人の世界がつくりだしたものなのに，商品それ自体が最初からあったように見えてくる。マルクスは，この商品の謎的な性格のことを「商品の物神的性格」と呼んだ。こうした謎的な性格に囚われると，人々は商品に対して特殊な感情・心理を持つよ

うになる。すなわち，商品化できない生産物や労働はもともと生産する意味がないとか，偶像を崇拝するのと同じく商品を崇拝するようになる。マルクスはこの意識を「物神崇拝」と呼んだ[23]。商品化が地球的規模で進展している現代においては[24]，売れるものならなんでも生産するといった意識（観念）が世界中に氾濫している。しかしそれに抵抗して，本来的な生命と健康と環境に適した生産物をつくり提供しようとする生産者＝消費者の運動があることも，忘れてはならない。

1.2 商品の二要因

このように，私的所有制のもとでの社会的分業体制であるから，労働生産物は商品として登場してきた。商品こそ近代社会の富の「原基形態」であり細胞形態である。商品から貨幣が生みだされ，資本の価値増殖運動は商品＝貨幣に媒介される[25]。まず，細胞形態である商品とはいかなる性質をもっているのかを考察しよう。

---

23) 詳しくは，マルクス『資本論』第1巻第1章第4節，参照。
24) マルクスは，19世紀の資本が植民地に進出して，商品経済化していったことを「資本の文明化作用」と呼んで，それが必然的過程であるとした。必然的であることはそのとおりであるが，「文明化」として全面的に肯定することはできない。今日の，多国籍企業の発展途上国での資源やエネルギーの獲得競争は，現地の自給自足的だが安定した生活を破壊している側面も，同時に重視しなければならない。この側面は，「資本の野蛮化」作用ともいうべきものである。
25) 『資本論』冒頭で分析される商品の性格をめぐって，論争がなされてきた。資本主義以前の歴史的に存在した商品であるとか（歴史説），商品・貨幣の流通形態の分析と理解し，実体規定が与えられない流通形態論として理解する人たちもいる（宇野学派）。しかしマルクスは，『資本論』で資本主義の発生史を展開しているのではなく，分析の対象としているのは確立した19世紀イギリスの資本主義である。その理論的装置（枠組み）は，序章で指摘したように，自由競争と金本位制であった。したがって，冒頭の商品は資本主義経済（資本制生産様式）の商品である。資本主義になって全面的に確立した商品経済社会が，資本主義社会の基盤となっているから，商品の分析から出発しているのである。けっして流通形態が分析の対象となっているのではなく，商品経済の構造が分析され，その特質と矛盾が分析されている。さらに，資本の運動との関連でいえば，剰余価値生産を本質過程とする資本主義生産が商品＝貨幣関係によって媒介されているのであり，マルクスはこのことを「基層と表層」の関係とした。種瀬茂編著『資本論の研究』第1章「商品論」（種瀬執筆）（青木書店，1986年），参照。

1.2.1 使用価値の体系

　労働の目的が，新しい生産物をつくり，人間の生活や生産に役立てることにあるように，個々の商品はそれらに特有の役立ち（有用性）をもっている。その有用性は商品種類の数ほど異なっている。労働生産物としての生産物が発揮する自然科学的属性（物性）であり，その有用効果のことを使用価値と呼ぶ。人間の欲望（必要）は多様であり，ある意味では無限的であるから，使用価値は財のようなものだけでなく，さまざまなサービスや空想的な幻想を満たすものでもよい。まさに本来的な人間としての欲望を満たすものが商品となるのではなく，売れさえすれば（買う人が存在しない場合には意図的に欲望を喚起しようとしてさまざまな広告・宣伝をする），なんでも生産し商品化することに眼を奪われているのが商品生産者たちである。商品社会では本来的欲望が，生産者によって操作され疎外されている[26]。

　この使用価値の視点は，唯物史観でいう生産力の次元である。人間の欲望を充足していく活動は，欲望が無限的に拡大する可能性があるだけに，未来永劫的な普遍的活動でもある。従来マルクス経済学は，こうした生産力（使用価値）の分析は研究対象ではない，その研究は自然科学や商品学の対象であるとして，排除してきた傾向がある。しかし今日，サービスは多様化し，複雑化し，金融派生商品（デリバティブ）のような擬制的な新商品が開発され，バイオ・テクノロジーを駆使した多様な食料商品が開発されている。マルクスは使用価値自体を独自には分析しなかったが，生産力の発展（技術革新）や生産方法（協業，分業，機械制大工業など）は詳細に分析している。さらに独占が支配する現代では，独占的競争の主要な競争手段のひとつとして製品差別化がある。使用価値上の機能（性能）はほとんど変わらない同一商品が，さまざまなモデル・チェンジによって，あたかもまったく違った商品であるかのように購買させられている。こうした商品の質そのものを監視し，生命と健康の維持・増進に必要不可欠な生産物をつくりだす運動は，商品経済の弊害を克服していくためにも

---

[26] 新古典派経済学のミクロ理論は消費者主権を想定するが，それは現実の商品世界を美化したものであり，実態とはかけ離れた抽象的な遊戯である。現代では世界的規模で多国籍企業の提供する商品の安全性を問う消費者運動が強まっていることをみても，消費者主権論は現実には存在しないといわざるをえない。

必要である。

1.2.2 価値の体系

こうした使用価値が異なる商品同士が，貨幣を媒介としながら交換されあっている。個々の商品には，使用価値とは異なって互いに交換されあう共通性が生じる。いいかえれば，一定の交換比率でもって交換しあう価値（交換価値）をもつことになる。この価値対象物としての交換関係を，住宅と車という2商品に代表させて考察してみよう。

　　　　　　1戸建ての住宅＝10台の車

住宅と車が1戸と10台という比率で交換された。明らかに物量であるから比較（集計）はできない。小学生の算数の世界なら，重さとか容積が等しいと考えるかもしれない。しかし経済学の世界では，使用価値とは区別された共通物があり，それはなにかと考察してきた。ペティーにはじまる労働価値説[27]は，その共通物は労働であると主張してきた[28]。マルクスはリカードの投下労働価

---

[27] ウィリアム・ペティー著，大内兵衛・松川七郎訳『租税貢納論』（岩波文庫，1952年）第4章で，地代と地租を計算するなかで，①穀物収入から種子・自己消費・自然的必需品獲得のために他人に与えたものを控除した残りが真実の地代になる，②この穀物そして地代がどれほどの貨幣と等しいかを考察し，投下労働価値説を銀生産にも広げ，穀物と銀とが等価交換され，③価値と労働生産性が反比例し，銀の価値が変動すれば価格が増減するだけだと，労働価値説のほとんどを述べている。ペティーの人と学説についての興味深い紹介として，馬場宏二『もう一つの経済学』（御茶の水書房，2005年）第12章，がある。

[28] 共通物を商品の効用（使用価値）に求めるのが効用価値説である。しかし効用は主観的なものであり，社会的効用が客観的に規定できるかと批判されて，現代のミクロ経済学では，限界代替率から得られる無差別曲線で価格を規定して，効用価値説は背後に隠されている。しかし，限界代替や無差別曲線は効用を前提において導出されるのであり，いぜんとして効用に基礎をおいている点にはかわりはない。かりに効用を前提にすることができたとしても，それを価値とした経済学は，あらゆる経済社会に共通する側面に依拠する体系となり，特殊歴史的な社会経済システムである資本制商品経済（資本主義経済）の特殊・歴史的性格は，その視野から脱落してしまう。むしろ，イデオロギー的には，意図的に資本制商品経済の特質たる階級関係（「資本＝賃労働」関係）をはじめから巧妙に排除した経済学である，といわざるをえない。ニコライ・ブハーリンが，こうした労働を排除して効用だけに立脚する経済学は，労働せずに金利（利子）で生活する金利生活者の経済学だと批判したのは，その階級的性格を鋭く指摘していたといえる。ニコライ・ブハーリン著，小林良正訳『金利生活者の経済学』（白揚社，1928年）。

値説を引き継ぎ，投下労働量が共通物だとし，使用価値と区別して価値と呼んだ。

マルクスはこのように，『資本論』冒頭において，2商品の等値式（マルクスの例はリンネルと上着）から使用価値を捨象（蒸留）して，価値を抽出した。そこで社会的必要労働時間規定も与えた。しかし投下労働による価値の規定は，生産手段も入れた労働過程として与えたほうが正確であるので[29]，価値の量的規定は第3項でしよう。使用価値と区別された価値の世界に，商品経済そして資本主義経済の特殊・歴史的性格が表現されている。使用価値の体系が生産力の世界であったように，価値の体系は生産関係の世界である。マルクスの経済分析上の特徴は，この価値視点（生産関係）と使用価値視点（生産力）とが，統一的かつ対立的な関係として，その相互関係の視点から一貫して展開されている点にある。いいかえれば，普遍的な生産力体系とその特殊・歴史的実現形態（方法）である資本制生産様式（資本制商品経済）との相互関係が，分析されているといえる。

1.3 労働の二重性

価値量は次節（1.4）で規定することにして，使用価値も価値も労働によって形成されるのだから，それぞれをつくりだす労働の性格を明らかにしておこう。前項の住宅を建設する労働は建設労働であり，大工さんの労働であったり大手建設会社の工事現場での労働である。車を製造する労働は，自動車工場内でのさまざまな一貫した流れ作業を担う組立労働である。それぞれ異なった使用価値を生産する固有の有用的な労働であり，こうした労働を具体的有用労働と呼ぶ。しかし，使用価値の違いを超えて共通する価値を商品がもつように，建設労働も組立労働も，ともに社会的分業体制のもとで社会全体が必要とする有用

---

29) 宇野学派が商品・貨幣論を流通形態論として展開する根拠のひとつは，マルクスの蒸留法の難点にある。周知のように，流通が生産過程をとらえたとき（包摂したとき）に価値の実体規定ができるとするのが宇野理論であり，それは蒸留法の難点を避けようとしている点では首肯できる。しかし価値の実体が投下労働であることをまず明らかにしておくことに限定すれば，マルクスの方法をさしあたり継承しておいても差し支えないと思う。

労働としての共通性がある，平等な人間の労働である。この労働が共通する価値を形成しているのであり，その具体性を取り除いた（捨象した）人間労働一般であるから，抽象的人間労働と呼ぶ。また，具体的有用労働と抽象的人間労働のことを，労働の二重性と呼ぶ。労働がこうした二重の働きをすることによって，新しい使用価値と価値が形成される。次節で考察するように商品の価値は，生産手段（労働対象と労働手段）の価値が移転した部分と，新しく形成された価値部分から成り立つが，前者は具体的有用労働が遂行し，後者は抽象的人間労働が遂行する関係にある。

　本来，労働は人間の主体的な活動である。エンゲルスは，サルから人間に移行するにあたって，道具を使用しながら自然に働きかけ改造してきた労働の役割が絶対的に重要であったとした[30]。マルクスやエンゲルスは，労働は主体的かつ創造的であり，人間が潜在的にもっている可能性を開花させ成長させるものと考えていた。それが，必要に迫られたり強制された労働になり，資本制社会になって賃労働化し，資本の指揮・監督のもとでの義務的な強制労働になった。本来的には楽しみであり，自己実現（自己表現）でもある労働ではなくなったことを，鋭く告発している（疎外された労働）。この労働疎外を克服することは，労働者階級の解放にとっても重要な課題であるし，マルクス自身も生産力が高度化して交換価値の世界がなくなるような段階では，自由な時間が増大していくのが歴史的必然であると論じた[31]。そういう段階では，労働は芸術活動やスポーツ活動や奉仕活動になり，労働の本来的な主体性・創造性・自己開発性が復活するであろう[32]。

---

30) フリードリッヒ・エンゲルス著，岡崎次郎訳「猿から人間に移行するにあたっての労働の役割」（『世界の大思想』Ⅱ-5，河出書房，1967年）。

31) マルクスは『経済学批判要綱』においてつぎのように述べている。「直接的形態における労働が富の偉大な源泉であることをやめてしまえば，労働時間は富の尺度であることを，だからまた交換価値は使用価値〔の尺度〕であることを，やめるし，またやめざるをえない。……だからまた，剰余労働を生み出すために必要労働時間を縮減することではなくて，そもそも社会の必要労働の最小限への縮減。その場合，この縮減には，すべての個人のために自由になった時間と創造された手段とによる，諸個人の芸術的，科学的，等々の発達開花が対応する。」（資本論草稿集翻訳委員会訳『マルクス資本論草稿集』②，大月書店，1993年，490頁）

1.4 労働過程と価値形成過程

労働過程 労働する過程は図1-1のようになる。労働する主体としての人間は組織や集団を形成しているが，その持つ個人的かつ集団的労働力を発揮して（労働を投下して）自然を改造する。あるいは，自然の恵みである果実や動植物や魚を採集したり狩猟で直接に獲得することもあるが，牧畜・農耕の時代になれば，自然物を改造しそれらを人間に役立つように何段階にわたって加工してきた。人間は労働する場合に道具を使用し，さらにそれらを発展させてきた（労働手段の発展）。最初は原始的な石器であったが，現代では機械・装置になり，機械が自動的にコンピューターによって自動制御される段階にまでなってきた。こうした道具・機械・装置などは労働を伝導しているものであり，労働手段と呼ぶ。労働によって改造される対象物（原材料）のことを労働対象と呼ぶ。労働手段と労働対象をあわせて生産手段と呼ぶ。このようにして改造・加工された生産物を人間は，生活の糧として消費したり，使って取替（補填）なければならないものに回したり，生産を拡大するために使用してきた。こうした労働過程は，人類が誕生してから普遍的に繰り返されてきた活動であり，「自然と人間との物質代謝過程」と呼ぶ。人類が生産力か

図1-1 自然と人間との物質代謝過程

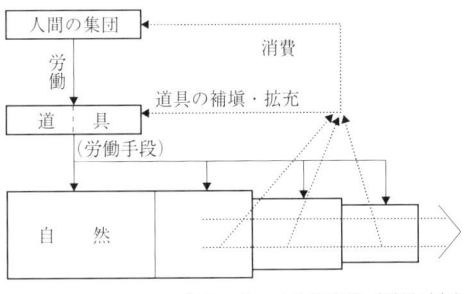

第2・3・4次的自然（労働対象）

---

32) Labo(u)r と Work はともに「労働」と訳されるが，前者は生活するために強制された労働であり，後者は主体的・創造的・自己開発的な本来の労働である。都留重人「ビクトリア朝時代についての一経済学者の反省」（同『科学的ヒューマニズムを求めて』新日本出版社，1998年）および「成長なくて改革をこそ」（同『市場には心がない』岩波書店，2006年）は，ラスキンとモリスを論じている。後藤宣代氏は，ラスキンやモリスを論じながら，ドイツ・バウハウス，ロシア・アバンギャルドの文化・芸術活動を紹介している（同「グローバリゼーションと文化・芸術」『経済科学通信』No.105, 2004年8月）。

ら解放されない段階では、こうした普遍的活動なしには人類は存続できないだろう。動植物が自然の恵みを享受しながら繁殖してきたのとある意味で同じであり、人間が繁殖してきたのは、こうした普遍的活動を繰り返してきたからである。

こうした労働過程は、自然と人間（労働力）と生産手段という生産の三要素から構成されている。しかし自然そのものは母なる大地ではあるが、直接には生産しない。自然力の作用によって生産物は成長していくが、それは労働が投下され価値を形成している過程ではない。生産物（部門）を労働手段・労働対象・生活手段にわけて表現すれば[33]、生産の構造（投入と産出）は以下のようになる。

　　記号　F：労働手段，R：労働対象，L：労働力，X：生産物。サフィックス1～3は労働手段・労働対象・生活手段をあらわす。

投入（Input）		産出（Output）
F_1, R_1, L_1	$\Rightarrow$	X_1
F_2, R_2, L_2	$\Rightarrow$	X_2
F_3, R_3, L_3	$\Rightarrow$	X_3

価値形成過程　商品（生産物）の価値をt，労働者が働いた時間をT[34]，労働手段の減価償却（貨幣的補塡）率をεとすれば、価値の体系は以下のようになる。

$$\varepsilon F_1 t_1 + R_1 t_2 + L_1 T = X_1 t_1$$
$$\varepsilon F_2 t_1 + R_2 t_2 + L_2 T = X_2 t_2$$
$$\varepsilon F_3 t_1 + R_3 t_2 + L_3 T = X_3 t_3$$

$\varepsilon F t_1$と$R t_2$は、具体的有用労働によって労働手段や労働対象に体化されて

---

33) マルクスの再生産表式（基本表式）は生産手段と生活手段の二部門分割であるが、本書では三部門で分析する。それ以上に部門を増やしても、基本的関係は変わらない。

34) 複雑労働は単純労働の数倍に還元されるものとして、その社会全体での平均的投下労働時間とする。現代では、「直接的生産過程」での社会的平均労働と「間接的生産過程」（研究開発労働）に二極化しているとすれば、やはりそれらの社会的平均労働の平均時間とする。ただし、複雑労働と単純労働、あるいは「直接的生産過程」での労働と「間接的生産過程」での労働とを分離して計算することもできる。

いた価値がそのまま移転した部分である（移転価値）。LTは新たに投下された抽象的人間労働であり，新しく形成された価値である（新価値）。上式を生産物で割れば，生産物1単位を生産するための投入係数で表現できる。F/Xを労働手段投入係数（a），R/Xを労働対象投入係数（b），LT/Xを労働投入係数（τ）とすれば，

$\varepsilon a_1 t_1 + b_1 t_2 + \tau_1 = t_1$
$\varepsilon a_2 t_1 + b_2 t_2 + \tau_2 = t_2$
$\varepsilon a_3 t_1 + b_3 t_2 + \tau_3 = t_3$

となる。投入係数と減価償却率は技術水準が確定しているから既知の値であり，労働時間を決めれば，未知数はそれぞれの価値3個で，方程式も3個であるから，解が存在する。このように，投下労働による価値規定は成立していることになる。補論で価値の計算例を示している。

以上の分析は，商品の生産過程の分析であり，生産者が生産物を所有し，それを販売することによって，全価値を取得することになる。労働力が商品化していることを導入してくれば，価値形成過程は価値増殖過程となり，資本の生産過程となる[35]。この点は第3章で説明する。

研究を深めるために
マルクス『資本論』第1巻第1章
『資本論体系』2（種瀬茂・富塚良三・浜野俊一郎編「商品・貨幣」有斐閣，1984年）
田中菊次『新しい社会の経済学』（創風社，2007年）

補論　価値の計算例

第1章第4節（1.4）で規定した価値方程式から，価値を計算しよう。

---

[35] 田中菊次氏は，マルクスの「領有法則の転回」は不明確であり飛躍があるとし，それを明確にするポイントは，ここで説明してきた「労働過程と価値形成過程の統一」と第3章で説明する「労働過程と価値増殖過程の統一」との関係にあると指摘している。同『新しい社会の経済学』（創風社，2007年）138-140頁。

$a_1=1/2$, $a_2=2/3$, $a_3=1$, $b_1=1/4$, $b_2=1/3$, $b_3=1/2$, $\tau_1=10$, $\tau_2=32/3$, $\tau_3=12$, $\varepsilon=1/10$, とすれば，価値方程式は

$\varepsilon a_1 t_1 + b_1 t_2 + \tau_1 = t_1$
$\varepsilon a_2 t_1 + b_2 t_2 + \tau_2 = t_2$
$\varepsilon a_3 t_1 + b_3 t_2 + \tau_3 = t_3$

であるから，パラメーターの数値を入れて整理すると，

$19 t_1 - 5 t_2 = 200$
$-t_1 + 10 t_2 = 160$
$-t_1 - 5 t_2 + 10 t_3 = 120$

となるから，$t_1=15.13514\cdots$, $t_2=17.51351\cdots$, $t_3=22.27027\cdots$, が得られる。

第 2 章　貨幣経済

2.1　金本位制度の停止

　序章第 2 節 (0.2) で指摘したように，現代では国内的にも世界的にも，金との兌換を停止した不換銀行券制度である。独占価格体系が成立することによって，価値（総生産価格）と価格（総市場価格）は乖離し，金本位制は機能麻痺（形骸化）がはじまった[36]。現代では，とくに「金・ドル交換停止」以後は，完全に金と中央銀行券（信用貨幣）[37]との兌換は停止されてきた。したがって，貨幣商品説に立つマルクスの貨幣論は深刻な挑戦を受けることになった[38]。その根本的論点は，価値尺度機能がはたらいているのか否かにある[39]。金が価値尺度機能を果たしている根拠として，たとえば，歴史的に金が価値を尺度していた時点からの金と一般商品の生産性の上昇率を計算して，金が果たすだろう尺度を推定する考えがある。しかし，現実の世界を過去の時点に逆算するようなものであり，現実からの理論化としては，また現実を説明する力としては，はなはだこころもとない主張である。あるいは，金が国際市場において売買されていることに，価値尺度機能をみようとする見解もある。しかし金の市場価

---

[36]　第 9 章第 6 節 (9.6) で説明する。
[37]　マルクス経済学内部において，不換銀行券は国家紙幣なのか信用貨幣なのかの論争があったが，基本的には，不換銀行券は現実資本（機能資本）の貨幣（信用）需要によって供給され，返済によって銀行そして中央銀行に還流してくるのであり，信用貨幣である。それが国家権力の介入によって過度に信用創造されるようになったときには，国家紙幣の性格に転化する危険性はたえずあることに留意しておこう。この転化の危険性（可能性）については，久留間健『貨幣・信用論と現代』（大月書店，1999年）第 2 章，参照。
[38]　現代の貨幣論争については，たとえば，信用理論研究会編『信用論研究入門』（有斐閣，1981年），参照。
[39]　価値尺度不在論の明解な展開として，高須賀義博『現代価格体系論序説』（岩波書店，1965年）や富塚文太郎「貨幣は価値尺度か」（『東京経大学会誌　経済学』No.253, 2007年 3 月）がある。

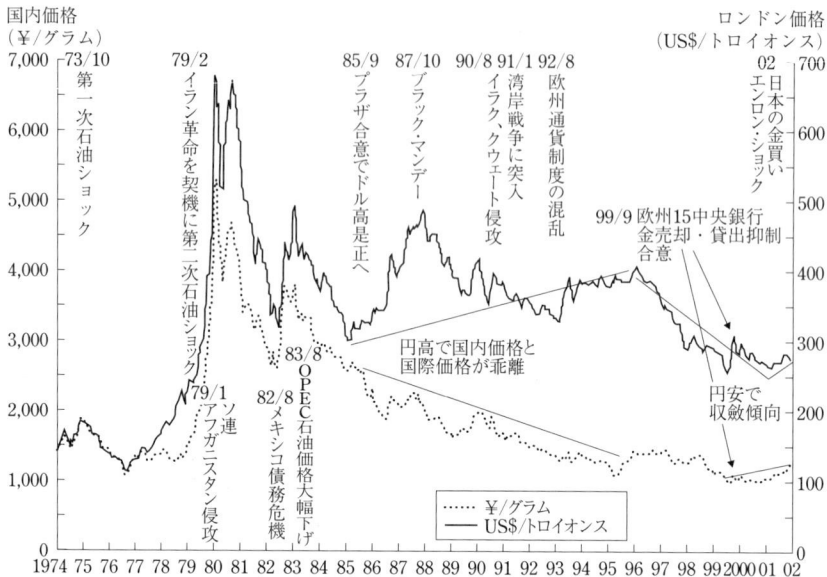

図 2-1 金価格のヒストリカル・チャート（1974年～2002年1月）

資料出所：http://www.jipangu.co.jp/goldmine_introduction/mine_business/about_gold/trend.html（2007年12月29日）

格は図 2-1 のように変動しているのであり，したがって価格単位としての金量はたえず変化している。そのような価格が価値尺度機能を果たしているとはいえない[40]。そもそも金の需要は，工業や装飾用に購入されるのであり，貨幣としては蓄蔵手段として機能するにすぎない。金価格が低下しているようなときには，蓄蔵手段としても機能しないといわざるをえない。

このように現実を直視するならば，現代は価値尺度が不在だと考えて出発しなければならない。商品の投下価値が金の媒介なしに，直接に信用貨幣で表現されているのである。このことを次節以下で考察しよう。

---

40) 同上論文，14-15頁。

2.2 信用貨幣の機能

2.2.1 価値尺度

金本位制度　一般商品の価値は，一般的等価物たる金の一定量によって表現されていた．

    1戸建て住宅　　　＝10kgの金＝¥20,000,000
    10台の車
    100着の背広
    1000足の靴
    1000枚のワイシャツ
      ⋮

価値を表現しようとする一般商品（相対的価値形態にある商品）は，一般的等価物として金商品を共同で選定し，その一定量によって自らの価値を相対的に表現した．国家が法律によって価格単位（円）の基準（度量標準）を制定することによって商品の貨幣名称が決定される（上の例では，2000分の1グラム─0.5ミリグラム─の金を¥1としている）[41]．かくして，1戸建て住宅＝¥20,000,000，車1台＝¥2,000,000，背広1着＝¥200,000，靴1足＝¥20,000，ワイシャツ1枚＝¥2,000，と単位あたりの価格（値段）がつけられる．

不換銀行券制度　金兌換が停止されているから，一般的等価物としての金が不在（脱落）であり，したがってまた価格の単位が確定されていない（度量標準不在）．一般商品の価値は，金の媒介なしに，直接中央銀行券の一定額で表現されている．

    1戸建て住宅　　　＝¥20,000,000
    10台の車
    100着の背広
    1000足の靴
    1000枚のワイシャツ
      ⋮

こうした銀行券は紙切れであり価値物ではないから，価値を尺度しているとはいえない。この制度のもとでは，信用貨幣たる中央銀行券は，一般商品の価値を価格として表現する代理物（価値象徴）にすぎず，単に価格で計算する機能を果たしているにすぎない（計算貨幣）。

マルクスは，金本位制度を前提にしたうえで，価値尺度（表示）機能を果たすかぎりでは金は観念的存在であってもよいといった[42]。しかしその背後では，金と中央銀行券との完全兌換が保証されることによって，中央銀行券（紙幣）の価値が金の価値によって縛られている。こうした実在の金が価値尺度機能を果たしているからこそ，価値表示の機能としては観念的存在でもよいのであるが，現代のように中央銀行券の価値が金によって規制されることがなくなっているときには，観念的な金は価値表示機能を果たさなくなった，と考えざるをえない。

現代では，価格の度量標準ないし価格単位はどうなっているのか。もはや金の一定量ではないことは明白である。工業用・装飾用の金を含めた一般商品全体が，個々に価格の単位になっている。すなわちさきの価格表現を，100万円を基準にしていえば，100万円＝20分の1戸の住宅であり，2分の1台の車であり，5着の背広であり，50足の靴であり，500枚のワイシャツである。価格単位（度量標準）となっているのは，個々の商品の使用価値量であるが[43]，これら商品が価格を媒介にして等置されるのは，それらに投下された労働量が等しいからにほかならない（独占価格は除く）。したがって，貨幣の購買（支配）する労働量が等しいことになる。貨幣が支配する労働量が等しいとする関係を逆転させて，商品の側からみれば，価格単位（価格の度量標準）は貨幣に

---

41) 明治時代には，金0.4匁（1500ミリグラム）を1円と定めた。
42) マルクス『資本論』第1巻第3章第1節。
43) 富塚文太郎氏は，こうした価格単位の体系を価格体系に転換して，現代の価値尺度は価格体系が果たしているとした（前掲論文，21-22頁）。価格体系，そして相対価格の調整機構がはたらくか否かがポイントであり，まさに高須賀義博が提起した問題点である（第21章第2節で紹介する）。相対価格が，利潤率を均等化するように調整化された価格体系が生産価格体系である。価格体系の背後には投下労働の世界があり，それは前章で論証したように客観的に規定できた。労働価値論的にいえば，支配労働が全面化するのが不換銀行券制度のもとでの貨幣の機能である，としなければならない。

よって支配される労働量であることになる。独占価格が成立する現代においては，価値と独占価格は恒常的に乖離しているから，価格単位をこの乖離率で割ったものを支配労働量と考えればよい[44]。この関係をさきの例をとり，貨幣単位を便宜上100万円とおき，それが支配する労働量（時間）を100時間とすれば，以下のように表現できる。

$$20分の1戸の住宅（100時間）＝100万円$$
$$2分の1台の車（100時間）$$
$$5着の背広（100時間）$$
$$50足の靴（100時間）$$
$$500枚のワイシャツ（100時間）$$
$$\vdots$$

左辺の商品量は個別的な価格単位である。左辺に生産量を掛けて合計すれば，

　　総投下労働量＝価格総額

となる。価格総額を価格1単位（100万円）に還元すれば，左辺は個別的な投下労働量を生産量で加重平均したものになる。

　　投下労働量の加重平均＝100万円

100万円の価格単位にはそれぞれ労働が投下されているから，貨幣単位（100万円）は投下労働量の加重平均値を支配していることを表現している，といえる[45]。

2.2.2　流通手段と支払手段

現代では，日常的な現金取引においては，補助通貨や日銀券（信用貨幣）が流通手段として使用される。企業間の取引は信用売買であるから，商業手形が振り出され，それが銀行で割引されることによって，銀行の当座預金が振り替

---

44) 貨幣は，投下された労働を直接に表現しているとの見解があるが（労働証券説），商品経済では個々の直接の労働は私的労働にすぎず，いぜんとして私的労働と社会的労働は対立しているのであって，労働証券説は成立しない。

45) 本書は，第1章で説明したように投下労働によって価値を規定するが，信用貨幣は商品貨幣ではない「無価値物」であるから，貨幣は投下労働量を支配している，とする（支配労働）。和田豊氏は，「支配労働価値」論を展開したが，不換銀行券制度のもとでの貨幣の機能（価値尺度）として展開すれば，もっと積極的な意義がでてきたのではないだろうか（和田豊『価値の理論』桜井書店，2003年）。

えられる。商業手形が裏書譲渡で流通すれば,商業手形が流通手段として機能したことになり,裏書譲渡のある段階で銀行で割り引けば,手形振出人の当座預金から割引請求者の当座預金に預金額が振り替えられることになる。この場合には,当座預金(預金通貨)は支払手段として機能したことになる。クレジットで商品を購入するときには,個人の預金口座(普通預金)から振り替えて支払われるのであるから,この場合には,預金通貨がやはり支払手段として機能したことになる。電子マネーやSuicaなどは,あらかじめ現金(補助通貨と日銀券)によって購入したもので支払っているようなものであり,トラベラーズ・チェックと基本的には変わらない。当座預金から小切手を振り出して支払うのも,預金の振替に帰着する。

このように現代では,信用貨幣が流通手段と支払手段の機能を果たしている。しかし,商品経済の質的特徴や矛盾はいぜんとして存在するから,流通手段機能と支払手段機能に関連して発生する恐慌の「抽象的可能性」[46]は,いぜんとして存在している。すなわち商品流通は以下のようになるが,

商品 A ── 信用貨幣 ── 商品 B
(価値)　　(価格)　　(価値)
(投下労働)　(支配労働)　(投下労働)

〈商品 A─信用貨幣〉への姿態変換は,商品の価値が信用貨幣の一定額に実現することであり,貨幣のほうからみれば,商品 A に含まれている投下労働を支配したことになる(支配労働)。商品 A にとっては,信用貨幣をどれだけ獲得できるかはいぜんとして「命がけの飛躍」であることには変わりない。貨幣に裏づけられた需要(有効需要)がどれだけ存在するかが,この姿態変換の根本的条件である。つぎの姿態変換〈信用貨幣─商品 B〉において,信用貨幣は一般的等価物として社会的に承認され使用されている貨幣であるから,それは自分の生活なり生産で消費・使用したい商品をいつでも支配(購買)できる立場に立っている。したがってこの姿態変換においては,購買したい商品が供給

---

46) 「恐慌の抽象的可能性の第 1 形態」(実現恐慌の原基形態)と「恐慌の抽象的可能性の第 2 形態」(信用恐慌の原基形態)については,さしあたり,拙著『景気循環論』(青木書店,1994年)第 6 章第 1 節,拙著『経済学原論』(青木書店,1996年)第12章第 3 節第 3 項,参照。

されているかが根本的条件となる。このように現代においても，購買と販売が分離する可能性は商品経済に内在している。現代資本主義が恐慌・景気循環を克服したのではない。

2.2.3 蓄蔵手段（預金と金に二重化）

金本位制では金は耐久性もあり高価であるだけでなく，いつでも銀行券と交換できるから，富の蓄蔵（保蔵）の手段として使われた。現代においても，蓄蔵の手段として金が機能しているといえるが，絶対的な確実性は低下している。すなわち，金の国際価格は変動が激しく，安定した蓄蔵機能が果たせなくなる危険性がある[47]。現代では定期性預金で価値を保蔵しようとするのが一般化している。利子はつくし，預金は保険機構によって安全性が保証されてもいるからである。日本では周知のように，土地神話があり，土地を資産として保有するムードがあったが，バブルの崩壊によって神話は崩壊した。現在では，さまざまな投資信託や，生命保険，年金保険，金融派生商品などが富の蓄蔵方法として活用されるようになったが，投機性があるから価値が減少したり消滅する危険にさらされている。ある意味では，現代は有力な蓄蔵手段が存在しないので，資産の分散化がはかられる時代かもしれない。

2.2.4 国際通貨

金本位制のもとでは，ポンドは金兌換を保証している金為替であり，ポンドが基軸通貨として機能した。第2次大戦後のドル体制は，国際的には中央銀行間の金兌換請求を保証していた間は，ドルは金為替の性格をも兼ねそなえていたといえる。しかし1971年8月にアメリカが一方的に「金・ドル交換」を停止してからは，国際的にも「ドル本位制」となった。ドルは金為替の性格を失い基軸通貨とはいえないが，国際決済（為替媒介機能）にはいぜんとしてドルが

---

[47] 図2-1，参照。金の国際価格（市場価格）はこのように変動が激しいので，金の費用によって金1単位の価格（事実上の価格の度量標準の逆数）の推計が試みられている（たとえば，山田喜志夫『現代貨幣論』大月書店，1999年，第5章）。興味深いが，そもそも金は貨幣用にのみ購入されているのではないから，金の市場価格をもって価格の度量標準とするのには，疑問が残る。

使用されている。世界貨幣は完全に消滅しているが，ドルが主要な国際通貨となっている[48]。すなわち国際的決済は，アメリカの銀行でのドル建て当座預金での振替によって大部分がなされている。具体的には，アメリカの連邦準備制度理事会（FRB）が運営するFedワイヤーによって債権・債務が決済され，ドルが国際通貨として機能する[49]。

2.3 貨幣数量説批判

商品流通に必要な貨幣量はどのように決まるか。事後的にみれば，総価格＝貨幣量×流通速度となる。すなわち，

$$\Sigma q_i * p_i = M * v$$

が成立する（q：商品量，p：価格，M：貨幣量，v：流通速度）。上式の右辺が左辺を規定すると考えるのが貨幣数量説であり，マルクスは逆に考えた。筆者は，マルクスの貨幣数量説批判を支持する。商品世界の必要に応じて貨幣は内生的に供給されるのであって，貨幣量が価格水準を決定するのではない。詳しくは再生産を論ずるときに説明するが，資本の蓄積欲求が基本であり，現代でも，それに応じて信用機構が貨幣を供給する（信用を創造）。銀行が信用を創造しようとしても（貸し付けたくとも），借りる需要がなければ貸し付けられない。現実資本（機能資本が担っている実体経済）側に需要（蓄積欲）がなければ，だぶついた貨幣は日銀の当座預金口座に戻るしかない。上式の価格は，価値（生産価格）と一致しているか，循環的に変動しているか，それとも価値から恒常的に乖離している独占価格であるかについては，ここでは問題にする

---

48) 日本企業の対外債権残高と対外債務残高がどの通貨によって建てられているかをみると，2007年6月末において，債権は，米ドル50.9％，英ポンド5.0％，スイスフラン0.7％，ユーロ22.1％，その他8.3％，円13.1％，となる。債務では，米ドル56.8％，英ポンド2.9％，ユーロ8.8％，その他2.8％，円28.8％，となる。日本企業の資本取引においても，半分近くがドル建てであることがわかる。日本銀行調査統計局『日本銀行統計』2006年度報（2007年秋号）264頁，より計算。貿易では（1992年），外貨建ては，輸出が全産業で44％，輸入が55％である。

49) 松本朗「金融活動と銀行資本―信用と通貨供給の基礎理論」（『立命館経済学』第54巻特別号，2005年10月）137頁。

ことはできない。現実資本の世界が実質的に必要とする価格総額に必要な貨幣量が供給されるのが，資本主義経済の正常な状態である。それ以上に信用貨幣が政策的に投入されれば，そのときにはマネー・サプライが急増し，物価を上昇させる（インフレーション）。マルクスも，そのようなことが起こりえることを「紙幣流通の法則」[50]として言及している。しかし，こうした中央銀行券が強制的に過剰に投入されるのは異常な事態であり，これをもって現代の中央銀行券を国家紙幣と規定したうえで，「紙幣流通の法則」を現代のインフレーションに適用しようとする「貨幣論的インフレーション」論は，誤っている[51]。この説は，貨幣数量説がマルクス経済学のなかに密輸入されたものにほかならない。

商品流通の世界では，貨幣は流通手段とともに，支払手段としても使用される。こうした一般的商品流通に必要な貨幣量は，以下のように規定される[52]。

$$P/v+(Z-Z')/v'-U=M$$

M：所与の期間中に必要な貨幣量，P：価格総額，v：流通手段の流通速度，v'：支払手段の「支払速度」，Z：期限に達した支払総額，Z'：相殺される支払額，U：流通・支払手段として交互に機能する貨幣量。

研究を深めるために
カール・マルクス『資本論』第1巻第1〜3章
久留間健『貨幣・信用論と現代』（大月書店，1999年）
富塚文太郎「貨幣は価値尺度か」（『東京経大学会誌 経済学』No.253，2007年3月）
山田喜志夫『現代貨幣論—信用創造・ドル体制・為替相場』（青木書店，1999年）

---

50) マルクス『資本論』第1巻第3章第2節。
51) 貨幣数量説批判については，高須賀義博『現代資本主義とインフレーション』（岩波書店，1981年）参照。本書の第21章で論じる。
52) マルクス『資本論』第1巻第3章第2・3節，第1分冊，201-203頁，232-233頁。第2巻第4章，第5分冊，177-178頁。マルクスは第2巻第17章「剰余価値の流通」において，追加された（拡大された）剰余価値を実現させる追加の貨幣を取り上げ，それは流通貨幣分量の節約，蓄蔵貨幣のプール，金の追加生産によって供給されるとしている。流通に必要な貨幣量は，結局蓄蔵プールによって調整されるのがマルクスの世界であるといってよい。また，流通貨幣量と金生産の関係について，「貨幣に転化しなければならない追加諸商品が必要な貨幣額を見いだすのは，他方で，諸商品に転化しなければならない追加の金（および銀）が，交換によってではなく生産そのものによって流通に投げ入れられるからである。」（第6分冊，545頁），ともいっている。

第3章 資　本

　前章までの商品・貨幣の世界は，生産者が生産手段を所有していた。そして，私的所有下の社会的分業であったから，労働生産物は商品化せざるをえなかった。こうした商品経済化は現在いっそう進展している。しかし，新古典派の「マーケット・エコノミー」論は，ここまでしかみていない。資本主義経済は単なる商品経済（市場経済）一般ではない。資本主義になって商品経済は全面化したが，それは資本制商品経済であり，資本が主体となっている商品経済である。そこでは労働生産物だけでなく，それを生産する労働能力（労働力）も商品化している。その歴史的前提は，生産手段を排他的に独占している資本家階級と，生産手段から排除され労働力しか所有できない賃金労働者階級とに，階級分裂していることである。この「資本＝賃労働」という生産関係が歴史的に成立していく過程が本源的蓄積であり，グローバルにみれば，発展途上国や「旧社会主義体制」が崩壊したソ連・東欧においては現に進行している。労働力しか所有しない賃金労働者は労働力を売り（被雇用），受け取る売買価格である賃金でもって生活していかざるをえない。ここに労働力が商品化する必然性がある。

3.1　資本の定義：価値増殖する運動体

　単純商品流通における最初の姿態転換は販売であり，つぎの姿態変換は購買である。この順序を逆にした運動（経済行為）が，資本の端緒的姿である。二つの流通を比較してみよう。

　Ⅰ　商品A―貨幣―商品B
　Ⅱ　貨幣―商品X―貨幣

　Ⅰ式は，貨幣を媒介とした商品の質（使用価値）の転換が目的となっている。いいかえれば，新しい使用価値の獲得がこの経済行為の動機となっている。Ⅱ

図3-1 資本の循環範式

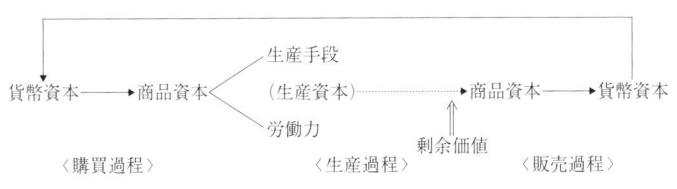

```
        ┌─────────────────────────────────────────┐
        │               生産手段                    │
貨幣資本──→商品資本〈     (生産資本)……→商品資本──→貨幣資本
                    労働力        ↑
                              剰余価値
  〈購買過程〉        〈生産過程〉        〈販売過程〉
```

式は，貨幣から貨幣に復帰するのであるから，質の転換ではなく量が問題となる。しかも，量が増えなければ意味のない経済行為である。この世界こそ資本の世界である。先取り的に資本の価値増殖運動を示しておこう。Ⅱ式を正確に表現すれば，図3-1のようになる。貨幣や商品や生産要素は資本の価値増殖運動（資本循環）のなかに投じられているから，貨幣資本・商品資本・生産資本となっている。購買の過程は金貨幣であれば等価交換であるが，信用貨幣での購買であるから，投下労働量を支配する権利のある象徴（社会的に承認されている一般的等価物）から，投下労働（価値）を体現している商品への姿態転換，と考えればよい。販売過程は，新生産物に移転された労働（移転価値）や新たに投下された労働（新価値）が，貨幣が金貨幣であれば等価での姿態変換であるが，信用貨幣であれば，再度投下労働を支配する権利のある象徴たる信用貨幣に，価格として実現する姿態転換と考えればよい。それ固有の内在的価値をもたない信用貨幣のもとでは，「自己増殖する価値の運動体」として資本を定義することはできない。しかし，商品資本や生産資本に体現している価値（投下労働）は価値増殖しているのであり，また，貨幣もそれが支配する（交換される）労働量が増殖している。このように「価値増殖」を定義して，「自己増殖する価値（投下労働量）の運動体」として資本を定義しておこう。

3.2 価値増殖過程（剰余価値のマクロ的規定）

第1章第4節（1.4）の価値形成過程で説明したように，価値の体系は以下のようになった。

$\varepsilon F_1 t_1 + R_1 t_2 + L_1 T = X_1 t_1$
$\varepsilon F_2 t_1 + R_2 t_2 + L_2 T = X_2 t_2$

$$\varepsilon F_3 t_1 + R_3 t_2 + L_3 T = X_3 t_3$$

この商品生産の世界では，形成された価値はすべて独立商品生産者が取得し，生活や再生産に使用する。価値は形成されたが，生産者が取得した。いまや価値増殖の世界である。労働手段(F)と労働対象(R)は資本家階級が所有し，労働力(L)は賃金労働者階級が提供する（労働力を販売する）。いまや，図3-1に突如登場していた剰余価値（増殖分）を説明しなければならない。賃金労働者が受け取る貨幣賃金率で取得できる生活手段の量を実質賃金率 (ω)[53]としよう。上の3式を合計して，賃金労働者が消費する生活手段 $\langle \omega (L_1+L_2+L_3) t_3 \rangle$ を控除すれば，つぎのようになる。

$$\{X_1 - \varepsilon (F_1+F_2+F_3)\} t_1 + \{X_2 - (R_1+R_2+R_3)\} t_2 + \{X_3 - \omega (L_1+L_2+L_3)\} t_3$$
$$= (L_1+L_2+L_3)(T - \omega t_3)$$

まず左辺を見よう。第1項は，次期の追加的労働手段に回すことができる労働手段であり[54]，余剰労働手段と呼ぼう。第2項は，次期の追加的労働対象に回すことができる労働対象であり，余剰労働対象と呼ぼう。第3項は，直接働いた賃金労働者階級以外の諸階級が搾取し消費する生活手段であり，余剰生活手段と呼ぼう[55]。余剰労働手段と余剰労働対象と余剰生活手段をあわせて，サープラスという。右辺の $(T - \omega t_3)$ は次項で説明するが，1人の労働者が生産した剰余価値であるから，右辺は生産された剰余価値総額である。したがって，剰余価値を社会全体の再生産論の視角からマクロ的に定義すれば，サープラスにそれぞれの価値を掛けたものが総剰余価値であることになる。賃金労働者階級が生産したサープラスが，剰余価値したがって資本の価値増殖の源泉であることが明白になった。

---

53) 複雑労働力の再生産のためには，単純労働力の再生産に必要な生活手段量 (ω) の数倍必要とされると仮定する。複雑労働力と単純労働力，「直接的生産過程」の労働力と「間接的生産過程」の労働力の再生産を分離して，計算することもできる。現代の労働過程の変化については，第5章の労働過程論において考察する。

54) 単純再生産がつづいている経済の場合には，労働手段の現物補填と減価償却する労働手段が一致する。拡大再生産がつづいている経済では，補填部分の一部が追加的労働手段になる。

55) 階級社会でなければ，余剰生活手段は直接働かなかった人々を養うために分配される。

3.3 労働力商品の特殊性と剰余価値生産

　価値形成・増殖過程における「生きた労働」部分である LT を考察しよう。この部分は新しく形成された価値であるが，賃金（ωt_3）と剰余価値（$T-\omega t_3$）とにどのように分割されるのか。商品一般に価値と使用価値があるように，労働力商品にも価値と使用価値がある。労働力商品の価値とは，具体的には労働力の売値たる賃金として現象するが，それは次世代の労働力の養成を含めた労働力の再生産費用である。労働者家族の平均的な生活費であり，生活上必要不可欠な衣・食・住はもちろん，レジャーや文化・娯楽費用も含まれる。こうした労働力再生産のために消費する生活手段やサービスの量（賃金財バスケット：ω）は，労働者階級の闘争の成果もあって時代とともに増大してきたといえる。また，現代では労働力再生産機構は複雑化しており，税金や社会保障が入り込んでいる。国家の政策に，労働者階級も関与せざるをえなくなってきた。さきの世代の生活費たる年金は，今の世代の賃金から支払うべきなのか，剰余価値で負担すべきなのかが問題となるが[56]，少なくとも現代では，単に企業から受け取る賃金だけで労働力が再生産されるのではなく，賃金から控除される税金とその配分（所得再配分）も含めて規定されなければならないことを指摘しておこう。原理的には，賃金財バスケットに価値を掛けたものが労働力商品の価値となる。

　労働力商品の使用価値の消費とは，労働者に一定の条件（賃金水準や労働条件など）で労働させることである。したがって，労働力商品の使用（消費）によって，まったく新しく価値が形成される。新しく1人当たりが形成した価値（投下労働）は，労働時間 T である。この新価値から労働力の価値を控除した残り〈$T-\omega t_3$〉は，剰余価値と規定される。労働力商品は，商品交換のルールにのっとり「等価交換」（労働力の価値に照応した貨幣賃金の支払）であるが，購入した商品の使用価値の享受（有用効果の取得）は商品購買者に属するように，労働力商品の使用価値の消費効果たる新価値全体を資本家階級が取得

---

[56]　さしあたり，馬場宏二『もう一つの経済学』第二部第6章「世代間移転の経済学」，参照。

図3-2 労働力商品の価値と使用価値（剰余価値）

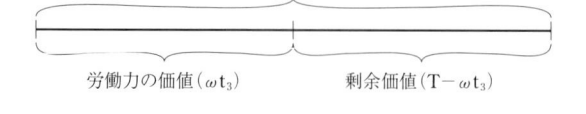

労働力商品の使用価値の消費（生産）＝新価値の形成（T）

労働力の価値（ωt_3）　　剰余価値（$T-\omega t_3$）

する。剰余価値も資本が取得することになるが，直接生産した労働者の所有とならずに資本家の所有となってしまっているので，マルクスは搾取と規定した。以上の労働力の価値・新価値・剰余価値の関係を図で示せば，図3-2のようになる。

3.4 不変資本と可変資本

すでに価値形成過程（第1章第4節）のところで説明したように，労働手段や労働対象といった生産手段の価値は新生産物に移転した。移転することによって価値が維持されるともいえる。新しく投下された労働（「生労働」）は新価値を形成した。これを価値増殖する資本の側からみれば，投下資本全体（投下貨幣資本）は二つに区分される。生産手段に投下される資本部分は，価値が移転し維持されるが増殖はしないので，不変資本（C）と規定される。労働力の購買に投下された部分は，剰余価値を含んだ増大した価値（新価値）を生みだした。したがって，この資本部分は価値が増大（増殖）するので，可変資本（V）と規定される[57]。剰余価値をMと表現すれば，商品の価値は

　　C＋V＋M＝W

と表現される。MとVとの比率を剰余価値率（搾取率）と呼び，労働時間で表現すれば，Vは労働力を再生産するのに必要な生活手段を獲得するための労働であるから，必要労働（時間）と呼び，M部分は資本家のために働く剰余労働（時間）と呼ぶ。

　　剰余価値率(搾取率)＝剰余価値／可変資本
　　＝剰余労働(時間)／必要労働(時間)

となる。

---

[57] この資本区分は価値形成・増殖過程での違いによるが，回転上の区別として流動資本・固定資本の区分が新たにでてくる。後者については，資本の流通過程を考察する第6章で説明する。

3.5 剰余価値増大の方法

剰余価値率を上昇させ，したがって剰余価値を増大する方法は，①労働日(T)の直接的延長，②労働力の価値(ωt_3)の低下，③労働密度（強度）の強化，である。①の方法は，労働時間を直接延長することである。②の方法は，生産力を高めて，直接に労働力を再生産するのに必要な生活手段を安く生産する新技術を導入するか，生活手段に投入される生産手段に新技術を導入して間接的に生活手段の価値を低下させることである。③の方法は，労働の密度を高める（ノルマを高くして猛烈に働かせる）ことであるが，結果としては労働時間を延長したことになる。マルクスは，労働時間の延長と労働密度の強化による剰余価値増大を絶対的剰余価値の生産と呼んだ。生産性を高めて労働力の価値を低下させて剰余価値増大をはかることを，相対的剰余価値の生産と呼んだ[58]。しかし，相対的剰余価値と絶対的剰余価値の2種類が存在しているのではない。マルクス自身，剰余価値は絶対的であると同時に相対的であるといった[59]。すなわち，賃金労働者が働く（提供する）労働時間を基準としてみれば，剰余価値が存在するためには，労働力の価値がそれ以下となるような一定の生産力水準が前提とされていなければならない。そうして生産力水準が達成されているということは，相対的剰余価値としての性格をもつことになる。逆に，一定の労働力の価値水準を基準としてみれば，労働者にそれを超える労働を強制しなければ剰余価値は生産されない。これは労働日が延長されることを意味し，絶対的剰余価値の生産とみなせる。このように現実の剰余価値は，相対的であると同時に絶対的なのである。

現代では，国家の労働政策や，国際的労働機関の勧告や，国際的労働運動の成果として，労働時間が短縮化する傾向にある。その意味ではマルクスの予言が一部実現してきたともいえる[60]。だから現代では，労働時間を簡単に延長することは困難になっているといえる。もちろん剰余価値生産の欲望の牙をむく

---

[58] マルクス『資本論』第1巻第10章。
[59] 同上書，第1巻第14章。
[60] 第1章の注31，参照。

資本は，不況や長期停滞の時期には，労働者を解雇し，雇用する労働者の労働時間を延長してきた。しかし国際的な労働基準にもとづけば，労働日の延長に対しては割増賃金を資本は支払わなければならない。それでも資本はサービス残業を強制し，残業手当を支払わないこともたびたび生じている。異常な経済状態のときには，資本のこうした論理は貫徹するが，正常な労使関係が成立していれば，労働日の延長による絶対的剰余価値生産は今日では困難になっているといえる。

　生産力を高めて労働力の価値を低下させるやり方は，現代にまで貫徹してきた資本の常套手段である。しかし同時に，労働者階級の運動の成果として，実質賃金率は歴史的には上昇してきたといえる。現代の独占的大企業の労働組合は，実質賃金率の確保を目標にできるほど成長してきた。したがってこうした賃上げ闘争が成功すれば，賃金財バスケットは拡大していくことになる。このように，賃金財バスケットの量的拡大と，価値の低下との相対立する力が作用しているといえる。労働者階級と資本家階級との階級闘争によって，労働力の価値は歴史的には決定されていくだろう。③の労働強化は，今日非常に重要になってきた。無制限的な労働日の延長や実質賃金率切下げが困難になってきたからこそ，資本は表面的な労働時間と実質賃金率を維持させながら，労働を強化して実質的に労働時間を延長する誘惑に駆られてきた。それが労働者の創意と工夫を引きだすという名目のもとでのフォーディズムでありトヨタ式生産方法である。労働者は積極的に企業の生産性向上に協力し，企業の成長の分配を賃上げとして獲得しようとしてきた。しかし，労働の質を問うてみなければならない。はたして労働疎外を強めてはいないか。労働密度の強化，したがって生活を犠牲にしてまでの猛烈な労働を強制されていないか。日本でも問題視されるようになってきた「過労死」とか「過労自殺」の増加は，現代では労働強化が進んでいることを物語っている。

研究を深めるために
マルクス『資本論』第1巻第3・4・5篇
『資本論体系』3（富塚良三・服部文男・本間要一郎編「剰余価値・資本蓄積」有斐閣，1985年）

第4章　システムとしての資本制商品経済

　第1～3章において，商品・貨幣・資本を説明したので，それらを一つの特殊・歴史的システム（体制）として総括しておこう。

　第3章第1節（3.1）で考察したような資本の循環運動（価値増殖運動）こそ，資本主義経済の基本的な運動形態である。しかし，商品経済の自己展開として資本が成立したのではないように[61]，この資本循環も，経済的に自立して自己展開できるのではない[62]。たしかに資本主義の確立は二つの「ジリツカ」によって達成される。本源的蓄積期に国家は直接に経済過程に介入して，「資本＝賃労働」という生産関係（階級関係）の形成を暴力的に支援した。マルクスは，国家は生まれでる資本主義の「助産婦」の役割を果たし，資本家のルーツからは「血と汚物」が滴り落ちている，と表現した[63]。しかし，産業革命を経て機械制大工業が成立し産業資本が勝利すると，経済過程は民間の自由な営利活動に任せたほうが調和と発展をもたらすとするアダム・スミスの思想が支配するようになる。資本主義の国家からの経済的な「自立化」である。しかし，国家なしに資本主義が完全独立したのではまったくない。国家はマルクスのいうように，「ブルジョア社会の総括者」であるとともに，国民経済として成立した資本主義の対外活動は，国家の政治的・軍事的・外交的権力に依存せざるをえない[64]。

---

61) マルクスは「貨幣の資本への転化」を論じているが，この転化は歴史的な転化ではなく，すでに確立した資本主義分析上の論理的展開と理解すべきである。マルクスの分析対象は確立した資本主義であり，商品経済における価値形成過程が，「資本＝賃労働」関係をすでに前提とする資本制商品経済に上向すれば（論理次元を上向すれば），価値増殖過程になる。その世界において貨幣を再考察すれば，資本に転化していることになるのであり，貨幣論における貨幣が自己展開して資本になるのではない。

62) たしかにマルクスは，自然法則のように必然的に作用する運動法則を明らかにしている。しかし同時に，資本という物象化した主体が現実の競争の世界では人格によって担われ，それは生々しい血と肉と頭脳と感情をもった人間の演じる階級闘争であることを，ひとときといえども無視などしていなかった。

63) マルクス『資本論』第1巻第24章第6節，第4分冊，1300-1301頁。

64) 詳しくは，国家論のところで説明する（第24章第1節）。

こうした国民経済として成立したことを無視して，あたかも資本ははじめから世界的存在であったかのように考えるコスモポリタン主義は，観念的幻想にすぎない。

二つ目の「ジリツカ」とは，景気循環運動が自律的に展開して，恐慌が資本主義経済内部の諸矛盾にもとづいて周期的に発生することによって，産業予備軍が景気循環をとおして確保されるようになったことである。歴史的に形成された「資本＝賃労働」関係を基礎とした剰余価値の生産，蓄積，資本循環，景気循環によって，資本自らの力で「資本＝賃労働」関係を再生産できるようになった。

このようにして資本主義は確立したが，資本の循環運動は単独で自己貫徹することができるのではない。

4.1 資本主義システム

4.1.1 「資本＝賃労働」関係の再生産

第3章第1節 (3.1) で考察した資本の循環運動（価値増殖運動）の背後において，「資本＝賃労働」関係が再生産されている（図4-1）。賃金労働者は労働力商品を所有しているが，それを資本家に売って賃金を受け取る[65]。受け取った賃金で生活手段を購入し，それを消費して労働力を再生産する。賃金労働者は賃金労働者として次期に再登場する。

賃金労働者の側では，
労働力→貨幣賃金の受取→生活手段の購買→生活手段の消費→労働力の再生産
が繰り返される。資本家は，金利生活者のように働かずに利札を切って生活するのではない。資本家なりに賃金労働者を指揮・監督・管理し，購買・生産・販売過程において価値増殖機能を担っている。

働く能力を労働力としたように，資本機能を果たしているという意味において，この能力を機能資本家になぞらえて「機能力」と呼んでおこう。労働力に

---

[65] 生産過程で労働する前に賃金が「前払い」されるか，生産が終わってから賃金が支払われるのか（「後払い」）。マルクスは蓄積論では「後払い」で，再生産論では「前払い」で論じている。本書では一貫して，「賃金前払い」を前提とする。

第4章　システムとしての資本制商品経済　65

図4-1　資本主義システム

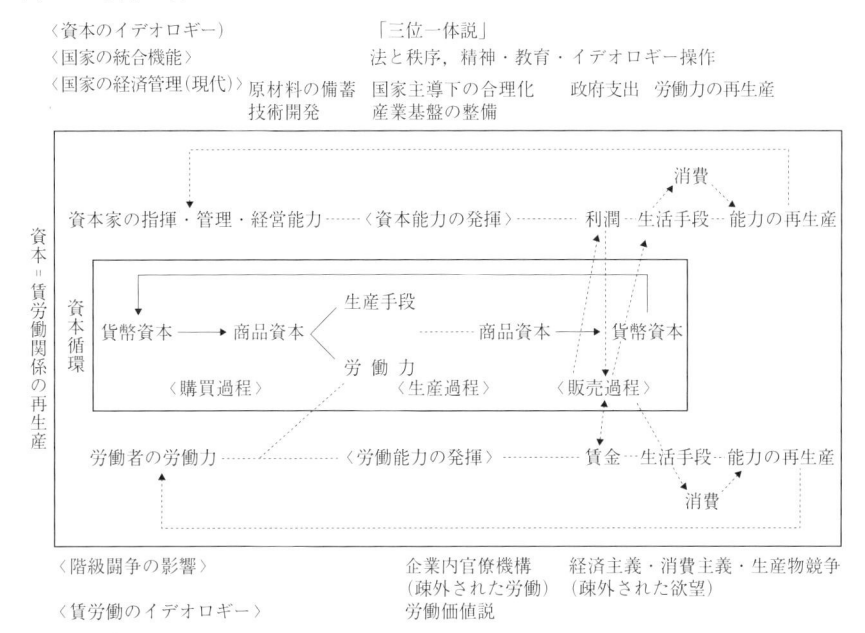

〈資本のイデオロギー〉　　　　　　「三位一体説」
〈国家の統合機能〉　　　　　　　　法と秩序，精神・教育・イデオロギー操作
〈国家の経済管理(現代)〉原材料の備蓄　国家主導下の合理化　　政府支出　労働力の再生産
　　　　　　　　　　技術開発　　産業基盤の整備

```
                                                    消費
資        資本家の指揮・管理・経営能力 ─── 〈資本能力の発揮〉 ─── 利潤─生活手段─能力の再生産
本
＝     資本 ┌─────────────────────────────┐
賃     循環 │              生産手段                │
労        │   貨幣資本 → 商品資本 <      商品資本 → 貨幣資本 │
働        │              労働力                  │
関        │   〈購買過程〉     〈生産過程〉    〈販売過程〉   │
係        └─────────────────────────────┘
の
再        労働者の労働力 ─── 〈労働能力の発揮〉 ─── 賃金─生活手段─能力の再生産
生
産                                                  消費
```

〈階級闘争の影響〉　　　　　　　　企業内官僚機構　　経済主義・消費主義・生産物競争
　　　　　　　　　　　　　　　(疎外された労働) 　(疎外された欲望)
〈賃労働のイデオロギー〉　　　　　労働価値説

出所：拙著『経済学原論』(青木書店，1996年) 177頁より引用。

対して「資本力」と呼んでもよい。生産され実現した剰余価値（利潤）の一部を個人消費に回し，もって資本家としての人間を再生産することによって，「機能力」を再生産していることになる。

資本家の側では，
「機能力」→剰余価値の獲得→その一部の支出→生活手段(奢侈品)の購買→生活手段の消費→「機能力」の再生産
が繰り返される。資本家も資本家として次期に再登場してくる。次期の冒頭（期首）においては，賃金労働者と資本家は前と同じ立場で再登場する。このようにして，「資本＝賃労働」という人格関係（階級関係・生産関係でもある）が再生産される。いいかえれば，資本循環の背後で生産関係が再生産されていることになる。しかも剰余価値の残りが追加的な資本に転化（資本蓄積）する拡大再生産の場合には，「資本＝賃労働」関係は拡大・深化して再生産される。この点は，資本蓄積の傾向を論じるところで考察しよう（第23章）。

4.1.2 階級闘争（労使関係）

　資本の循環過程は，購買過程—生産過程—販売過程となるが，それぞれの過程において賃金労働者と資本家は闘争（対立と協調）している。まず購買過程においては，労働力商品の売り値である賃金の大きさをめぐる交渉がおこなわれる。現代では，労働組合がない場合には個々の労働者と経営陣としての資本家が個別に交渉するが，労働組合がある場合には団体交渉によって賃金水準が決定される。日本の場合，大企業労働者は毎年の産業別労使交渉によって決まり，団体交渉権を剥奪されている公務員の場合には，人事院勧告によって決まる。賃金の基本形態は基本給と一時金（ボーナス）であり，前者は「年功賃金」に，後者は「能率給」に近い。さらに，労働力の再生産のところで指摘したように，現代では税金と社会保障が労働力再生産に深くかかわっている。労使の賃上げ闘争はその意味でも，全国的な政治闘争と絡み合っている。

　労働力商品の消費過程である生産過程においては，労働者は労働を強制されている。それは労働本来の創造的・主体的活動ではなく，資本家の指揮・監督・管理のもとで，しかも利潤（剰余価値）を生む商品の生産が運命づけられている。労働者が主体的に生産物の種類と質を決めることはできない。はじめから買われた労働力として労働せざるをえない立場にある（労働疎外の第1段階）。それでも労働者は健康と生命を守るために，労働条件や安全性や衛生の確保のために資本家と交渉しなければならない。現代では，さまざまな職業病の救済と対策をめぐって闘争が展開される。しかもつくりだした成果たる生産物は自己所有とはならず，資本家の所有物となってしまう（労働疎外の第2段階）。さらに，蓄積論で考察するが，剰余価値のうち蓄積される部分は，新資本として労働者を疎外し搾取する主体として登場する（疎外の第3段階）。それでも労働者は生きた生身の人間であるから，生産過程における労働条件の向上をめざして闘争する。

　商品の販売過程においては，労働者は資本が所有する生産物の購買者として登場する[66]。消費する生活手段は，販売と増殖（利潤獲得）を目的として生産されたものであるから，健康を害するような有害食品や粗悪品をも消費せざるをえない。さらに現代では，独占資本の意図的な広告・宣伝活動によって潜在的欲望がかき立てられる。消費者ローンの発展によって，潜在的欲望が有効需

要化する[67]。消費者主権が確立しているのではなく，消費は生産者（企業）によってつくりだされているのである。労働が疎外されていたように，欲望も疎外されている。だから，本来の人間生活に役立つような商品を消費しようとする，さまざまな消費者運動が起こってくることになる。労働者であるとともに，消費過程においては資本主義社会を構成する市民でもあるから，労働者も市民として，自分たちが生産し消費する商品を監視しチェックせざるをえない。現代では，市民運動，消費者運動，生活者ネットワーク，生協運動，協同組合運動などが，有害商品や虚偽表示の商品を生産する企業を「包囲」し，本来的生活の論理（市民の論理）によって，横暴な資本の利潤追求運動（市場至上主義）に支配されている市場を「埋め込んでいく」ことが重要になってきた。この面でも労働者階級は，市民としてさまざまな市民運動との連帯を追求していかなければならない。

4.1.3 資本循環と国家

現代では国家は，資本循環の全局面に「介入」してくる。貨幣資本の貸付・返済（信用関係）には，序章でみたように中央銀行の金融政策によって「介入」し，信用関係を調整し，経済の安定化をはかる。機能資本の購買過程においては，国家は資本が調達すべき生産手段や労働力を「提供」する。すなわち，産業政策によって戦略的に重要な資源（石油やウランなど）は国家が備蓄しておき，またさまざまな公教育によって優秀かつ従順な労働力の養成を指導・管理する文教政策を実行する。生産過程においては資本の生産費用を低下させるために，さまざまな公共政策を実施して，産業基盤を整備し安く提供する。産業構造を転換するために国家指導（行政指導）もおこなわれる。商品の販売過程において国家は買い手として登場する。さまざまな財政支出がそれにあたる。

---

66) 賃金はコスト効果と需要効果の対立した二面性をもっているが，購買者としての労働者としてみれば資本は賃金が高いほうがよい（需要効果）。賃金は一定の搾取率（剰余価値率）を維持できる範囲内にあることが必要となるが，資本蓄積は賃金をその範囲から逸脱させてしまう傾向がある。詳しくは，景気循環・恐慌および利潤率の長期動向を論ずるところで説明する（第19章，第22章）。

67) アメリカの制度学派のガルブレイスは，この関係を「依存効果」と呼んだ。ジョン・ガルブレイス著，鈴木哲太郎訳『ゆたかな社会（第3版）』（岩波書店，1978年）。

公共投資などは国家の購入であるとともに、産業基盤の整備でもあり、また資本にとっての運送コストの節約ともなっている。

　以上は、資本循環過程の国家による経済的組織化である。国家は、前項でみたような階級闘争にも「調停者」として介入している。労働力の購入過程では、その売り値たる賃金水準をめぐって攻防が繰り広げられるが、現在の日本では、独占的大企業の賃金は産業別・企業別に春闘として団体交渉によって決定される。国家はこの交渉過程の調整者として行動したし（中央労働委員会の調停）、公務員の場合には団体交渉権が剥奪されているから、人事院という国家機関の勧告によって決定される。生産過程においては、労働時間や労働環境（安全性や衛生）をめぐってやはり攻防が繰り返される。国家は、現代では労働時間の短縮や残業の規制などを指導するし、酷使（過労死や過労自殺やさまざまの職業病）を監督し、被害者の救済をする（労働基準法の遵守、厚生労働政策）。また国際的な労働機関 ILO によって、国内の労働政策が勧告・規制されている。商品の販売過程においても、消費者としての労働者は、有害商品や公害の発生に対して企業を内部告発する場合もある。国家（司法）が判決によって、資本に賠償や欠陥商品のリコールの強制や公害被害者の救済を強制する場合もある。このように国家は、労使の階級闘争の次元においても、あるときは資本に有利なように、あるときには労働者保護の立場から調停に乗りだしている。

4.1.4　資本循環とイデオロギー

　資本の価値増殖を実際に担っているのは生身の人間である以上、資本循環と思想やイデオロギーは無関係ではない。資本の論理に有利なような経済学が誕生するとともに、資本主義のもとでの労働者階級の貧困化を批判し、社会主義の必然性を根拠づける経済学も生まれてきた[68]。国家もこの過程に、教育政策や国民統合スローガンを掲げて介入してくる。その手段がマス・メディアであり、それを使って世論の形成や操作がなされている。このように、国家は経済

---

[68]　近代経済学は「資本＝賃労働」にもとづく搾取を排除した体系になっているから、その基本的性格は資本主義経済の擁護となる。労働価値説の伝統を継承して、社会主義の根拠（必然性）を科学的に与えたのが、マルクスとエンゲルスにはじまるマルクス経済学である。

過程だけでなく，階級関係や政治や社会や思想・イデオロギーにいたる社会システム全体を組織化し管理しようとしている[69]。けして新古典派が想定するような，国家や社会を排除した企業の自由だけで成立している経済社会ではない。

4.2 人格の物象化と物象の人格化

第1章でみたように，商品生産者同士の社会的分業上の生産と消費の関係が，商品と貨幣との物象的関係に転倒していた。商品生産者同士の関係は商品に物象化し，その経済的範疇たる商品という社会関係の担い手としてのみ，商品生産者は登場した（物象の人格化）。それによって一般の人間には，商品は生まれながらに謎的性格（物神的性格）をもってあらわれてくる。商品生産者たちは物神崇拝に囚われる。商品となりえない生産物は無価値だというような商品崇拝である。貨幣が金であったときには，金は生まれながらにして商品を支配できる全能の神のように現象し，拝金主義に人々は囚われるようになる。

こうした物象化による物神性・物神崇拝は，資本制商品経済のもとではいっそう激しくなり，かつまた新たな展開をする。詳しくはそれぞれの章で説明するが，マルクス『資本論』の偉大さは，本質関係が物象化し転倒して現象する世界の必然性（根拠）を解明している点にある[70]。

資本の生産過程では，協業や分業による「結合労働」が，生産方法を改善した「資本の生産力」として転倒して現象してくる。また，労働力商品の価格たる賃金が労働時間全体で生産される生産高（量）に応じて支払われることに囚われて，賃金は投下した時間全体に支払われるかのように現象してくる（賃金の労働の価格化）。「資本の生産力」化とともにこの「労働の価格化」は，所得の源泉を生産要素によって説明する「三位一体」説の布石となる。

資本の流通過程においては，資本の回転運動が新たに考察されるが，一度の

---

[69] こうした国家の介入は，国家の果たすべき「社会統合」機能から必然化する。詳しくは，現代の支配体制である金融寡頭制を論ずるときに説明する（第24章）。

[70] 『資本論』を物象化の視点から解明した書物として，広松渉編『資本論を物象化論を視軸として読む』（岩波書店，1986年）。『資本論』における物象化論を体系的にかつ平易に解説した文献として，高須賀義博「経済的『三位一体範式』の解剖」（『経済研究』1987年1月）。

回転によって全価値が生産物に移転し回収・補塡される資本部分（流動資本）と，一度の回転によっては価値の一部分しか回収されず，数回ないし数十回の回転によって全価値が回収・補塡される部分（固定資本）に，区分される。こうした回転上の違いにもとづく資本区分は正しいのであるが[71]，それのみに囚われて，利潤は回転から生まれてくるように意識され，可変資本（労働力）と不変資本（生産手段）の価値形成・増殖過程での根本的な区別が消滅してしまう。

　資本の総過程における資本家同士の競争の世界に上向すれば，資本家の関心は投下した資本がどれだけ増殖するのかにあるから，剰余価値は投下した資本全体の成果として意識される（剰余価値の利潤への転化）。もはや，賃金労働者が生産し資本家が搾取した剰余価値の本質が消え失せてしまう。この利潤が競争によって平均利潤に転化するから，資本は平均利潤を獲得することができるという追加的使用価値をもつことになり，資本そのものが売買され（貸し付けられる），その価格として利子が生まれ，利子生み資本が誕生する。資本所有自体が利潤をもたらす擬制資本の世界が全面化する。株式会社が登場してくれば，株券や社債という配当請求権や利子請求権が独立化して，やはり擬制資本に転化する。資本が土地を包摂し（契約による借地），近代的地代が発生すれば，それを利子率で還元した土地価格が成立，土地も商品化される。本質が隠蔽され転倒して現象してくる極地は，「三位一体」範式の世界である。労働力・生産手段・土地という生産の三要素が，あたかも生産に平等に貢献しているかのように説明し（限界生産力均等の法則），その所有者たちに賃金・利潤・地代という所得をもたらす，と説明する。賃金労働者が生産し搾取された剰余価値が分配されたという本質関係が完全に消え失せて，資本や土地が価値を生産するかのような誤った所得理論が誕生する。

　資本の本質である剰余価値生産と蓄積（価値増殖運動）は，第1節でみたように，階級闘争・国家・イデオロギーに媒介されながらダイナミックに貫徹していく。その人格的担い手は現代では個人資本家ではなく，株式会社形態の法人であるが，その果たす物象的機能は価値増殖である点には変わりはない。現

71）　アダム・スミスの資本区分は，この観点からなされている。

代ではいっそう資本の活動領域が拡大し，また，純化してきていることを指摘しておこう。さらに，第2節で簡単に考察したように，物象化した資本循環の運動は，さまざまに転倒した物神的性格（「虚偽意識」）を生みだしていた。この「虚偽意識」に囚われた思想とそれを批判する思想，資本主義を弁護しようとするイデオロギーとそれを根底的に批判するイデオロギー，資本主義を弁護しようとする経済学（マルクスは俗流経済学と蔑視した）と，資本制生産様式の廃棄による労働者階級の解放と，階級なき社会（「自由人の連合体」・アソシエーション・共産制社会）を展望する経済学が誕生してきた。こうした思想・イデオロギー・経済学を資本主義は生みだしながら，またそれらに逆規制されながら，鉄の必然性のように経済法則が貫徹し，現代にいたっているのである。

研究を深めるために
マルクス『資本論』第3巻第48章，第50章
広松渉編『資本論を物象化論を視軸にして読む』（岩波書店，1986年）

第 5 章　資本の生産過程

5.1　現代の生産様式

　資本制生産（様式）は，超体制的（超歴史的）な普遍活動である労働過程（「自然と人間との物質代謝過程」）を，価値増殖過程（剰余価値生産過程）として実現してきた。剰余価値の生産が目的であり，生産力の発展はそのための手段となっている。まず最初に，生産力の発展と，その現段階の特徴を明らかにしておこう。

5.1.1　戦後の科学 = 産業革命

　戦後の科学技術革命は，第 3 次産業革命[72]とか科学 = 産業革命[73]と呼ぶのが適切である。もともとコンドラチェフ長波の原因との関連において，技術革新と長波との関係が研究されてきた。長波の原因論としての技術革新の問題はさておき[74]，革新的技術革新（イノベーション）が間歇的に集中化（群生化）して発生してきたことは，歴史的事実である。マルクスも資本主義（資本制生産様式）が歴史的に生産力を発展させてきたことに注目した経済学者であり，生産様式の変化として，マニュファクチュア（工場制手工業）や機械制大工業の実態を細部にわたって研究した。

---

72) アーネスト・マンデル著，飯田裕康・的場昭弘訳『後期資本主義』第 1 ～ 3 分冊（柘植書房，1980～1981年）第 6 章において，エネルギー源の革命を基準として，第 1 次産業革命は蒸気力，第 2 次産業革命は石油（内燃機関）と電気，第 3 次産業革命を原子力の時代としている。

73) 都留重人『体制変革の展望』（新日本出版社，2003年），Ⅲ二「資本制社会の変革をめざして」（244頁）によれば，こうした呼び方と分析内容の影の著者はポール・スウィージー（*The Scientific-Industrial Revolution*, Model, Roland & Stone, 1957）であったという。

74) 技術革新とコンドラチェフ波動との関連にかんする論争については，加藤雅『景気変動と時間―循環・発展・長期波動』（岩波書店，2006年）が詳しい。

第2次大戦中から戦後にかけて群生した革新的技術は，原子力・航空宇宙技術（エアロノスティックス）・オートメーション・エレクトロニクス・合成物質であった，とするのが一般的に受け入れられている。どれも，第2次世界戦争に勝つための軍事技術の開発として着手されたところに，大量破壊の危険性をはらんでいたし，その後大幅に改善された現在の技術革新も，基本的には戦後の革新的技術の延長線上にあるといえる。たとえば，情報通信革命（IT）は，エレクトロニクスを応用したコンピューターと航空宇宙技術を応用した人工衛星とを結合したものであり，バイオ・ケミカルやナノテクの世界は合成物質の発展した姿といえる[75]。こうした戦後の科学＝産業革命のもっている基本的性格と，その資本制的導入の限界（問題）についてはのちほど述べることにして，こうした生産力の飛躍的発展は，資本主義経済の利潤原理（価値増殖運動）そのものによって推進されていることをまず確認しておこう。

　マルクスは，社会主義そして理想社会とする「自由の王国」を準備する生産力の飛躍的発展をもたらすことを，資本主義の歴史的使命とした。しかし直接的には，生産力を発展させること自体が資本主義の目的ではなく，あくまでも剰余価値を生産させ搾取する手段となっている。個別資本の競争の世界は，発明された新技術を産業に導入して費用を個別的に低下させれば，それに成功した資本は特別の利潤（特別剰余価値）[76]を獲得することができる。新技術導入に遅れた資本は，市場価格の低下に直面して利潤減少に直面するから，競って新技術の採用に走る。かくして，新技術は急速に導入され，やがては一般的に普及して，新技術が標準的な技術に変化していく。従来の標準的技術は，陳腐化した限界的技術に追いやられる[77]。このように資本主義は，個別資本のミク

---

75) 戦後の技術革新は，大量の人間と自然の破壊を目的として最初は開発されたが，21世紀の画期的技術開発は，生命を維持・向上させ自然と共生するような方向性をもたなければならない。
76) この特別剰余価値の本質（実体）について，マルクスはいろいろなところで言及しているし，その実体についてわが国でもさまざまな解釈がなされてきたが，未決着のまま「お蔵入り」されてきたといえる。それは，価値規定を「加重平均」でとるか，「支配・大量」でやるかという価値規定の問題とも絡んでいるが，特別剰余価値の純増説を生かそうとするならば，個別的（ミクロ）利益と相対的剰余価値生産という全体的（マクロ）利益との関連をつけることに，解決の糸口があるように思える。

ロ的利益追求競争に媒介・強制されて，生産力を発展させてきた。これは，独占資本が全面的に支配する現代においても貫徹している。こうして，生産力の発展は剰余価値生産に従属しているのが，資本主義の体制的な特徴であることをまず確認しておこう。

　現代の産業革命が科学＝産業革命と呼ばれるのは，科学研究そのものが企業で商品化できる技術開発と直接結びつけられるようになったからである。それ以前の産業革命においては，技術は個々の発明家によって開発されたが，現代では国家の研究機関だけではなく，個々の独占資本が巨大化した独占利潤の一部を使って研究所をつくり，自社製品の開発のための科学研究活動に支出する。国立大学の研究活動はもとより私立大学の研究活動においても，最先端と政府（科学技術会議）が認めた研究活動には重点的に資金を配分するようになってきた。本来，科学研究活動は，企業や政府とは独立した自由で創造的な活動であるべきである。しかし現代では，科学研究活動の範囲と内容が予算によって制約され，産業に導入し企業活動に貢献するような研究内容が優先されるようになっている。しかもそこでの科学者の労働は，共同性が求められる。第2節で考察するが，現在では科学研究労働が重要な生産的労働の一環を占めるようになり，またそのあり方が厳しく問われはじめたといえる。

　現代の科学＝産業革命を都留重人はつぎのように特徴づけている。①「神への挑戦」，②再生不可能な資源の浪費，③生態系を破壊するほどの生産力の発展，④労働の非人間化[78]。第1点は，従来科学の限界とされてきて神とか宗教とか倫理の世界が解明されはじめたということである。しかし，クローン人間の誕生はその人自身の幸福につながるだろうか，バイオ・ケミカルによる遺伝子の組み換えは人間の生命活動に害を及ぼさないだろうか，というような倫理的・生命的問題を投げかけている。第2点は，石炭とか石油という化石燃料は再生不可能であるが，いままでの資本主義的工業化はこれらをエネルギー源として使用する生産力体系であるために，やがて蕩尽してしまうことを科学者が

---

77) 新技術（イノベーション）の開発・導入・普及（標準化）過程として景気循環論を構築したのがシュンペーターの景気循環論である。ジョセフ・シュンペーター著，吉田昇三監修・金融経済研究所訳『景気循環論』全5巻（東洋経済新報社，1958〜1964年）。

78) 都留重人『体制変革の展望』217-225頁。

深刻に警告している。ところがグローバル化を進める現代世界では，国家間の激しい資源争奪競争が展開されている。化石燃料に依存しない「自然にやさしいエネルギー」(クリーン・エネルギー) の開発が急務となっている。そのようなエネルギー体系の転換が必要となっている。第3点は，グローバル規模での環境問題であり，地球温暖化・オゾン層の破壊・核物質の拡散などである。自然と共生できるような技術の開発，自然を正しく科学的に制御できる社会や世界のあり方が，問われているといえる。第4点は，昔からの労働疎外が現代ではさらに進んできたことを意味する。この点は，第15章第3節 (15.3) で考察しよう。現代の科学=産業革命自体が，そのもたらす弊害を克服できるような社会システムを必要としていることを確認しておこう。

5.1.2 資本制生産様式の変化

さきに指摘したように，資本制生産様式は剰余価値 (利潤) の生産と実現が目的であり，生産力の変革 (生産様式の変化) はそのための手段となっている。マルクスは『資本論』において，剰余価値生産と関連づけながら，協業，分業にもとづく協業 (マニュファクチュア，工場制手工業)，機械制大工業を詳細に分析し，その労働過程とそこでの労働関係，生産が資本制的に実現することによる「資本=賃労働」関係の深化・拡充を明らかにした。資本制生産様式の変化は労働の軽減と労働時間の短縮をストレートに実現させるものではなく[79]，資本への賃労働の実質的包摂をもたらし，飛躍的生産力の発展は，あたかも技術革新を取り入れる資本の側の生産効果 (「資本の生産力」化) としてあらわれてくる，と主張した。

マニュファクチャーでは，労働者と生産手段は工場に集積され，個々の労働者は工場全体の生産工程 (針や時計の製造過程) の特定の一部の仕事に専門化 (特化) し，工場全体の一器官となり，部分労働者になる。しかし，生産手段は基本的には手で動かす道具であるから，労働者の熟練に依存している。したがって，労働の資本への包摂もまだ形式的な性格が強い。しかし機械が導入さ

---

[79] 歴史的には，労働時間の短縮が徐々に進んできたが，これは労働者階級の闘争が勝ち取ってきたものである。現代においては労働の密度が強化されている点からみても，科学技術の発展は必ずしも労働の軽減化を実現する方向には作用していない。

れると，生産の主体は機械となり，労働者は機械の作業にあわせて労働しなければならなくなり，機械に従属し，資本への実質的包摂が完成する。労働の内容は，機械の制御・修理・半製品の運搬・屑の回収などが主要なものとなり，児童労働や婦人労働でもできる熟練を必要としない労働（単純労働）に転落する[80]。

　こうした「労働者の機械への従属」や「資本への労働の実質的包摂」は，20世紀に入り，自動車産業を中心としたオートメーションの導入によっていっそう進展した。労働者はベルト・コンベアのスピードにあわせた労働を強制され，労働の非人間化が進む。現代では情報通信技術の急速な発展によって，工場内ではコンピューターが機械を自動制御するようになり（FA），事務の現場でもコンピューターによってオートメ化されている（OA）。労働者は，管理システムの上層部から指示されるスピードと出来高生産が強制される。それとともに，生産，販売，事務管理が相互にコンピューターによって結びつけられ（ネットワーク化），相互に情報を伝達しあうことによって資本循環の全過程が統一的に管理されるようになった。そこでは，レジ労働に象徴されるような労働の単純化が広範に進展するとともに，コンピューターを操作する労働やソフトを開発する科学的労働などに象徴されるように，研究開発能力，その習得費用，特殊な高度の技能が要求される複雑労働（知的労働）もますます要求されるようになってきた。いいかえれば，労働の多様化・複雑化が特徴的であるともいえる。詳しくは，第2節の労働過程において考察しよう。

5.1.3　産業構造の変化（サービス化・情報化・金融化）

　現代の科学＝産業革命の進展とともに，産業構造も大きく変化した。産業構造の歴史的傾向として「ペティ＝クラーク」の経験的法則が予想したように，産業を第1次産業・第2次産業・第3次産業に分類した場合，産業の発展とともに第1次産業の比重が低下し第2次産業が拡大し，やがて第2次産業も縮小し第3次産業が拡大してきた。このことを戦後の日本経済において確認しておこう。表5-1は産業別の国内総生産（名目）の構成比の推移，表5-2は産業別

---

80)　詳しくは，マルクス『資本論』第1巻第11～13章，参照。

表 5-1 経済活動別国内総生産（名目）の構成比の推移　　　　　　　　（単位：%）

	1955	1960	1965	1970	1975	1980	1985	1990	1995	2000
農林・水産・鉱業	21.9	14.6	10.8	6.9	6.0	4.3	3.5	2.8	2.1	1.5
製造業	28.4	34.6	33.7	36.0	30.2	29.2	29.5	28.2	23.1	21.9
うち食品・繊維・製紙	11.9	9.6	8.0	6.7	5.7	5.2	5.0	4.3	3.6	3.3
化学・金属・窯業	8.2	11.6	11.5	12.5	9.7	9.5	8.4	8.1	7.0	6.4
機械・電気製品	4.8	9.5	10.0	12.3	10.2	10.2	11.8	11.4	8.7	8.7
軽工業品ほか	3.5	3.9	4.2	4.5	4.6	4.3	4.3	4.4	3.8	3.5
建設業	4.5	5.6	6.6	7.7	9.7	9.4	7.9	10.1	8.2	7.4
電力・ガス・運輸通信	9.7	9.9	10.2	9.0	8.4	8.9	9.8	9.2	9.8	9.2
卸小売・金融・不動産	20.3	22.7	25.8	26.7	28.3	29.9	28.8	30.4	33.2	32.8
サービス業	10.1	7.5	7.8	9.6	11.0	11.7	14.5	14.8	17.7	20.3
政府ほか	5.1	5.1	5.1	4.1	6.4	6.6	6.0	4.5	5.9	6.9
計	100	100	100	100	100	100	100	100	100	100

出所：古野高根『20世紀末バブルはなぜ起きたか 日本経済の教訓』（博士論文）45頁。
原資料：内閣府経済社会総合研究所『国民経済計算報告』。

表 5-2 産業別就業者数の構成比の推移　　　　　　　　　　　　　　　（単位：%）

	1960	1965	1970	1975	1980	1985	1990	1995	2000
農林・水産・鉱業	33.6	26.3	17.8	13.0	10.6	9.0	7.4	5.8	5.2
製造業	21.3	24.4	27.0	25.8	24.7	25.1	24.2	22.6	20.6
建設業	5.3	6.5	7.7	9.2	9.9	9.2	9.5	10.3	10.2
電力・ガス・運輸通信	5.5	6.4	6.9	7.0	6.9	6.5	6.5	6.9	7.0
卸小売・金融・不動産	19.0	20.1	22.5	24.8	26.1	26.5	26.9	26.6	26.9
サービス業	12.4	13.2	14.7	16.4	18.1	20.3	22.4	24.4	26.8
政府ほか	2.9	3.1	3.2	3.8	3.7	3.4	3.1	3.4	3.3
計	100	100	100	100	100	100	100	100	100

出所：表 5-1 に同じ。
原資料：総務省統計局『労働力調査』。

の就業者の構成比の推移を示す。各産業とクラークの産業分類とを対応させれば、第1次産業が農林・水産・鉱業であり[81]、第2次産業が製造業であり、建設以下その他が第3次産業に入る。その推移を要約すると、国内総生産については、

「国内総生産（名目）に占める製造業の比率は1955年の28.4%から1970年に

---

[81] コーリン・クラーク自身は鉱業を第2次産業に入れているが、ここでは通常の産業分類に従う。

は36.0%とピークを記録した。原油をはじめとする一次産品の値上がり傾向は，1973年のオイルショックによる石油価格の高騰をきっかけに，これまで高成長の中心的役割を果たしてきた重化学工業に大きな影響を与え，同時に徐々に力をつけてきた電機や機械など加工組立産業へのシフトを加速することになった。1975年にはこれら重化学産業を中心に原燃料価格高騰の製品価格への転嫁が相対的に遅れたため製造業比率は30.2%に急低下したが，実質値で見ると1ポイント程度の落ち込みにとどまっている。この間の動きを実額で見ると，国内総生産全体では1955年の8.4兆円が1970年には73.3兆円（8.7倍），1975年では148.3兆円（17.7倍）に拡大したのに対し，製造業は1955年の2.4兆円が，それぞれ26.4兆円（11倍），44.8兆円（18.7倍）と成長の原動力となり，建設業や金融・不動産業の伸びもこれに均霑したものといってよい。この間，1955年にはなお21.9%を占めた農林・水産・鉱業の第一次産業は1970年までには2.8倍の伸びにとどまり，比率は6.9%に低下した。／製造業の高い成長は産業別に見ると，食品・繊維等の比率が相対的に低下する反面，化学・鉄鋼などの重化学工業，電気・機械などの加工組立産業が急成長し，比重が上昇することによってもたらされた。しかし，内需中心の重化学工業は1970年をピークに鈍化傾向にあったところでのコスト急上昇で，これを十分に価格に転嫁することができず，アルミ，平電炉，肥料，合成繊維の一部などのいわゆる構造不況業種として法的な支援を得て縮小を余儀なくされた。かわって電気器具・輸送機械（除く造船）などがME製品を中心に円高の逆風下にもかかわらず国際競争力を発揮し発展の主軸となった。しかしながら，国内総生産全体から見ればそれに占める比率の低下をかろうじて食い止めたに過ぎない。しかも，これらの業種は設備投資規模も相対的に小さく建設・不動産・金融などの関連産業への波及効果も少なかった。結果としてすべての業種で比率が低下した製造業の比率は2000年には22%となり，落ち込みの小さかった電気器具・輸送機械で製造業全体の4割を占めるにいたる。／一方，卸小売・金融不動産は不動産業の一貫した伸びと，1975年以降の金融関係の伸びに支えられて着実に比率を上げ，サービス業も1980年代以降の伸びが顕著である。建設は1970年代後半から1990年にかけて比率を上げたが，その後は低下している。」[82]

就業人口比率の推移は，以下のように要約できる。
「国内総生産の動きに比較して変化が緩慢ではあるが，1960年には全就業者の1/3を占めていた第一次産業就業者比率が一貫して減少して2000年には5％にまで落ち込み，製造業は就業者比率が1970年までは上昇したが，以後卸小売，金融，不動産，サービス業での就業者数の伸びに取って代わられている。」[83]

サービス産業には，第1次・2次産業に分類されない産業がすべて属しているので，一口に「サービス経済化」とはいえないが，商業・不動産・金融の拡大は現代の資本主義の「腐朽性」と関連づけて考察しなければならないし，科学研究活動などの拡大は現代の労働の特徴として考察しなければならない。また，こうした「サービス経済化」の雇用吸収能力は失業問題を左右することを指摘しておこう。

5.2　現代の労働過程

労働過程の変化をみておこう。独占資本主義段階における労働過程と労働の多様化は，つぎのようになる[84]。
　直接的労働
　（1）自動的に運動する機械体系の運転・監視・制御労働　自動化の進んだ量産型の生産過程　半熟練・半知識労働
　（2）汎用工作機で加工順序・治具・工具を選択し，ワークの取付け・取外し，機械を操作する労働　多品種生産型の加工工程　一定の技術学的知識を必要とする熟練労働
　（3）工具や素手で部品を填め合わせたりネジを締め付ける手作業労働　組立工程　不熟練・半熟練労働
　準直接的労働

---

82)　古野高根『20世紀末バブルはなぜ起きたか　日本経済の教訓』（東京経済大学博士論文，2007年）第2章第2節2。
83)　同上。
84)　北村洋基『情報資本主義論』（大月書店，2003年）269-270頁を整理した。

（4）補助的な単純作業労働（材料・加工品の運搬・片付け・梱包・清掃など）
（5）生産管理労働（材料・部品の手配や労働編成・作業手順の決定・監督）
（6）機械の修理・保全・改善などの高度な専門的・技術的労働

間接的労働

（7）新製品の開発・新生産方法の開発などの科学的労働・研究開発労働
（8）ヒエラルキー的に組織された事務管理労働

　現代では，オートメーション下のME技術，情報ネットワーク，オープン・ネットワーク技術などが発展し，多品種生産とスピード経営が最大の課題になっている[85]。労働の内容もさらに変化した。上の労働に対応させて変化を要約すれば[86]，

直接的労働

（1）ME化によって労働手段体系の制御・運転労働は不要ないし節約され，体系全体の監視労働が必要なったが，この労働は間接的な情報処理労働に接近していく。
（2）汎用機械熟練労働はプログラムによって自動化される。標準的なプログラムのない複雑な形状の部品加工などでは熟練労働を必要とする。
（3）組立ロボットやモジュール化によって自動化されていく。ただし，「瞬間的な判断力と器用さや根気が必要とされる労働」は残る[87]。

準直接的労働

（4）補助的な単純労働は自動化されていくが，技術的・経済的理由で自動化できない部分は長期にわたって残る。
（5）生産管理労働は情報管理労働に置き換わり，開発・販売・事務の管理労

---

85) 同上書，295頁。
86) 同上書，296-297頁。ただし，(5)と(6)の対応は変更している。北村氏は事務労働の生産的労働説を主張しているが，その点には筆者は賛成しない。
87) 世界の代表的自動車会社となったトヨタ自動車の労働現場を実体験した伊原亮司『トヨタの労働現場』（桜井書店，2003年）は，組立労働でも「ある程度の熟練」は要求されているとして，「ライン労働者にも，ある種の『熟練』が求められているのであり，工程全体を体系的に把握する能力，工程を改善する能力，労働者を組織する能力といった『熟練』が形成されていないわけではないのである」（109-110頁）と報告している。直接的にはこうした労働は生産管理労働であろうが，その指揮に従うライン労働者にも，このような熟練が要求されているということだろう。

働との一体化が進んでいる。
（6）保全・修理労働はますます重要となるが，機械工学や電子工学の知識が必要とされ，情報処理労働の性格を強めていく。

間接的労働
（7）科学的労働・研究開発労働は中心的な生産的労働となりつつある。
（8）事務労働は，フレキシブル化と合理化が進められ，企業組織全体のたえざる再編と再構築へと及んでいる。

現代の労働過程と労働の変化を北村洋基氏はつぎのように総括している。

「労働は全体として間接的な管理労働・情報処理労働としての性格を強めながらも，分野によっては広範な手作業労働や機械労働も長期にわたって残るし，それゆえにまたさまざまな種類の熟練の必要性も決してなくなることはない。」[88]

また，

「情報資本主義では，一方では，創造的で高度な研究開発力をもった知的労働者がますます必要となり，そうした労働者をいかに養成し確保するかが個別資本にとっても一国経済にとっても重要な課題となるとともに，他方では，情報技術の資本主義的利用によって，ほとんど何の知識や技能をも必要としない，マニュアル化された情報処理労働や，情報技術で代替するにはコストがかかりすぎるような単純な労働を増大させる。」[89]

独占資本主義になると労働の低質化が生じるとしたのがブレイヴァマン『独占資本と労働』であるが，鈴木和雄氏は，この現象は小売りと事務労働に限定すべきだという。そして，北村説と同じように，不熟練労働と熟練労働の共存を結論づけている。すなわち，

「本書では，第2次大戦後の官僚制的統制が支配する時期にあっては，技術変化が労働の不熟練化に結果するトレンドと新たな熟練形成をうむトレンドとが共存するという理解をとっておく。」[90]

---

88) 北村洋基『情報資本主義』208頁。
89) 同上書，324頁。北村氏は，書名が表現しているように現代資本主義を「情報資本主義」と規定しているが，本書は国家独占資本主義規定で一貫させている。
90) 鈴木和雄『労働過程論の展開』（学文社，2001年）96頁。

5.3 現代の労働関係

5.3.1 管理—被管理のピラミッド体系

　機械制大工業の発展によって，労働者は機械の作業にあわせた強制された労働に転化した（労働者の機械への従属）。20世紀に入り生産工程の自動化（オートメーション化）が進み，戦後は機械そのものがコンピューター・ソフトによって制御されるようになり，直接現場での労働は，コンピューター・ソフトの指示に従う労働になったといえる。しかもこうした生産様式の変化は，剰余価値生産を目的として引き起こされているから，資本による労働力の包摂はいっそう深化した。そこでの労働関係は「分業にもとづく協業」ではあるが，複雑な管理—被管理のシステムによって実現している。すでに労働過程においては，単純労働化と複雑労働化の二極化が進み，情報管理労働や科学研究開発労働が重要になり，かつ，研究開発—生産—販売—事務がネットワーク化されてきたことをみた。本節では，こうした協業・分業関係が，管理・統合システムとして実現していることを考察する。

5.3.2 現代の管理システム

　鈴木和雄氏は，リチャード・エドワーズ[91]の企業内部の「官僚制的統制」研究を紹介検討しているので，まずその分析を紹介しよう。

　現代の企業内官僚組織のもとでの統制システムは，工場の指揮・監督者という人格による直接的統制ではないし，生産技術による統制でもなく，規則による統制となっている[92]。その規則（職務記述書）による命令は，4機能にわたる（明示機能，隠蔽機能，遠隔操作機能，応報機能）。作業量，信頼性・徹底性，労働習慣と人格的特徴，熟練と職務知識，出勤と時間厳守などが，職務記

---

91) Richard C. Edwards, *Rights at Work: Employment Relations in the Post-Union Era*, Washington, D. C., The Brookings Institution,1993; "The Social Relations of Production in the Firm and Labor Market Structure", *Politics and Society*, vol. 5.
92) トヨタの現場においても，「コード」＝「行動規範」が労働者全体を緊縛している，と証言されている（伊原亮司『トヨタの労働現場』186頁）。

述書や規則によって監督され評価される。評価する主体も評価の対象になっている。官僚的統制システムであるからピラミッド型のヒエラルキー構造になっており，その上層部から下までが規則によって相互監督・相互評価をしあっていることになる。また処罰や報奨も規則によって実行され，その苦情処理機構が設定されている[93]。統制システム上の職務がヒエラルキー的に序列化されており，それに対応した給与体系がつくられる。ある階梯において欠員が生じた場合には，下からの補充が公募される[94]。その結果，企業の中に内部労働市場が形成される。しかしその職務序列は，生産技術や組織構造それ自体の必要から設定されるのではない[95]。

しかも，こうした統制システムは必ずしも可視的ではない。この中にはインセンティブ・システムが入れられており，労働者にも職務改訂の機会と権利が与えられてはいる。しかし統制関係（システム）は巧みに組織構造に「埋め込まれ」，可視的ではなくなり，「法」そのものが自然的性格をもつようになるという。すなわち，

「特定の生産関係から発する規則が抽象的で非人格的な性質をもち，しかもその規則群のなかに，これらの誰からも承認されるような規則が混入することによって，会社の『法』の自然的性格が強められる。」[96]

そして，職務序列そのものが不可視となる。

「労働者にとっては，この職務序列は，客観的に存在する職務序列としての企業の社会的組織の背後に隠されており，それ自体は不可視のものとなっている。」[97]

---

93) トヨタの労働現場においても，「経営側は，機械や装置をとおして労働者を間接的に管理しているだけではない。もちろん直接的な管理も行っている。あらゆる組織の運営にとって権限の委譲，責任の追求，グループ構成員間のコミュニケーションは欠かせない」（同上書，166頁）し，「選別」と「統合」が使い分けられているという。「経営側には，労働者からやる気を引き出すとともに職場秩序の安定をはかる必要がある。両者のバランスをとるために，『選別』と『統合』の手法を巧みに使い分けている。労働者は，こうした職場の内外に張り巡らされた緻密な管理の網の目のなかに，あるいはゆるやかに，あるいは厳しく統制されながら捕らわれていくのである」（同上書，226頁）。
94) 鈴木和雄『労働過程論の展開』82-84頁。
95) 同上書，90頁。
96) 同上書，104頁。

さらに労働者は，労働者階級としての意識が希薄化されるという。

「この統制システムでは，労働者は官僚制組織に固有の色分けをあたえられることによって，労働者という規定性が希釈され，これとは別の規定性をもつ個人に染め上げられる。」[98]

しかし労働者も生身の人間であり，血と涙をもった人格であるから，そこにはコミュニケーションと自発性が必要ともなる。トヨタの現場からの証言では，

「職場内の管理の実態に目を向けてみるならば，現場では，機械・装置をとおして権力が行使され，労働者はコミュニケーションをとおしてコントロールされていることがわかる。職場環境と人間関係を『可視化』することによって，権力のまなざしが職場の隅々にまで浸透していくのである。そして，そのまなざしを意識することによって，労働者は経営側の意図を汲んで『自発的』に行動するのである。」[99]

5.4　現代の生産関係

現代資本主義も資本主義であることにはかわりない。むしろ，商品化や資本化はよりいっそう純化して貫徹しているともいえる。したがって，基本的生産関係はいぜんとして「資本＝賃労働」関係であり，労働力が商品化している点に根本的特質（矛盾）があることにはかわりない。しかしこれまで考察してきたように，賃労働は非熟練・半熟練労働から熟練労働にまで，単純な現場での肉体労働から情報管理労働そして研究開発労働にまで多様化し複層化してきた。さらに，生産労働，事務労働，販売労働，情報管理労働，研究開発労働がネットワーク化され，その境界がつけにくくなっている。ネットワークで結びつけられたグローバルな諸労働が，企業内官僚制的統制システムによって，陰に陽に管理・被管理のヒエラルキー構造の中に組み込まれている。そして労働市場が，独占資本と非独占資本，企業内部の上層と下層との間に分断化される傾向を生みだしている。それとともに，労働者階級意識の希薄化が一方では進展し

---

97)　同上書，104頁。
98)　同上書，105頁。
99)　伊原亮司『トヨタの労働現場』184頁。

ている[100]。

　このような賃労働の複雑化・多様化に対応して，資本体制も大きくその形態を変化（進化）させてきた。マルクスの時代ならば，資本機能は個人資本家が担っていたが，20世紀には株式会社形態の企業が中心となった。株式会社そのものは第12章で考察するが，現代の資本機能を誰が果たしているのだろうか。現代の資本は，第3章第1節（3.1）で定義したように，いぜんとして価値増殖・蓄積を推進的動機・規定的目的としている。したがって，現代の資本の担い手は企業そのものであり，法人組織の運営を託されている経営陣（取締役員）としなければならない。たしかに株式会社は株主によって所有されているが，大株主はほとんどが巨大株式会社であったり，中央・地方の政府・自治体であったり，年金資金を運用する法人である。こうした独占的大企業体制全体，もっと広くいえば労働者の年金の運用をもかねる年金団体をも巻き込んだ現代的金融寡頭制（複合体制）全体が，個々の会社を集団的に所有しているのであり，実際の日常的な会社の支配と運営は経営陣が取り仕切っていると考えておこう[101]。

　したがって現代の生産関係は，「日常的な資本機能を担っている経営陣―官僚的統制システム―多層化し分断された賃金労働者」関係としておこう。

研究を深めるために
マルクス『資本論』第1巻第11～13章
伊原亮司『トヨタの労働現場』（桜井書店，2003年）
北村洋基『情報資本主義論』（大月書店，2003年）
鈴木和雄『労働過程論の展開』（学文社，2001年）
高木彰『現代経済学の基礎理論』（創風社，1996年）
都留重人『体制変革の展望』（新日本出版社，2003年）
松石勝彦編『情報ネットワーク経済論』（青木書店，1998年）

100）　労働市場の分断傾向と，労働者階級の反抗・組織化・訓練・闘争については，賃労働を考察するところで取り上げる（第15章）。
101）　現代の株式会社の「所有と決定と支配」については，株式会社を考察するところで（第12章第3節）で取り上げる。

第6章　資本の流通過程

　マルクスは『資本論』第1巻で資本の生産過程を考察し，つぎに資本蓄積過程を分析している。本書では蓄積論は第23章で考察することにして，資本の流通過程の分析に入る。第2・3巻は周知のようにマルクスの草稿（1864-65年草稿）をエンゲルスが編集したものであり，マルクス自身が完成した原稿ではないから，完成したものではないことに注意しておこう。第2巻の流通過程論は，循環論，回転論，再生産論（社会的総生産物の流通）の3篇構成になっているが[102]，本章ではマルクスの循環論と回転論を紹介し（第1節），現代の問題と関連づけて生産的労働規定と流通費規定を検討する。

6.1　マルクスの分析

6.1.1　資本の循環

　資本の循環範式（価値増殖運動）については，第3章第1節（3.1）で考察した。そこでの循環は，貨幣資本から出発し増殖してまた貨幣資本に復帰する運動形態であり，正確には貨幣資本の循環である。資本循環を円形で表現すれば図6-1のようになるが，マルクスはさらに，生産資本から出発し生産資本に復帰する運動形態として生産資本循環，剰余価値を含んだ生産された商品から出発し，さらなる剰余価値を含んだ商品資本に復帰する商品資本の循環を考察している[103]。

　貨幣資本循環　G—W—Pm＆A……P……W′—G′

　貨幣資本とは，資本価値の最初の担い手であり，資本が投下される形態であり，その貨幣機能は一般的購買（流通）手段・支払手段である[104]。G—A(労働力の購買)は，生産手段(Pm)と労働力(A)の分離が歴史的・論理的前提で

---

[102] MEGA（マルクス＝エンゲルス総全集）研究によると，マルクスは貨幣循環（貨幣還流）に関する記述をしているが，現行版には載っていない箇所がある。

あり，「資本＝賃労働」関係の定在こそ貨幣機能を資本機能に転化させる[105]。労働力と生産手段の結合様式によって社会構造は規定されるが，資本制商品生産では，第二段階たる生産過程においてはじめて資本の指揮・監督下で結合される[106]。生産資本は，価値および剰余価値を創造する能力をもつ形態にある資本と定義される[107]。販売過程たる第三段階では，商品資本は生産過程から生じた機能的定在（Daseinform）である。販売過程は，流通行為としてみれば価値の姿態変換であるが，個別資本の循環では剰余価値を含んだ価値の実現過程である[108]。貨幣用金の場合には，商品生産物が同時に貨幣として登場する[109]。循

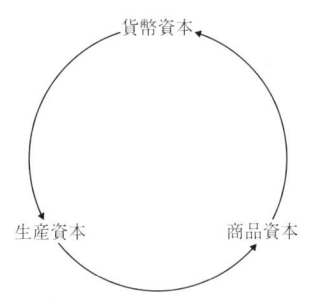

図6-1 資本循環

（貨幣資本 → 商品資本 → 生産資本 → 貨幣資本 の循環図）

---

103) マルクス『資本論』第2巻第1〜3章。マルクスの3循環形態の分析は興味深い示唆をいろいろ提起している。資本循環において，商品貨幣流通（W′—G′・G—W）そのものは商品・貨幣論で考察した単純流通そのものである。生産過程における剰余価値の生産という本質（核心）を覆う外層が，単純商品流通であり，それが『資本論』冒頭での商品流通であると解釈することも可能である。宇野・流通形態論のような歴史的な流通形態論とは対立した理解である。しかし流通過程における商品・貨幣流通は単純な流通形態ではない。それは資本循環の有機的一環であり，資本の運動によってその内容が規定されている。販売で獲得した貨幣は蓄蔵される可能性がすでにあった（「恐慌の抽象的可能性の第1形態・実現恐慌の原基形態」）。この蓄蔵貨幣が資本の運動過程そのものから必然化すること，したがって「恐慌の可能性」も抽象的・偶然的可能性ではなく，内容規定を与えられた・いっそう発展した可能性となる。この点については，久留間鮫造『マルクス経済学レキシコン』第6〜8巻（大月書店，1972〜1975年），参照。さらに，資本の三循環形態の分析は，景気循環の分析にも応用可能であろう。周期を回復からはじめて回復に終わる時間とするのが一般的であるが（久留間鮫造『増補新版 恐慌論研究』X「戦後の恐慌論におけるいくつかの問題点」大月書店，1965年），好況循環，恐慌循環を考えることは無意味ではない。とくに，循環しながら発展し変形するのが資本主義の歴史的な過程であるから，景気循環の各局面（過程）がどのように変化しているかをみる場合には，示唆的な視点であると考えられる。
104) マルクス『資本論』第2巻，第5分冊，50頁。
105) 同上書，54-58頁。
106) 同上書，62-63頁。
107) 同上書，49頁。
108) 同上書，65-68頁。
109) 同上書，81頁。

環の各段階を全体としてみれば，産業資本とは各段階においてその形態に対応する機能をおこなう資本と定義される[110]。運輸業では，生産過程で生みだされた有用効果が，直接貨幣形態に転化する[111]。

そしてマルクスは，貨幣資本循環の特徴として，①自己増殖体としての資本の本性をもっともわかりやすく表現している。②生産過程は流通過程の中断であり，致富の手段にすぎないようにみえてくる。③貨幣は価値の自立的で手に取りうる実存形態であり，中間段階は消滅してみえてくる。④個人的消費はこの循環では表示されていない[112]。マルクスは貨幣資本循環について，

「貨幣資本の循環は，産業資本の循環のもっとも一面的な，それゆえもっとも適切でもっとも特徴的な現象形態であり，産業資本の目的および推進的動機—すなわち価値増殖，金儲け，および蓄積—が一目瞭然に表わされている（より高く売るために買う）。」[113]

と総括している。貨幣資本循環で経済をみているのが重商主義経済学であり，マルクスはその一面性とその幻想的性格を批判している。貨幣資本循環は産業資本の循環運動の一形態であり，マルクスは投下資本の価値増殖率（成長率），したがって，利潤率の測定とその循環的かつ長期的動向を分析するときには，貨幣資本循環で考えていた。分析課題に応じて資本循環を使い分けているのであり，全資本循環を総体的に分析しているのがマルクスの偉大さであるといってもよい。

生産資本循環　　Pm&A……P……W′—G′・G—W—Pm&A

生産資本循環は，更新（補填）・再生産の視点から資本の運動をみており，資本蓄積＝剰余価値の資本化を表現している[114]。この生産資本循環では，貨幣資本の自立性の仮象は消滅している[115]。また，W′ は G′ に転形されればよいので，その現実的消費には関心がない[116]。「蓄積せよ，蓄積せよ」こそ資本

---

110)　同上書，84頁。
111)　同上書，87-88頁。
112)　同上書，90-93頁。
113)　同上書，95頁。
114)　同上書，101-102頁，126頁。
115)　同上書，116頁。

の本性であるが，蓄積されるべき剰余価値が，自立的事業に使用するのに最低必要な資本量に達していない場合には，蓄積積立金として蓄蔵される[117]。こうして準備金が必然的に形成される。生産資本循環は古典派経済学が産業資本の循環過程を分析する形態であるが，マルクスも，資本蓄積や産業予備軍の動向を考察するときは，この形態で分析しているといえる。PmとAの比率は「資本の有機的構成」と呼ばれ，機械の導入が雇用に与える影響を分析するときの重要なツールとなる。

商品資本循環 $W'-G' \cdot G-W-Pm\&A \cdots\cdots P \cdots\cdots W'$

商品資本循環は，社会的総資本の総運動を分析する視点であり，個別的資本循環の絡み合いとともに，資本循環と個人的消費との絡み合いが考察される。いいかえれば，生産された社会的総生産物が，どのように販売・交換されて生産が繰り返されるか（再生産），を考察する視点である。この商品資本の循環の視点から，当時のフランス社会で，年々農民が生産したサープラスを貴族（土地所有階級）が取得することを分析したのが，ケネーの「経済表」であり，マルクスは天才的発見とまで賞賛した。マルクスの再生産表式は，まさに商品資本循環の視点から展開されている。再生産表式については次章で説明する。

総循環 資本の総過程は生産過程と流通過程の統一であり，総循環は三循環形態の現実的統一である。マルクスは，

「資本のすべての部分は，逐次，循環過程を経過し，同時に循環過程のさまざまな諸段階にある。このように，産業資本は，その循環の連続性において，同時に循環のすべての段階にあり，それらの段階に照応するさまざまな機能諸形態にある。」[118]

同じく，

「資本のさまざまな各部分が循環の相次ぐ諸局面を順次に通り抜けること―………―ができ，したがってこれらの部分の全体としての産業資本が，同時にさまざまな局面および機能のうちにあり，こうして三循環のすべてを同時に

---

116) 同上書，119-120頁。産業資本は商人に転売してしまえば，それが最終的に消費されているかには直接的な関心はなくなる。商人の介在による，実現恐慌の可能性を生みだす。
117) 同上書，130-132頁。
118) 同上書，162頁。

図 6-2　資本循環の継起性と並行性

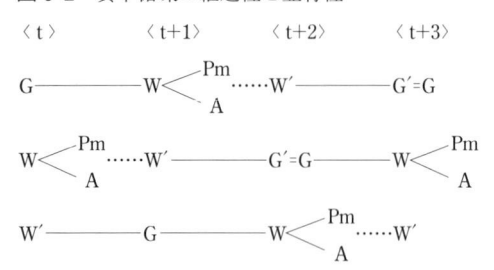

```
⟨t⟩         ⟨t+1⟩        ⟨t+2⟩        ⟨t+3⟩
G ─── W ⟨Pm ······ W′ ─── G′=G
        A
W ⟨Pm ······ W′ ─── G′=G ─── W ⟨Pm
   A                              A
W′ ─── G ─── W ⟨Pm ······ W′
                 A
```

経過するという限りでだけである。」[119]

産業資本の各部分の継起性と並行性は，図 6-2 のようになる（生産・販売・購買期間は同一とする）。

総循環との関連でマルクスは，価値変動にともなう貨幣資本の遊離と拘束，一般的商品流通の法則，資本循環の絡み合いと，資本循環と商品の姿態変換との絡み合い，に言及している。価値変動にともなう貨幣資本の遊離と拘束については第2節で，蓄蔵貨幣の形成と再投下の問題として考察しよう。一般的商品流通の法則（流通必要貨幣量）については第2章第4節（2.4）で規定したが，剰余価値流通のための貨幣の問題と一緒にして第21章第1節（21.1）で考察しよう。資本循環の絡み合いと資本循環と商品の姿態変換との絡み合いの問題は，まさに商品資本循環視点で考察する再生産論の課題でもあるので，次章で取り上げよう。

生産過程と流通過程を時間で測れば，生産時間と流通時間になる。その合計が次節で考察する1回転期間となる。さらに生産期間は，準備時間と休止時間と機能時間からなるが，機能時間の中には，労働過程は中断しているが生産機能は継続している時間も含まれる。その生産機能継続中には，価値や剰余価値は形成されないが，生産手段の価値移転はおこなわれている，とマルクスはいう[120]。

6.1.2　流通費用

流通過程には，生産過程（労働）が延長してきた性格のものや，流通過程固有の過程（労働）があり，また，総過程を数量的に把握し統括する労働も必要になってくる。マルクスは，こうした諸労働が価値を形成するか否かという視

---

119) 同上書，162頁。
120) 同上書，193頁。

点から分析している。

　まず純粋な流通費として，売買費用，簿記，貨幣が考察される。売買費用は商業活動に必要な費用であるが，それは価値の姿態変換に必要な費用であるから，流通労働は価値を形成しない[121]。販売代理人（商人）が専門的に売買活動に専門化すれば，社会的空費（faux frais der Produkution）の節約にはなるが，流通（商業）そのものには，社会的空費として，社会全体が生産した剰余価値から支払われる[122]。簿記は，価値の運動体としての資本の計算貨幣での観念的統制であり，単なる売買費用とは異なる。しかしその費用はやはり，社会全体で生産された剰余価値から控除（支払）される。貨幣は商品一般に必要不可欠であるが，商品生産から離れた社会からみれば，空費であるとマルクスは規定する。しかし，商品経済での価値形成の面でみれば，貨幣用金・銀の生産労働は価値を生みだすとしなければならない。

　つぎに保管費は生産過程から生じる流通費であるが，社会的にみれば不生産的支出であり生産の空費であるが，個別的資本にとっては価値形成的であり販売価格への追加分となり，致富の源泉となるという[123]。そしてマルクスは，在庫形成一般としてみれば，保管労働は，一面では商品経済から生じる流通費であり空費であるが，他面では使用価値を維持するがゆえに価値を維持する機能を果たしている[124]。在庫は，生産資本形態の在庫（原材料在庫），商品資本形態の在庫（製品在庫），個人消費元本としての在庫に区分できる。原材料在庫は交通手段・信用制度などの発展によって相対的に減少するが，製品在庫は相対的に増加すると展望したあとで，在庫費は商品価値に入り込むか否かを考察している。流通停滞による製品在庫は価値を追加しないし，実現の困難ないし不能にもとづく製品在庫は価値喪失を起こしているという[125]。原材料在庫や消費元本の在庫は，それらが社会的生産元本なり社会的消費元本の商品形態

---

121)　同上書，203頁。
122)　同上書，206-208頁。商業で使用される不変資本も商業利潤も剰余価値から支払われることになるが，この点は商業を論じるところで考察する（第10章）。
123)　同上書，214-215頁。
124)　同上書，218-219頁。
125)　同上書，228-229頁。

であるかぎりは，それらの維持費が転化したものであり価値を追加するという[126]。しかし，前者（流通停滞や実現の困難化・不能化による製品在庫）と後者（元本の在庫）とを区分することは困難であり，しばしば誤認し，生産者は架空的需要であることを知ることができなくなる，と指摘している[127]。

最後に，運輸労働は商品の位置変換をもたらし，生産過程の直接の延長であり，価値を追加する。その追加的価値量は，運輸業の生産性に逆比例し，運輸されるべき距離に正比例し，商品の容積と重量に正比例する。また，商品の脆弱性・減亡性・破裂性に応ずる[128]。

6.1.3 資本の回転——商業・信用論の基礎

回転率 総流通時間は流通時間と生産時間の合計となるが，資本循環が繰り返される周期的経過としてみると，資本の回転となる。1年という自然的時間を回転時間の度量単位とすれば，回転数（率）は，1年（度量単位）を回転数で割ったものとなる[129]。

固定資本と流動資本 回転の視点からみると，新たな資本区分がでてくる。労働対象に投下される資本部分は，1回の生産によって価値を生産物に全面的に移転し，商品が販売されれば，その部分はいっきょに貨幣形態で回収され，再び再調達されなければならない。こうした資本は流動資本と呼ばれる。しかし労働手段（機械・設備・建物など）は耐用年数まで機能し，その後に補塡される。その期間全体にわたって価値を漸次的・断片的に移転させる。したがって1回転においては，その価値の一部分が生産物に移転するだけであり，回収される貨幣額は減価償却基金とて積み立てられる。耐用年数に達するまでに減価償却が完了し，その積立金がいっきょに市場に投入されて，現物に補塡される[130]。こうした回転をする労働手段に投下される資本部分を，固定資本と呼

---

126) 同上書，231-232頁。
127) 同上書，232-233頁。
128) 同上書，234-237頁。
129) マルクス『資本論』第2巻，第6分冊，244頁。
130) 減価償却の方法には定率法と定額法があるが，定率法のほうが早めに積立基金が増大する。詳しい研究としては，たとえば，高山朋子『現代減価償却論』（白桃書房，1983年），参照。

ぶ。減価償却積立金として積み立てられることを固定資本の貨幣的補塡（Depreciation,〈D〉），現物補塡されることを固定資本の現物補塡（Replacement,〈R〉）という。〈D〉は市場との関係でみれば，「購買なき販売」であり「一方的販売」だから，市場に対して供給圧力となる。〈R〉は逆に，「販売なき購買」であり「一方的購買」だから，市場に対して需要圧力となる[131]。この〈D〉と〈R〉の大小関係によって，景気循環が規制されるようになる。この点は，景気循環を考察するときに説明する（第19章）。

可変資本は，質料的には生活手段から成り立つが，その価値部分は，労働力を購買し，それを消費することによって生産される新価値の一部によって全面的に回収されるから，流動資本と規定される[132]。かくして，価値形成・増殖過程における不変資本と可変資本の区別に加えて，回転の違いによって固定資本と流動資本の区別がでてくる。これは視点の違いに由来するのであり，両者は混同すべきではなく，区別した上で統一して理解しなければならない[133]。正確に表現するならば，固定（不変）資本，流動不変資本，（流動）可変資本，と呼ぶべきである。

つづけてマルクスは，固定資本の成分・補塡・修繕・蓄積を論じている。固定資本の寿命（残存期間）が新労働手段の一般的採用の障害となるが，他方では競争戦や恐慌は固定資本の寿命を短縮させる[134]。労働手段には修繕労働が不可欠であるが，この労働は価値を追加し，また追加的資本投下を必要とする[135]。修繕労働について，①固定資本の生涯にわたって不均等に支出され，②固定資本の平均寿命の計算に修繕労働が投下されることが前提になっており，③その追加的価値は平均寿命期間中に平均に配分され，④修繕労働のための追加資本は流動資本である，と規定している[136]。

回転循環，労働期間，生産期間，流通期間　回転の仕方が異なる固定資本と

---

131) マルクス『資本論』第2巻，第6分冊，260-263頁。
132) 同上書，256-258頁。
133) マルクスは，経済学の混乱について批判している。同上書，251-253頁。
134) 同上書，265-266頁。
135) 同上書，269-270頁。
136) 同上書，272-274頁。

流動資本が存在するから，総回転や回転が繰り返される回転循環が考察される。回転率は，固定資本を含めた総投下資本を，1年間に回転した価値（固定資本の減価償却＋流動資本の回転価値）で割って得られる。また回転循環の視点から，固定資本の寿命の延長傾向と短縮傾向が指摘され，周期的恐慌との関連が言及されている。すなわち，固定資本の寿命は周期的恐慌の物質的基礎となると同時に，周期的恐慌が次の回転循環の物質的基礎になる[137]。

つづいてマルクスは，回転時間を規定する労働時間（期間）・生産時間（期間）・流通時間（期間）を，それぞれ考察しているが（『資本論』第2巻第12～14章），自然条件と資本の価値増殖運動との関係についての興味深い分析がなされている。労働期間は連続的労働日の数によって規定されるが，その期間の相異は回転速度と投下資本量の差をもたらす。社会的生産過程の中断が起こったときには，個々別々な労働の場合には新生産は起こらないが，連続的労働の場合にはすでに消費された生産手段や労働はムダに支出されたことになる。固定資本は部分的に価値移転するが，流動資本は労働期間中は何回も投下され，生産物が完成するまでは生産部面に縛りつけられるから，追加資本が必要となる。この追加資本は労働期間の増減に規定される[138]。協業・分業・機械の発展によって，固定資本量は拡大し労働期間が短縮化されるが，この短縮化は資本の集積・集中運動に依存するという[139]。労働期間が長い事業は国家や共同体がまず引き受け，資本制生産の手に帰するには，資本の集積の進展と信用制度の発展が必要になる[140]。しかし，自然条件に依存する生産部門では，労働期間を短縮することはできない。

生産期間は，労働過程にある時間と，自然の支配にゆだねている時間から成り立つ。したがって，「自然時間」を短縮化しようとする努力がたえずおこなわれる。マルクスは，生産時間に労働過程が加わる例として靴型製造・木造建築を，労働過程に生産過程が加わる例としてブドウ酒・種籾，生産期間中に労

---

137) マルクスはこのように，固定資本の寿命と恐慌とを相互規制関係として理解しているのであり，一方的に固定資本の寿命によって周期を規定しているのではない。
138) マルクス『資本論』第2巻，第6分冊，364-366頁。
139) 同上書，369-370頁。
140) 同上書，370頁。

第6章　資本の流通過程　95

働過程が加わる例として農耕・造林をあげている。

　流動資本の投下と還流は，鉱業・鉱山業・運輸業においては均等に配分されているが，自然条件に依存する産業では不均等に配分され，還流は一挙的である。マルクスの視野は造林や牧畜にもおよび，樹木・家畜・肥料・飼料などの在庫を潜在的生産資本と規定している[141]。一般的にいって，購入時間は購入市場の遠近や運輸・交通手段に依存するが，それは補塡（更新）の困難性の大小に影響し，生産在庫量を規定する。この必要とされる在庫量は投下資本量を規定し，回転に影響する。

　流通期間は，販売期間と購買期間からなる。販売期間は事業ごと資本ごとに異なるが，交通手段の発達は，一方では資本の回転を促進し，生産中心地や市場中心地への集中をもたらすから，流通期間を短縮させるが，他方では世界市場への流通によって流通期間を延長もさせる[142]。流通時間の差異は，支払期限や，継起的労働日を要する生産物の引渡し契約の範囲に左右されるが，流通時間の延長は価格変動の危険性を増大させる。生産在庫は購入時間に規制されたが，原料の大量的市場投入は投機の基礎となる[143]。

投下資本量への回転時間の影響　産業資本の回転において，生産を中断せずに継続するためには，貨幣資本の拘束（Bindung）や遊離（Freisetzung）が生じてくる。そのため，産業資本がさまざまな貨幣資本形態で存在していることになる。それが，近代的な商業や信用業が形成される基礎の一つとなっている。しかし，マルクスの草稿は複雑で錯綜しているので，結論的部分だけを紹介しておこう（設例は単純化するからマルクスとは異なる）[144]。固定資本と剰余価値は捨象して，流動資本（流動不変資本と可変資本）のみで考察する。

---

141)　同上書，384-387頁。
142)　同上書，394-396頁。
143)　同上書，402-403頁。
144)　マルクスの草稿を編集し完成稿にしたエンゲルスは，「この章を印刷に回せるように仕上げることには少なからぬ困難があった。マルクスは，代数学者として非常に理解が深かったが，数の計算，とくに商業上の計算には慣れていなかった──……／マルクスは，一つの─私の見解では─事実上あまり重要でない事情に過分な重要性を付与することになった。……／本文のなかで重要なのは，一方では産業資本のかなりの部分がつねに貨幣形態で現存しなければならず，他方ではもっと大きな部分が一時的に貨幣形態をとらなければならない，という証明である。」（同上書，448-450頁）と追記している。

図6-3 資本の拘束と遊離

Ⅰ 労働期間＝流通期間の整数倍

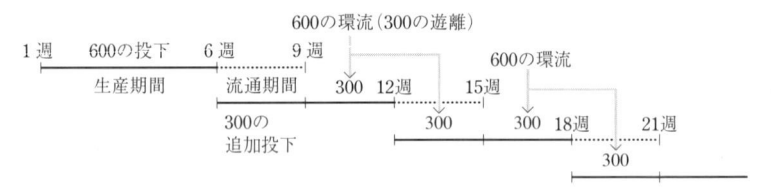

Ⅱ 流通期間＞労働期間

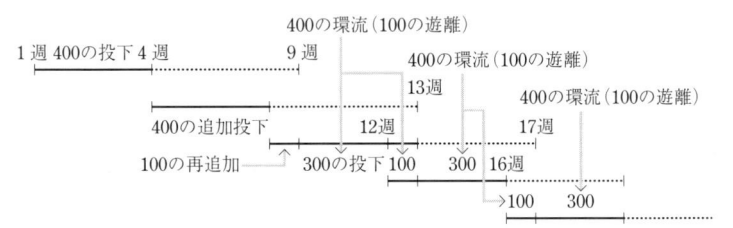

Ⅲ 労働時間＞流通時間

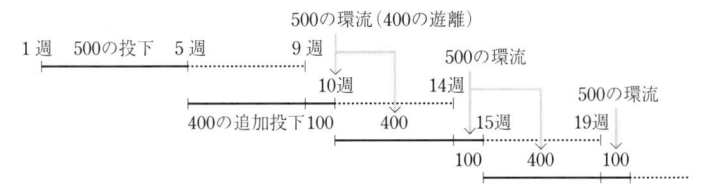

（Ⅰ）労働期間が流通期間の整数倍であるケース

労働期間が6週，流通期間が3週とし，1週あたり100の流動資本を投下すると仮定する（図6-3のⅠ）。6週目の終わりに商品600が生産されるが，3週間の流通期間中も生産を継続するためには，300の追加資本が必要になる（貨幣資本の拘束）。9週目の終わりには商品600が販売完了となり産業資本に還流する。その600のうち300は継続中の生産過程に投下されるが，残りの300はつぎの生産に投下されるべくさしあたりは遊離する[145]。

---

[145] 『資本論』では，このケースでは貨幣資本の遊離は生じないとしているが，継続中の生産ではなく次の生産のために投下が予定される部分を遊離と定義すれば，貨幣資本の遊離はこのケースにおいても生ずる。労働期間と流通期間が一致する場合には，遊離は生じない。

（Ⅱ）流通期間＞労働期間

　労働期間が4週，流通期間が5週とし，1週あたりの流動資本の投下は（Ⅰ）と同じく100とする（図6-3のⅡ）。4週目の終わりに400の商品が生産されるが，生産を継続するために400が追加投下される。8週目の終わりに新たな商品が生産されるが，流通期間は5週であるから貨幣は還流していない。そのために生産を再度継続させるために，再度100の追加投下をしなければならない。9週目の終わりになってはじめて400の貨幣が還流するが，そのうちの300は再度継続をはじめた生産に投下されるが，残りの100はその次の生産に投下されるべく，さしあたりは遊離する。この場合は『資本論』がいうように，流通期間と労働時間の差の整数倍（この例では1週間）を引いた資本部分が，遊離することになる。

（Ⅲ）労働期間＞流通期間

　労働期間が5週，流通期間が4週とする（投下流動資本は同じく100）（図6-3のⅢ）。5週目の終わりに500の商品が生産されるが，生産継続のために400が追加投下される。9週目の終わりに500の貨幣が還流するが，そのうちの100は最後の生産期間1週のために投下され，残りの400が遊離する。この場合には『資本論』がいうように，流通期間中に生産を継続すべく追加投下される額（400）が遊離する。

　このように，資本の回転の中から必然的に追加的貨幣資本の投下（拘束）と，還流してきた貨幣資本の一時的遊離が生じる。拘束される予備資本や還流してきた貨幣資本の遊離は，産業資本の運動過程から必然的に生じてくるものであり，それが近代的信用業の預金の一つとなる。産業資本は追加的な予備資本を所有しなければならないから，流通過程を商人に任せ，投下資本量の拡大と回転率を上昇させようとする内的欲求が生じてくる。これが，産業資本の価値増殖運動に適合的な近代的商業資本が独立化していく有力な契機となる。

6.2　生産資本の遊休化と価値喪失

　マルクスは資本の回転期間中に起こる資本価値喪失の諸形態について，いろいろなところで言及している。それらは恐慌分析にとっても示唆的であるし，

とくに独占段階になれば,独占資本は固定資本を遊休化させて生産調整(数量調整)するので,恐慌の形態変化を論ずるさいに重要となってくる。したがって,ここでそれらを整理しておこう。

価値増殖と価値維持 新しい技術が導入されてたえず価値革命が進展し,資本価値は低下していくが,価値が維持され移転するためには,価値増殖運動が継続していかなければならない。マルクスは,

> 「あらゆる価値革命にもかかわらず資本主義的生産が実存しており,また実存し続けることができるのは,ただ資本価値が増殖される限りにおいて,すなわち自立的価値としてその循環過程を経過する限りにおいて,したがって,ただ価値革命がなんらかの方法で克服され調整される限りにおいてである」[146]

という。価値は,労働が投下されることによって維持される(具体的有用労働の作用,労働の価値維持力)。

> 「労働は,一方では,労働諸材料の価値を生産物に移転することによって,この価値を維持するのであり,他方では,生産過程におけるその活動を通じて労働諸手段の使用価値を維持することによって,労働諸手段の価値を—これをも生産物に委転しない限り—維持する。」[147]

労働過程が中断されれば,過去労働はムダになる。

> 「たとえば恐慌の結果起こるような社会的生産過程の中断・攪乱が,個々に分割できる性質の労働生産物に与える影響と,その生産にかなり長い,つながり合った期間を必要とする労働生産物に与える影響とは非常に異なる。……しかし,船舶,建物,鉄道などの場合は,それとは異なる。〔この場合には〕労働が中断されるだけでなく,つながり合った一つの生産行為が中断される。建造が続行されなければ,すでにその生産に消費された生産諸手段と労働は,むだに支出されたことになる。たとえ建造が再開されても,そのあいだにつねに品質の低下が生じてしまう。」[148]

生産資本の価値喪失 生産制限や恐慌などの不規則な生産中断によって,資

---

146) 同上書,第5分冊,166頁。
147) 同上書,第6分冊,270頁。
148) 同上書,363頁。

本価値が喪失する。

　「生産過程の規則的な諸休止によってのみ機能を中断される労働諸手段——生産制限，恐慌などによる不規則な中断は純損失である——は，生産物形成にはいり込むことなしに〔生産物に〕価値をつけ加える。」[149]

　固定資本の遊休化によって価値喪失が起こるが，正常的な遊休化であれば，それも減価償却費に計算されるという。

　「生命をもたない労働諸手段の場合には，使用されなくてもある程度の減価が生じる。……生産物への価値引き渡しは，固定資本が機能する時間によってではなく，固定資本が価値を失う時間によって計算されるからである。」[150]

　商品資本の価値喪失　商品は一定の時間内で販売されなければ，使用価値も価値も消滅していく。すなわち，

　「諸商品は，一定の期限内にそれらの本来の用途に応じて生産的または個人的消費にはいり込まなければ，言い換えれば一定の時間内に販売されなければ，それらは腐朽し，その使用価値と一緒に，交換価値の担い手であるという属性をも失う。諸商品に含まれる資本価値，およびこの資本価値に着生した剰余価値は，失われる。諸使用価値は，それらが絶えず更新され再生産されて，同種または他種の新しい諸使用価値に置き換えられる限りでのみ，多年にわたり自己を増殖する資本価値の担い手であり続ける。」[151]

　恐慌の実在的可能性　第2章第2節（2.2）で指摘したように，商品・貨幣流通の中にすでに「恐慌の抽象的可能性」（第1形態と第2形態）が存在していた。商品・貨幣流通が資本循環の有機的一環として考察されることによって，この抽象的可能性は，資本運動によって内容を与えられた可能性となる。すなわち，販売不能化の具体的契機は流通手段が蓄蔵されることであったが，この

---

149)　同上書，第5分冊，194頁。
150)　同上書，第6分冊，381-382頁。こうした固定資本の価値喪失は，ミクロ経済学でのサンク・コスト（埋没費用）に類似している。機会費用ゼロの固定費用はサンク・コストになるが，これは価値が回収されず（減価償却されず）に喪失していることを意味する。固定資本が正常に運転され価値が部分的にしろ回収されていれば，価値喪失としてのコストにはならない。機会費用やサンク・コスト概念では，価値の移転と新価値の形成，したがって，生産手段と労働力との価値形成上の区別が消失してしまっている。
151)　同上書，第5分冊，200頁。

貨幣蓄蔵が資本の回転運動から必然的に形成されてくる。すなわち，①固定資本の貨幣的補填（減価償却積立），②蓄積基金の積立，③価格変動の予備や流通時間中の生産継続のための追加的予備資本，の形成である。これらは信用の基礎となるが，信用業が確立すれば銀行への預金（貯金）となる。それに見合った預金が引きだされなければ（投資されなければ），有効需要が不足し販売不能が発生する。こうした貨幣的均衡に加えて，『資本論』第2巻第3篇では，再生産上の実物的均衡も明らかにしているところに，マルクスの懐の深さがあるともいえよう[152]。資本の循環・回転との関係においても，商人の介在による架空的需要によって，商品実現の困難化が隠蔽され，さらなる商品実現の困難性が倍加される。イギリスとインド双方での恐慌を取り上げ，

「イギリスで恐慌が勃発するとただちに，売れ残りの綿商品がインドの倉庫に寝かされている(すなわち商品資本から貨幣資本に転化しなかった―……)ということ，他方，イギリスでは，インドの生産物の売れ残りの在庫品が寝かされているばかりでなく，売れて消費された在庫品の大部分がまだ全然支払われていないということが，明らかとなる。それゆえ，貨幣市場の恐慌として現われるものは，実は，生産過程および再生産過程そのものにおける異常を表わしているのである。」[153]

と言及している。「貨幣市場での恐慌」として現象するものは，「再生産過程そのものにおける異常」を表現しているのであり，信用恐慌と実現恐慌との関係を考えるさいに示唆的である。いくら信用論を展開しても，それが再生産と切り離して展開されるならば，恐慌論と結びつかないのである。

6.3 生産的労働論

第1節第2項（1.2）の流通費で紹介したように，マルクスは純粋な流通費として売買費用・簿記費用をあげ，それらの売買労働や簿記労働は価値を追加しないと規定した。そして生産過程が流通過程に延長されたものとして，運輸労

---

152) 拙著『景気循環論』第6章，参照。
153) マルクス『資本論』第2巻，第6分冊，502-503頁。

働や原料在庫としての保管労働は，価値を追加したり，価値喪失から価値を維持する労働として，価値形成的労働であるとした。こうした規定は現代においても有効である。現代においては，商業労働は価値形成労働とすべきだとする見解もあるが，生産労働との境界がつけにくくなっていることは事実であるが，資本制商品生産に固有な売買費用は商品実現のための費用であり，そうした必要性のない資本主義を超えた社会の見地から，やはり価値形成的労働ではないとすべきである。マルクスと同様，生産過程と流通過程の相違は守られるべきである。

現代では労働過程論でみたように（第5章第2節），管理労働や情報処理労働が重要になってきたが，それらの価値形成性は生産過程にかかわる労働か流通過程にかかわる労働かによって規定するのが妥当である。サービス労働についても，やはりサービスの内容に即して考えるべきである。いわゆる商業サービス，金融サービス，保険サービス，証券サービス，不動産サービスなどは，売買活動（流通過程）や信用関係（貸借関係）やリスク管理や擬制資本の取引費用であって，価値は形成しない。本来的な対人サービス（たとえば，保健・医療，教育，美容など）は商品形態に転化せずに，労働の有用効果が直接に消費されるが，価値は形成しているとするのが本書の立場である。

6.4 流通費用の増大傾向と節約傾向—独占資本の製品差別化競争と情報通信革命

現代においては，独占資本の競争形態の変化[154]によって，流通費用が増大する傾向がある。独占資本は製品差別化競争を展開する。生産者側が意図的に，製品の機能としては基本的に同じ商品を，少しでもモデル・チェンジさせたり付属品（オプション）をつけて，あたかも別の商品であるかのようにして消費者に売り込もうとする。このモデル・チェンジ費用は巨額に達しているが，とくに耐久消費財において大きい[155]。独占資本はさらに巨額の広告・宣伝費用

---

154) 独占資本主義における競争形態の変化については，第9章第1節（9.1）で論ずる。
155) バラン＝スウィージー著，小原敬士訳『独占資本』（岩波書店，1967年）。

を費やして,消費者の潜在的欲望を喚起していく。こうして喚起された潜在的欲望は,賃金上昇や消費者ローンの発達によって有効需要化されてきた(依存効果)。まさに耐久消費財ブームであり,浪費型の大量消費経済が出現した[156]。それらは資源の浪費であるとともに,疎外された欲望を強制されるような生活様式を生みだしてしまった。

それと同時に,現代の情報通信革命は流通費用を節約する方向にも作用していることに注意しておこう。すなわち現代の労働過程において考察したように,コンピューター・ネットワークによって,生産過程・販売過程・管理部門・研究開発過程が緊密に結びあわされるようになった。とくに生産過程と販売過程は,世界的な規模でインターネットで情報を交換しあって結びつけられるようになってきた。そのために,多国籍企業内部での生産取引が巨大化してきて,流通過程が大幅に縮小されてきた。それによって,流通費用はこの側面からは節約される傾向があることになる。また,インターネット取引も流通費用を大幅に縮減する。

研究を深めるために
マルクス『資本論』第2巻第1・2篇
『資本論体系』4 (富塚良三・井村喜代子編「資本の流通・再生産」有斐閣,1990年)

---

156) 都留重人は,現代資本主義には巨大化した生産能力を吸収するだけの消費が必要であり,それらが制度的にビルト・インされてきたとして,「ムダの制度化」と呼んだ。都留重人『現代資本主義の再検討』(岩波書店,1959年)。

第7章　再生産論

　『資本論』第2巻第3編では，商品資本循環の視点から「社会的総生産物の流通」が考察されている。そこで展開されているマルクスの再生産表式は，使用価値視点（生産力視点）と価値視点（生産関係視点）が見事に統一されており，資本蓄積や景気循環や長期循環（成長循環）を論じるために基本的に重要な分析ツールが与えられている。しかし第2巻第3編の論理次元では，「価値どおりの販売」が前提され，すでに商品価値は実現されていることを前提にしている。そのうえで，実現された剰余価値がどのように蓄積（投資）や個人消費に回され，資本循環の絡み合いと資本循環と個人消費との絡み合いが考察され，経済原則としての再生産上の価値的・素材的補塡関係を資本制商品経済がいかに実現していくかが，明らかにされているといえよう（経済原則の資本主義的形態機構論）。課題がこのように設定されているから，マルクスは「価値どおりの販売」を仮定し，すでに商品価値は実現していると想定した。しかし，商品価値の実現こそを問題にしなければならない景気循環の世界（市場価格の世界）に上向するさいには，「価値どおりの販売」仮定は放棄しなければならない[157]。本章においてはまず，マルクスの再生産表式の基本性格を明らかにしたうえで，三部門（労働手段・労働対象・生活手段）に拡充し，物量と価値（価格）に分離した表式を提示する。それによって，生産（搾取）と実現を統一した蓄積モデルと，市場価格の世界での景気循環論展開のための準備作業をしておくことにする。

7.1　マルクスの再生産表式の基本性格（二部門分割）

　マルクスの基本表式は，以下のように表現できる（記号は価値総量を表現し，

---

[157] 詳しくは，拙著『現代の景気循環論（第2版）』（桜井書店，2007年）第5章第2節，第8章第2節，参照。

具体的数値は示さない)。カッコ内の記号は,剰余価値の配分形態を示す。

$$\text{I} \quad C_1+V_1+M_1 \qquad\qquad =W_1$$
$$\qquad\qquad (Mc_1+Mv_1+Mk_1)$$
$$\text{II} \quad C_2+V_2+M_2 \qquad\qquad =W_2$$
$$\qquad\qquad (Mc_2+Mv_2+Mk_2)$$

記号 C:不変資本,V:可変資本,M:剰余価値,W:生産物,Mc:不変資本蓄積,Mv:可変資本蓄積,Mk:資本家の個人消費。サブスクリプト1は生産手段部門,2は生活手段部門を示す。

前提
(1) 社会の総生産物を生産手段と生活手段の二部門に分割する。
(2) 固定資本の捨象(流動資本モデル)。
(3) 両部門の生産期間は1期とし,市場は期末に成立し,瞬時に売買される(流通時間ゼロ)。
(4) 生産物は価値どおりに販売される。
(5) 賃金前払い。したがって次期に雇用される追加的労働者の消費は,今期生産された生活手段に向けられる。

　この基本表式は,マルクスの経済分析の弁証法的特徴といってもよい使用価値視点(生産力視点)と価値視点(生産関係視点)とが統一されて,簡潔に表現されている。すなわち,行の区別は使用価値によって生産手段(生産的消費用の生産物)と生活手段(個人消費用の生産物)を示し,列の区分は価値形成上の役割(相違)を示し,不変資本(生産手段)は価値をそのまま移転し,可変資本(労働力)は新価値($V+M$)を新にみだしている。

　期末にこのように生産された商品は,貨幣を媒介とした交換によって,どのようにして価値的・素材的に補塡され,次期の再生産が保証されるだろうか。W_1の価値構成部分は素材的には生産手段形態にあり,W_2の価値構成部分は素材的には生活手段形態にある。C_1部分は第1部門内部で交換され合えばよいが(内部転態),V_1とMv_1+Mk_1部分は第2部門の生活手段と交換されなければならない(部門間転態)。追加的生産手段に蓄積されるMc_1は,第1部門内部で転態されればよい。第2部門のC_2とMc_2は第1部門と交換されなけれ

ばならず，V_2 と Mv_2 と Mk_2 部分は第 2 部門内部で交換し合えばよい。その結果，均衡が成立するためには，以下のような部門間均衡関係（条件）が成立しなければならない[158]。

$V_1+Mv_1+Mk_1=C_2+Mc_2$

内部転態と部門間交換を合わせた総流通において，$V_1+Mv_1+Mk_1+V_2+Mv_2+Mk_2$ の個人消費が資本循環と絡み合っている。この個人消費部分は表式には表現されていないが，第 4 章第 1 節第 1 項で（4.1.1）考察したように，賃金労働者は

A(労働力)—G(賃金)—W……消費—A(労働力の再生産)

資本家は，

〈A〉(「機能力」なり「資本力」)—G(利潤の一部)—W(奢侈品)……消費—〈A〉(「機能力」なり「資本力」の再生産)

を繰り返し，「資本＝賃労働」関係が再生産されている。

7.2 三部門表式

生産手段を労働手段と労働対象に分割し，価値量を物量と価値に分離した再生産表式は以下のようになる。記号は第 1・3 章と同じとする。

Ⅰ（労働手段）　$\varepsilon F_1 t_1 + R_1 t_2 + L_1 \omega t_3 + L_1 (T - \omega t_3) = X_1 t_1$
Ⅱ（労働対象）　$\varepsilon F_2 t_1 + R_2 t_2 + L_2 \omega t_3 + L_2 (T - \omega t_3) = X_2 t_2$
Ⅲ（生活手段）　$\varepsilon F_3 t_1 + R_3 t_2 + L_3 \omega t_3 + L_3 (T - \omega t_3) = X_3 t_3$

各部門の第 1 項は固定資本の価値移転部分（減価償却費，固定資本の貨幣的補塡）であり，第 2 項が流動不変資本の価値移転部分であり，第 3 項が可変資本，第 4 項が剰余価値である。剰余価値から追加的に労働手段・労働対象・労働力に回される物量を Δ で，資本家が個人消費する生活手段の総量を Ω とすれば，各生産物の需給均衡は以下のようになる（労働者は貯蓄しないものとする）。

---

[158] 表式において，各価値構成部分は供給額であるとともに需要額でもあるから，総供給と総需要が一致している。その点では，「セー法則」を取り入れているといえる。均衡・不均衡を論じるためには，総供給とは別個に総需要を規定しなければならない。

単純化のために，固定資本の貨幣的補填額（$\varepsilon F t_1$）と現物補填額は等しいと仮定する（いわゆるルフチ・ローマン効果はないものとする）。

労働手段の需給均衡
$$X_1 t_1 = \varepsilon F_1 t_1 + \varepsilon F_2 t_1 + \varepsilon F_3 t_1 + \Delta F_1 t_1 + \Delta F_2 t_1 + \Delta F_3 t_1$$

労働対象の需給均衡
$$X_2 t_2 = R_1 t_2 + R_2 t_2 + R_3 t_2 + \Delta R_1 t_2 + \Delta R_2 t_2 + \Delta R_3 t_2$$

生活手段の需給均衡
$$X_3 t_3 = L_1 \omega t_3 + L_2 \omega t_3 + L_3 \omega t_3 + \Delta L_1 \omega t_3 + \Delta L_2 \omega t_3 + \Delta L_3 \omega t_3 + \Omega t_3$$

となる。供給側にも需要側にも共通して価値が掛けられているから，それらを通約すれば，均衡関係は物量関係として表示される。すなわち，

$$X_1 = \varepsilon F_1 + \varepsilon F_2 + \varepsilon F_3 + \Delta F_1 + \Delta F_2 + \Delta F_3$$
$$X_2 = R_1 + R_2 + R_3 + \Delta R_1 + \Delta R_2 + \Delta R_3$$
$$X_3 = (L_1 + L_2 + L_3 + \Delta L_1 + \Delta L_2 + \Delta L_3) \omega + \Omega$$

7.3 成長論への組み換え

再生産上の均衡関係を各部門の成長率で表現してみよう[159]。粗成長率 G^t（1＋純成長率）を労働手段で計算し，$G^t = F^{t+1}/F^t$ とする[160]。均衡関係は物量関係として実現されるから，それらを成長率の関数関係として表現する。

労働手段の需給均衡 労働手段に対する需要は，現物補填（貨幣的補填と等しいと仮定）と新投資の合計であるから，

$$X_1^t = \varepsilon (F_1^t + F_2^t + F_3^t) + (\Delta F_1^t + \Delta F_2^t + \Delta F_3^t)$$
$$= (F_1^t + \Delta F_1^t + F_2^t + \Delta F_2^t + F_3^t + \Delta F_3^t) - (1 - \varepsilon)(F_1^t + F_2^t + F_3^t)$$

右辺第1項は次期の各部門の労働手段になるから，

---

[159] 二部門モデル（流動資本モデル）での成長論については，拙著『景気循環論』第4章，拙著『経済学原論』第8章，参照。

[160] 技術を不変と仮定すれば，技術的パラメータ（資本係数や資本の技術的構成）は不変となるから，成長率は労働対象・労働力・生産物で計算しても同一になる。成長率が t 期で表現されているが，実現する成長率は次期である。しかし，t 期末に労働手段の配分が決定されれば，次期の成長率は自動的に決定されるので，t 期で表現する。

$$X_1^t = F_1^{t+1} + F_2^{t+1} + F_3^{t+1} - (1-\varepsilon)(F_1^t + F_2^t + F_3^t)$$

次期の労働手段を,粗成長率を使って今期で表現すれば,

$$X_1^t = G_1^t F_1^t + G_2^t F_2^t + G_3^t F_3^t - (1-\varepsilon)(F_1^t + F_2^t + F_3^t)$$

F/X(資本係数：$1/\alpha$), F_1/F_3(部門構成：Q_{13}), F_2/F_3(部門構成：Q_{23}) を使って表現すれば,

$$\alpha_1 = G_1^t + G_2^t (Q_{23}^t/Q_{13}^t) + G_3^t/Q_{13}^t - (1-\varepsilon)(1 + Q_{23}^t/Q_{13}^t + 1/Q_{13}^t) \quad (1)$$

(1)式は,労働手段を均衡化させる均衡成長率の方程式となる[161]。

労働対象の需給均衡 今期末に生産された労働対象は次期の労働対象になることによって均衡するから,

$$X_2^t = R_1^{t+1} + R_2^{t+1} + R_3^{t+1}$$

技術不変下では成長率は労働対象で計算しても同じであるから,

$$X_2^t = G_1^t R_1^t + G_2^t R_2^t + G_3^t R_3^t$$

労働手段と労働対象の比率を δ とすれば,

$$\alpha_2 \delta_2 = G_1^t (\delta_1/\delta_2)(Q_{13}^t/Q_{23}^t) + G_2^t + G_3(\delta_3/\delta_2)/Q_{23}^t \quad (2)$$

(2)式は,労働対象の需給均衡式である。

生活手段の需給均衡 労働者の全賃金と資本家の個人消費が生活手段への需要となるから,需給均衡は,

$$X_3^t = \omega^t (L_1^{t+1} + L_2^{t+1} + L_3^{t+1}) + \Omega^t$$

労働力で計算しても成長率は同じであるから,

$$X_3^t = \omega^t (G_1^t L_1^t + G_2^t L_2^t + G_3^t L_3^t) + \Omega^t$$

F/Lを資本の技術的構成と呼び,その逆数を β とすれば,

$$\alpha_3 = \omega^t (G_1^t \beta_1 Q_{13}^t + G_2^t \beta_2 Q_{23}^t + G_3^t \beta_3) + \Omega^t/F_3$$
$$\alpha_3/\omega^t = G_1^t \beta_1 Q_{13}^t + G_2^t \beta_2 Q_{23}^t + G_3^t \beta_3 + \Omega^t/(\omega^t F_3) \quad (3)$$

(3)式は,生活手段の需給均衡方程式である。実質賃金率と資本家の個人消費が入り込んでいる。

以上の(1)から(3)までの方程式体系は,実質賃金率が決まらないと,未知数が粗成長率3個と実質賃金率の4個となって解が存在しないことになる(資

---

[161] (1)式は均衡成長率(G_1, G_2, G_3)の組み合わせによって成立し,その組み合わせは無数に存在するから,均衡を成立させる自由度方程式でもある。

本家の個人消費は一定であり、既値とする)。本書では、投資関数によって蓄積率したがって成長率を先に決定し、その後に実質賃金率が決定されるように処理する。具体的に初期値とパラメータを与えると、第18章第5節（18.5）の価格調整型蓄積のような成長率循環を描く（図18-2。ただし資本家の消費はゼロとしている）。

7.4 市場価格表示の再生産表式

市場価格表示の再生産表式は以下のようになる（P：市場価格，w：貨幣賃金率，R：粗利潤率）。価値表式のときと同じく、固定資本の貨幣的補填（D）と現物補填（R）は等しいと仮定する。

Ⅰ　$\varepsilon F_1 P_1 + R_1 P_2 + w L_1 + (F_1 P_1 + R_1 P_2 + w L_1)(R_1 - 1) = X_1 P_1$
Ⅱ　$\varepsilon F_2 P_1 + R_2 P_2 + w L_2 + (F_2 P_1 + R_2 P_2 + w L_2)(R_2 - 1) = X_2 P_2$
Ⅲ　$\varepsilon F_3 P_1 + R_3 P_2 + w L_3 + (F_3 P_1 + R_3 P_2 + w L_3)(R_3 - 1) = X_3 P_3$

左辺の第1項から第3項までは、減価償却費（固定資本の部分的な価値移転）・原材料費・賃金であり、第4項は投下資本に利潤率を掛けた利潤である。利潤率が均等化していないから、利潤率は部門ごとに異なる。利潤は、追加的な労働手段・労働対象・労働力と資本家の個人消費に回されるから、価値表式の場合と同じく、均衡関係は物量関係として以下のようになる。

$X_1 = \varepsilon (F_1 + F_2 + F_3) + \Delta F_1 + \Delta F_2 + \Delta F_3$
$X_2 = R_1 + R_2 + R_3 + \Delta R_1 + \Delta R_2 + \Delta R_3$
$X_3 = (L_1 + L_2 + L_3 + \Delta L_1 + \Delta L_2 + \Delta L_3) \omega + \Omega$

現代では、生産価格が独占価格と非独占価格に分裂しているが、販売価格と購買者の購入価格は一致しているのだから、やはり再生産の均衡関係は物量関係になる。この場合には、物量的均衡を独占部門（産業）と非独占部門（産業）に区別しなければならない。

以上の価値表式と価格表式から、再生産の均衡関係はどのような価値・価格水準であっても、物量的均衡関係であることがわかった。このことはどのように解釈すべきであろうか。全生産物が実現すると仮定すると、どのような価格で販売しようとも、生産された物量しか取り戻せない（調達できない）ことを

意味する[162]。そして需給の不均衡は，価格変動を導入してくれば，価格変動（価格の循環的変動）として発現することになる。

7.5 軍需産業と再生産

軍事支出は，生産手段の再生産外的消費である。したがって，潜在的な成長力が低下する。軍需産業を第3部門とし，労働手段と労働対象は生産手段として第1部門に統合した，流動資本モデルの再生産表式（市場価格表示）を作成してみよう。軍事支出は，労働者と資本家が税金として徴収されたものから支出されるものとし，労働者の貨幣賃金率wからの負担率を ψ，資本家の負担総額を Ψ とする。資本家の本来の個人消費総額を Ω とする。剰余価値の配分形態で表示すると，

Ⅰ　$K_1P_1+w(1-\psi)L_1+\Delta K_1P_1+\Delta L_1w(1-\psi)+(\Omega_1-\Psi_1)$
　　$+\{w\psi(L_1+\Delta L_1)+\Psi_1\}=X_1P_1$

Ⅱ　$K_2P_1+w(1-\psi)L_2+\Delta K_2P_1+\Delta L_2w(1-\psi)+(\Omega_2-\Psi_2)$
　　$+\{w\psi(L_2+\Delta L_2)+\Psi_2\}=X_2P_2$

Ⅲ　$K_3P_1+w(1-\psi)L_3+\Delta K_3P_1+\Delta L_3w(1-\psi)+(\Omega_3-\Psi_3)$
　　$+\{w\psi(L_3+\Delta L_3)+\Psi_3\}=X_3P_3$

軍需品（兵器）は，労働者と資本家が負担する軍事支出によって購入されるが，生産には使用されないで再生産外で戦争のために使用される。しかしそこで使用する生産手段は追加部分を含めて生産手段部門から供給されなければならないし，雇用される労働者（追加労働者を含めて）と資本家が消費する生活手段は，生活手段部門から供給されなければならない。

生産手段の需給均衡

　　$X_1=(K_1+K_2+K_3)+(\Delta K_1+\Delta K_2+\Delta K_3)$

---

[162]　価値の生産価格への転化論争において，生産価格によって価値量が取り戻せるとして「総計一致命題」の成立を主張する人々がいるが，取り戻せるのは生産された物量であり，またどのような価格であれ（価値価格であれ生産価格であれ市場価格であれ独占価格であれ），生産された物量しか取得できないという，あたりまえのことを主張しているにすぎない。

生活手段の需給均衡

$X_2 = \omega(1-\psi)\{(L_1+L_2+L_3)+(\Delta L_1+\Delta L_2+\Delta L_3)\}+(\Omega_1+\Omega_2+\Omega_3)/P_2$

兵器の需給均衡

$X_3 = (w/P_3)\psi(L_1+L_2+L_3+\Delta L_1+\Delta L_2+\Delta L_3)+(\Psi_1+\Psi_2+\Psi_3)/P_3$

購入した兵器は再生産外に消費されるが,そこで使用する生産手段や労働者や資本家が消費する生活手段は,生産手段部門と,生活手段部門の労働者の労働力の価値部分と,資本家の消費すべき剰余価値部分が負担することになる。それだけ,生産と消費が削減されることになる。

研究を深めるために

井村喜代子「軍需生産にかんする理論的一考察」(中央大学『商学論纂』第28巻第5・6号,1987年3月)

高須賀義博『再生産表式分析』(新評論,1968年)

長島誠一『景気循環論』(青木書店,1994年)

長島誠一『現代の景気循環論(第2版)』(桜井書店,2007年)

第8章　剰余価値の利潤への転化

　カール・マルクスは『資本論』第3巻において，生産過程と流通過程を統一した総過程を分析している。しかし単に両過程を統一した考察ではない。マルクス自身に語らせれば，

　「この第三部で問題となるのは，この統一について一般的反省を行なうことではありえない。肝要なのは，むしろ，全体として考察された資本の運動過程から生じてくる具体的諸形態をみつけだして叙述することである。諸資本は，その現実的運動においては，具体的諸形態—この諸形態にとっては直接的生産過程における資本の姿態も，流通過程における資本の姿態も，特殊な契機としてのみ現われるような，そのような具体的諸形態で相対し合う。したがって，われわれがこの第三部で展開するような資本の諸姿容は，それらが社会の表面で，さまざまな資本の相互の行動である競争のなかに，また生産当事者たち自身の日常の意識のなかに現われる形態に，一歩一歩，近づく。」[163]

　国税局が国民から所得税を徴収する際の所得範疇は，給与所得（賃金），利子・配当所得，不動産所得（地代・家賃）である。これらの所得形態は現象の表面にあらわれてきた転倒した形態であるが，近代経済学は，生産の三要素（労働力，生産手段，土地）の提供者（階級）が生産への貢献度に応じて平等に生みだしたものだと説明する（「三位一体」範式）。この説明は，剰余価値の生産と分配とを同一視したものであり，資本主義のもとでの搾取を隠蔽し美化するイデオロギーである。マルクスはこうした転倒化した「虚偽意識」の必然化する過程を第3巻で明らかにしている。以下，その過程を追跡していこう。

　第3巻は，剰余価値の利潤への転化・利潤の平均利潤への転化・一般的利潤率（均等利潤率）の傾向的低下法則（第1～3篇）を論じたあとで，剰余価値の分配過程として近代的商業資本・銀行資本・土地所有が考察され（第4～6篇），最後に国民所得と諸階級で締めくくっている（第7篇）。本書ではそれらを簡単

---

[163]　マルクス『資本論』第3巻第1章，第8分冊，46頁。

に紹介しながら，現代的視点から再構成する。さらに，『資本論』では本格的には取り上げていない「マルクスの経済学批判プラン」中の，競争・信用・株式会社・土地所有・賃労働の若干の具体化を試みたい（第8〜18章）。

8.1 資本の物神化作用

人格の商品（貨幣）への物象化や，それらのもつ物神的性格（物神性）については，すでに考察した（第1章第1節）。資本が主体となることによって物象化はいっそう進展する。すでに第4章第2節（4.2）で，物象化と関連づけて物神化を簡単にサーベイしたが，日常的な人々の意識（誤った・転倒した・虚偽意識）が形成されてくる[164]。本節では，人々の「虚偽意識」，それを正当化しようとする経済学者の「虚偽理論」と関連づけて説明する。

生産過程においては，賃金は具体的には生産高や時間で支払われるから，賃金労働者の働いた時間全体に支払われているかのごとき観念が生じてくる（労働力の価値から労働の価格への転化）。労働力の価値部分しか賃金は支払われないがゆえに剰余価値が形成され搾取されるという，資本主義経済の根本的特質（本質）が隠蔽される。リカードの投下労働価値説はマルクスの剰余価値論の一足手前まで進んでいたといえるが，リカードは労働力が商品化していることを発見できなかった。しかしリカード派社会主義者たちは，実践的に剰余価値を認識し，賃金労働者たちが生産した剰余価値も取得すべきことを主張した（全労働収益権）。マルクスは労働力の商品化を発見し[165]，商品交換のルール（等価交換）にもとづいて労働力を購入した資本が，剰余価値を「合法的」に搾取していることを証明した。労働者階級が解放されるためには，「資本＝賃労働」という生産関係（階級関係）を解体しなければならない必然性を明らかにした。ところが「労働の価格」の世界では，生産要素（労働力・生産手段・土地）の最大の要素である労働力を労働者が提供する報酬として賃金を説明す

---

[164] 『資本論』における物象化論を体系的にかつ平易に解説した文献として，たとえば，高須賀義博「経済的『三位一体範式』の解剖」（『経済研究』1987年1月），参照。
[165] 重田澄男『資本主義の発見』（御茶の水書房，1983年），同『資本主義を見つけたのは誰か』（桜井書店，2002年），同『マルクスの資本主義』（桜井書店，2006年），参照。

る「三位一体」範式への道が，開かれることになる。この「三位一体」範式こそ資本主義を平等的・調和的に描き，資本制生産様式を弁護する経済学であり，マルクスは，その虚偽性を暴露するだけでなく，それが必然的に展開されてくる根拠（過程）を明らかにすることを『資本論』の最終的課題としたといえる。

　協業・分業によって，労働者の数を合計したよりも何百・何千倍の生産力が達成される。マルクスはこの生産力を「結合労働力」と規定した。この「結合労働力」は，労働者同士の労働関係の改善や，労働力と生産手段の結合の仕方の改善（生産様式の改善）によって発生する，生産効果である。それは本来，労働力が主体となって生産手段を支配する形で結合されれば，その成果は労働日の短縮として労働者に還元されるべき関係にある。ところが「資本＝賃労働」関係下では，労働者は資本の指揮・監督・管理のもとで生産手段との結合を強制される。労働が疎外されていることはもとより，生産方法の改善が資本のイニシャティブによっておこなわれることによって，資本が生みだした生産力という観念にとらわれ，「資本の生産力」なる考えが登場してくる。近代経済学はこうした概念のもとで，労働力（労働・賃金）と生産手段（資本）からなる生産関数を設定し，その投入だけでは説明できない生産性上昇分を「全要素生産性」として技術革新の成果に帰着させる。これはまさに，「資本の生産力」概念の現代版といえよう。技術革新は資本のイニシャティブによって導入されるが，技術発展そのものが価値を形成するのではない。その根底には，労働過程と価値形成・増殖過程を混同した観念がある。労働過程という超体制的・超歴史的な普遍的活動（生産力）と，価値形成・増殖過程という特殊歴史的体制（システム）のもとでの生産関係を，区別しながらかつ統一してみる視点が欠如している。生産力の発展は，本来は労働疎外の克服や労働日の短縮化となるべきところが，剰余価値生産を至上命令とする資本主義においては，生産力の発展は手段にすぎず，それは労働力の価値を低下させたり，労働の密度を高めて，剰余価値生産を増大する方向に作用する。これが成功しているあいだは，技術革新の導入は剰余価値増大となり，資本の利益となるから，この結果だけをみれば，資本にも生産力があるかのように現象してくるだけである。

　資本の流通過程においては，前章で考察したように，回転の違いによって流動資本と固定資本の区分がでてきた。これは資本の回転運動がもたらす客観的

違いであるが，この回転上の区分だけに目を奪われると，価値形成・増殖上の不変資本と可変資本の区別が消滅してしまう。不変資本も可変資本もともに回転をとおして，価値が回収・維持されるものとして，ひとしく利潤の請求権があるかのようにみえてくる。もはや，投下した資本全体が利潤をもたらすとする観念の一足手前にきている。

　諸資本の競争の世界は資本の現実的運動の世界であるが，そこは資本の人格化である資本家の日常的な実践の世界でもあり，さまざまな虚偽意識や観念が発生する。またそれに囚われたり，その現実の現象を弁護する経済学者も叢生する。マルクス『資本論』は，この物象化され物神的性格に支配された資本制商品経済の必然性とその虚偽性を解明し，その呪縛から解放される道筋（資本制商品経済の止揚）を提示したといえる。とくに，競争の世界を叙述する第3巻において，集中的に物象化の過程が分析されている。すでに引用したようにマルクス自身，第3巻の世界は，「われわれがこの第三部で展開するような資本の諸姿容は，それらが社会の表面で，さまざまな資本の相互の行動である競争のなかに，また生産当事者たち自身の日常の意識のなかに現われる形態に，一歩一歩，近づく」と述べている。その最終的到達点は第3巻の最終篇「収入とその源泉」であり，三位一体説を必然化させる「競争の仮象」（第50章）を考察としている。それぞれの章で説明するが，次節で，賃金労働者が生産した剰余価値が投下資本全体が生みだす利潤として，転倒して本質が隠蔽されて，現象してくることを説明しよう。

8.2　剰余価値の利潤への転化

　剰余価値の利潤への転化　諸資本の競争の世界では，賃労働が生産し資本が搾取する剰余価値が，利潤として現象してくる。価値形成・増殖過程のところで説明したように，生産手段と結合させられた労働力は，生産手段の価値を新生産物に移転（維持）させる（具体的有用労働の作用）とともに，新価値（追加労働）を形成した（抽象的人間労働）。新価値部分を労働力の価値（可変資本）と剰余価値に分割すれば，商品の価値は以下のようになる。

$$Kt_1 + L\omega t_2 + L(T - \omega t_2) = X_1 t_1 + X_2 t_2$$

Kt_1 は生産手段の価値が移転する部分であり，それに投下される資本は不変資本（C）であった。〈$L\omega t_2 + L(T-\omega t_2) = LT$〉は投下労働によって形成された新価値であり，そのうちの $L\omega t_2$ に投下される資本は可変資本（V）であった。剰余価値 $L(T-\omega t_2)$ は，可変資本の投下によって購入された労働力の消費＝生産によって生みだされたものであり，賃金労働者が生産したものを資本家が搾取した。これが資本制生産の本質過程である。

ところが諸資本の競争の世界では，価値法則によって商品が売られるか否かなどには無関心であり，最大の関心事は投下した最初の資本全体がどれだけ増殖して復帰してくるかにある。その結果，増殖分（剰余価値：M）は，投下した資本全体（C＋V）が生産したものと考えるようになる。もはや，不変資本と可変資本の価値形成上の根本的違いが消失し，資本全体（C＋V）が剰余価値（M）を生みだしたかのように現象してくる。このように意識されると，もはや剰余価値の本質たる搾取労働はみえなくなり，利潤概念に転化される。

この利潤の世界では，価格（販売価格）から費用価格を控除したものが利潤として現象してくる。資本の関心事は，いかに安い費用価格で生産し，高い販売価格で売るかになる。そこから，前項でみたように，費用価格が商品価格を構成するかのように説明する「価値構成説」や「三位一体」範式の仮象も生じてくる。

剰余価値の源泉　第3章で証明したように，剰余価値の源泉は，余剰労働手段と余剰労働対象と余剰生活手段であった。それらにそれぞれの価値をかけて集計すれば，総剰余価値となった。すなわち，

$$\{X_1 - \varepsilon(F_1+F_2+F_3)\}t_1 + \{X_2 - (R_1+R_2+R_3)\}t_2$$
$$+ \{X_3 - \omega(L_1+L_2+L_3)\}t_3 = (L_1+L_2+L_3)(T-\omega t_3)$$

であった。言葉で表現すれば，

　　余剰労働手段×労働手段の価値＋余剰労働対象×労働対象の価値

　　　＋余剰生活手段×生活手段の価値＝総剰余価値

となる。ところがいまや，この剰余価値が利潤として現象してくる。しかし利潤の源泉もサープラス（余剰労働手段・余剰労働対象・余剰生活手段）にほかならない。

利潤の源泉　市場価格の体系はつぎのようになる（p' は利潤率）。

Ⅰ　$\varepsilon F_1P_1+R_1P_2+wL_1+(F_1P_1+R_1P_2+wL_1)p'_1=X_1P_1$
Ⅱ　$\varepsilon F_2P_1+R_2P_2+wL_2+(F_2P_1+R_2P_2+wL_2)p'_2=X_2P_2$
Ⅲ　$\varepsilon F_3P_1+R_3P_2+wL_3+(F_3P_1+R_3P_2+wL_3)p'_3=X_3P_3$

上の3式を合計して整理すると，

$(F_1P_1+R_1P_2+wL_1)p'_1+(F_2P_1+R_2P_2+wL_2)p'_2+(F_3P_1+R_3P_2+wL_3)p'_3$
$=\{X_1-\varepsilon(F_1+F_2+F_3)\}P_1+\{X_2-(R_1+R_2+R_3)\}P_2+\{X_3-\omega(L_1+L_2+L_3)\}P_3$

左辺は利潤総額であり，右辺は余剰労働手段・余剰労働対象・余剰生活手段にそれぞれの市場価格を掛けて，集計したものにほかならない（労働手段の現物補塡は貨幣的補塡に等しいと仮定）。すなわち，利潤の源泉もサープラスであることがわかる。

したがって，余剰労働手段・余剰労働対象・余剰生活手段を価値で集計したものが総剰余価値であり，価格で集計したものが総利潤になる。剰余価値も利潤も，同じサープラスを源泉とする価値・価格体系（評価体系）から発生する二つの幹であり，双子の兄弟のようなものであることになる（フォーク型体系）。価値と価格が乖離しているのが通常であるから，剰余価値と利潤の総計の一致は保証されてはいないことになる（次章で説明する）。しかしマルクスは，生産過程における「資本＝賃労働」関係を重視し，その搾取関係が隠蔽され利潤として現象してくることを暴露（解明）しているところに，その偉大さがあるといえよう。次章で説明するように，この点が，分配関係次元での賃金と利潤の対抗関係しかみない新リカード派（スラッファリアン）と，生産関係次元に下降して賃労働と資本の敵対的関係から出発するマルクス派との根本的対立点である。

研究を深めるために
マルクス『資本論』第3巻第1篇
『資本論体系』5（本間要一郎・富塚良三編「利潤・生産価格」，有斐閣，1994年）
高須賀義博「経済的『三位一体範式』の解剖」（『経済研究』1987年1月）
高須賀義博『マルクスの競争・恐慌観』（岩波書店，1985年）
種瀬茂『競争と恐慌』（有斐閣，1989年）
広松渉編『資本論を物象化論を視軸として読む』（岩波書店，1986年）

第9章　生産価格と独占価格

　自由競争段階の生産価格は，独占段階になって独占価格と非独占価格に分裂した。本章では，まず自由競争が独占へ転化する過程を明らかにし，価値と生産価格の関係，独占価格と独占利潤の定性的な性格，独占・非独占価格の体系，そして価値からの価格の乖離傾向を明らかにする。

9.1　自由競争の独占への転化

9.1.1　競争と独占
　マルクスの自由競争概念は，近代経済学の完全競争や原子的競争とは同じでない。マルクスの競争論は市場価値論（第3巻第10章）で詳しく展開されているが，生産者を生産条件の違い（生産性の格差）によって上・中・下に区分し，その間の競争（部門内競争）は平等的競争関係ではなく，支配的な生産条件の資本が市場価値を規制し，ほかの資本はそれを受け入れる立場におかれている。また，新技術を導入することによる供給増が，市場価格の低下をもたらすことを考慮している（特別剰余価値の発生と，価格を切り下げての販売）。完全競争では生産者はまったく平等に扱われているし，新参入による供給増は無視されている。

　部門内競争　固定資本の残存価値は，第6章第1節第3項 (6.1.3) で指摘したように，固定資本投資（補塡と新投資）の自由を制限する。産業部面内部では，その制限を除けば，資本量を調達できる資本はすべて新技術を採用することができる。率先して新技術を導入した資本は特別利潤（特別剰余価値）が獲得できるので，諸資本は競って新技術の導入競争に駆り立てられ，その結果，新技術は普及しそれが標準的技術になっていく。旧来の標準的技術は限界的な陳腐化した技術に転落する（第17章第4節第1項で詳しく説明する）。このような特別剰余価値をめぐる競争に誘導され強制されて生産力が高まり，やがては全体的な相対的剰余価値の増大に帰着していく。この新技術の導入・普及の過程

で，新技術を採用した資本は，その販売を拡大すべくライバルよりも安い価格で販売するから，価格も価値の低下に照応して低下していく。

部門間競争　利潤率の低い産業部面からは資本が流出し，利潤率が高い産業部面に資本は参入していく。固定資本の残存価値による資本移動の制約を除けば，基本的には自由参入であるのが自由競争の本質である。資本が流出していった産業部面の供給が減少し，資本が参入していった産業部面では供給が増える[166]。こうした競争の帰結は，標準的技術を採用する各産業部面の資本の間で利潤率が均等化し，生産価格が成立することである。いわば，標準的資本間の資本量に応じて利潤が配分されることによって，需要と供給が均衡化されることになる。このような仕方で資本制商品経済は，生産手段と労働力（資源と労働）を配分する。

参入障壁の形成　資本蓄積とともに集積・集中運動が展開していく[167]。蓄積は自分の剰余価値から内部的に資本が増加していくことであり，生産力の発展とともに標準的に必要とされる資本量（「最低必要資本量」）は増大していくが（規模の経済の作用），重化学工業が出現すると巨大な資本量が必要とされる。内部蓄積でまかなわれなければ，株式会社形式によって，社会のすみずみから遊休している貨幣資本（資金）を外部的に調達してこなければならない。しかし，すべての資本が株式会社になれるのではないし，株式会社の間でも，必要な資本量を調達できる企業とできない企業とに分裂してくる。かくして部門内競争が制限される。やがて，資本量の調達できない中小企業は大資本の下請化し，実質的には別個の産業に分割されていくであろう。同時に集中・合併運動によって，巨大化した資本量が調達されることも起こる（資本結合）。

しかし単に，資本量が絶対的に巨大化するばかりではなく，その生産能力が市場の規模（需要）に対しても相対的に増大する（パーセンテージ効果）。そ

---

166)　資本が流出した産業部面の生産価格が上昇し，参入した部面の生産価格が低下するとは必ずしもいえない。それぞれの産業部面の資本の有機的構成に左右される。

167)　資本の集積・集中運動から独占の成立を論じる視点は，すでにマルクス『資本論』やヴェ・イ・レーニン『資本主義の最高の段階としての帝国主義』（宇高基輔訳，岩波文庫版。以下では簡略に，レーニン『帝国主義』と表記する）にある。その視点に，参入障壁論を取り入れて展開した文献として，本間要一郎『競争と独占』（新評論，1974年）第4章第2節，北原勇『独占資本主義の理論』（有斐閣，1977年）第1編第1章，参照。

のために，資本調達力のある他産業の大企業も，当該産業に参入しても供給過剰を引き起こす危険を予測し，参入をあきらめるようになる（具体的には第4節で説明する）。かくして，産業間の独占的大企業同士の競争も制限されるようになる（部門間競争の制限）。

こうした二重の競争制限によって，基幹的産業では少数の巨大株式会社形態の独占資本が支配するようになる。具体的には集中・合併運動のような資本結合によって独占化は進展するし，原料調達・販売網・技術独占などの副次的な参入障壁によっても独占化は進展する[168]。かくして，自由競争段階の「資本家的共産主義」は「支配・従属関係」に転化する。そして資本蓄積は，独占資本が支配する産業と非独占資本が支配的な産業に分裂して進行するようになる。

9.1.2 競争の形態変化—独占的競争

このように自由競争は独占に転化するが，競争が消滅したのではない。競争形態が変化したのであり，自由競争が独占的競争に転化したのである。価格競争は非独占部面では貫徹しているが，独占部面では価格切り下げ競争がもたらす破滅的結果（共倒れの危険性）を回避すべく，価格競争は基本的には回避される。しかし，新技術の開発・導入・普及の競争は独占部面でも貫徹しているし，独占資本自らが研究・開発投資をおこなうから，技術開発の潜在力はかえって高まる傾向もある。価格競争が回避される半面で，耐久消費財を中心として製品差別化競争がおこなわれ，それが莫大な広告・宣伝費用を投じて販売されていくようになる。

たしかに独占資本は，新投資が既存投資に与えるマイナス効果（価格低下なり操業度低下による旧利潤の減少）を勘案した限界利潤の予想値（期待限界利潤率）によって，投資を決定しようとする。そのために投資の慎重性が生じてくるが，そこから慢性不況や長期停滞傾向を導きだそうとするのは誤りである。独占段階になっても一部の産業や一部の国々では停滞的であったが，全体とし

---

[168] 参入障壁を全面的に研究したのは，J.S.Bain, *Barriers to New Competition*, Harvard University Press, 1956, である。

ては急激な発展の時期を経験した[169]。供給制限の結果として遊休設備（遊休生産能力）が発生するが，それは好況期に利用するための景気対策として利用されるし，マーケット・シェア競争や参入障壁の強化などに使われるのであって，過剰資本の指標とは必ずしもならない[170]。供給制限の本質は，市場の動向に対して価格を変化させずに生産量の調整で対応するようになったことにある（価格維持＝数量調整）。そして，景気循環全体をとおしての標準的操業度（稼働率）をあらかじめ決めて標準原価を計算し，それに一定のマージンを加えて価格を設定するように変化した（いわゆる「フル・コスト」原理）。いいかえれば，景気循環全体を見通した需要予測を立てたうえで，価格を設定するようになった。これは，独占資本の計画性の進展として理解すべきである。

9.2 生産価格論

9.2.1 転化論争

前章で考察したように，剰余価値は利潤として現象した。この利潤は自由競争の結果，平均利潤に転化し，産業部面間の支配的資本間の利潤率を均等化させる価格体系としての生産価格が成立する。そして，価値は生産価格に転化し，これがすでにみたような「資源と労働」を配分する資本主義的原理となる。

マルクスの転化論 マルクスの価値の生産価格への転化論は未完成に終わっている。結論を先取りしていえば，費用価値の費用生産価格化，いいかえれば費用価値の生産価格での評価を残していた。まずマルクスの説明を単純化して紹介しよう。価値どおりに販売されると仮定すれば，資本の有機的構成（C/V）が産業部面間で異なるために，利潤率は均等化しない。すなわち，利潤率は以下のようになる（表9-1）。

---

[169] レーニンは，「技術的改善の導入によって生産費を引き下げ利潤を高める可能性は，変化のために有利に作用する。だが他方で，独占に固有な停滞と腐朽化への傾向もまた作用をつづけて，個々の産業部門や個々の国で，ある一定期間，勝を制する」と規定した（レーニン『帝国主義』162頁）。

[170] 拙著『独占資本主義の景気循環』（新評論，1974年）第1章第3節，第5章，参照。

表9-1 価値と生産価格

	投下資本（＝費用）	剰余価値	価　　値	平均利潤	生産価格
I	80C＋20V	20M	120	40	140
II	70C＋30V	30M	130	40	140
III	60C＋40V	40M	140	40	140
IV	50C＋50V	50M	150	40	140
V	40C＋60V	60M	160	40	140
合計	300C＋200V	200M	700	200	700

社会的平均利潤率 $= \dfrac{200M}{300C+200V} = 40\%$

利潤率 $(p') = M/(C+V) = (M/V)/(C/V+1)$
　　　　　$=$ 剰余価値率$/$(有機的構成$+1$)

　剰余価値率が産業部面間で均等化したとしても，資本の有機的構成は産業部面の技術的特性に規定されて異なるので，価値どおりに販売されるとすれば利潤率は異なってくる。マルクスは，社会全体で生産された剰余価値を投下総資本で割った利潤率を社会的平均利潤率（特殊的利潤率）と規定して，それに各産業部面での投下資本を掛けて平均利潤を計算し，費用価値に加えて生産価格を導出している。簡単化のために，各産業部面に投下される総資本を100とし，それぞれの有機的構成を変え，剰余価値率を100％とすれば，生産価格は表9-1のようになる。

　転化問題　生産価格と価値とは乖離しているが（III部面だけが社会的平均的な有機的構成であるから一致している），総計ではそれぞれ700で一致する。平均利潤も総剰余価値を総投下資本（費用）で割った社会的平均利潤率を投下資本に掛けて計算されているから，当然，総平均利潤と総剰余価値は200で一致している。しかしこの転化手続きのままでは，費用（投下資本）はまだ価値のままである。マルクスも当然このことは認識しており，現実には生産手段（不変資本）も労働力（可変資本）も生産価格で調達してくると注意するが，その価値からの一方の上方乖離は，他方の下方乖離によって全体としては相殺されるだろうとして，草稿は終わってしまっていた。マルクス以後のマルクス経済学者は費用価値の生産価格化を試みてきたが，その一方では総計一致命題を論証しようとしてさまざまな転化手続きと転化の解釈がつづいてきた[171]。筆者は，総計一致命題は一般的には成立せず[172]，前章の第3節（8.3）で説明した

ように，剰余価値と利潤（平均利潤も）とは同じサープラス（余剰生産手段と余剰生活手段）に根をもつ異なった評価体系（価値・価格体系）であり，一般的には生産価格は次項で述べるように導出すべきであると考える。

9.2.2 価値と生産価格

価値体系 価値の体系は，第1章第4節（1.4）で示したように，以下のようになる（商品の価値を t，労働者が働いた時間を T，労働手段を F，労働対象を R，労働力を L，労働手段の減価償却（貨幣的補填）率を ε とする）。

$\varepsilon F_1 t_1 + R_1 t_2 + L_1 T = X_1 t_1$

$\varepsilon F_2 t_1 + R_2 t_2 + L_2 T = X_2 t_2$

$\varepsilon F_3 t_1 + R_3 t_2 + L_3 T = X_3 t_3$

上式を生産物で割った価値方程式は以下のようになった（a は労働手段投入係数，b は労働対象投入係数，τ は労働投入係数）。

$\varepsilon a_1 t_1 + b_1 t_2 + \tau_1 = t_1$

$\varepsilon a_2 t_1 + b_2 t_2 + \tau_2 = t_2$

$\varepsilon a_3 t_1 + b_3 t_2 + \tau_3 = t_3$

$a_1=1/2, a_2=2/3, a_3=1, b_1=1/4, b_2=1/3, b_3=1/2, \tau_1=10, \tau_2=32/3, \tau_3=12, \varepsilon=1/10$，とすれば，$t_1=15.13514\cdots, t_2=17.51351\cdots, t_3=22.27027\cdots$，であった（第1章の補論）。

第3章第3節（3.3）で示したように，可変資本（労働力の価値）と剰余価値は ωt_3 と $T-\omega t_3$ であったから，剰余価値率（m'）と実質賃金率（ω）とは以下のような関係にある。

$m' = (T - \omega t_3) / \omega t_3 = T / (\omega t_3) - 1$

剰余価値率を1として，実質賃金率を求めてみよう。価値を求めたときのパラメータの数値を使い，労働時間を8時間とすれば（$t_3=22.27027\cdots$），剰余価

---

171) 転化論争については，高須賀義博『マルクス経済学研究』（新評論，1979年）第3章，参照。

172) 総計一致命題は，「カレツキー経済」（流動資本モデルで，剰余価値・利潤はすべて蓄積される経済）において，「社会的・技術的マトリックス」の固有ベクトルに等しい部門構成をとるときには成立する。拙著『経済学原論』第14章の補論，参照。

値率は 1 であるから実質賃金率は0.179612…となる。

生産価格体系 生産価格の体系は以下のようになる（p は生産価格，p' は一般的利潤率）。

$$\varepsilon F_1 p_1 + R_1 p_2 + w L_1 + (F_1 p_1 + R_1 p_2 + w L_1) p' = X_1 p_1$$
$$\varepsilon F_2 p_1 + R_2 p_2 + w L_2 + (F_2 p_1 + R_2 p_2 + w L_2) p' = X_2 p_2$$
$$\varepsilon F_3 p_1 + R_3 p_2 + w L_3 + (F_3 p_1 + R_3 p_2 + w L_3) p' = X_3 p_3$$

投入係数を使い生産物 1 単位で表現すると（c は労働力投入係数），生産価格方程式は以下のようになる。

$$\varepsilon a_1 p_1 + b_1 p_2 + w c_1 + (a_1 p_1 + b_1 p_2 + w c_1) p' = p_1$$
$$\varepsilon a_2 p_1 + b_2 p_2 + w c_2 + (a_2 p_1 + b_2 p_2 + w c_2) p' = p_2$$
$$\varepsilon a_3 p_1 + b_3 p_2 + w c_3 + (a_3 p_1 + b_3 p_2 + w c_3) p' = p_3$$

価値方程式の τ（労働投入係数）と c（労働力投入係数）との間には，$\tau = cT$ の関係がある。価値を求めたときのパラメーターと労働時間の数値を使えば，$c_1 = 5/4$，$c_2 = 4/3$，$c_3 = 3/2$，となる。

上式を p_3 で割って，貨幣賃金率を実質賃金率に変えれば（$\omega = w/p_3$），

$$\varepsilon a_1 (p_1/p_3) + b_1 (p_2/p_3) + \omega c_1 + \{a_1 (p_1/p_3) + b_1 (p_2/p_3) + \omega c_1\} p' = p_1/p_3$$
$$\varepsilon a_2 (p_1/p_3) + b_2 (p_2/p_3) + \omega c_2 + \{a_2 (p_1/p_3) + b_2 (p_2/p_3) + \omega c_2\} p' = p_2/p_3$$
$$\varepsilon a_3 (p_1/p_3) + b_3 (p_2/p_3) + \omega c_3 + \{a_3 (p_1/p_3) + b_3 (p_2/p_3) + \omega c_3\} p' = 1$$

方程式が三つ，未知数は $p_1/p_3 \cdot p_2/p_3 \cdot p' \cdot \omega$ の四つであるから，実質賃金率 ω が与えられれば，相対生産価格と均等利潤率（一般的利潤率）が求められる（補論，参照）。

このように価値は，技術パラメーターが所与なら解けるし，剰余価値率なり実質賃金率が与えられれば相対生産価格と均等利潤率（一般的利潤率）が求められる。そして，剰余価値率と実質賃金率（一種の分配率）は価値によって結びつけられている。剰余価値と利潤がサープラスを集計したものであったように，均等利潤率も価値に規定された実質賃金率によって規定されている。価値法則の生産価格法則の支配とは，このように理解しなければならない。しからば，剰余価値と利潤のどちらが基礎であろうか。新リカード派（スラッファリアン）は，分配関係（実質賃金率）が与えられれば相対生産価格と均等利潤率が求められるから，資本と労働の対抗関係を証明することによって新古典派の

「三位一体」説をラディカルに批判した。しかしその対抗関係は，分配次元のものにすぎない。価値そして剰余価値から出発するマルクスは，資本と労働の対抗関係を生産関係次元から説明し，そこでの剰余価値の搾取関係を証明している。この搾取関係が隠蔽され転倒して現象してくる経済的必然性を暴露し，資本主義社会を「自由・平等・博愛」の社会として描きだす「三位一体説」の虚偽性を解明している。したがって，マルクスの資本主義社会批判はさらに根底的であり，また，価値や剰余価値から出発して利潤を展開しなければならないことになる。

9.3 独占価格論

9.3.1 ヒルファディングの独占価格規定

『資本論』における独占価格は[173]，自然条件に制約された希少性の農産物（たとえばワイン）や貴金属，あるいは絵画などの芸術品に限定されていた。それらは需要と供給によってのみ規定されると，マルクスは明言していた。本格的に独占資本主義を観察していたヒルファディング『金融資本論』では，独占価格がどのように規定されていただろうか。

『金融資本論』第15章で，ヒルファディングはカルテル価格と独占価格について考察している。まず独占価格について，一般的にはつぎのようにいう。

> 「この独占価格そのものは，一方では生産費と生産規模との，他方では価格と販売量との，相互依存関係によって，決定される。独占価格は，生産規模が生産費を高くすることによって単位あたりの利潤がはなはだしく減少することのないような販売量の大きさを可能とする価格に等しい。」[174]

と述べている。生産の増大は規模の経済の作用によって生産費を低下させるが，独占価格を高く設定するためには生産を制限しなければならない。この相反した作用が均衡して，単位あたり利潤が極大化される水準に設定されることになる。

---

173) もっとも，マルクスの絶対地代論における市場価値水準は独占価格ではないかとする見解もある。こう解釈すると，独占価格の内容も違ったものとなる。
174) ヒルファディング『金融資本論』中，101頁。

そして，独占が競争を廃止すれば，

「それは，これとともに，客観的な価格法則が実現されうるための唯一の手段を廃棄するものである。価格は，客観的に規定された量たることをやめる。……かくて，マルクスの集積論の実現，独占的結合は，マルクスの価値論の廃棄となるかに見える。」[175]

しかし独占は競争を廃止するのではないから，独占と非独占との競争関係の変化をまず取り上げる。独占的高利潤率の支配は，非独占部門の利潤率を圧迫し，そこでの利潤を減少させ，資本家をカルテルの使用人・中間資本家・中間企業家にさせる[176]。

しかし独占利潤率したがって独占価格引上げの限界を，ヒルファディングは問題にする。

すなわち，第1の限界は非独占部面での最低利潤率の維持である。

「かくて，カルテル価格の引き上げは，カルテル化不能諸産業における利潤率の引き下げの可能性に，その限界を見いだす。非カルテル化不能諸産業の内部では，ここでは種々の投下部面をめぐる資本の競争が存続することによって，より低い水準への利潤率の均等化が行われる。」[177]

ヒルファデングが総価値＝総価格を前提しているのは，乖離傾向を無視していることになる。しかし，非カルテル産業内部での低い水準での利潤率の均等化を指摘している点は，本書の想定と同じである。第2の限界は，消費とくに非生産的諸階級の所得に依存する。すなわち，

「価格引き上げは，第1に，非カルテル化諸産業に，生産の続行を可能にする利潤率を許さねばならない。また第2には，消費をあまりはなはだしく減少させてもならない。第2の限界は，それ自身さらに，直接的には生産的でない諸階級が処分しうる所得の大きさにかかっている。しかし，カルテル化諸産業の全体にとっては，生産的消費のほうが非生産的消費よりもはるかに大きい役割を演ずるので，第1の限界が，一般に，本来的に規定的なものである。」[178]

---

175) 同上書，101-102頁。
176) 同上書，105-106頁。
177) 同上書，106-107頁。

ヒルファディングが，非カルテル化産業では利潤率が均等化するから，カルテル価格（原料）は非カルテル産業の生産価格を高めたり低めたりする，と指摘しているのはそのとおりである。このようにヒルファディングの独占価格の水準論は，利潤を極大化させる価格水準論であり，他方ではその限界が設定されていることになる。

9.3.2 白杉庄一郎の独占価格論

ヒルファディングは独占価格の水準については規定しなかった。白杉庄一郎は，マルクスの特別剰余価値論と差額地代論を援用して，独占価格と独占利潤を説明しようと試みた。独占資本と非独占資本が同じ産業で競争（生産）している産業を想定して，その生産性に格差があることが前提となる。すなわち，独占資本は優秀な新技術を採用しているが，非独占資本（中小零細企業）は限界的な技術で生産する。当然，生産性格差にもとづく費用価格の格差構造が発生する。このとき，どの生産条件の費用価格が独占価格となるのかが問題となる。自由競争の世界では，工業部面では，標準的技術を採用し支配的大量を生産している資本（中位の生産者）の個別的生産価格が，生産価格になった（いわゆる「平均原理」）。農業部面では，社会の需要を充たすために任意に供給を増加させることができるのは最劣等地であるから，最劣等の個別的生産価格が農産物の生産価格となった（いわゆる「限界原理」）。そしてマルクスは，差額地代となる超過利潤の価値実体を，「虚偽の社会的価値」と規定した。白杉は，この「限界原理」を独占価格に応用しようとした。すなわち，カルテル化された産業では，限界的生産者に一定の利潤を保証するような個別的費用価格が独占価格を規定するようになる。カルテル化されて競争が制限されているから，こうしたことが可能となる。また，優秀な最新の技術で生産する独占資本のほうは，限界的企業にも一定の利潤を保証するように価格を設定すれば，自分たちは莫大な超過利潤が獲得できるから，進んでこのような価格設定を容認する。かくして「独占的超過利潤」が発生し，それが固定化することによって，独占利潤が恒常的に獲得できるようになる。

---

178) 同上書，109頁。

以上が，筆者なりに要約した白杉独占理論[179]の概略である。その当時のマルクス経済学は，独占資本主義のもとでも総計一致命題が成立すると仮定して，自由競争のもとでの生産価格を観念的な基準として，それよりも吊り上げられている独占価格の価値からの乖離部分は，生産価格以下に切り下げられた部分によって相殺されるものとして，論じられていた。その結果は当然，独占利潤と非独占利潤を合計した総利潤は，総剰余価値と一致することになる。しかし，自由競争が支配しても，総計一致命題は一般的には成立しなかった。しかも第6節で考察するように，独占の支配のもとでは，総価格が総価値から恒常的に乖離する傾向が発生する。白杉理論は通説的説明の非現実性を否定して，「限界原理」によって独占価格を説明しようとした点は，その当否は別として評価されるべきであろう。また当時の通説的な独占理解は，独占＝停滞（慢性不況）論であったのを批判し，独占のもとでの特別剰余価値（超過利潤）獲得を目標とした技術競争が貫徹することを積極的に解明できるような独占論を展開した点も，評価されるべきであった。

しかし白杉理論にも難点がいくつか残されている。第一に，独占と非独占が共存する産業の想定が現実的であろうか。多くの独占資本の支配する産業では，限界的企業は淘汰されるか，生き延びているとしても独占資本の下請け・系列化している。下請け・系列化した非独占資本は，独占資本に提供する部品の生産に専門化するのであって，それは独占資本の支配する産業（カルテル化産業）とは別個の産業を形成していると想定したほうが，より現実的であろう。そうであれば，そもそも限界的生産者は排除されているのだから，「限界原理」によって独占価格を規定できなくなる。第二に，差額地代論を独占価格論に応用しようとする発想に，無理があるように思える。白杉理論が想定するように，同じ産業に独占と非独占が共存するとしても，農業と独占産業（カルテル化産業）を同一視することはできないだろう。ともに競争が制限されている点では共通するが，前者は土地という自然条件が私的に所有されることによる一種の「競争制限」であるのに対して，後者は，資本自身がつりだした独占力による

---

[179] 興味のある読者は，直接に，白杉庄一郎『独占理論の研究』（ミネルヴァ書房，1961年），同『独占理論と地代法則』（ミネルヴァ書房，1963年）を読まれたい。

競争制限である。したがって、社会全体の需要を充たすために限界的企業が必要不可欠となる関係は存在しない。いくらでも独占資本が生産を拡大することは可能となっている。やはり独占価格は、資本自らがつりだした独占力、それによる競争制限から説明すべきであろう。

9.4 参入阻止価格論

独占価格は理論的には規定できないから、独占論の一般理論化はできないとする見解が根強くあるが[180]、量的に規定することは不可能としても、独占価格の定性的性格は明らかにしなければならない[181]。戦後の日本のマルクス経済学者は、独占価格を参入阻止価格として具体化した[182]。すでに考察したように、参入障壁として、「パーセンテージ効果」(市場規模に対する参入企業の生産量の比率の高度化)、技術独占、原料独占、販売網の独占、等があった。ここでは、「パーセンテージ効果」を取り入れた参入阻止価格の上限を規定しておこう。

図9-1のように需要曲線が与えられているとしよう。価格 p_1 は、参入の機会を狙っている独占資本が、最低確保しようとする要求利潤率[183]を保証する

---

180) 宇野学派はこうした立場であるが、こうしてしまうと、独占資本主義そして現代資本主義の理論的研究は放棄されることに事実上はなってしまう。宇野派の第3世代ともいえる SGCIME グループからの、「原理論」と「現状分析」の間に「中間理論」なり「法則変容論」を積極的に設定しようとする試みは、注目に値する。
181) たとえば、ポール・スウィージー著、都留重人訳『資本主義発展の理論』(新評論、1967年)。
182) 参入阻止価格論を体系的に展開したのは、パオロ・シロス—ラビーニ著、安部一成ほか訳『寡占と技術進歩 (増訂版)』(東洋経済新報社、1971年) である。マルクス経済学の伝統的な集積・集中論の立場から、参入阻止価格論を独占価格の水準論として展開したのが日本のマルクス経済学者たちであった。たとえば、高須賀義博『現代価格体系論序説』(岩波書店、1965年)、本間要一郎『競争と独占』(新評論、1974年)、北原勇『独占資本主義の理論』(有斐閣、1977年)。
183) 要求利潤率の水準は、需要状態・技術状態・競争状態によって左右されるから、一義的に規定することは困難である。最低、非独占部門では自由競争 (過当競争) が貫徹し利潤率が均等化し、この部門には独占資本はいつでも参入できるから、この「均等利潤率」以下になることはない。また、現実の独占利潤率は要求利潤率より高く実現しているのが正常な状態である。

価格水準であるとしよう。この価格で実現する生産量は Q_1 である。この産業の既存独占資本の要求利潤率もやはり同じだと仮定すれば，この生産量は既存独占資本が生産してもよい量でもある。しかし既存独占資本は参入を誘発する危険性のない範囲において価格を高く設定して，独占利潤を増大させようとする。価格吊り上げの上限は，つぎのように決定される。参入しようとする独占資本は，標準的生産量で操業しなければ標準的生産費によって生産することができない。この標準的生産量（最低生産量）は Q_1Q_2 としよう。参入しようとする独占資本は，この生産量で操業できれば，要求利潤を保証する価格で販売できるが，価格が p_2 以下に設定されていれば，要求利潤が獲得できず参入を断念する。したがって既存の独占資本は，Q_2 まで生産を制限して価格を最大 p_2 まで高めることができる。この価格水準が参入阻止価格の上限となる。価格吊り上げ可能な $\underline{p_1p_2}$ のどこに具体的に独占価格が設定されるかは，生産費等を考慮して利潤

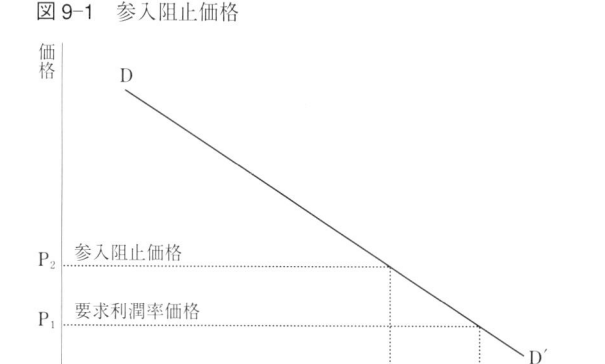

図9-1　参入阻止価格

図9-2　需要の価格弾力性と参入阻止価格

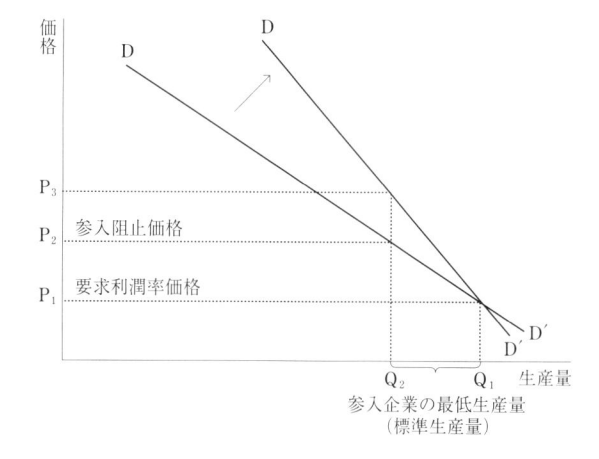

図 9-3 「パーセンテージ効果」と参入阻止価格

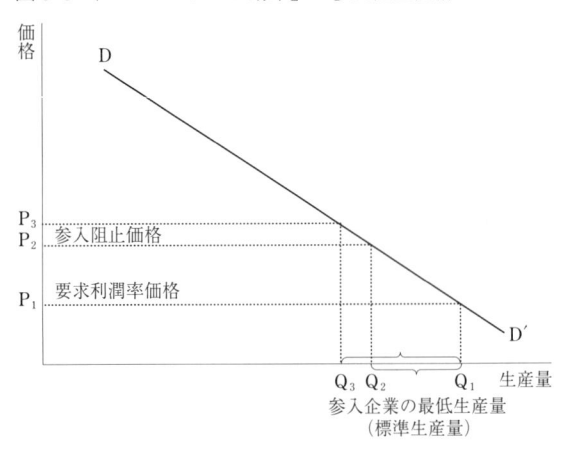

価格

D

P_3
P_2 参入阻止価格

P_1 要求利潤率価格

D′

Q_3 Q_2　　　Q_1　生産量
　　参入企業の最低生産量
　　　（標準生産量）

図 9-4 「意図された過剰能力」と参入阻止価格

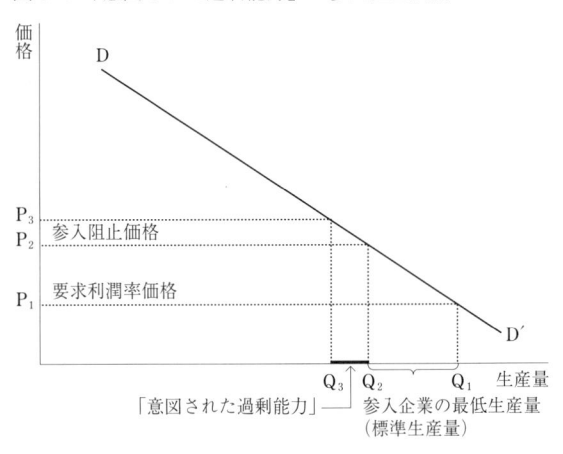

価格

D

P_3
P_2 参入阻止価格

P_1 要求利潤率価格

D′

Q_3 Q_2　　　Q_1　生産量
「意図された過剰能力」 参入企業の最低生産量
　　　　　　　　　　（標準生産量）

を極大化する水準に設定されるだろう。

このように参入阻止価格の上限は，需要曲線の傾き（需要の価格弾力性の大小）と，「パーセンテージ効果」の大きさに依存する。図 9-2 のように，需要の価格弾力性が低く，需要曲線の傾きが急激であればあるほど，参入阻止価格の上限 p_3 は高くなる。また図 9-3 のように，「パーセンテージ効果」が高まれば，やはり参入阻止価格の上限 p_3 は高まる。また独占資本が参入を防ぐために，図 9-4 のように「意図された過剰能力」（遊休予備資本）Q_2Q_3 を保有していれば，それは参入が現実化しそうな場合にはいつでも稼働することができ，生産量を Q_2 に拡大することができるから，やはり参入企業のほうは参入を断念する。したがって，「意図された過剰能力」を保有することによって，既存の独占資本はさらに参入阻止価格の上限を p_3 にまで高めることが可能となる。この点は従来の参入阻止価格論の応用でもある[184]。

9.5 独占価格・非独占価格体系

参入阻止利潤率―利潤率格差の固定化　参入阻止価格が，参入を未然に防げる限度にまで吊り上げられる可能性があったように，それを反映して参入を未然に防げる利潤率（参入阻止利潤率）を，既存の独占資本は獲得することができるようになる。

ある産業において投下資本量が増大していけば，個々の企業には規模の経済が働き，生産費はある生産量に達するまで低下していく。この標準的生産量で個々の企業は生産しているとしても，産業全体では投下資本の増大とともに生産量が増加するから，需要を一定とすれば価格は低下していく。費用が一定としても価格が低下していくから，単位当たり利潤は減少し，この産業全体の利潤率は，図9-5のように右下がりの線となる。独占資本は投資決定に

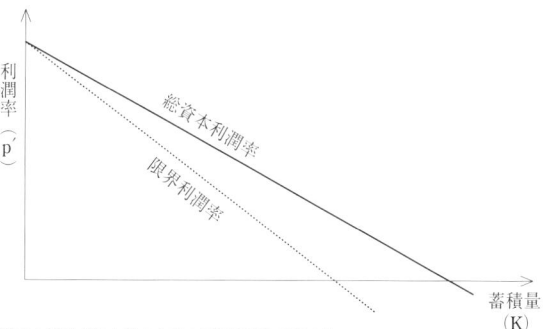

図9-5　総資本利潤率と限界利潤率

出所：拙著『独占資本主義の景気循環』44頁より。

---

184) このように，「意図された過剰能力」（planed excess-capacity）の保有は，参入障壁を高め，参入阻止価格を引き上げる。「意図された過剰能力」と参入阻止価格論とを結びつけた研究として，近代経済学サイドでは，寺系重郎「参入阻止価格と意図された過剰能力」（『季刊 理論経済学』第18巻第3号，1967年12月），福井南海男「予備能力と参入阻止価格」（『経済学論究』第23巻第3号，1968年10月）がある。もともとジョセフ・シュタインドルは，「意図された過剰能力」を投資行動（シュタインドルの場合は停滞論）と結びつけていたように，独占の動態的行動と関連づけて分析すべきである。そうしたマルクス経済学サイドの研究としては，北原勇「寡占企業の投資行動―独占資本主義段階における資本蓄積(1)」（『三田学会雑誌』第62巻第6号，1969年6月），拙稿「過剰能力と資本蓄積―過剰能力の経済学的考察」（『一橋論叢』第62巻第3号，1969年9月），本間要一郎『競争と独占』（新評論，1974年），などがある。拙稿は「意図された過剰能力」を遊休予備資本と規定し，参入を阻止する目的で積極的に保有されるものであり，蓄積促進的であることを論じた。

図9-6 参入阻止最高利潤率

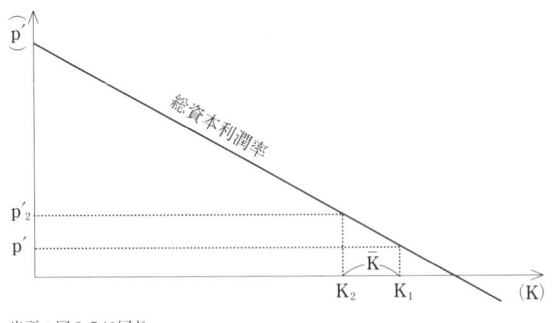

(縦軸: p'、曲線: 総資本利潤率、p'_2、p'、K_2、K_1、横軸: K)

出所:図9-5に同じ。

あたり，追加投資が既存投下資本に与える利潤の減少（価格低下なり操業度低下による）を，追加投資が得る新利潤から控除した限界利潤を予想（期待）して，投資を決定する[185]。追加投資によって，生産量が増大し価格なり操業度が低下するから，新利潤率（追加投資が得る新利潤／追加投資）は低下するが，限界利潤率（限界利潤／追加投資）は既存投下資本の利潤減少を控除しているから，たえず総資本利潤率よりは低い。その結果，図9-5のように，限界利潤率は総資本利潤率よりたえず低い水準にあることになる。実現した限界利潤がゼロであれば総利潤は増加しないのに投下資本が増大しているから，総利潤率は低下する[186]。しかし既存投下資本はなにがしかの利潤を上げているから，全投下資本の利潤率はプラスである[187]。

非独占資本の産業（非カルテル化産業）においては，ヒルファディングと同じく，利潤率が均等化しているとしよう（「非独占均等利潤率」p'と呼ぼう）。独占資本の要求利潤率の下限はこの「非独占的均等利潤率」としてよいであろう（独占資本は非独占部門には自由に参入できるからいつでもこの利潤率は獲得できる）。要求利潤率は現実には「非独占均等利潤率」より高い水準で実現しているであろうが，簡単化のために，図9-6では一致していると想定する[188]。この独占資本産業では参入障壁が形成されているから，参入を阻止できる限度

[185) 限界利潤の規定については，拙著『独占資本主義の景気循環』第2章第2節，第4章第2節，参照。

[186) かかる状態をマルクスは「資本の絶対的過剰生産」と呼んだ（マルクス『資本論』第3巻第15章，第9分冊，428-429頁）

[187) かかる状態は，限界利潤がゼロ以下であるから新投資は停止されているが，既存の投下資本は利潤を確保していることを意味する。独占資本主義のもとでの恐慌の形態変化の一つである。

内において利潤率を高めることができる(参入阻止最高利潤率の成立)。いま,参入するのに必要な最低資本量を$\overline{K}$とすれば,図9-6のように参入阻止最高利潤率の上限はp_2'になる[189]。

かくして,参入障壁(「パーセンテージ効果」)が形成されていることによって独占資本は,「非独占均等利潤率」よりもはるかに高い独占的高利潤率を獲得することができることになる。

このようにして,独占産業と非独占産業のあいだに利潤率格差が固定化する。筆者は,独占利潤を非独占利潤を超える部分と定義する(資本量は一定と仮定)。自由競争下で成立する生産価格を想定して,このもとでの平均利潤を超える部分を独占利潤と定義する人たちもいるが,非現実的な想定である。こうした想定をしなければ独占利潤の源泉(収奪性)が明らかにできない,というのがその根拠である。しかし,こうした想定をしなくても,独占利潤の「収奪性」は証明できる。生産された生産物の価値(物量でも同じ)の取得を考えればよい。独占利潤(独占利潤－非独占利潤)を独占資本は,個人消費と蓄積(追加的不変資本と追加的可変資本)に配分するが,それが非独占資本の個人消費や追加的不変資本よりも高いということは,独占価格によって非独占資本が本来なら取得できたであろう生活手段や生産手段を収奪していることになる。また独占資本の個人消費の一部は,労働者が本来は取得すべき生活手段の収奪であり,独占資本の追加的可変資本の一部は,非独占資本が追加的労働者に回すべき生活手段の一部をやはり収奪していることになる。かくして,独占利潤の源泉は,非独占資本の蓄積用の生産手段と個人消費用の生活手段および労働者の消費すべき生活手段,それぞれの一部ということになる。

---

188) 拙著『独占資本主義の景気循環』では,自由競争下では「非独占均等利潤率」が「一般的利潤率」(平均利潤率)になるとしたが,異なった競争段階を異時比較することは意味がない。また旧著では,期待利潤率=限界利潤率=「非独占均等利潤率」となる傾向があるとしたが,限界利潤率=「非独占均等利潤率」は独占資本の要求利潤率が「非独占均等利潤率」にまで低下する場合には成立するが,一般的には成立しないだろう。また期待(予想)と実現とは区別すべきであり,均衡が実現しても,期待値と一致しない場合には新たな変動が起こり,その過程を経て期待と実現(均衡)が一致して定常状態になるだろう。

189) この参入阻止最高利潤率どおりに資本が投下されるか否かは,限界利潤率と「非独占均等利潤率」がどこで交わるかによって決まる。同上拙著の145-147頁,参照。

独占価格と非独占価格の体系 労働手段・労働対象・生活手段部門のそれぞれに独占産業と非独占産業が存在するとして、独占産業の利潤率は非独占産業の利潤率の$(1+\lambda)$ $(\lambda>0)$倍で、格差が固定していると仮定しよう。貨幣賃金率も「独占的労働市場」は「非独占的労働市場」より$(1+\mu)$ $(\mu>0)$倍高いとしよう。独占・非独占はサブスクリプト1, 2で区別する。労働手段部門を1、労働対象部門を2、生活手段部門を3と表現する。サブスクリプトは、左が部門（1, 2, 3）、中が独占・非独占（1, 2）、右が使用する労働手段と労働対象が独占部門で生産されたものか、非独占部門で生産されたものかの区別を示している（1, 2）。したがって、労働手段を生産する独占部門では、F_{111}は使用する独占的労働手段、F_{112}は使用する非独占的労働手段、R_{111}は使用する独占的労働対象、R_{112}は使用する非独占的労働対象、L_{11}は雇用される労働力（独占的労働と非独占的労働の区別をしないから、サブスクリプトは二つ）、を表現する。労働手段の価格p_{11}は独占部門、p_{12}は非独占部門の価格を表示する。

労働手段

独占　　$\varepsilon(F_{111}p_{11}+F_{112}p_{12})+R_{111}p_{21}+R_{112}p_{22}+w(1+\mu)L_{11}+\{F_{111}p_{11}$
　　　　$+F_{112}p_{12}+R_{111}p_{21}+R_{112}p_{22}+w(1+\mu)L_{11}\}(1+\lambda)p'=X_{11}p_{11}$

非独占　$\varepsilon(F_{121}p_{11}+F_{122}p_{12})+R_{121}p_{21}+R_{122}p_{22}+wL_{12}+(F_{121}p_{11}+F_{122}p_{12}$
　　　　$+R_{121}p_{21}+R_{122}p_{22}+wL_{12})p'=X_{12}p_{12}$

労働対象

独占　　$\varepsilon(F_{211}p_{11}+F_{212}p_{12})+R_{211}p_{21}+R_{212}p_{22}+w(1+\mu)L_{21}+\{F_{211}p_{11}$
　　　　$+F_{212}p_{12}+R_{211}p_{21}+R_{212}p_{22}+w(1+\mu)L_{21}\}(1+\lambda)p'=X_{21}p_{21}$

非独占　$\varepsilon(F_{221}p_{11}+F_{222}p_{12})+R_{221}p_{21}+R_{222}p_{22}+wL_{22}+(F_{221}p_{11}+F_{222}p_{12}$
　　　　$+R_{221}p_{21}+R_{222}p_{22}+wL_{22})p'=X_{22}p_{22}$

生活手段

独占　　$\varepsilon(F_{311}p_{11}+F_{312}p_{12})+R_{311}p_{21}+R_{312}p_{22}+w(1+\mu)L_{31}+\{F_{311}p_{11}$
　　　　$+F_{312}p_{12}+R_{311}p_{21}+R_{312}p_{22}+w(1+\mu)L_{31}\}(1+\lambda)p'=X_{31}p_{31}$

非独占　$\varepsilon(F_{321}p_{11}+F_{322}p_{12})+R_{321}p_{21}+R_{322}p_{22}+wL_{32}+(F_{321}p_{11}+F_{322}p_{12}$
　　　　$+R_{321}p_{21}+R_{322}p_{22}+wL_{32})p'=X_{32}p_{32}$

上の六つの式をそれぞれの生産量で割り、労働手段の投入係数をa、労働対

象の投入係数を b，労働力の投入係数を $c^{190)}$，とすれば，価格方程式の体系が求められる。

労働手段

独占　　$\varepsilon(a_{111}p_{11}+a_{112}p_{12})+b_{111}p_{21}+b_{112}p_{22}+c_{11}w(1+\mu)+\{a_{111}p_{11}+a_{112}p_{12}+b_{111}p_{21}+b_{112}p_{22}+c_{11}w(1+\mu)\}(1+\lambda)p'=p_{11}$

非独占　$\varepsilon(a_{121}p_{11}+a_{122}p_{12})+b_{121}p_{21}+b_{122}p_{22}+c_{12}w+\{a_{121}p_{11}+a_{122}p_{12}+b_{121}p_{21}+b_{122}p_{22}+c_{12}w\}p'=p_{12}$

労働対象

独占　　$\varepsilon(a_{211}p_{11}+a_{212}p_{12})+b_{211}p_{21}+b_{212}p_{22}+c_{21}w(1+\mu)+\{a_{211}p_{11}+a_{212}p_{12}+b_{211}p_{21}+b_{212}p_{22}+c_{21}w(1+\mu)\}(1+\lambda)p'=p_{21}$

非独占　$\varepsilon(a_{221}p_{11}+a_{222}p_{12})+b_{221}p_{21}+b_{222}p_{22}+c_{22}w+\{a_{221}p_{11}+a_{222}p_{12}+b_{221}p_{21}+b_{222}p_{22}+c_{22}w\}p'=p_{22}$

生活手段

独占　　$\varepsilon(a_{311}p_{11}+a_{312}p_{12})+b_{311}p_{21}+b_{312}p_{22}+c_{31}w(1+\mu)+\{a_{311}p_{11}+a_{312}p_{12}+b_{311}p_{21}+b_{312}p_{22}+c_{31}w(1+\mu)\}(1+\lambda)p'=p_{31}$

非独占　$\varepsilon(a_{321}p_{11}+a_{322}p_{12})+b_{321}p_{21}+b_{322}p_{22}+c_{32}w+\{a_{321}p_{11}+a_{322}p_{12}+b_{321}p_{21}+b_{322}p_{22}+c_{32}w\}p'=p_{32}$

方程式が六つで未知数が八つ（6個の価格と貨幣賃金率と利潤率）であるから，貨幣賃金率 $w^{191)}$ を与えれば，相対価格と非独占利潤率 p' が求められる。

9.6　総価値からの総価格の乖離傾向

そもそも自由競争のもとでも総計一致命題は，「カレツキー経済」（流動資本モデルで剰余価値・利潤はすべて蓄積される経済）において，「社会的・技術的マトリックス」の固有ベクトルに等しい部門構成をとるときにのみ成立した。

---

190) 再生産表式で使った資本係数の逆数（α）と資本の技術的構成の逆数（β）と投入係数とはつぎのような関係にある。$a=1/\alpha$，$b=1/(\alpha\delta)$（δ は労働手段・労働対象比率），$c=\beta/\alpha$。

191) 独占的生活手段の賃金財バスケットを ω_1，非独占的生活手段の賃金財バスケットを ω_2 とおけば，$w=\omega_1 p_{31}+\omega_2 p_{32}$ であるから，ω_1 と ω_2 の比率が与えられれば，剰余価値率と実質賃金率（ω）と貨幣賃金率が関係づけられる。

一般的には，総価値と総価格はずれていた。したがって自由競争段階の総計一致命題を盲信して，独占資本主義になっても総剰余価値が独占利潤と非独占利潤とに配分されるようなメカニズムを想定することはできない。そうした想定は，経済学者の観念的計算にすぎない。

独占資本主義になると，生産力が高まり価値が低下しても，独占価格は維持される傾向にあるから，価値から価格が恒常的に乖離し，その乖離は大きくなっていく。他方で非独占価格は，循環的に変動しながら価値水準の低下に照応して低下していく，と考えるの妥当である。このように価値の運動と価格の運動とを動態的に考えれば，総価値から総価格は恒常的に乖離していくとしなければならない。それがまた，金本位制の機能を麻痺させていった（序章第4節，参照。第21章第2節でも考察する）。

研究を深めるために

『資本論体系』10（北原勇・鶴田満彦・本間要一郎編『現代資本主義論』有斐閣，2001年）
置塩信雄「価値に関する15の命題」（経済理論学会編『日本資本主義の現代的特質』年報第30集，青木書店，1993年）
北原勇『独占資本主義の理論』（有斐閣，1977年）
高須賀義博『現代価格体系論序説』（岩波書店，1965年）
高須賀義博『マルクス経済学研究』（新評論，1979年）第3章
鶴田満彦『独占資本主義分析序論』（有斐閣，1972年）
本間要一郎『競争と独占』（新評論，1974年）

補論　生産価格と独占価格の例解

I　生産価格

第2節第2項の生産価格方程式は，価値方程式と同じパラメータの値を使い，相対生産価格 p_1/p_3，p_2/p_3 をそれぞれ x，y とすれば，以下のようになる（$\varepsilon = 1/10$）。

$$(x/20 + y/4 + 5\omega/4) + (x/2 + y/4 + 5\omega/4) p' = x$$
$$(x/15 + y/3 + 4\omega/3) + (2x/3 + y/3 + 4\omega/3) p' = y$$
$$(x/10 + y/2 + 3\omega/2) + (x + y/2 + 3\omega/2) p' = 1$$

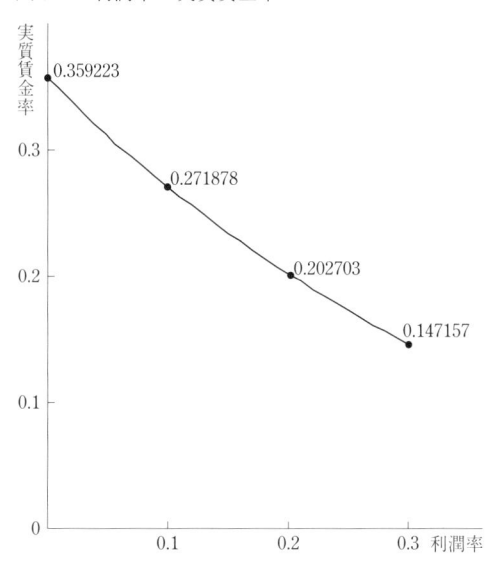

図 9-7 利潤率と実質賃金率

（実質賃金率 vs 利潤率のグラフ）
- 0.359223
- 0.271878
- 0.202703
- 0.147157

上の方程式に実質賃金率を与えると，非線形の3元連立方程式となり（未知数は x, y, p′ の三つ），解法は複雑である[192]。以下のように，解を求めておこう。この方程式を行列で示すと，

$$\begin{bmatrix} -19/20 & 1/4 & 5/4 \\ 1/15 & -2/3 & 4/3 \\ 1/10 & 1/2 & 3/2 \end{bmatrix} \begin{bmatrix} x \\ y \\ \omega \end{bmatrix} + p' \begin{bmatrix} 1/2 & 1/4 & 5/4 \\ 2/3 & 1/3 & 4/3 \\ 1 & 1/2 & 3/2 \end{bmatrix} \begin{bmatrix} x \\ y \\ \omega \end{bmatrix} = \begin{bmatrix} 0 \\ 0 \\ 1 \end{bmatrix}$$

(A)　　　　　　　　　　(B)

$A + p'B = C(p')$，とおけば，

$$\begin{bmatrix} x \\ y \\ \omega \end{bmatrix} = C(p')^{-1} \begin{bmatrix} 0 \\ 0 \\ 1 \end{bmatrix}$$

となる。p′ を与えて x, y, ω を求めていくと，p′ と ω の関係は図 9-7 のようになる。

---

192)　二部門分割による例解は，拙著『経済学原論』第11章の補論（1）で与えてある。

したがって,

$\omega=0.3$ のとき,$p'=6.5\%$,$x=0.6598$,$y=0.7732$

$\omega=0.25$ のとき,$p'=12.9\%$,$x=0.641$,$y=0.761$

$\omega=0.2$ のとき,$p'=20.4\%$,$x=0.621$,$y=0.747$

が得られる。

II 独占価格と非独占価格

投入係数を以下のようにする。

$a_{111}=a_{211}=a_{311}=1/4$, $a_{121}=a_{221}=a_{321}=1/3$, $a_{112}=a_{212}=a_{312}=1/6$, $a_{122}=a_{222}=a_{322}=2/9$, $b_{111}=b_{211}=b_{311}=1/4$, $b_{121}=b_{221}=b_{321}=1/3$, $b_{112}=b_{212}=b_{312}=1/6$, $b_{122}=b_{222}=b_{322}=1/3$, $c_{11}=5/8$, $c_{12}=5/4$, $c_{21}=2/3$, $c_{22}=4/3$, $c_{31}=3/4$, $c_{32}=3/2$

「独占利潤率」と「非独占利潤率」,「独占貨幣賃金率」と「非独占貨幣賃金率」の格差を,$1+\mu=1+\lambda=3/2$ とする。非線形の連立方程式体系となるので解法は難解であるので,「非独占利潤率」を与え,相対価格(生活手段部門の非独占商品の価格を基準とする)を求めておこう[193]。$\varepsilon=1/10$,$p'=0.05$,とする。以下の線形の6元連立方程式体系となる。

$p_{11}/p_{32}=u$,$p_{12}/p_{32}=v$,$p_{21}/p_{32}=x$,$p_{22}/p_{32}=y$,$p_{31}/p_{32}=z$,$w/p_{32}=w'$

とおく。

労働手段部門の独占商品	$(-153/160)u+(7/240)v+(43/160)x+(43/240)y+(129/128)w'=0$
労働手段部門の非独占商品	$(1/20)u-(29/30)v+(7/20)x+(7/20)y+(21/16)w'=0$
労働対象部門の独占商品	$(7/160)u+(7/240)v-(117/160)x+(43/240)y+(43/40)w'=0$
労働対象部門の非独占商品	$(1/20)u+(1/30)v+(7/20)x-(13/20)y+(7/5)w'=0$

---

193) 生産価格の例解のように,一般的に求めることもできる。

生活手段部門の独占商品　　　　$(7/160)u+(7/240)v+(43/160)x$
　　　　　　　　　　　　　　　$+(43/240)y-z+(387/320)w'=0$
生活手段部門の非独占商品　　　$(1/20)u+(1/30)v+(7/20)x+(7/20)y$
　　　　　　　　　　　　　　　$+(63/40)w'=1$

$u=0.641259636\cdots$, $v=0.938147352\cdots$, $x=0.657090968\cdots$, $y=0.958764902\cdots$, $z=0.688753633\cdots$, $w'=0.235629134\cdots$, となる。

第10章　商業（商業資本）

『資本論』第3巻では，第1篇で剰余価値の利潤への転化，第2篇で利潤の平均利潤への転化を論じたあとで，第3篇において平均利潤（一般的利潤率・均等利潤率）の長期的変動を取り上げ，利潤率の傾向的低下法則を提起している。利潤率の長期変動については，第22章で取り上げることにして，第4篇以降マルクスは，剰余価値が商業・銀行・土地所有に分配される過程を分析しているので，その基本的説明を踏まえながら，現代の特徴を明らかにしていこう。

10.1　商業資本の自立化と再生産

商業資本の自立化　資本の循環過程は生産過程と流通過程から成り立ち（第3章第1節），1循環時間（回転）は生産時間と流通時間から構成された（第6章第1節第3項）。すでに資本の流通過程を分析したときに（第6章第1節第2項），資本制商品経済に固有な流通（商品売買）費用があることがわかった。マルクスの基本的立場は，価値は生産過程とその延長線上の労働がつくりだし，流通に必要なさまざまな労働は価値を形成せずに，剰余価値の分配によってまかなわれるとする。本書もこの立場を踏襲して説明する。

資本主義の確立とともに，産業資本は支配的資本となった。この産業資本の価値増殖運動（蓄積）から，近代的な商業・信用・土地所有関係が形成されてくる。すなわち産業資本は，流通過程や信用関係すべて処理するのではなく，商人や銀行業者に専門的に担わせる。また，土地という自然条件は資本といえども任意につくりだすことはできないうえに，土地所有者が私的に独占している。土地を賃貸借する代償として，土地所有者たちに地代を支払うことになる。生産された剰余価値は，地代・商業賃金・商業利潤・銀行賃金・銀行利潤，そして商人資本や銀行資本の不変資本部分の補塡と蓄積に分配されていく。かくして，産業資本の価値増殖運動に適合的な姿で，近代的な商業・銀行・土地所有が形成される。まず，商業資本の自立化からみていこう。

資本の流通過程（販売と購買）を商業資本が専門的に担うようになれば、産業資本や農業資本にとっては流通時間が短縮されるし（その極限は流通時間がゼロとなる）、自ら販売・購買活動をしなければならない場合に生産を継続させるために必要とされる準備（予備）資本を、節約ないし廃止することができる。自らは生産過程における剰余価値生産に専門化したほうが、利潤率は高まることになる。商業資本の側からみれば、多数の商品を大量に大消費地や生産地に集積することによって、流通費用（広告・宣伝、各種の商業サービス、簿記などの管理費用）を節約することになる。その結果、社会全体の利潤率が上昇するので、産業資本や農業資本はすすんで流通過程を商業資本に任せるようになる。かくして商人が独立し、近代的な商業・商人資本が確立する。

商業資本の再生産　しかし流通労働は価値そして剰余価値は創造しない。産業や農業で生産された剰余価値（その源泉は余剰生産手段と余剰生活手段からなるサープラス）の一部が、商業労働者の賃金と商業資本家の利潤をまかなわなければならない。商業労働者は、本来ならば商業に分配される利潤部分も取得する権利があるといってよいが、商業労働力を販売する立場にいるから、分配された剰余価値の利潤部分は商業労働力を買った商業資本家が取得することになる。いわば商業労働者は、剰余価値を利潤として分配される権利を商業資本に提供していることになり、その意味において商業労働者も「搾取」されていることになる。さらに商業資本も、建物・設備・装置などの固定資本とさまざまな光熱費や商業サービス費用や管理費用などの流動不変資本が必要となる。こうした不変資本は、やはり社会全体で生産された剰余価値部分によって補塡されたり、蓄積されなければならない。かくして商業資本のもとでは、

　　商品の購入価格（原価）＋商業用不変資本の費用＋商業労働者の賃金
　　＋商業利潤＝販売価格

となる。商業資本は、産業・農業資本の流通過程を分担する代償として、生産価格よりも安く購入し生産価格どおりに販売することによって、商業用不変資本の費用＋商業労働者の賃金＋商業利潤、を稼いでいることになる。いいかえれば、生産価格で販売することによって、不変資本を補塡し、労働力を再調達し、利潤の一部を個人消費に回し、残りを蓄積に回すことになる。商業労働者は、賃金を支出し、生活手段を消費することによって労働力を再生産する。

10.2 商品取引（所）

　商業は産業資本の流通過程を担うだけではなく，専門的に投機や先物取引に乗りだす。ヒルファディングが先駆的に分析しているので，紹介しよう。

　商品取引所[194]　商品の売買は自分の店でおこなうだけではなく，一定の場所（商品取引所）に集まっておこなわれる。商品取引は商業であり，多数の商人が一つの場所に集まって取引される。商人が自分の店で売買するか，それとも取引所で売買するか，使用価値（商品の品質）が検査されるか否かは，純粋に商業技術の差異にすぎないが，取引所取引では定期取引（先物取引）が重要となる。取引の対象となる商品は，それに代替できる商品が存在するのが望ましい。しかし商品取引は，価格変動による価格差を求める投機の余地がなければならない。したがって投機対象となる商品は，比較的短期に価格変動を受ける商品，農産物，穀物，綿花，砂糖などである。一般的にいえば，流通時間が長く生産時間が比較的短い商品や，需給調整速度の遅い商品が取引される。カルテル結成によって価格変動がなくなれば，取引所取引は消滅する。

　商品取引所の商業への影響[195]　取引所は投機の舞台となる。投機は生産者と消費者との間にある在庫として機能するが，投機がこれらの商品を捉えて新たな売買取引の一大系列が生じると，売買取引は純粋な投機になる。このように投機の連鎖性が形成されれば，投機商品担保の銀行融資が得られ，それによって投機も拡大する。そこに，商品を担保とした銀行の商業への貸付が加われば，商業の自己資本は少なくてよいようになる。銀行貸付は商業費用（流通費）を節約するし，取引所定期取引は流通時間を短縮し，資本を遊離させる。

　「かくて銀行資本の介入の結果は，第1に産業利潤の上昇，第2に全体としての商業利潤および商品各個あたりで計算されたそれの低下，第3に商業利潤の一部分の利子への転化，である。」[196]

　定期取引（先物取引）の役割[197]　投機において定期取引が重要となる。定期

---

194) 以下の説明は，『金融資本論』上，265-269頁，の要約である。
195) 以下は，同上書，270-274頁，の要約。
196) 同上書，273頁。

取引は先物取引であるから，産業・商業資本家に価格安定をもたらし，彼らを純粋な機能に専念させ，価格変動準備金を解放する。また価格変動が回避されることによって，市場価格を生産価格に接近させる。しかし，資本主義経済は不確実性に包まれていて，たえずリスクに直面している。この危険に対して，生産資本は価格を高めて平均利潤を確保しようとするが（危険割増），流通中に偶然的に生ずる危険に対する保証はない（損失が発生する）。取引所の定期取引の危険（たとえば穀物価格の世界市場からの影響）も，保証されない。

「しかし，流通において大きな予測しがたい変動が現れるかぎり，かような生産部門では，価格変動による損失を補償し且つ生産を続行しうるために，準備金が資本家によって保有されねばならない。この準備金は必要な流通資本の一部であって，それに対しては平均利潤が計算される。これに割り当てられる利潤は，危険割増と呼ばれうる。」[198]

流通中の変動に対して，取引所は保障する。すなわち，

「彼が，既定の価格，現在の価格を，現物で彼の約束を履行すべき後のある期日について確保するということにおいて，保障が成立する。」[199]

が，それは投機者たちの危険引受けによって保障されているのであり，危険割増しではない。投機利得はまさに，多数の素人が参加して損失を負担する場合にのみ，栄える。

定期取引（先物取引）の必然性[200]　先物取引への銀行の参加は，銀行の支配力を拡大する。差額取引（差額利得）こそ資本主義的心意の最も適法な子であり，証券取引は社会の物質代謝には無関係である。定期取引の必然性とその結果は，つぎのようにまとめられる。

「定期取引の必然性は，現実には，次の諸点にある。第1に，定期取引は，生産的資本家すなわち産業資本家および商業資本家に，彼らの流通期間をゼロまで引き下げ，かくして流通期間中の価格変動に対して保障され，この変動をこの特殊機能を果たすべき投機の上に転嫁することを許す。第2に，定

---

197)　以下は，同上書，274-279頁，の要約。
198)　同上書，278頁。
199)　同上書，278頁。
200)　以下は，同上書，295-300頁。

期取引は，商業の諸機能の一部を商業資本に代わって貨幣資本（銀行資本）に行わせることを許す。操作のこの部分については平均利潤ではなく利子が追求される。その差額だけ産業利潤（企業者利得）が上昇する。第3に，定期取引は，第2の点と関連することであるが，貨幣資本性格を保持したままで貨幣資本が商業資本に転嫁されることを許し，また，かくして銀行資本には，その支配領域を商業および産業の上に拡張して，生産的資本のますます大きな部分に銀行の支配する貨幣資本の性格を保持させることを，可能にする。」[201]

商品取引所の変化・縮小[202]　独占化（カルテル，トラスト，シンジケート）は，商品取引所にどのような影響を与えるか。ヒルファディングによれば，定期取引が必要な分野は以下のような生産物である。

「商業にとっては，定期市場は，次のような生産物の場合には，特に望ましい。すなわち，流通期間が長く，生産が広範囲の展望困難な諸生産地に分散しており，生産の結果が予測し難く且つ不定であり，したがって流通期間中の価格変動が大きく且つ不規則である，という生産物の場合である。」[203]

多くの投機者が参加するときには，定期取引は商人や生産者に必要だが，職業商人に限定されると価格変動による損失を，投機に転嫁することができなくなる。投機者の売りと買いは時点が異なり，投機は価格変動を長期的には相殺するが，純粋な投機者や局外分子は減少傾向にある。

投機は，流通期間を短縮し，危険を排除することによって生産者の準備金を解放する面をヒルファディングは強調している。すなわち，

「定期取引は生産者のために流通資本を節約するものであるが，それは第1には彼らの流通期間の短縮により，第2には価格変動に対する自己保障（準備金）の軽減による。それは，定期市場の諸利点を第1番に享受する大企業の資本力を強くする。かようにして自由になった資本は生産資本となる。」[204]

定期取引が廃止されれば，大商社へ穀物取引は集中化するし，中間商業が排

---

201)　同上書，300頁。
202)　以下は，同上書，279-295頁，の要約。
203)　同上書，280頁。
204)　同上書，285頁。

除される傾向が生じる。実際，銀行によるカルテル結成は定期取引を廃止する方向を強めるし，独占的諸団体の結成は商品取引所を完全に排除する。また，定期取引に対する農業者の反対運動も起こった。農業カルテルは価格変動を予防し，投機活動の余地を狭める。

　物産取引所の利得が商業利潤から生ずるかぎりでは，それは取引所の廃止は生産者の手に帰する。生産時期と消費時期とが離れる場合に生ずる利得の場合も（たとえばアルコールの夏価格と冬価格），そうなる。しかし，ある場所で投機所が廃止されても，別の投機所が利用され，商品取引所が完全に消え失せてしまうのではない。その場合でも，シンジケートは，在庫を形成し高価格を維持する。加工業者が原料の価格を知らないときには，定期価格が要望され，加工業者は危険を原料供給者に転嫁するが，シンジケートは高い定期価格を設定する。

10.3　独占と商業

　資本の流通過程が商業資本によって専門的に担われることによって，社会全体での剰余価値生産が増大し，一般的利潤率も上昇した。まさにここに，商業資本を自立化させる産業資本の根拠があった。しかし，純粋な流通費は社会的空費であり，剰余価値の一部が商品経済上の必要から回されていた。商品販売の必要のない社会においては，この控除される剰余価値は生産的に蓄積できる。したがって，商業資本の増大のためには，産業資本が先立って増大していなければならない。商業資本が肥大化してしまうと，剰余価値の多くが非生産的に使われることによって，将来の潜在的成長力を弱化させてしまうことに注意しておこう。独占資本主義になることによって，一方では産業独占は商業独占を排除しようとする傾向があるが，他方では産業独占固有の競争形態である製品差別化競争によって広告・宣伝費用が増大し，商業も拡大していく傾向もある。それぞれの傾向をみておこう。

　カルテル化による商業の縮減傾向　産業と同様に商業においても，資本の集積・集中運動は起こる。もともと，取引量を集積して流通費用を節約することに商業自立化の一つの根拠があった。また商業においても，似通った参入障壁

が形成されるといってよい。ヒルファディングは，当時の商業独占の典型として大百貨店を分析した。現代では大百貨店とともに，スーパーやコンビニエンス・ストアなどの大型店舗として，商業独占は支配している。それとともに，産業においてたえず中小零細企業が残存し，また起業活動が起こるように，商業においても小商業資本が「群生」してきた。集積・集中運動は一方的に進展して，完全独占が成立するのではなく，集中と同時に分散する作用を無視することはできない。

　しかし，商業の基礎となっている流通費は社会的空費であった。産業独占（カルテル・トラスト・シンジケート）が形成されるようになると，独占利潤を拡大するために，産業独占は意識的に自ら流通部面に乗りだすようになる。すなわち産業独占は，販売者としては独占価格（カルテル価格）を強制し，購買者としては価格切り下げを要求して，商業資本の利潤を圧迫する。商業独占は別にしても，中小零細の非独占商業資本は，残存するためには低利潤状態に従属化させられる。低利潤状態に耐え切れない商人は，産業独占の単なる販売代理人に転落する[205]。

　もちろん，商業独占が小生産者たちを従属させるケースもある。産業資本と商業資本とのあいだには利害対立があり，その対立の決着は資本力とくに貨幣資本の処分力に依存する，とヒルファディングはいう[206]。しかし商業独占が勝利する場合であっても，商業独占は産業独占と結びつき，自身が産業独占化することによって，商業操作の領域が大幅に制限される。もともと商業信用（相互信用）の発展は，商業資本と商業利潤を絶対的に減少させ，流通空費を節約する[207]。カルテルが結成されようになると，商業の自立性が弱くなり，

---

[205] 「しかし我々は，カルテル結成はすでに産業と銀行資本との内的結合を示す，ということを見た。通例，カルテルはより大きな力を行使しうるであろう。そうすれば，カルテルはその諸法則を商業に強制しうるであろう。しかし，この諸法則の内容は，商業からその独立性を奪い価格確定を取り上げる，ということになるであろう。したがって，カルテル結成は，資本の投下部面としての商業を廃止するであろう。それは，商業操作を制限し，その一部を排除し，残余の部分を，カルテル自身の賃金労働者，すなわちその販売代理人によって，遂行する。」（ヒルファディング『金融資本論』中，67頁）

[206] 同上書，65-66頁。

[207] 同上書，64-65頁。

流通空費はより節約される傾向があるという。すなわち,

「カルテル結成は,資本の投下部面としての商業を廃止するであろう。それは,商業操作を制限し,その一部を排除し,残余の部分を,カルテル自身の賃金労働者,すなわちその販売代理人によって,遂行する。」[208]

商人自身が金融的にカルテルに参加する場合には,産業資本家は直接に消費者と結びつき,商業を廃止する[209]。こうした結果,

「カルテル結成は,これらの費用を全く異常に縮減し,広告を単なる公示に局限し,出張員を,さらに縮減され簡単化され加速された商業操作の運動に必要な数に,局限する。」[210]

と,ヒルファディングは結論づけている。銀行が乗りだしてきて,商業を引き受けて産業のカルテル化が進むこともある[211]。全過程の結果は商業資本の縮減であり,空費の縮減である。価格は変化しないが,商業操作の縮減と資本の遊離が生じてくる[212]。カルテルが商業を保存するケースもあるが,中間商業がシンジケートの代理人化し,販売組合の下部シンジケート化し,大商人や販売組合の独占が小商人を代理人化させ,卸売商人支配のもとでの系列化が進み,商業が分配・保管・貯蔵機能に特化してくる[213]。こうなれば,商業活動は産業独占の生産過程の延長活動に特化することになり,商業の廃止の方向に向かうだろう[214]。

独占資本の製品差別化競争と商業の拡大傾向 人間の欲望は拡大する。マルクスは「自由の王国」と「必然の王国」を対比して,つぎのようにいう。

「自由の王国は,事実,窮迫と外的な目的への適合性とによって規定される労働が存在しなくなるところで,はじめて始まる。したがってそれは,当然

---

208) 同上書, 67頁。
209) 同上書, 68-69頁。
210) 同上書, 70頁。
211) 同上書, 70頁。
212) 同上書, 74-76頁。
213) 同上書, 76-80頁,
214) 加藤義忠氏は,独占資本主義になっても商業資本自立化の根拠はいぜんとして存在しているが,商業排除の傾向と独占的商業資本の登場が特徴的であると述べている(同「現代流通と『資本論』」『経済』2007年10月号)。

に，本来の物質的生産の領域の彼岸にある。野蛮人が，自分の諸欲求を満たすために，自分の生活を維持し再生産するために，自然と格闘しなければならないように，文明人もそうしなければならず，しかも，すべての社会形態において，ありうべきすべての生産諸様式のもとで，彼〔人〕は，そうした格闘をしなければならない。彼の発達とともに，諸欲求が拡大するため，自然的必然性のこの王国が拡大する。しかし同時に，この諸欲求を満たす生産諸力も拡大する。この領域における自由は，ただ，社会化された人間，結合された生産者たちが，自分たちと自然との物質代謝によって―盲目的な支配力としてのそれによって―支配されるのではなく，この自然との物質代謝を合理的に規制し，自分たちの共同の管理のもとにおくこと，すなわち，最小の力の支出で，みずからの人間性にもっともふさわしい，もっとも適合した諸条件のもとでこの物質的代謝を行なうこと，この点にだけありうる。しかしそれでも，これはまだ依然として必然性の王国である。この王国の彼岸において，それ自体が目的であるとされる人間の力の発達が，真の自由の王国が―といっても，それはただ，自己の基礎としての右の必然性の王国の上にのみ開花しうるのであるが―始まる。労働日の短縮が根本条件である。」[215]

マルクスは，本来の自由人の欲望は，「自己目的としての人間の力の発達，真の自由の王国」によって生まれてくる欲望体系であると考えていた，といってよいだろう。

しかし，資本制商品経済では人間関係は物象化すると同時に，欲望も商品経済そして資本の価値増殖運動に従属する。すなわち，商品として売れるものならばなんでも生産されるが，本来の人間の潜在的にもっている諸能力に必要なものを生産することが目的ではない。しかも商品生産が資本の価値増殖運動によって遂行されるために，利潤を生まないような商品ははじめから生産されない。利潤目的で生産される生活手段の消費を，強制されている。マルクスも初期の経済学研究の過程で，すでに資本主義のもとでは欲望が疎外されていることを鋭く見抜いていた。独占資本が支配するようになれば，生産者主権はいっそう強固になるから，欲望は利潤原理に従属したものになる。さらに独占は，

---

215) マルクス『資本論』第3巻第48章，第13分冊，1434-1435頁。

莫大な広告・宣伝費を投入して、潜在的な心理や欲望を意識的に喚起しようとする。消費者心理の研究と、その意図的な操作がおこなわれるようになる。もともと人間は欲の深い動物であるから、他人とは区別し差別化して自分の存在感を示そうとする欲求をもっている。独占資本は、こうした人間のもつ自己顕示欲を巧みにくすぐりながら、欲望をつくっていくのである。

　こうした欲望の操作は、独占相互の競争形態の変化によっても促進されている。序章で指摘したように、競争は独占に転化したが、競争がなくなったのではない。価格競争は排除される傾向があるが、非価格競争はいっそう激しくなったともいえる。独占間でも、科学＝産業革命といわれるほど、研究開発投資競争が激しく展開され、また広告・宣伝競争や、マーケット・シェア競争も展開される。こうした非価格競争の一つとして製品差別化競争がある。本質的には同一の使用価値機能を果たす商品が、モデル・チェンジやオプションを取りつけることによって、別の商品のように装って市場に提供される。消費者の自己顕示欲とマッチして購入されていく。製品差別化競争そのものは自由競争のもとでも生じていたが、独占が支配するようになると、独占の投資行動の慎重性によって投資が抑制される一つの傾向がでてきた[216]。また、恐慌・不況期における価格の下方硬直性（独占価格の維持）によって、資本破壊が弱まる[217]。そのために、独占資本主義のもとでは固有の過剰資本が発生し、そのはけ口を求めてさまざまな投資先を求める。その典型が資本輸出であり、国内的には科学研究開発と結びついた新産業や新製品の開発である。製品差別化競争も広い意味での新製品開発といえるだろう。このように、独占のもとでは新製品開発・製品差別化競争がいっそう激化するといえる。

　こうした独占の新製品開発・製品差別化競争の強化は、1920年代にアメリカで開花した耐久消費財ブームによっても促進される。広大な大陸国家アメリカでは、都市のスラム化とともに、富裕な白人は郊外に安住の地を求めた。その生活様式には、個人住宅と車と冷蔵庫が必需品となった。まさに新製品開発・製品差別化が最も進みやすい市場が誕生したことになる。この耐久消費財ブー

---

216) これは独占のもつ一つの傾向であり、独占＝停滞とするのは（停滞基調説）は一面的である。
217) 拙著『現代の景気循環論（第2版）』第2章、参照。

表10-1　産業別人口数と比率

	農林・水産業	鉱業	製造業	建設業	商業・金融	運輸・通信	サービス業
アメリカ							
1870年	6490	200	2250	750	830	640	1620
	50.2	1.5	17.4	5.8	6.4	5.0	12.5
1910年	11590	1050	8230	2300	3890	3190	5880
	31.6	2.9	22.4	6.3	10.6	8.7	16.0
1950年	6568	947	12192	3661	8350	3186	7801
	15.0	2.2	27.9	8.4	19.1	7.3	17.8
1990年	3567	766	22463	8470	39764	6815	40576
	2.9	0.6	18.4	6.9	32.5	5.6	33.1
イギリス							
1861年	1982	463	4065	594	132	590	2101
	18.8	4.4	38.6	5.6	1.2	5.6	20.0
1911年	1606	1210	7118	1145	896	1609	3921
	8.8	6.6	38.8	6.2	4.9	8.9	21.4
1951年	1142	861	8807	1431	3160	1734	5366
	5.1	3.8	39.0	6.3	14.0	7.7	23.7
1991年	569	223	5397	1805	8589	1546	8475
	2.1	0.8	20.3	6.8	32.3	5.8	31.9
ドイツ							
1882年	8237	591	4716	946	854	437	1616
	46.7	3.4	26.7	5.4	4.8	2.5	9.2
1907年	9883	1245	7834	1906	1800	1026	2976
	36.8	4.6	29.2	7.1	6.7	3.8	11.1
1950年 (西ドイツ)	4134	701	7273	1938	2279	1222	4026
	19.0	3.2	33.3	8.9	10.4	5.6	18.5
1992年	915	174	8724	1834	7268	1702	10053
	3.0	0.6	28.4	6.0	23.7	5.5	32.8
フランス							
1886年	7536	159	3499	579	785	290	2295
	49.8	1.0	23.1	3.8	5.2	1.9	15.2
1906年	8855	285	5228	540	1614	872	3335
	42.7	1.4	25.2	2.6	7.8	4.2	16.1
1954年	5195	373	5240	1390	2144	1020	3904
	27.0	1.9	27.2	7.2	11.0	5.3	20.3
1991年	1256	78	4335	1264	4961	1335	6511
	6.4	0.4	22.0	6.4	25.1	6.8	33.0

出所：ブライアン・R・ミッチェル編著，中村宏・中村牧子訳『ヨーロッパ歴史統計 1750～1993』新編世界歴史統計1
『南北アメリカ歴史統計 1750～1993』新編世界歴史統計3（東洋書林，2001年）より作成。

(単位：千人，％)	
その他	総数
140	12920
1.1	100
600	36730
1.6	100
1015	43720
2.3	100
0	122421
0.0	100
591	10518
5.6	100
839	18344
4.6	100
109	22610
0.5	100
0	26604
0.0	100
235	17632
1.3	100
156	26826
0.6	100
240	21813
1.1	100
0	30670
0.0	100
0	15143
0.0	100
0	20729
0.0	100
0	19266
0.0	100
0	19740
0.0	100

(東洋書林, 2001年)。同

ム，大量消費＝浪費，大衆社会が，戦後の先進資本主義国ばかりか発展途上国の富裕層にまで進展した。こうした歴史は，独占資本主義は商業活動を縮小するとしたヒルファディングには，予想することはできなかった。新製品開発・製品差別化競争は独占段階で激化し，耐久消費財ブーム・大衆社会が到来したことは，必然的に販売活動や広告宣伝活動を活発にした。商業は現代でも縮小せず，産業構造の急激な変化（第1次産業の縮小と第3次産業の拡大）にもかかわらず，一定の比重を占めつづけているとしなければならない。

10.4 商業部門の歴史的動向

前節で考察したように，独占資本主義には商業を縮小させる傾向と拡大させる傾向とが複合していた。自由競争段階，独占段階，戦後（国家独占資本主義段階）にかけての産業構造の変化を人口比率で調べると，表10-1のようになる。残念ながら商業と金融が分離されていないが，商業・金融部門の人口比率の推移をみてみよう。アメリカでは，1870年から1910年にかけて，6.4％から10.6％に拡大し，1910～1950年にかけてさらに19.1％に拡大し，1990年には32.5％にまで拡大している。イギリスでは1.2％（1861年），4.9％（1911年），14.0％（1951年），32.3％（1991年），ドイツでは4.8％（1882年），6.7％（1907年），10.4％（1950年），23.7％（1992年），フランスでは5.2％（1886年），7.8％（1906年），11.0％（1954年），25.1％（1991年），と同様に一貫して拡大してきた。その1990年代初頭の水準は，アメリカとイギリスが32％台と高いのに，ドイツとフランスでは25％前後と相対的に低いことがわかる。商業が分離されていないが，すくなくとも商

業が縮小しているとはいえないであろう。ちなみに，戦後日本の商業人口は，1979年の966.3万人から1999年の1252.5万人に増加した後，2004年には1156.6万人と微減している[218]。

研究を深めるために
マルクス『資本論』第3巻第4篇
ヒルファディング『金融資本論』第9章「商品取引所」

---

[218] 総務省統計局『日本統計年鑑』(2008年) 406頁，より計算。

第11章　信用（銀行資本）

商業（商人資本）が自立化したように，銀行業（銀行資本）も自立化する。その根拠と銀行の本質をまず明らかにする。しかし，株式会社や証券市場の発展によって発行活動や投機に銀行業務が拡大していく。それとともに，独占資本主義に転化し金本位制がしだいに形骸化し，やがては停止され不換銀行券制度になった。本章では最後に，この不換銀行券下の貨幣制度を分析しよう。

11.1　再生産と信用機構

産業資本の循環運動の内部から，商業信用や銀行信用の基礎が形成されてくる。資本の回転の考察（第6章第1節第3項）により，固定資本の貨幣的補塡が必然的に発生することは述べた。本節では，貯蓄の必然性として一括して考察しておこう。

貯蓄と投資　（1）固定資本の貨幣的補塡と現物補塡　固定資本は何回・何十回もの生産過程で機能するから，1回の回転では価値の一部分しか移転せず，したがって一部分しか回収（還流）しない。経済的な耐用年数に達するまでに還流した貨幣を積み立てておいて，耐用年数に達したときに（陳腐化したときに），現物の固定資本と取り替える。この貨幣の積立を，経済学では固定資本の貨幣的補塡といい，会計学では減価償却基金の積立〈D〉という。現物を取り替えることを固定資本の現物補塡といい，減価償却基金の投下〈R〉という。〈D〉は貨幣が流通から引き揚げられ蓄蔵されることであり，貯蓄となる。〈R〉は蓄蔵されていた貨幣がいっきょに流通に投下されることであり，投資（補塡投資）となる。

（2）蓄積基金の積立と投下　それぞれの時代には標準的な技術水準があり，それに対応した標準的な資本量が存在する。そのために現実には，1回の回転で蓄積に回す額では不足する。将来の現実の蓄積に備えて，標準的資本量に達するまで毎回積み立てていく[219]。標準的資本量に達した時点で，新投資とし

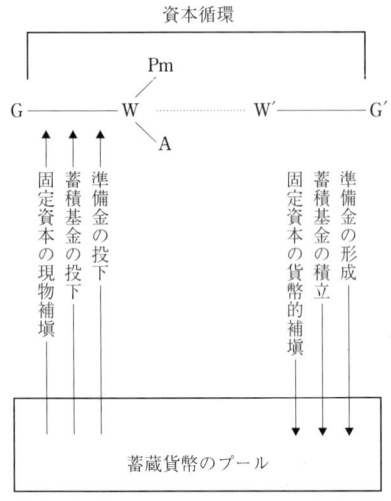

図 11-1　蓄蔵貨幣の形成（貯蓄）と投下（投資）

```
            資本循環
       ┌─────────────┐
             Pm
      G ─── W ········ W' ─── G'
              A
       ↑ ↑ ↑         ↓ ↓ ↓
       固 蓄 準        準 蓄 固
       定 積 備        備 積 定
       資 基 金        金 基 資
       本 金 の        の 金 本
       の の 投        形 の の
       現 積 下        成 積 貨
       物 立                  立 幣
       補                          的
       填                          補
                                   填
       ┌─────────────┐
          蓄蔵貨幣のプール
       └─────────────┘
```

出所：拙著『景気循環論』86頁より。

て投下される。この場合，蓄積基金の積立は流通からの貨幣の引き揚げ（蓄蔵）であり，貯蓄となる。積立金の投下は蓄蔵貨幣の流通への復帰であり，投資となる。

（3）準備金の形成と投下　資本はその循環をスムーズに遂行するためには，あらかじめ一定額の準備資本（予備資本）を保有しておかなければならない。すなわち，価格騰貴が生じたときに必要とされる原材料を確保できるための準備金や，商品の販売期間中にも生産を継続するための追加的投下資本が必要となる。こうした準備金の形成は貨幣の蓄蔵化であり，広義の貯蓄となる。準備金が実際に支出されれば蓄蔵貨幣の流通復帰であり，広義の投資となる。

このように，資本の循環運動から必然的に発生する貨幣の蓄蔵（貯蓄）と貨幣の流通復帰（投資）をまとめると，図11-1のようになる。固定資本の貨幣的補填をする資本グループと現物補填するグループ，蓄積基金を積み立てる資本グループと投下するグループ，準備金を形成する資本グループと準備金を投下するグループとが，それぞれ金額的に一致しなければ，個々の均衡は破壊されることになる。とにかく，産業資本の運動が必然的に貯蓄を形成することを確認しておこう。

信用と再生産の実現　このようにして貯蓄が形成され，銀行に預金される。しかし，預金された貨幣が貸し付けられるのではない。蓄蔵された貨幣は再生産上の均衡が維持されていれば，同額の蓄蔵貨幣が流通に復帰してしまう。もと

---

219)　近代的信用制度が確立していれば，不足額を銀行から借り入れて新投資に踏み切るだろう。それは需要・技術・競争条件に左右される。新投資が強制ないし誘発されなければ，積立が完了した時点で新投資に踏み切るもの，と想定しておこう。

もと銀行も自己資本をもっているし，土地所有者階級などの資産家も銀行に預金する。それらを基礎として，銀行は預金の数倍の信用を創造し，産業資本と商業資本の貨幣需要に応ずるようになる。マルクスの再生産表式を考察したときには，商品はすでに価値どおりに販売できたものと想定した。しかし，商品の実現（「命がけの飛躍」）が問題にされなければならない世界においては（たとえば景気循環の次元），商品を実現させる貨幣が供給されなければならない。流通に必要な貨幣を供給するのが，まさに信用機構にほかならない。再生産と信用機構との関係は，再生産過程が信用の基礎（預金）をつくりだすと同時に，信用機構が再生産に必要な貨幣を供給し，もって商品を実現させている。再生産と信用とは，相互依存・規制関係にあることになる。

産業資本や商業資本が商品を実現するためには，投資需要や消費需要がなければならない。いいかえれば，商品を販売して利潤を得るためには，それに先行して投資需要や消費需要が決定されなければならない。消費需要は基本的には投資需要に従属するから，投資需要（資本の蓄積欲求）に応じて，銀行が貸し付けなければならない[220]。具体的にいえば，固定資本の現物補塡（補塡投資）や蓄積基金の投下（新投資）は前もって積み立てられているから，それらの預金が引き出されることになる。しかし，流動不変資本や可変資本用の貨幣を，産業資本は商品の実現以前には所有していない。したがって必然的に，銀行に信用を創造してもらって，投資を実行することによってはじめて，商品が実現し利潤も獲得できるようになる[221]。このように，信用機構は再生産の実現のためにも必要不可欠な機構なのである。

11.2 銀行資本の自立化と再生産

銀行資本の自立化　自由競争のもとで生産価格法則が支配するようになると，資本は平均利潤を獲得する能力なり資格を得る。この資本の能力なり資格が資本の追加的な使用価値となり，貨幣資本そのものが一種の商品として売買の対

---

[220]　拙著の『現代の景気循環論（第2版）』と『景気循環論』のモデル分析の世界は，こうした想定をしている。
[221]　信用創造については第3節で考察する。

象となる。その売買価格が利子である。

　産業資本や商業資本のような生産・流通過程を実際に担う資本を，機能資本と呼ぶ。これらの機能資本の循環運動の中から必然的に，減価償却積立金や蓄積積立金や各種の準備金が形成され，遊休化した。こうして発生してくる遊休貨幣資本の需要（借り）と供給（貸付）によって，利子率が決まる。貨幣資本を借りて実際に資本として機能させる機能資本は，獲得する利潤の一部を利子として元金に加えて貸し主に返済する。したがって利子の源泉は，機能資本家が獲得する剰余価値（利潤）にほかならない。信用業の発展とともに，遊休貨幣資本の貸し＝借り関係（債権＝債務関係）を銀行業者が媒介するようになる。すでに指摘したように，銀行は預金を基礎としながらその数倍の信用を創造する（貸し付ける）。

　近代的銀行業の成立する基礎は商業信用の発展にある。すなわち，機能資本は現金の代わりに商業手形（支払約束手形と為替手形）を振り出して商品を取得し，また，現金に代わって商業手形で商品を渡すようになる。この手形による信用売買は，機能資本同士が相互に貸し付けあっていることを意味する[222]。しかし商業信用には，産業連関上の制約や地域的制約があり，その流通範囲には一定の限度がある。

　商業手形を受け取った債権者は，それを裏書して商品を購入するよりも，銀行に持っていって割り引くことを選択するようになる。そのさい銀行は，現金で手形を買うのではなく，いわば銀行自身の手形である銀行券でもって支払う。銀行券は，持参人にいつでも一覧払いで金貨幣と交換することを保証しているから，それだけ信用度が高いからである。このようにして，信用貨幣としての銀行券が，一般的商品流通の中で使われ流通するようになる。銀行が銀行券で商業手形を割り引くということは，銀行が銀行券という信用を貸し付けていることを意味し，銀行信用が創造されていることになる。

　さらに，商業手形を割り引いてもらうときに，受け取るべき銀行券を銀行へ

---

[222]　商業手形で商品を販売する場合，それは商品を貸し付けているのか，それとも貨幣を貸し付けているのかという論争があったが，現金取引の場合に必要となる販売期間中に生産を継続するのに必要な追加的予備資本を，機能資本同士が貸し付けあっているものとするのが合理的考えであろう。大内力『信用と銀行資本』（東京大学出版会，1978年）。

の預金勘定（当座預金）に入れておくようになり，やがて商業手形の振出人（債務者）も銀行に当座預金を設定するようになってくれば，手形の決済は銀行の預金勘定の振替によって実行されるようになる。商業手形の振出人と受取人が別の銀行に当座預金を設定している場合には，銀行同士の手形交換によって決済されるようになる。さらに，銀行自身が機能資本に銀行券を貸し付けるような場合にも，当座預金を設定させそこから引き出すようになる。このようにして，当座預金という預金通貨が積極的に信用貨幣として機能するようになり，またそのようにして銀行界全体の決済システムに支えられて，銀行は信用を創造していることになる。信用創造の具体的な姿は，銀行券と預金通貨である。

　銀行は預金に対しては利子を支払うが（当座預金は無利子），貸付に対して利子を受け取り，その差額が銀行利潤となる。産業資本の運動に適合的に近代的商業資本が自立化したのと同じように，銀行資本も自立化する。そして，銀行資本も産業資本や商業資本と利潤率の高さをめぐり競争するから，銀行資本にも生産価格法則が貫徹する。すなわち銀行資本の利潤率が一般的利潤率（均等利潤率）よりも高ければ，銀行業に資本が参入してくるし，低ければ高い部面に流出していく。その結果，銀行資本の利潤率は一般的利潤率に一致するようになる。

　銀行資本の再生産　銀行の受け取る利子は，剰余価値の分配されたものにほかならない。したがって商業資本の場合と同じく，不変資本部分も，可変資本部分も，銀行利潤もすべて，社会全体で生産された剰余価値からまかなわれる。すなわち，銀行で使われる労働手段や労働対象の補塡や拡大は，基本的にはこれらの部門が支払う利子（剰余価値）が支出される。銀行労働者の受け取る賃金も，社会全体で生産された剰余価値から支払われる。銀行労働者は銀行資本に不変資本（減価償却費と原材料や消耗品費）と可変資本（賃金）以上の利子をもたらすが，この超過分は銀行労働力を購入した銀行資本が銀行利潤として取得してしまう。商業労働者と同じく銀行労働者も，商業活動や銀行活動によって社会全体から分配された剰余価値を全部受け取るのではなく，賃金以外の部分は銀行資本が受け取る。それでもって，銀行資本は不変資本や可変資本部分を「補塡」するだけでなく，平均利潤に等しい銀行利潤を獲得しているので

ある。銀行労働によって銀行労働者は，この利潤部分も分配させているが，それは銀行資本に取得されてしまっているという意味において，銀行労働者も銀行資本に搾取されていることになる。

11.3 信用創造—銀行の本質

銀行の本質　銀行の貸付したがって銀行の本質はなにか。いいかえれば，銀行は預金を貸し出すのか，それとも貸し出した後で預金として還流してくるのか。信用理論の研究者の間では，前者が「預金先行」説と呼ばれ，後者が「貸出先行」説と呼ばれる。前節の銀行資本自立化の説明によってもわかるとおり，本書は「貸出先行」説をとる。銀行は銀行券を発行するが，この銀行券はいわば銀行の発行する一種の手形（銀行手形）であり，商業手形よりは信用度が高いとして信用されている，いわば「受ける信用」を貸し付けていることにほかならない。銀行券という信用貨幣で貸し付けているのであり，銀行は信用を創造していることになる。当座預金などの預金勘定の相互振替によって支払決済がおこなわれれば，預金通貨が信用貨幣として機能していることになる。商業手形の割引が預金の設定によってなされるようになれば，当座預金の預金勘定の増加として信用が創造されたことになる。

貨幣はどこから供給されるか　商品の実現に必要な貨幣はどこから調達されるのか。再生産の決定関係は以下のようになる。①期首に労働手段・労働対象・労働力の部門ごとの配置が決まっていれば，技術的関係（資本係数・資本の技術的構成など）に規定されて，期末の生産量が決まる。②供給に対する需要は，期待利潤率によってまず労働手段需要と労働手段価格が決まり，③労働対象需要と労働対象価格が決まり，④労働力需要と賃金が決まり，④生活手段需要と生活手段価格が決まり，⑤最後に実現利潤率が決定される[223]。投資が先行し，それによって利潤が決定される。その逆ではなかった。

この過程において必要な貨幣はどこから供給されるであろうか。①労働手段の補塡部分は過去に積み立てられ，銀行に預金しておいたものが引き出され

---

223)　詳しくは，拙著『現代の景気循環論（第2版）』第5章，参照。

る[224]。貨幣的補塡〈D〉と現物補塡〈R〉が一致していれば銀行の積立金は不変となるが，積立期間中に経済が成長していれば（拡大再生産），〈D−R〉の累積差額は預金増加となり，銀行はそれを貸し付けることができる（一種の「信用創造」）。逆に縮小再生産がつづいておれば，銀行の預金減少となり預金高は縮小される。新投資部分も，銀行に積み立てられていた蓄積積立金が引き出される。積立額と投下額が一致すれば銀行の預金は不変であるが，やはり拡大再生産が積立期間中につづいていれば，積立額と投下額の差額は銀行の預金増加となり，新たな「信用創造」がおこなわれることになる。②労働対象や労働力などの流動資本に対する投資用の貨幣は，どこから調達されるか。労働手段のように積立はしていないから，その貨幣は銀行から供給（信用創造）されなければならない。投資の結果生産物が実現すれば，販売代金の中から労働対象部分と賃金部分は銀行に返済される。実現した利潤から利子と個人消費を控除した残りは，蓄積積立金として銀行に預金される。回収した減価償却費部分は，銀行に預金されることになる。まとめれば，固定資本については預金の引出によって，流動資本については信用創造によって，貨幣が供給された[225]。この両貨幣によって実現した利潤は，利子と個人消費と蓄積積立金に分割される。

信用創造の範囲と限界　生産物実現のために必要な貨幣の出所の検討から，固定資本投資用の貨幣は銀行への預金（積立）から，流動資本投資（流動不変資本と可変資本）は銀行の信用創造によって供給されることになった。再生産の部門分割からいえば，固定資本投資は労働手段と一致し，流動資本投資は労働対象と生活手段と一致する。以上の考察は，固定資本の貨幣的補塡（減価償却積立）と蓄積基金の積立が進んでいる既存の産業を対象とした。しかし新産業を起業する場合には，そのような積立はおこなわれていないから，そのため

---

224) 最初の固定資本が銀行借入でおこなわれているような場合には，毎期，利子と固定資本の貨幣的補塡額（摩損部分）が銀行に返済され，現物補塡するときまでに完済される。したがって，新に現物補塡のための貨幣は銀行から供与されることになる。
225) このように固定資本は預金からまかなわれ，流動資本は信用創造によってまかなわれるとする点において，川合一郎『管理通貨と金融資本』（著作集第6巻，有斐閣，1982年），と玉垣良典『景気循環の機構分析』（岩波書店，1985年）と同じであろう。

に必要な貨幣は，銀行の長期信用として与えられなければならず，これも一種の長期の「信用創造」といえよう。

このように銀行の信用創造は，現実資本の再生産上の要求に応じて，受動的に供給されるものである。したがって，資本の還流が順調で債権・債務が相殺されるかぎり，信用は創造されていく。その限界は，現実資本の再生産上の銀行信用に対する需要によって画される。すなわち再生産が縮小すれば，信用も縮小されなければならない。このようなときに信用が従来どおり拡大していくならば（救済融資），信用貨幣は単なる紙幣に転化する可能性が生じてくる[226]。

11.4 銀行利得

株式会社が発展してくると，銀行が社会全体の資本を動員することによって，その業務が量的にも質的にも拡大する。ヒルファディングは『金融資本論』で，株式会社，証券取引所，商品取引所を考察した後で，第10章「銀行資本と銀行利得」において，銀行の新たな業務について考察している。その内容を紹介していこう。

銀行の発行業務と投機活動[227]　株式会社と証券・商品取引所が発展してくると，銀行は発行と投機をするようになる。貨幣の保管・準備・送付・諸勘定の取立と支払などの金銭出納業務が銀行に集中することによって，流通空費が節約される。こうした貨幣取扱資本としての銀行資本は，平均利潤率形成に参加する[228]。利子は貸付資本全体の大きさに依存するから，銀行間で預金獲得競争が展開される。銀行の自己資本は実際には，純利益を平均利潤率で除して逆算される。銀行が株式会社として設立されれば，銀行創業利得を銀行が取得し，それが銀行内部で準備金となる。しかし銀行業がすでに著しく発展していて，自由な貸付資本がすでに諸銀行の支配のもとにあれば，銀行の新たな設立

---

226) 山田喜志夫『現代貨幣論』（青木書店，1999年）48頁。
227) 以下は，『金融資本論』上，301-309頁。
228) ヒルファディングは，利子は平均利潤からの控除であり均等化に参加しないとするが（同上書，304頁），貸付資本家としては利子は主要な銀行利潤の源泉であり，利子部分も平均利潤率形成に参加する。

は困難になる。銀行資本は，自己資本も他人資本もともに貸付資本であり，生産的資本の貨幣形態にすぎず，投機利得にも自己資本と他人資本の総額が利用される。

銀行の自己資本の拡大[229]　産業支配と商品・証券投機への干渉を求めて，銀行は自己資本を拡大させる。

「かくて自己資本の拡大は，産業企業に対するより大きな永続的参加と終局的支配との可能性を，また商品投機および証券投機に対するより強力な干渉の可能性を意味する。それゆえ，銀行は，利子利得および発行利得によって可能な限り，絶えずその資本を拡大する傾向をもつのである。」[230]

そして銀行は自己資本を産業的投下（資本信用）に用立てる。また，銀行は自ら発行した株式を預金者に買ってもらい，銀行資本に転化させもする。しかしこの転化は，貨幣資本の需給関係を変化させず総利子量は変化しないから，増加した自己資本と比較して純利得は減少する。産業資本，商業資本，貨幣取引資本は社会的資本の特定部分であるが，全資本が銀行を通過するという意味においては銀行資本である。しかし，銀行資本が増加することが産業利潤増加の前提ではなく，その逆である。産業への信用供与，株式所有による産業企業への参加，発行活動の必要性が，銀行の自己資本拡大誘引となる。

擬制資本の二重化[231]　銀行資本の拡大が株式発行によってなされるから，銀行株と産業株とに擬制資本が二重化する。そして銀行は，私的貨幣資本家と産業資本家との媒介者になるだけでなく，銀行資本の所有者として産業企業の共同所有者にもなる。

「貨幣資本は擬制的には銀行株式資本に転化され，かくして現実には銀行の所有に移る。この銀行資本はいまや擬制的には産業株式に転化され，現実には生産資本の諸要素に，生産手段および労働力に，転化される。」[232]

配当政策で産業と銀行とは違う。銀行は非資本家層には安定的配当政策をするが，産業企業は，支払信用の支払能力情報をもっているし，ほかの信用は頻

---

229)　以下は，同上書，309-312頁。
230)　同上書，309頁。
231)　以下は，同上書，312-315頁。
232)　同上書，313頁。

繁には要求しないから，独立性をもつ。この産業企業の独立性は，投機利得を許し，産業企業の景気変動と蓄積供給へ適応させる。銀行の配当政策は産業企業よりも恒常性がある。

「なぜならば，景気変動は，銀行利得に対しては，利潤に対するほど強くは作用せず，またそれほど一方的には作用しないからである。第1に，銀行利得の一大部分は，利子率の絶対的な高さに懸かるというよりも，むしろ貸出資本に対する利子と借入資本に対する利子との差額に懸かっている。しかるにこの差額は，特に銀行集中がすでにある程度進んでいる場合には，利子の絶対的な高さにおける変動よりも遥かにより不変的である。次に，景気の経過中には有利な契機と不利な契機が生じて，それらはある程度まで相殺される。もっとも有利なのは，上昇過程にある繁栄の時期で，これには漸次に上昇する利子率，産業の旺盛な資本需要，したがって活発な発行活動と高い創業利得とが伴う。同時に，金銭出納，支払信用の媒介，取引所投機などからの利得も上昇する。好景気の時期には，利子率は上昇し，受取利子と支払利子との差額も上昇する。これに反して，発行活動と創業利得とは減少する。産業の資本需要は，株式または社債の発行によるよりも，銀行借入金によってより多く充たされる。同時に証券投資は通例すでに恐慌の少し前から高い利子率によって制限される。利子率が最も低い不況の初期は，確定利子付証券の発行にはもっとも有利である。国債や社債などの引受による銀行の利得は著しく増加し，自己手持ちの確定利子付証券を高騰した相場で売ることによる利得も増加する。以前に産業が受取った銀行借入金の一部は，貨幣市場が流動的なので，株式資本および社債資本に転化されて，新たな発行利得を与える。これらは，信用媒介の利子利得からの収入の減少を多少とも償う契機である。」[233]

銀行間競争[234]　貨幣資本の価値増殖は利子の高さに依存するところに，銀行間競争の特徴がある。取引範囲がきわめて大きい場合にのみ手数料や預金利子が操作され，銀行の特別利潤は節約・損失回避・危険分散により生じる。し

---

233)　同上書，314-315頁。
234)　以下は，同上書，316-317頁。

かし，産業の特別利潤のような役割はしない。そして，中央銀行の割引政策が重要な役割を果たす。銀行の金融業務（発行）が信用媒介業務よりも重要となるが，銀行間競争では技術的差はほとんどなく，営業資本の大きさに左右される。銀行間競争の性格が競争とともに協調をもたらし，一定の業務，たとえば入札請負などで臨時の協定が結ばれることがある。

銀行の利得は利子であり，自己資本に対して計算されたとき平均利潤に等しくなければならない。そして，銀行資本には産業におけるような「過剰生産」はなく，

「銀行倒産は，産業の過剰生産または過剰投機の結果であるにすぎず，貨幣形態における銀行資本の不足として現れる。それは，貨幣として直ちに実現されえないような形態で銀行資本が固定されていることによるものである。」[235]

資本主義と信用[236]　信用制度の発展は資本主義の歴史性をどう規定するか。銀行は全貨幣処理権を握るので，中央銀行による社会的生産の統制可能性を生みだす。そして信用は，その組織と統制において，資本主義社会に適合させられた社会主義である。

「信用において物的関係と並んで人的関係が立つ。信用は，自余の経済的諸範疇の物的・社会的な関係，なかんずく貨幣に対して，直接に人的・社会的な関係として現れる。俗人は『信頼』という。また信用は，その完成においては，資本主義に対置されている。それは無政府に対する，組織と統制である。ゆえに信用は，資本主義社会に適合させられた社会主義である。それは，幻惑的な，資本主義的に適応された社会主義である。それは，他人の貨幣を，少数者の使用のために社会化する。その発端において信用は信用騎士のために突如としてきわめて雄大な展望を開く。資本主義的生産の制限—私有財産—がなくなったように見え，社会の全生産力が彼個人の処理に委せられたように見える。彼は幻惑され，そして彼は幻惑する。」[237]

---

235) 同上書，317頁。
236) 以下は，同上書，318-319頁。
237) 同上書，319頁。

11.5 金融資本

産業資本から銀行資本が自立化したが，19世紀末から20世紀初頭にかけて，産業独占が成立したことと照応的に銀行独占も成立した。この産業独占と銀行独占との結合によって，独占資本主義に固有の支配的資本としての金融資本が成立する。しかし，ヒルファディングとレーニンでは金融資本の定義が異なっている。

ヒルファディングの金融資本概念　ヒルファディングはつぎのように定義した。「産業の資本のますます増大する一部分は，これを充用する産業資本家のものではない。彼らは銀行を通じてのみ資本の処分権を与えられ，銀行は彼らに対して所有者を代表する。他面，銀行はその資本のますます増大する一部分を産業に固定せざるをえない。これによって，銀行はますます大きい範囲で産業資本家となる。かような仕方で現実には産業資本に転化している銀行資本，したがって貨幣形態にある資本を，私は金融資本と名づける。……銀行によって支配せられ産業資本家によって充用される資本である。」[238]

レーニンの金融資本概念　レーニンはこのヒルファディングの定義は，生産と資本の集積が独占を導きだすほど高度に進展しているという最も重要な契機の一つが指摘されていないかぎりで不完全である，と批判する。そして以下のように金融資本を定義する。

「生産の集積，そこから発生する独占，銀行と産業との融合あるいは癒着——これが金融資本の発生史であり，金融資本の概念の内容である。」[239]

ヒルファディングは，当時のドイツの銀行の強力な支配を眼にしてこう定義したのだろうが，その後の進展をみると，必ずしも銀行支配とはいえない。ある場合は産業独占が支配的な場合もある。したがって本書でも，レーニンにしたがって，「銀行独占と産業独占との融合・癒着」関係として定義しておく。財閥や企業集団や利益集団が金融資本の具体的な形態であるから，このように

---

238)　ヒルファディング『金融資本論』中，97頁。
239)　レーニン『帝国主義』78頁。

弾力的に定義しておこう[240]。

11.6　金本位制の形骸化

平均化機構としての景気循環　自由競争が支配したときには，周期的に恐慌が勃発して，好況期に累積したもろもろの不均衡が暴力的・強力的に均衡化された。景気循環運動が平均化機構であることについて，以下のように述べた。

「恐慌は労働者には失業を強制し，富の物的基礎である生産能力を破壊していく。このような人的・物的犠牲を強制しながら，資本主義経済はもろもろの均衡を達成していく。いいかえれば，人的・物的犠牲を払わなければ均衡を達成できない経済システムであるともいえる。すなわち恐慌・不況期に産業予備軍を確保し，剰余価値生産・資本蓄積の根本的条件を再建する。いいかえれば，景気循環運動によって労働力の需給関係が自動的に調節されていることになる。また好況期に価格が不均等に騰貴し利潤率も不均等に上昇するが，恐慌・不況期に反対の不均等運動が起こることによって価格が均等化し，利潤率も均等化される。景気循環運動が平均化機構となる。この平均化運動によって価値法則（生産価格法則）が貫徹し，資本主義経済の生産・分配・消費が規制され，いわば経済法則が資本主義的形態をとって実現されていく。」[241]

この平均化機構の作用が，金本位制と密接な関係にある。

景気循環と金本位制　金本位制と景気循環運動との関連について，拙著で以下のように述べた。

「信用関係によって景気の膨張は過度に進められ，景気の収縮がやはり過度に進められる。また金本位制下では，金の対外・対内流出入によって信用が調節され，景気循環も金によって規制されているといえる。さらに，貨幣用金の価格は公定価格として固定しているから，一般商品の価格の循環的運動とは反対の動きとなる。すなわち，好況期には金の相対価格は悪化し，不況

---

240)　戦後日本の企業集団としての金融資本については，拙著『戦後の日本資本主義』（桜井書店，2001年）第1章，参照。
241)　拙著『現代の景気循環論（第2版）』39頁。

期には有利になる。こうした一般物価とは反対の運動は，景気循環を金供給したがって信用の側面から間接的に規制していることになる。しかし，金供給が景気循環運動そのものを生みだしているのではない。現実資本の世界が景気循環運動をすることの貨幣資本の側の反応と位置づけるのが適切であろう。景気循環運動によって均衡化が達成され，したがって価値法則（生産価格法則）が貫徹することによって，金本位制が維持される。景気循環と金本位制とはこうした相互規制関係にあり，価値法則（生産価格法則）貫徹の表と裏の関係にある。」[242]

金の価値尺度機能も，こうした景気循環運動によって貫徹する。いいかえれば，景気循環運動による平均化によってはじめて，金本位制が成立するともいえる[243]。

多角的決済システムとポンド体制　金本位制度を支えた世界経済の要因も考察しておく必要がある。ヒュームなどの経済学者は，金本位制が国際収支を自動的に均衡させると主張したが，実際には，金本位制を保証したのは国際収支を均衡化させることができた多角的国際収支体制であった[244]。すなわち，イギリスの貿易収支は第三世界（とくにインド）に対して黒字で，第三世界がその他の欧米に対して黒字で，その欧米がイギリスに対して黒字であった。このような多角的貿易関係があったが，それでもイギリスの貿易収支は赤字であったが，その赤字を貿易外収支（海運業やサービス収益，海外投資の利潤の本国送還など）によって黒字化していた。この経常収支全体の黒字を海外に資本輸出したから，世界的な国際収支の不均衡が起こらなかった。こうした多角的・円環的な貿易・資本輸出体制が成立していたから，国際収支が均衡化し，金本位制が維持された現実を無視することはできない。

---

242)　同上書，40頁。
243)　平均化機構としての景気循環という発想は，高須賀義博の経済学体系の根底にあったものである。この点が，均衡がたえず成立するように価格が自動的に調節する，とする宇野派恐慌論との決定的な対立点であった（文献については，同上書，39頁の注46，参照）。しかし高須賀の価値尺度の理解は，宇野派と同じく価格運動が価値水準を確定するものとしている点は，矛盾していた。本格的には，景気循環論として価値尺度論も展開すべきであったろう。
244)　拙著『経済学原論』（青木書店，1996年）84-86頁。

価格の価値からの乖離傾向と価値尺度機能の不全化　非独占価格は，生産性の上昇による価値水準の低下に照応して，価格水準も低下する。独占のもとでは，生産性上昇による価値低下に比例して価格は低下しなくなる傾向が生じた。その結果，独占資本主義においては総価格が総価値から恒常的に乖離する傾向が生じた。この傾向を景気循環の視点からいえば，恐慌・不況期においても独占価格が維持されるから（価格の下方硬直性），価格の平均化が達成されないことを意味する。とにかく，価格が価値に収斂しないから，金は観念的に価値を表示しても，価値水準をつくりだす価格機構が十分に作用しなくなったことを意味する。これは，金が価値尺度機能を十分に果たすことができなくなったのであり，機能不全化が進展しはじめたことを意味する。しかし金本位制が停止したのでなく，価値尺度機能が健全にワークしなくなってきたのであり，金本位制の形骸化がはじまったとすべきであろう。

世界戦争と大恐慌による金本位制の停止　このように，価格構造の変化と景気循環の変容によって金本位制の変質過程が進行したが，独占資本主義（帝国主義）は2度にわたる世界戦争と1929年大恐慌に直面して，危機の時代が到来した。総力戦を勝ち抜くために，各国は最後の支払手段としての金の保蔵に走り，金兌換をいっせいに停止した。第1次大戦後の1920年代には一時的に金本位制に各国は復帰したが，安定的な国際貿易・金融体制が未確立のままだったから，再建金本位制はもともと脆弱なものだった。そうした背景のもとで1929年大恐慌が起こり，各国は金本位制の停止に追いやられた。日本は，昭和の金融恐慌から脱した直後に大恐慌に襲われたが，金本位制に一時復帰するが，すぐに停止に走った。フランスなどの金本位制維持にこだわり離脱が遅れた国ほど，大不況からの脱出が遅れた。第2次大戦中は，完全に金本位制が停止された状態だった。

IMF体制と「金・ドル本位制」　第2次大戦の終結前の1944年に，連合諸国は戦後の国際経済体制を協議した（ブレトンウッズ会議）。戦後，国際通貨体制として IMF が，自由貿易体制として GATT が成立した。各国は国内においては中央銀行券の金との兌換を停止し（不換銀行券制度・管理通貨制度の成立），通貨供給量を裁量的にコントロールして金融・財政政策を展開するようになる。国際的には，各国が基金を供出しあって国際通貨を安定化させようとした。そ

の内容は，各国の中央銀行間では，1オンスの金とアメリカの中央銀行券であるドルとの交換を保証し（1オンスの金＝35ドル），各国通貨は固定レートで結びつけられた（日本は1ドル＝360円）。したがって各国通貨は，限定的であるが間接的に金と結びついていた。その点では，ドルが金為替の役割を果たす金為替制の性格を一面ではもっていたといえる。しかし，実際に金との交換を要求する国は少なく（たとえばフランス），日本などは外貨準備としてはドルを保有しつづけてきた。この点を重視するならば，事実上は「ドル本位制」とでも呼ぶのが実態にあっていたかもしれない。ともかく，1971年8月15日にアメリカが一方的に「金・ドル交換停止」を宣言するまでは，「金為替制」と「ドル本位制」とが並存する国際通貨体制であった[245]。

　「金・ドル交換停止」とその後の変動相場制への移行によって，国内的にも国際的にも金本位制が廃止されたことになる。こうした世界は，資本主義の誕生以来経験したことがない事態であり，その後の世界経済に急激な変化をもたらした。その内容は[246]，①限定的にしろ金・ドル交換を保証している間は，ドルの信認と安定性が存在していたが，交換を停止したことによって，ドルへの信任が低下しドル不信が強まった。かろうじて軍事的・政治的理由から各国がドル下落を協調的に阻止しようとする体制（サミット体制）になってきたが，EUのユーロの登場や地域統合通貨構想などによって，ドル暴落の危険性はたえずある状態がつづいているといえる。②固定相場制を維持する義務があったので国際均衡を優先せざるをえず，そのかぎりではインフレ抑制的に作用した。変動相場制に移行したことは，インフレの歯止め装置を解体したことになる。事実，世界経済はスタグフレーションとして激しいインフレに襲われた。また変動する為替相場は投機の標的となり，国際的な短期資本が浮遊するマネーゲームの世界が出現した。③金・ドル交換の限定的保証はアメリカに国際収支赤字の抑制を強制し，世界に散布したドルのアメリカへの還流経路も存在していた。ところが，アメリカは国際収支の制約から逃れたのでドルを撒布しつづけ，アメリカに還流せず，世界的な過剰流動性を生みだしてしまった。過剰ドルが

---

245)　富塚文太郎『ドル体制の矛盾と帰結』（読売新聞社，1990年）。
246)　井村喜代子『現代日本経済論』（有斐閣，2000年）287-289頁，拙著『戦後の日本資本主義』145-146頁，参照。

ユーロ・カレンシー市場を中心として短期的・投機的に飛び交うようになり，国民国家の景気政策を阻害するようになった。1980年代以降現在まで，黒字国がアメリカに資本輸出することによって，アメリカの国際収支の赤字が補われてきたが，その結果，アメリカは債務国に転落した。④アメリカのドル散布は，高度成長期には貿易拡大と持続的成長を貨幣面から支えた面があったが，低成長期に入ることによって実体経済では吸収されず，ますます金融・投機活動に注ぎ込まれていった。⑤国際資本移動の規制・管理の撤廃は，アメリカ金融資本の世界的活動（暗躍）への道を開いた（金融自由化の要求）。

11.7 中央銀行券制度と不換銀行券の性格

不換銀行券の性格　戦後は国内的には金本位制が廃止され，1971年の「金・ドル交換停止」以後は世界的にも廃止されて，現在にいたっている。金は廃貨されている現実に立って考察しなければならない。それでは，不換化された銀行券は国家紙幣なのか信用貨幣なのか。戦後の資本主義（国家独占資本主義）の特徴は，国家が経済過程（資本循環過程）に大々的に介入し組織化しようとするところにある。国家が，管理通貨制を梃子として貨幣量を裁量的に調節しようとしてきた。しかし，国家の政策的介入にもかかわらず経済法則がコントロールできるようになったのではない。いぜんとして，資本制商品経済としての根本的性格は変化していない，と考えなければならない。したがって国家の介入にもかかわらず，銀行券は信用貨幣として基本規定されなければならない。中央銀行は兌換を停止したが，最後の貸し手としてピラミッド型の信用制度の頂点に立っているのであり，基本的には現実資本の貨幣需要に応じて信用貨幣が供給され，過剰に供給された信用貨幣は中央銀行の当座預金勘定に還流してくるシステムは維持されている，と考えなければならない。こうした意味において，不換銀行券は信用貨幣であると考える。しかし，貨幣の番人としての中央銀行が，政治的な圧力に屈して過度に貨幣を供給するときには，国家によって強制通用力を与えられた国家紙幣に転化する危険性はたえずあることに，注意しておかなければならない。すなわち，戦後復興期におけるように，生産が混乱しているなかで日銀券が乱発され，マルクスのいう「紙幣流通の法則」が

図 11-2　信用貨幣の循環

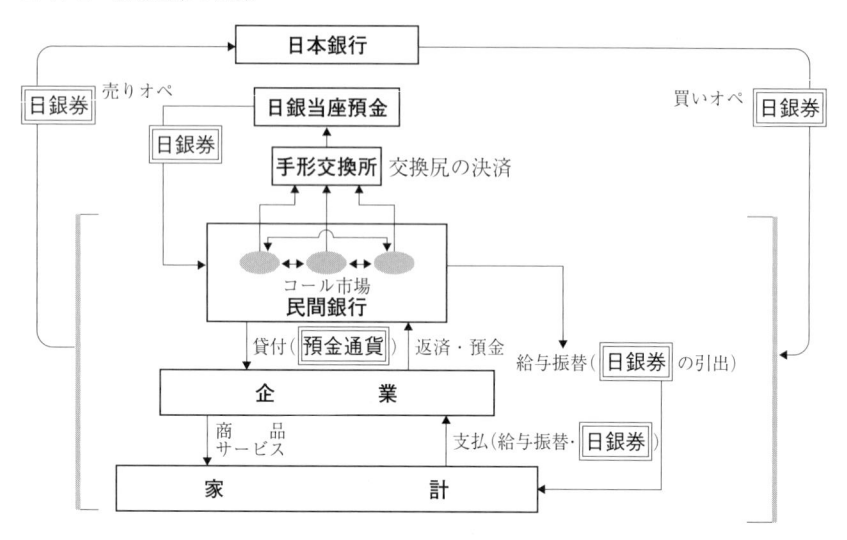

発現し，戦後インフレーションを引き起こした。また，円が急激に高くなることを回避しようとして日銀が為替市場に逆介入すれば，マネー・サプライは急増する。この急増は，1970年代前半の「列島改造ブーム」や1980年代後半のバブル期のように，株価や地価の暴騰の貨幣側の器となったことは記憶に新しい。したがって，経済が正常に進行しているときは，不換銀行券は信用貨幣であるが，異常な事態においては，あるいは政策が経済法則に反して意図的に実行されるときには，国家紙幣に転化する危険性があることになる[247]。

信用制度と信用貨幣　中央銀行制度のもとでの貨幣の循環は，図 11-2 のようになる。第3節 (11.3) で考察したように，企業は必要とする投資資金を，銀行の預金の引出や銀行の信用創造によって調達してきた。商品が期末に実現されて銀行に返済されれば，銀行は家計部門に賃金・給料として，企業の預金勘定から支払う（振り替える）。家計部門は，預金から現金（日銀券）を引き出して，直接に企業部門から商品やサービスを購入する場合もあれば，クレジ

---

[247]　久留間健氏は，不換銀行券は両面をもっており，国家紙幣か信用貨幣かの長年にわたる論争は意味がなかったという。経済状況（条件）に依存していることになる。久留間健『貨幣・信用論と現代』（大月書店，1999年）第2章。

ット・カードや電子マネーで支払い，それが家計の預金勘定から最終的に決済される。企業同士の決済は，手形交換所を媒介にして銀行の当座預金の振替によってなされ，短期資金は銀行間のコール市場によって融通されあっている。手形交換所による決済残額（交換尻）は，民間銀行の日銀の当座預金で振り替えられる。銀行が現金（日銀券）を必要とするときはこの当座預金から引き出され，必要としない日銀券はこの当座預金に預けられる。銀行したがって企業が必要とする銀行券は，日銀当座預金を媒介にして，日本銀行から供給される。また，中央銀行たる日銀は，国債のオペレーション政策により，または銀行の準備率の操作や直接の窓口指導によって，流通界を通流する貨幣量を直接コントロールする。経済が正常に動いているときには，日銀券は基本的には，現実資本の貨幣需要に応じて供給され還流してくるからこそ，信用貨幣と規定される。

　ドル不信にもかかわらずいぜんとしてドルが国際通貨として使われるのは，こうした国内的な信用制度を，国際的に拡大した国際的機構が存在するからである。国際的な信用貨幣としてのドルを振り出し世界的な信用創造をしているのは，アメリカの中央銀行たる連邦準備制度に加盟しているアメリカの銀行である。ドルが国際通貨として使用されるということは，為替媒介機能をドルが果たしているということであり，ドル建てで世界が決済し，アメリカの銀行で預金勘定が振り替えられていることになる。

研究を深めるために

マルクス『資本論』第3巻第5篇
ヒルファディング『金融資本論』第10章「銀行資本と銀行利得」
『資本論体系』6（浜野俊一郎・深町郁彌編「利子・信用」有斐閣，1985年）
川合一郎『管理通貨と金融資本』（著作集第6巻，有斐閣，1982年）
久留間健『貨幣・信用論と現代』（大月書店，1999年）
松本朗「金融活動と銀行資本」（『立命館経済学』第54巻特別号，2005年10月）
山田喜志夫『現代貨幣論』（青木書店，1999年）
吉田暁『決済システムと銀行・中央銀行』（日本経済評論社，2002年）

第12章　株式会社

　現代は企業体制とか企業社会と呼ばれるが，その企業形態の圧倒的部分は株式会社である。社会全体から遊休している貨幣を集めてきて，巨大な資本量を必要とする産業に株式会社が設立される。マルクスの時代にはまだ個人資本家が圧倒的に多かったが，それでもマルクスはいち早く注目し，その経済学批判プラン中の資本の項目に株式会社を入れていた（α 資本一般，β 競争，γ 信用，δ 株式会社）。本章では，マルクスとそれを発展させたヒルファディングの株式会社論を検討し，現代の株式会社は誰が所有し決定し支配しているのかを考察する。

12.1　所有と機能の分離（マルクス分析）

　マルクス経済学において株式会社論を体系的に展開したのは，『金融資本論』[248]の第7章である。そこでもってヒルファディングは，先駆者マルクスの叙述[249]を天才的スケッチとして全部引用している。そのマルクスは，資本主義経済における信用制度の役割の中で，株式会社についてつぎのような基本規定を与えている。すなわち，株式会社の形成によって，①個別資本には調達不可能な資本を集めることによって，生産の規模が巨大化した。②その資本は，私的資本に対立する直接に結合した諸個人の資本としての社会資本となっており，私的諸企業に対立する社会的諸企業として登場している。この現実は，「資本主義的生産様式そのものの限界内での，私的所有としての資本の止揚」を意味する。③株式会社では，所有と機能が分離されている。機能資本家は管

---

[248]　『金融資本論』の研究は戦前からたくさんあるが，たとえば，飯田裕康・鈴木芳徳・野田弘英・高山満『ヒルファディング金融資本論入門』（有斐閣，1977年），松井安信編著『金融資本論研究』（北海道大学図書刊行会，1989年）。高山満氏の一連のヒルファディング恐慌・景気循環論の研究については，拙著『独占資本主義の景気循環』59頁，参照。
[249]　マルクス『資本論』第3巻第27章，第10分冊，756-758頁。

理人・支配人に転化し，資本所有者は単なる貨幣資本家に転化している。前者の所得（給料）は監督賃金となり，後者の利潤は資本所有の報償としての利子として現れる。株式会社では，機能と労働が，資本所有と剰余労働の所有からまったく分離されている。この最高の発展は，私的所有から結合した（アソシエイトされた）生産者たちの直接の社会的所有に転化するための経過点である，とマルクスは展望した。すなわち，

「資本主義的生産の最高の発展のこの結果こそ，資本が生産者たちの所有に，ただし，もはや個々ばらばらな生産者たちの私的所有としての所有ではなく，結合された生産者である彼らの所有としての，直接的な社会的所有としての所有に，再転化するための必然的な通過点である。他方では，それは，これまではまだ資本所有と結びついていた再生産過程上のすべてに機能が，結合された生産者たちの単なる諸機能に，社会的諸機能に，転化するための通過点である。」[250]

つぎに，こうしたマルクスの基本規定を踏襲しながら株式会社論を展開したヒルファディングの分析をみていこう。

12.2 株式会社

ヒルファディングの株式会社論は，配当と創業利得，株式会社の金融，株式会社と銀行，株式会社と個人企業，発行活動，から構成されている。見出しは変更しているが，この順序で紹介・検討していこう。

個人企業と株式会社の根本的な経済的差異 マルクスの時代には個人企業が圧倒的に多く，株式会社の分析は「天才的スケッチ」に終わってしまったが，ヒルファディングの時代には株式会社が個人企業に対して全面的に勝利した。株式会社の勝利とその理由の理解は，近代的資本主義発展の理解にとって決定的重要性をもつ。マルクスが認識したように，株式会社では所有と機能が分離した。株主としての貨幣資本家は利子の獲得で満足するが，この貨幣資本は産業に投下されることによって，貨幣資本家が産業を経営することになる。しか

---

[250] 同上書，757-758頁。

図12-1 擬制資本の流通

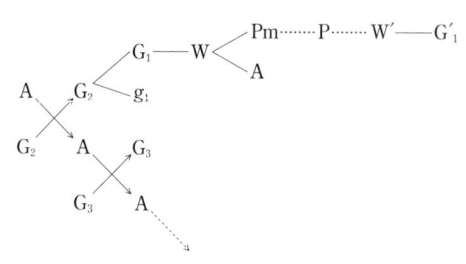

```
            G₁―W<Pm……P……W′――G′₁
       G₂／     A
    A ×  g₁
       G₂／A＼G₃
    G₃×   ＼A
      G₃ ／
```

A：株式　g₁：創業利得　G₂, G₃：追加貨幣

し利子（配当）は，危険プレミアムと供給不足のために不確定であり，その予想値は産業利潤（平均利潤）に規定される。株式が売却可能となるためには証券取引所が成立しなければならず，証券取引所と株式制度が発展すれば株主は貨幣資本家となり，配当は利子化する[251]。

創業利得[252]　株主が支払った貨幣資本は産業資本（現実資本）に転化するが，株式は証券市場で売買される擬制資本として運動する。このように資本が二重化されるが，株式売買用の追加貨幣が必要となる。株価は配当（利子）を支配的・平均的利子率で割ったものであるから，それは，収益したがって利潤と支配的利子率に規定される。株式は将来の収入請求権・債務請求権であるから収益指図証であるが，現実に存在するのは産業資本とその獲得する利潤であるから，株式としての資本は純粋に擬制的である。また，その取引は資本取引ではなく，収益権の売買である。

擬制資本（株式）の価格は利子率によって資本還元されるから，「株式資本」の総額は最初に産業資本に転化された貨幣資本から乖離してくる。その差額，すなわち平均利子を生む資本と平均利潤を生む資本との差は必然的であり，利潤を生む資本が利子生み資本に転化したことによって生じる利潤であり，創業利得が発生する。実際には管理費・役員配当や危険プレミアムが存在するから，創業利得は以下のように規定される。

　　（平均利潤－管理費・役員配当）／（支配的利子率＋危険プレミアム）
　　　－産業利潤／平均利潤率＝創業利得

擬制資本の流通形態は，図12-1のようになる（原図を修正）。

「株式（A）が発行され，したがって貨幣（G₂）と引換えに売られる。この貨

---

251) ヒルファディング『金融資本論』上，173-178頁。
252) 以下の説明は，同上書の178-186頁。

幣は二つの部分に分かれる。一つの部分（g_1）は創業利得をなし，創業者，たとえば発行銀行のものとなって，この循環の流通から脱落する。他の部分（G_1）は生産資本に転化されて，我々のすでに知っている産業資本の循環を描く。株式は売られている。株式そのものが再び流通すべきものとすれば，そのためには追加貨幣（G_3）が流通手段として必要である。この流通 A—G_3—A は，その場所を，特有の一市場，取引所に見出す。」[253]

株式資本[254]　株価は配当と利子率に左右された。株価に発行株数を掛けた相場価値（株式資本額）はどのように規定されるか。機能する資本額と株式資本額とは乖離する傾向があったが，相場（株式資本額）は発行部数によって左右される。また競争の結果，利回り（配当／株価）は平均利子率近くになり，それが相場を規定する。しかし，利子率や利潤率の均等化のようには配当は均等化しない。

名目的株式資本が大きくて，発行のさいの株価が額面以下となることがありうる（株式資本の水増し）。この水増しは創業利得とは無関係であるが，創業者はさまざまな金融技術的手段を駆使する。たとえば，優先株と普通株とが同時に発行され，普通株が水増し発行される場合には，普通株は大半が創業者が確保し，それを投機的に利用するときには創業利得以上の利得を創業者にもたらす。あるいは意図的に配当を低くして内部留保を増やし，累積した内部留保を突如配当して株価を吊り上げて，巨富を得たりする。

大株主の支配権[255]　所有株数に応じて議決権をもつから，全企業に対する支配力は過半数の株を所有することによって得られる。実際，証券市場での取引需要は，この支配力の獲得が最大の意義をもっている。支配力を握った大株主は，その自己資本が大きいことによって，他の株主たちの資本を支配するとともに，その企業の総資本力は貸付資本を引き寄せる引力となる。このようにして，大株主は二重の力を獲得する。株式会社の系列が成立していれば，親会社的企業が系列会社の株を所有することによって，異常に大きな他人資本を支配することが可能となる。そして，大株主たちは人的に結合して，共通の所有

---

253)　同上書，185頁。原文の G_2 を G_3 に修正した。
254)　以下の説明は，同上書，189–200頁。
255)　以下の説明は，同上書，200–204頁。

銀行と株式会社との関係[256]　株式会社ははじめは個別資本家の集合として形成されたが，個別資本が銀行に集合され集積されるようになると，貨幣市場への株発行は銀行が媒介するようになる。そもそも株式会社の本質は株（資本証券）の譲渡可能性と売買可能性にあるから，これが銀行に株式会社を支配することを可能とする。株式会社は，銀行借入を株・社債の発行によって返済できるならば，銀行には創業利得をもたらすし，銀行は個人企業よりも株式会社のほうが安全性が高いから，より大きな信用を供与する。銀行は信用の適切な使用を保証したり，有利な金融取引を安全にする必要があるから，株式会社を永続的に監督するようになる。その手段は役員派遣である。役員派遣は産業界においてもおこなわれ，少数の大株主による役員地位の累積が生じる。

社会的資本の動員[257]　株式会社は個人的人格から独立した法人組織であるが，知識のない無力な株主が命令し管理しているのではなく，内部では産業官僚が管理し，その頂点には役員配当や株式所有によって大資本家が支配している（寡頭政府）。さて株式会社の強みは，広範な社会層から少額の貨幣を総結集するところにある（資本動員）。こうした資本の合一という点では，銀行も同じ機能を果たしている。しかし銀行に集められた貨幣は，貨幣資本形態を保持しており，それは信用によって生産に用立てられる。株式会社にあっては，分散している貨幣資本が擬制資本形態で合一されており，大資本家の貨幣である場合が多く，小資本家の貨幣は銀行によって合一されることが多い。株式会社のこうした資本調達上の有利さに加えて，蓄積されている富の大きさから独立して，増資による蓄積上の有利さがある。それは，すでにマルクスが指摘したように，個人的所有から解き放たれて社会的資本を調達することである。したがって株式会社は，技術的・経済的妥当性にしたがって，新技術の採用，同系列産業の収容，特許の利用により，景気はより巧みに，より徹底的に，より迅速に利用されるようになる。

株式会社の優位性[258]　株式会社の資本調達と蓄積での有利さは，株式会社

---

256)　以下の説明は，同上書，205-209頁。
257)　以下の説明は，同上書，209-214頁。

に大量生産と新技術採用を容易にする。また信用調達でも優位に立つ。すなわち，株式会社は役員派遣によって容易に監督できるし，個人企業は通常は流動資本の借入しかできないが，固定資本用に貸し付ける場合には，銀行は事業に精通していなければならない。しかし，株式会社は増資によって，固定資本の借入を返済することができる。

「この二つの事情，より容易な監督と，信用を流動資本に局限することの欠如とは，株式会社に，はるかにより大きい信用利用の可能性と，したがって競争戦における一つ新たな優越性とを与える。」[259]

すなわち，新技術の採用という技術的優越があり，それはまた価格競争でも優越し，収益を高める。高められた収益は必ずしも配当に回されないで，準備金に回される。この準備金は株式会社に強い恐慌対応力をもたらすし，安定的配当政策を可能にして株価を上昇させる。生産価格以下で販売しても，この安定配当政策のもとでの利子（配当）を超えた収益が獲得できるだろう。配当よりも純益が低くなれば，配当は低められ株価は低下するが，新たな買い手が登場する。株式会社は損失をしながらも準備金を取り崩せば，存続できる。この不況のさなかに資本調達は容易であるから，株式会社は継続と整理に必要な金額を集めることができる。このように，株式会社は個人企業に比して恐慌抵抗力が強化されているといえる。

産業の集積・集中と所有の集積・集中[260]　株式会社は短期的利潤よりも長期的利潤を追求し，所有運動から産業的集積運動を分離するから，株式会社は経済的諸条件と諸要求を貫徹させる。しかし，産業的集積運動にはつねに，マルクスも洞察したように，資本の分離（分散）をともなう。しかし全体としては，集積は所有の集中より急速に進む。すなわち，

「かようにして株式会社制度の拡大とともに経済的発展は所有運動の個人的諸偶発事から解放され，この所有運動は，株式会社の運命にではなく，株式の運命に現れる。したがって，諸企業の集積は所有の集中よりも急速に行われうる。両運動はそれらの固有の諸法則をもつ。しかし集積傾向はそのいず

---

258)　以下の説明は，同上書，214–219頁。
259)　同上書，216頁。
260)　以下の説明は，同上書，219–221頁。

れにもある。所有運動にあっては集積傾向は，ただ，より偶然的に且つより少なく強制的に現れ，実際にもしばしば偶発事によって妨げられる。この外見が，往々にして，株式による所有の民主化を語らせるのである。産業的集積運動の所有運動からの分離が重要であるのは，これによって前者は，個人的所有による制限から独立に，ただ技術的経済的諸法則に従いさえすればよくなるからである。同時に所有集積でもあるのではないこの集積は，所有運動によって生じ且つ所有運動と同時に生ずる集積および集中からは区別されねばならない。」[261]

そして所有の集中は，多数株の所有者が少数株の所有者に対する無制限支配力を与える。

「生産資本に対する現実の処理権は，そのただ一部分を現実に拠出したにすぎない人々に帰属する。生産手段の所有者はもはや個々のものとしては存在せず，彼らは，各自がただその収益の可除部分に対する請求権をもつにすぎないような一会社を形成する。」[262]

かくして，少数の大株主による会社支配に向かっていく。

銀行の発行活動[263]　銀行は，その信用を利用して株式を引き受ける。いいかえれば，銀行は生産的資本家に資本を貸すのではなく，貨幣資本を産業資本および擬制資本に転化することを自らおこなうようになる。しかし一定の流通期間があるから，銀行はすぐには擬制資本を貨幣化できないから，増大する自己資本が必要となるし，法律的干渉（創立後一定期間は株取引を禁止する）があれば，創業活動が巨大銀行に集中するようになる。創業利得をめぐって，強大銀行と強大産業企業との間で分配闘争が生じる。また創業利得は増資にさいしても追求される。そして創業利得の上昇傾向が生じる。

「利子率の低下として印象されるものは，一部は，配当の利子化の進展の結果であるにすぎず，他方，創業利得にはますます全企業者利得が資本還元されて現れる。……，創業利得が上昇傾向をもつのは株式や社債の収益がますます単なる利子まで縮減されるからだ，ということを意味しているからであ

---

261)　同上書，220-221頁。
262)　同上書，221頁。
263)　以下の説明は，同上書，222-225頁。

る。」[264]

　発行銀行は利子を受け取るのではなく，創業利得をいっきょに獲得することになる。

12.3　法人資本主義論（現代の所有と支配）

　現代の株式会社は誰が所有し，誰が決定し，誰が支配しているのか。また誰が資本の価値増殖運動を担っているのだろうか。こうした経済学上の理論的に重要な課題を考察しておこう。

12.3.1　マルクスとヒルファディング

　すでに第1節（12.1）で考察したように，マルクスは，株式会社においては資本所有と資本機能が分離し，かつ株式所有において資本主義の枠内での社会的所有化が極限にまで進展した，と認識していた。所有と機能の関係についていえば，機能資本家は資本家の代理人ないし使用人としての監督業務になり，企業者利得は監督賃金化するものと認識されていたといえよう。マルクスにおいては，所有が株式会社の支配権を握ると認識されていた。

　ヒルファディングは，マルクスの基本認識を踏まえながら，マルクス経済学ではじめて体系的に株式会社論を展開したといえる。所有と機能に関しては，ヒルファディングもマルクスと同様に，機能は株主の代理人・使用人であり，所有が株式会社の支配権を握っていると認識した。しかしヒルファディングは，資本が産業資本と擬制資本に二重化し，証券市場（取引所）の発展とともに擬制資本が独自の運動をすることを重視した。擬制資本の所有者としての株主は，単なる収益請求者であり，配当（利子）の取得者である。実際に株式会社を支配するものは，大株主であり銀行でもあった。機能資本が獲得していた企業者利得は，創業利得として，大株主でもある創業者に帰することになる。ヒルファディングにおいても，所有が株式会社支配の究極的根拠であり，証券市場における株取引も最終的には株式所有による支配を目的としてなされる，といっ

---

[264]　同上書，224頁．

ている。そして，株式会社の形成とその所有の集積・集中は，産業の集積・集中運動を促進するものとしてとらえられていた。

12.3.2　バーリー＝ミーンズの経営者革命論

マルクスもヒルファディングも，株式会社の経営者はあくまでも資本機能を担う雇用重役であり，会社の支配権をもった存在としては考えていなかった。経営者が株式会社の実質的な支配者となったとはじめて主張したのは，1930年代のバーリーとミーンズである（経営者革命論）。バーリー＝ミーンズは，経営単位の拡大にともなって株式所有は分散化し，少数株主が輩出するが，それは少数の大株主の支配を可能とする。ここまではヒルファディングも同じ認識であった。バーリー＝ミーンズはさらに進めて，やがては，株をほとんど所有していない経営者が株式会社を実質的に支配すると主張した。この「経営者革命論」の帰結は，経営者が資本所有から完全に独立し，彼らが政府と協力して，労使が協調する「集散的資本主義」に向かうことになる[265]。この「経営者革命論」を，戦後の日本における企業集団の分析によって実証的に批判したのが，宮崎義一である。

12.3.3　会社による所有と支配の統一

宮崎義一は，経営者が資本所有から自立化する条件として，株式の無限的な分散化が必要であるが，株の相互持合いを検証してそれは幻想にすぎないと批判した。さらに，経営者が忠誠を誓うべき株式会社の株は，融資関係によって単一ないし複数の大口株主（会社株主）によって支配的に所有されており，この会社自身が株式の相互持合いによってほかの会社を支配している。したがって，経営者の資本所有からの自立化論（「経営者革命論」）は幻想であると批判する[266]。戦後の所有と支配の特徴は，「会社による所有と支配の統一」にある

---

[265]　アドルフ・バーリー＝ガーディナー・ミーンズ著，北島忠男訳『近代株式会社と私有財産』（文雅堂書店，1958年）105–118頁，および「日本語版への序文」，参照。

[266]　宮崎義一『戦後日本の企業集団』（日本経済新聞社，1976年）292–297頁。宮崎が実証した企業集団と結合関係については，拙著『戦後の日本資本主義』第1章第4節で紹介してある。

として,つぎのように総括している。

「戦後日本の現実は,すでに見たごとく会社による会社支配が支配的であり,いわば『資本の法人化』が進展し,それとならんで『法人の人格化』(会社の前進のために献身する『会社人』としての経営者によるビジネス・リーダーシップ)が確立しつつあるといってよいだろう。この動きを多少シェーマティックに表現すると,個人による所有と支配の統一から個人所有の分散と『経営者支配』を経て,『会社による所有と支配の統一』の方向に進んでいるということができよう。」[267]

そして,会社は不滅の生命を保持するのに対して,経営者はある種の「通過集団」にすぎない。この研究は,その後法人資本主義論へと展開されていった[268]。

研究を深めるために
マルクス『資本論』第3巻第27章
ヒルファディング『金融資本論』第7章
アドルフ・バーリー＝ガーディナー・ミーンズ著,北島忠雄訳『近代株式会社と私有財産』
　(文雅堂書店,1958年)
奥村宏『法人資本主義』(御茶の水書房,1984年)
北原勇『現代資本主義における所有と決定』(岩波書店,1984年)
宮崎義一『戦後日本の企業集団』(日本経済新聞社,1976年)

---

267) 同上書,297頁。
268) たとえば,奥村宏『法人資本主義』(御茶の水書房,1984年),北原勇『現代資本主義における所有と決定』(岩波書店,1984年)。三者の見解の差異については,北原氏の書物の250-252頁,268-272頁,438-441頁,参照。

第13章　擬制資本

　株式会社が成立するためには，証券市場（取引所）が発展していなければならなかった。株式は配当（利子）を受け取る擬制資本となるが，まず，利子生み資本一般を考察しておこう。マルクスは『資本論』第3巻第21章「利子生み資本」において，利子生み資本の定義，その独自な流通と貸付，利子の説明をしている。

　ヒルファディングはマルクスの利子生み資本分析を踏まえながら，株式会社と証券市場の発展によって飛躍的に重要となった擬制資本の運動を分析し，証券市場への銀行の介入によって投機の一大世界が出現することを解明している。21世紀初頭の現代においても，「グローバル資本主義」とインターネットの開発によって，ヒルファディングが20世紀初頭に目撃した世界はグローバルな投機活動として資本物神の極致にまで進展していることを確認しておこう。

　そしてマルクスやヒルファディングの分析を踏まえながら，世界的な投機活動の背後で進展している現代資本主義の腐朽性と転倒性とを歴史的に把握する必要がある。

13.1　利子生み資本（マルクス）

　利子生み資本[269]　一般的利潤率が成立すれば，資本には平均利潤を獲得する能力なり資格が備わり，こうした機能をするという追加的使用価値を資本はもつようになる。この追加的使用価値が商品化して，売買の対象となり，資本としての商品が取引されるようになる。貨幣所有者は自らは資本を機能させず，貨幣資本を機能させることを機能資本家に委託する。機能資本家は産業資本であれ商業資本であれ，委託された貨幣資本を生産過程・流通過程に現実に投下して，平均利潤を獲得する。その利潤の一部が，貨幣資本家に利子として支払

---

[269]　以下の説明は，マルクス『資本論』第3巻第21章，第10分冊，571-574頁。

われる。貨幣所有が貨幣資本家に利子をもたらすのであり，貨幣資本は貨幣資本家のもとに，利子部分だけ増殖して還流してくる。こうした貨幣資本のことをマルクスは，利子生み資本と規定した。

貸付と返済[270]　利子生み資本の運動は G—G—W—G′—G′，となる。商業資本の運動 G—W—G′ においては，商品が位置転換（持手変換）し，単純商品流通 W—G—W においては位置転換と商品の姿態変換が生じる。ところが利子生み資本の運動においては最初の位置転換は貨幣の移転にすぎず，商品の位置転換をともなう支出は機能資本のもとでなされる。したがって貨幣は，貨幣資本家から機能資本家に最初に支出され，つぎに機能資本家が資本として支出する。また，支出された貨幣は，機能資本家にまず還流し，最後に貨幣資本家に還流する。このように貨幣は二重に支出され，資本も二重に還流することになる。すでに明らかなように，貸付形態は，資本としての貨幣が商品となることに由来した。資本循環においては，流通形態そのものは単純商品流通であり，商品資本は商品としてのみ機能し，貨幣資本も貨幣としてのみ機能した。資本そのものとしての機能は，生産過程すなわち労働力の搾取過程においてにほかならない。ところが利子生み資本は貸し出されるのであり，それが出発点に復帰し，実現された資本として復帰するのである。貸し出された貨幣資本が流動資本に投下されれば，流動資本の還流様式で貸し手に還流し，固定資本に投下されれば利子と摩損部分が還流する。このように，生産資本の還流は再生産する資本の現実的循環運動によって規定されるが，貸付資本の還流は返済の形態をとるのがその特徴である。

利子生み資本の物神性—プルードン批判[271]　利子生み資本の資本としての性格は，利子をもたらすものとしての自分自身に対する関係にある。ところがプルードンは，産業資本の運動と利子生み資本の運動を区別していない。すなわち，産業資本は同一価値を保持するが，利子生み資本では貨幣は手放されても対価（等価）を受け取らないし，剰余価値が生産されるから利子が支払われるのである。プルードンは剰余価値生産の秘密に無知であり，資本の本性をほ

---

270)　以下の説明は，同上書，574-582頁。
271)　以下の説明は，同上書，584-592頁。

とんど理解していないから，帽子の価値に利子が追加されるなどという。プルードンにとっての謎は，

> 「利子生み資本に特有な運動において，プルードンにとって依然として説明のつかない点はなんであろうか？ 購買，価格，対象の譲渡という諸カテゴリーと，ここで剰余価値が現象する無媒介的形態とである。要するに，ここでは資本が資本として商品になっており，それゆえ，販売が貸付に転化し，価格が利潤の分け前に転化しているという現象である。」[272]

貸付と返済そのものは法律的取引である。貨幣資本の譲渡は，一定期間後に還流する（返済される）という条件のもとに一時的に譲渡されるのであって，利子生み資本が還流するのは，機能資本が還流するからである。機能資本が剰余価値を生産しているから，貸付が利子付で還流してくる。しかし貨幣資本の最初の出発と最後の復帰のみに囚われると，現実の資本循環が消え失せてしまい，貨幣が果実をもたらすようにみえる。時間の経過とともに果実をもたらすものが資本であるとする，没概念的規定が登場してくる。

利子[273]　貸し付けられた貨幣資本は利子付で返済されるが，この利子の本質はなにか。貨幣資本家は産業資本家になにを譲渡するのか。普通の販売においては使用価値が譲渡される。利子生み資本では，平均利潤を生みだすという能力が譲渡されているのである。その使用価値は，価値を生み増加する能力として現象する。したがって利子生み資本は，価値増殖するという使用価値の消費によって，その価値および使用価値が維持され，増加することになる。

貸し付けられた貨幣資本が資本として実現するためには，利子が発生しなければならないが，根底においては，利潤が発生し，それが分割されていなければならない。貸付は売買ではなく貸借であり，利子を貨幣資本の価格と呼ぶのは矛盾している。資本の価格として利子を概念づける考えがあるが，それは不合理であり，馬鹿げた矛盾である。利子は貨幣資本の増殖を表現するものである。貸し付けられる貨幣資本は，現実に機能させられる前には，潜勢的資本としての貨幣資本であり，他人労働取得の名義および手段としての潜勢的資本で

---

272)　同上書，587-588頁。
273)　以下の説明は，同上書，592-604頁。

ある。

　貸付資本の価値増殖の表現としての利子率を規定するのは，競争である。すなわち，

　　「資本が商品として現われるのは，利子と本来の利潤とへの利潤の分割が，諸商品の市場価格とまったく同様に，需要供給によって，したがって競争によって規制される限りにおいてである。……しかし，貨幣資本の利子については事情が異なる。この場合には，競争が法則からの諸背離を規定するのではなく，競争によって命令される法則のほかは，ここには分割の法則はなんら実存しない。」[274]

　この競争の世界では，一定期間につき貸し手に一定の利子が支払われるというように，まったく外面的に現象する。そして，利子は時間によって決定されるとする見解が登場してくるが，機能資本の回転時間が利潤を規定するから，利子も時間に規定される関係にある。まさに利子生み資本においては，本質から切り離され転倒した現象だけが現れてくるのである。

13.2　擬制資本と投機

　以上のマルクスの利子生み資本の一般的分析を踏襲しながら，ヒルファディングは株式会社普及の前提となる証券市場（取引所）論を展開した。利子生み資本はいろいろな種類があるので具体的形態を分析するが，証券取引所で取引されるものは，主として擬制資本としての株式資本である。

　利子生み資本としての有価証券[275]　取引所は証券市場であるが，証券とはある貨幣額を代表する有価証券である。それは大きくは二群に分かれる。

　　「第一の群は，債務証書以外の何物をも表示しない貨幣指図証，すなわち，その発行の基礎たる貨幣額を表示する信用証券で，その主要な代表物は手形である。第二の群は，貨幣額を代表するのではなくてその収益を代表する証券によってあらわされる。この証券はさらに二つの小部類に分かれる。確定

---

[274]　同上書，602-603頁。
[275]　以下の説明は，ヒルファディング『金融資本論』上，226-228頁。

利子付証券—国債および社債—と，配当証券すなわち株とに。」[276]

信用証券の場合は，貨幣が還流してくる（支払われる）ことが更新の条件となる。ところが収益指図証においては貨幣は決定的に手放され，収益によってはじめて貨幣額として計算される。確定利子付証券の価格は，利子率に規制され比較的わずかしか変動しないが，株式の価格は利子率と収益に規制され，価格変動が激しく投機の対象となる。

投機[277]　取引所特有な活動は投機にある。投機はなんらかの利子請求権の売買であり，投機証券はたえず流通している。投機利得とは利子請求権（第二群の有価証券）の評価差（売り値と買い値の差額）としての差額利得であり，一人の得は他人の損となる。したがって投機者の関心は価格変動の予想であり，相反する諸評価がなされて，そのうちの一つだけが正しいものと判明することによって投機利得は発生する。利子率は予想が確実であるから，投機の方向を指示しかつその強度を規定するものは利潤の予想である。したがって，内情を知るものが有利になる。投機にとって肝要なのは価格変動であり，その原因などには関心がなく，むしろ需給関係を操作するところに本質がある。すなわち，

「投機の本質には，その絶えず変化する気分と期待—その不確実性から必然的に生ずる変化—をもって，絶えず変化する需要供給関係を自ら作り出すということがあるのであって，この変化する需給関係がまた価格を変動させるように作用する。」[278]

投機には不確実性がつきものであるから，大投機者（玄人）が投機の方向に影響を与え，それに追随する小投機者（素人）を「道連れ」にする可能性が生じる。投機は非生産的で賭博であるが，資本主義では必然的である。

「資本主義的生産は，その無政府のゆえに，生産手段の所有者とその使用者との敵対のゆえに，その分配の仕方においてはじめから巨額の支出と出費とを含んでいるのであって，これらの支出や出費は，なんら富の増大を意味せず，組織された社会ではなくなるものであり，この意味において非生産的なのである。資本主義社会におけるそれらの必然性は，それらの生産性を立証

---

276) 同上書，226頁。
277) 以下の説明は，同上書，233-242頁。
278) 同上書，238-239頁。

するのではなく，ただこの社会の組織を反証するにすぎない」のである[279]。

定期取引（先物取引）[280]　こうした投機は，現物取引よりも定期取引によって担われるようになる。

「定期取引は，すべての取引の履行を同じ時点に移す。これらの取引は何よりもまず投機によってなされるのであるから，諸売買が相対し合っていて，それらの大部分は相殺される。」[281]

そのために投機に必要な資本が減少するので，定期市場は現物市場に比して拡張するし，投機の恒常的な継続性が生まれる。また定期取引は発行業務を促進する。

「定期取引は，支払期限の来てない資本をあらかじめ確定している相場で前もって投下したり，後に必要となる資本を有利な事情のもとで前もって調達しておいたりする可能性を与える。さらに，すでに述べたように，定期取引は，信用供与および取引締約一般の簡易さによって，市場の拡張を可能にする。定期取引は，現物市場よりも受容能力が大きい。したがって，それは発行業務を容易にする。発行引受商社は，その手持証券を，漸次に，相場下落を起こさずに，売却しうるからである。裁定取引，あい異なる取引所所在地における相場差の平均化，という機能にとっても，定期取引は適当な形態である。」[282]

しかし証券が投資用証券として長く市場から引き揚げられていれば，投機には不適当であるから，投機にはある程度の現物が提供されていることが必要である。したがって，少数の資本家に買い占められ，「独占価格」を押しつけられると，投機はできなくなる。

「資本利子理論」なるものの虚偽性[283]　すでにみたように，マルクスは利子生み資本の没概念性と，その物神性を明らかにしていた。マルクス体系に価値（剰余価値）と生産価格（利潤）に矛盾があると批判したベーム－バヴェルク

---

[279]　同上書，241-242頁。
[280]　以下の説明は，同上書，253-257頁。
[281]　同上書，253頁。
[282]　同上書，255-256頁。
[283]　以下の説明は，同上書，263-264頁。

の「資本利子論」こそ，擬制資本の外見のみに囚われた俗説であると，ヒルファディングは鋭く批判する。

擬制資本の世界では，所有は，使用価値から解放されて独立して運動する。すなわち，

「取引所では，資本主義的所有は，その純粋な形態において，収益請求権として現れ，この収益請求権に，搾取関係が，剰余労働の取得が，無概念的に転化されている。所有は，何らかの特定の生産関係を表現することをやめて，一つの収益指図証となり，この指図証は，何らかの活動からは全く独立に現れる。所有は，生産に対する，使用価値に対する一切の関係から解放されている。各々の所有の価値は，収益の価値によって規定されて現れる。一つの純粋に量的な関係である。数は一切であり，物は無である。数だけが現実なるものである。そして，現実なるものは数ではないのだから，関連はピタゴラス派の信念よりも神秘的である。一切の所有は資本であり，そして非所有，債務も，一切の国債が示すように，やはり資本である。そして一切の資本は平等であって，印刷された紙幣に体化され，これらの紙片が取引所で上下する。現実の価値形成は，所有者たちの領域からは全く引き離されたまま全く不可解な仕方で彼らの所有を規定するところの一事象である。」[284]

そして，ベーム－バヴェルクの資本利子理論が飛び出してくる。

「所有の大きさは，労働とは何の関係もないように見える。すでに利潤率において，労働と資本収益との直接的関連は隠蔽されているとすれば，利子率においては完全にそうである。擬制資本の形態を伴う利子付資本への，一切の資本の外見的転化は，関連の一切の認識を完全に抹消する。絶えず変動する，そして実際に生産における直接的諸事象からは独立に変動しうる利子を，労働と関連させることは，ばかげて見える。利子は，資本所有そのものの帰結として，天与の生産性をもつ資本の果実として，現れる。利子は変動的であり，不定であり，そして利子とともに『所有の価値』が変動する。それは，一つの狂った範疇である。この価値は，未来のように不可解に，不定に見える。単なる時間の経過が利子を産むように見える。そしてベーム・バヴェル

---

284) 同上書，263-264頁。

クはこの外見から彼の資本利子の理論を作り上げる。」[285]

13.3 取引所と銀行

取引所機能の純化[286]　取引所では信用証券（債務証書・手形）が取引される。銀行の場合は少額の貨幣が寄せ集められるが，取引所では貨幣が量的に集積されており，質的には信用貨幣流通の維持のために必要な貨幣が用立てられる。そして取引所は，大銀行と大資本家との貨幣取引市場となる。

取引所は信用貨幣の売買を媒介しているから，信用証券の購買に投下された貨幣は満期になれば出発点に復帰してくる。収益（利子）請求の場合は，投下された貨幣は生産資本に転化され，貨幣は市場から引き揚げられる。前者の手形取引において取引所は銀行と競争しているが，銀行が発展し取引所の媒介なしに手形に投資したり，手形を銀行券で割り引くようになると，取引所での手形取引は制限されてくる。中央銀行に銀行券の発券が独占されるようになると，ますます取引所は不利になり，信用貨幣取引の領域では為替相場投機に専門化する。そして本来の取引所活動の領域は，利子請求権または擬制資本の市場に純化し，投機が特有の取引所活動となる。

取引所の諸機能[287]　取引所は，経済的発展の進行中に変化する。手形の取引から出発し，国債の市場となり，産業資本の擬制資本への転化を実現する。前節で考察した投機活動も，取引所によって可能となる。取引所の本質的機能は，貨幣資本投下の市場をつくりだすことにあり，収益の利子率による資本還元によって個別資本は同等化される。まさに取引所の機能は，資本の動員を可能とすることにある。

> 「かように資本主義の内的合法則性が，すなわち，社会に存在する一切の価値を資本として資本家階級に役立たせ且つ各資本部分について同等な収益を受け取るという資本主義の要求が，資本の動員を，したがってまた単なる利子付資本としての資本の評価を強いるとすれば，取引所は，移転のための場

---

285) 同上書，264頁。
286) 以下の説明は，同上書，228-232頁。
287) 以下の説明は，同上書，242-250頁。

所とその機構とを作り出すことによって，この動員を可能にするという機能を果たすものである。」[288]

資本の動員は，資本主義的所有をますます収益指図証に転化し，資本主義的生産過程を資本主義的所有の運動から独立させる。そして取引所は，所有移転・所有名義の流通のための市場となる。生産過程外部におけるこの資本主義的所有は大きな貨幣権力となり，大資本家は「消息通」であり，恐慌期に買って回復後に売って大儲けをする。

産業や商業と同じく，取引所でも集積・集中が進展する。この取引所の慣習は，最大範囲の信用利用，危険の制限，取引の最大の迅速化を可能とすることを意図している。投機業者が大きくなればその数倍の信用が利用されるし，取引所における信用供与は信用貨幣で与えられ，支払い相殺され，また，取引所証券担保貸付がおこなわれ，信用が最大限に利用される。投機活動は迅速性が要求されるから，取引所取引も迅速でなければならず，取引契約は一種の無形式でおこなわれる。定期取引においては取引の履行は同一時点であるから，売買が相対しあっていて大部分が相殺される。その差額の決済は信用貨幣（銀行券）か銀行帳簿（預金通貨）の転記によってなされる。また，投機取引においては，相殺されないかぎりにおいて証券が実在すればよい。

銀行と証券市場[289]　証券取引所は産業資本のために資本を動員するが，銀行は，信用供与を通じて，取引所と関係を深める。すでにみたように，投機取引にはつねに信用取引が結合されている。また証券担保によって信用授与力が増大する。しかし銀行が信用を制限すれば相場は崩落し，小投機業者は収奪されることも起こる。このようにして銀行は，信用の供与と拒絶によって，投機に影響を与える。投機目的の証券を一時銀行などの貨幣資本家に売る繰延取引がおこなわれるようになれば，銀行は，株式会社への支配的影響力を得るようになる。さらに銀行自身が自己取引に乗りだし，取引所を媒介せずに銀行が証券市場化する。銀行業でも集中が進めば，取引所への影響がいっそう増大するし，産業との結合によって，銀行は投機にも大なる影響を与える。かくして，

---

288)　同上書，245頁。
289)　以下の説明は，同上書，257-262頁。

大銀行の発展によって取引所の意義が減退する[290]。

　以上の，ヒルファディングの証券市場（取引所）での擬制資本の投機的取引の分析は，現代のマネー取引の飛躍的拡大と，それが実体経済に甚大な影響を与えている世界（カジノ資本主義）の理解のために，不可欠である。ヒルファディングの「取引所の衰退」予想とは反対に，世界的な投機的金融取引が実体経済を動かすまでになった（犬の尾っぽが頭を動かす）。もちろん，20世紀初頭と21世紀初頭は同じ世界ではない。金本位制は放棄され，外国為替（貨幣）までが投機の対象となっている。さらに，グローバル化した資本主義のもとで，インターネットによって瞬時に1日24時間にわたって，金融取引がおこなわれているのが21世紀の現実である。まさに資本主義は物神性の極地にまで進み，その腐朽性を強めているといわざるをえない。

研究を深めるために

マルクス『資本論』第3巻第21章
ヒルファディング『金融資本論』第8章
『資本論体系』6（浜野俊一郎・深町郁彌編「利子・信用」有斐閣，1985年）
川合一郎『株式価格形成の理論』（著作集第3巻，有斐閣，1981年）

---

[290]　ニューヨーク取引所はヨーロッパの取引所よりも，所有移転上の大きな意義をもっている。

第14章 土地所有と地代

　今日，農業問題と環境問題は人類存続の根本問題となり，解決を迫られている焦眉の課題である。8億人以上の人々が栄養不足の状態におかれているのに，食糧の供給は多国籍企業（アグリビジネス）が支配し，各国は資源戦争とともに食糧戦争をしている。合理的農業のあり方を真剣につくりださなければならない。環境問題はいまやグローバル次元で解決を迫られている。自然と共生しながら生命と健康を維持し発展させることができる経済社会システムへの転換をはからなければならない。こうした農業問題・環境問題は資本主義そのものが生みだしている側面を重視し，本章では問題解決のための基礎的な経済理論を提示しておきたい。

14.1　土地所有

　土地という自然は本源的生産要素であり，資本制生産様式を確立した資本といえども任意につくりだすことはできない。しかも，私的所有制が土地においても支配している（土地所有者階級の存在）。資本は借地契約によって土地を土地所有者階級から借り，経済法則（価値法則・生産価格法則）にのっとり，土地を包摂する。すなわち，さまざまな地代を借地料として土地所有者に支払って，平均利潤を獲得するようになる。

　しかし，農業問題や環境問題の根源には，本源的生産要素である土地（自然）と人間との物質代謝過程がある。まずこの根源的活動について考察しておこう。

14.1.1　物質代謝過程と農業・環境問題

　農業　農業は，人間の生命と健康に直接関係する食を供給する本源的な生産分野である。ところが私的所有のもとでは，合理的農業（土地の正常な社会的利用）が妨げられている。マルクスは告発する。

　「土地―共同的・永遠的所有としての，交替する人間諸世代の連鎖の譲るこ

とのできない生存条件および再生産条件としての土地—の自覚的・合理的な取扱いの代わりに，地力の搾取と浪費が現われる。……／小土地所有が前提するのは，人口のはるかに圧倒的な多数が農村人口であり，社会的労働ではなく孤立した労働が優勢であること，それゆえ富も再生産の発展も，再生産の物質的ならびに精神的諸条件の発展も，それゆえ合理的な耕作の諸条件も，こうした事情のもとでは排除されているということである。他方では，大土地所有は農業人口をますます減少していく最低限度まで縮小させ，これに，諸大都市に密集するますます増大する工業人口を対置する。こうして大土地所有は，土地の自然諸法則によって命ぜられた社会的物質代謝および自然的物質代謝の連関のうちに（……）取り返しのつかない亀裂を生じさせる諸条件を生み出すのであり，その結果，地力が浪費され，この浪費は商業を通して自国の国境を越えて遠くまで広められるのである。」[291]

マルクスの農業論を物質代謝の視点から整理した小松善雄氏は，農業の本質を以下のように規定している。

「そこで如上の理論的追跡を物質代謝論の見地から捉え返して整理しておくならば，農業は，それ自体人間と自然とのあいだの物質代謝の一領域，それももっとも根源的な領域であって，そこでの「農」＝農業生産の一般的本質・歴史貫通的本質は土地と種子との生化学的物質代謝という特別な，独自な種類（……）の物質代謝を制御する生産様式であるということになる。それゆえにまた，その生化学的な物質代謝の作用様式は，概して農業に由来するのではないが農業の一能力に入り込む人間と自然とのあいだの物質代謝の発展段階＝『労働の生産力の状態』に規定される『農業における与えられた化学的発展状態および力学的発展状態』……によって決定的な影響をこうむるととらえることができよう。」[292]

こうした農業の本質規定や合理的農業規定は，私的所有や資本主義的経営によって妨げられていることを確認しておこう。

---

291) 『資本論』第3巻第48章，第13分冊，1420-1421頁。ただし訳文は，MEGAを考証した小松善雄氏のものを使用した。
292) 小松善雄「物質代謝論の社会経済システム論的射程（下）」（『立教経済学研究』第55巻第1号，2001年7月）155頁。

環境問題　農業は本源的生産活動であり,「人間と自然との物質代謝過程」の最深の基礎である。小松善雄氏は,マルクスの社会主義論において,「人間と自然との物質代謝」は一つの中心的な位置を占めているという。

「さて『資本論』第3部（『1864-65年草稿』）の『三位一体範式』における未来社会論＝社会主義論と第1部（1867年刊行）の『大工業と農業』の未来社会論─社会主義論をみてくると,前者における『人間と自然との間の物質代謝を合理的に規制し,社会化された人間・結合した生産者たちの共同的統制のもとにおく』という課題を果たすにあたって,マルクスはまずは『人間と土地とのあいだの物質代謝の体系的再建』に基軸をおいていたということができる。」[293]

公害問題は入口であり環境問題は出口であるといわれるが,ここでは,農業にも当然関係しているさまざまな物質代謝過程をみておこう。吉田文和氏は,マルクスの物質代謝（Stoffwechsel）概念を,A 商品の交換（使用価値の転換）としての Stoffwechsel（質料転換）, B 化学変化としての Stoffwechsel（物質変換）, C 人間と自然のあいだの物資代謝としての Stoffwechsel, の三つに分類している[294]。質料転換としての Stoffwechsel は「社会的物質代謝」とも呼ばれ,物質変換としての Stoffwechsel は「自然の物質代謝」とも呼ばれる。小松氏は,

「……,マルクスにあっては,物質代謝とは,無機物質,有機物質を問わず,およそ物質における支出と収入,消滅と補塡との関係が均衡を保持し持続的な再生産が可能にされている事象とみなされていたと考えられる。」[295]

そして,三つの物質代謝概念を総体的に捉える視点として,社会的総再生産視点を提唱している[296]。

農業問題そして環境問題の解決のためには,本来的な合理的な農業や物質代謝過程を基準として設定することが必要なことを確認しておこう。

---

293)　同上論文（上）（『立教経済学研究』第54巻第3号, 2001年1月）81頁。
294)　吉田文和『環境と技術の経済学』（青木書店, 1980年）。
295)　小松, 前掲論文（中）（『立教経済学研究』第54巻第4号, 2001年3月）165頁。
296)　同上論文, 180頁。

14.1.2 封建制地代から資本制地代へ

　私的所有が，合理的な農業の発展を妨げていることがわかった。近代的土地所有が成立するとともに，多様な所有形態が存在してきた。『資本論』の世界では，土地所有者階級は近代社会の三大階級を構成しているが，現代では土地を企業や自治体や国家も所有するようになっており，純然たる土地所有者階級が存在すると想定することは困難である。まず，資本制地代の発生史をたどってみよう。その後の土地所有形態の歴史的変化については，第3項で考察しよう。マルクスは，『資本論』第3巻第47章「資本制地代の創世期」において，封建制地代から資本制地代への転形を論じているので，その概要を紹介しよう。

　経済学者の地代論　マルクスの地代論は次節以降で説明するように，平均利潤法則が成立していることを前提にしている。近代経済学の地代論は，その説明が行きつ戻りつしている。労働価値説の元祖たるペティ，そしてカンティヨンは，地代を剰余価値一般の正常的形態とみた。すなわち，

> 「そこでは，第一に，農業人口がまだ国民のはるかに圧倒的な部分をなし，また第二に，土地所有者が土地所有の独占を媒介として，直接生産者たちの超過労働を直接に取得する人物として現われ，したがって土地所有もまだ生産の主要な条件として現われるという状態が，それである。」[297]

　重農主義はこの流れを引き継ぎ，サープラスこそが社会全体の基礎であることを明らかにした。スミスの世界は中途半端であり，自然経済と資本制農業との形式的類似性に囚われていた。すなわち，

> 「アダム・スミスは，彼の時代に（……），土地所有者が同時に資本家でもある――……――ので，地代と利潤とがまだ分離していないことを強調している。しかし，この分離こそは，まさに資本主義的生産様式の前提であり，さらに，奴隷制という基盤も，資本主義的生産様式の概念とは，およそ矛盾する。」[298]

と，マルクスは論評する。俗流経済学になると，価値・生産価格法則に未知であるから，自然条件によって説明しようとするし，H・パッシーは現物地代を復位させ，分量から生産価格を控除するという馬鹿げたことによって地代を説

---

297)　マルクス『資本論』第3巻第47章，第13分冊，1366頁。
298)　同上書，1372頁。

明している，と批判する。

労働地代　第2〜4節にかけて，封建地代が考察される。直接農奴（直接的生産者）が領主（生産諸条件の所有者）の領地で働く賦役労働においては，地代は剰余労働であり剰余価値であることが，直接認識できる。そこでは，所有と生産との関係が，政治的な主権や国家形態の最奥の基礎であることが，自明なこととしてわかる。すなわち，

> 「生産諸条件の所有者たちの，直接生産者たちにたいする直接的関係——……——こそは，そのつど，われわれがそのうちに全社会構造の，それゆえまた，主権・従属諸関係の政治的形態の，要するに，その時々の独自な国家形態の，最奥の秘密，隠された基礎を見いだすところのものである。」[299]

しかし労働地代の時代にも，賦役労働が一定であれば，農奴が富裕化する可能性があることをマルクスは指摘している。発展が停滞している封建制の時代でも，たえざる再生産は規律と秩序をつくりだし，それらは習慣法や伝統となり，やがては明文化される。

> 「現存状態の基盤—現存状態の基礎にある関係—の恒常的な再生産が，時の経過につれて，規律ある秩序づけられた形態をとるやいなや，こうしたことは，ひとりでに生じる。そして，この規律および秩序は，それ自身，どの生産様式もの—の不可欠の契機なのである。……この再生産がしばらく続いた場合には，それは習慣および伝統として固定し，ついには明文の法律として神聖化される。」[300]

生産物地代　生産物地代は労働地代よりも労働の高い発展を前提するが，労働地代の生産物地代への転形は，地代の本質を変化させない。生産物地代は，やはり自然的経済に立脚し，農＝工業的家族労働が特徴的である。

貨幣地代　貨幣経済が農業にも浸透してくると，封建的土地所有者は貨幣での地代を要求するようになる。貨幣が必要となるから，封建制の特徴的な全生産様式の社会的関連からの独立性・離脱性がなくなってくる。貨幣地代への転形も，やはり労働の社会的生産力の一定の発展を前提にするが，貨幣地代は封

---

299)　同上書，1381-1382頁。
300)　同上書，1385-1386頁。

建地代の最終形態でありかつ解消形態である。貨幣地代になると，農民自身が土地所有者になったり，または貨幣地代が近代的地代へ発展していく。すなわち，農民自身が借地農業者となり，やがて日雇労働者を雇用する資本制借地農業者となり，農村に日雇労働者が形成される。

工業・商業も資本主義化して発展していれば，都市の資本が農村に入り込み借地農業の資本になる。いまや資本制地代に転形している。封建制にあっては農村労働を支配していたのは土地所有者であったが，いまや，資本が農村労働を包摂する。

「土地所有者と現実に労働する耕作農民とのあいだへの資本主義的借地農場経営者の介入とともに，旧来の農村の生産様式から発生したすべての関係は引き裂かれた。……地代は，剰余価値および剰余労働の正常な形態から，この剰余労働のうち，搾取する資本家によって利潤の形態で取得される部分を超える超過分になり下がる。……いまでは農業労働さえも，自己および自己の生産性に直接に包摂したのは，もはや土地ではなく，資本である。」[301]

資本が土地を包摂することによって，地代を資本還元した土地価格が成立し，独立農民が土地所有者となることを促し，さらに都市の貨幣所有者が農村の土地を購入し，それを賃貸しする土地所有者（不在地主）に転化することも起ってくる。

私的所有による合理的農業の阻害　分益経営と農民的分割地所有は，本源的地代から資本制的地代への過渡形態である。ポーランドやルーマニアの自立的農民経営における自立的所有地と共有地は，国家の役人や私人によって横奪された。奴隷経営（プランテーション農業）や領地直営においては，土地所有と生産手段所有は一致している。分割地所有では土地が自由に所有されているから，地代にあたる剰余価値も農民が取得する。しかし，分割地所有における市場価格は価値または生産価格より低いから，剰余労働の一部は無償で社会に贈与（提供）されるようなものである。

しかし，分割地農民は独立農民層でもあるが，封建的土地所有の解体の一形態である自由農民の土地所有は，小経営のための正常な形態である。それが，

---

301)　同上書，1396-1397頁。

以下のような原因によって，必然的に崩壊していく。その諸原因とはつぎのものである。

　「大工業の発展による，この土地所有の正常な補足物となっている農村家内工業の壊滅。この耕作のもとにある土地の漸次的な疲弊と消耗。……共有地の，大土地所有者たちによる横奪。……大規模耕作なりの競争。農業における諸改良……／分割地所有は，その性質上，労働の社会的生産諸力の発展，労働の社会的諸形態，資本の社会的集中，大規模な牧畜，科学の累進的応用を排除する。」[302]

　高利や租税制度も，分割地所有を衰退させた。

　土地価格は，先取りされた地代の資本化である。土地の売買は，資本と土地との交換であり，農業経営への資本投下ではない。これは，奴隷を買う資本と奴隷を使役する資本が違うのと同じである。土地購入に投下される貨幣は利子生み資本であり，一種の「擬制資本」と「現実資本」への二重化が起こる。利子は商品の価格に入り込むが，地代したがって土地価格が土地生産物の価格に入り込むのは，絶対地代が発生する場合にかぎる。土地価格は利子率と地代によって規定された。しかし分割地所有の場合は，それが支配的であれば，農民には容易に信用が供与されなかったり，貸付可能な貨幣資本が微弱であったり，分割地経営者の土地需要が高いから，土地価格は騰貴する。こうした土地の商品化は資本制生産様式の発展の結果であるが，農民が商品として生産する条件が欠けていれば，土地価格の騰貴は農民に破滅的な影響を与える。

　しかし土地の私的所有は，合理的農業・土地の正常な社会的利用を妨げる。すなわち，小土地所有における土地価格は生産そのものの制限となるし，大所有における生産的投資の成果は結局は土地所有者の利益となるから，土地の搾取と浪費をもたらす。大工業と大農業が確立すれば，土地の疲弊と浪費はいっそう進展する。

　「大工業と工業的に経営される大農業〔大規模な機械化農業〕とが共同して作用する。大工業と大農業とがもともと区別されるのが，大工業はむしろ労働力，それゆえ人間の自然力を荒廃させ破滅させるが，大農業はむしろ直接に

---

302)　同上書，1410頁。

土地の自然力を荒廃させ破滅させることであるとすれば，その後の進展においては両者は握手する。というのは，農村でも工業制度は労働者たちを衰弱させ，工業と商業のほうは農業に土地を枯渇させる諸手段を与えるからである。」[303]

こうして土地私有に対する批判が必然的にでてくるが，その批判は私的所有に対する批判に帰着する。

14.1.3　土地所有形態

前項で考察したように，土地の私的所有は合理的農業の発展を阻害した。また，土地が商品化することによって，土地の私的所有が促進された。マルクスも，土地私有の批判は私的所有そのものへの批判に帰着すると述べたように，資本主義は土地の私的所有を廃棄できない。資本にとって土地私有を廃棄したほうが，社会全体の負担を軽減させ，したがって資本の価値増殖運動に有利であるが，それができない。資本に土地は包摂されるが，資本自身が商品生産の私的所有を基礎として，資本主義的取得法則を貫徹させているからである。土地私有を否定することは，私的所有とその法律的表現である私的所有権とを否定することであり，資本自らの存在基盤を崩壊させてしまうことになる。資本にとっては，重みである土地所有を廃棄したいができないのである。しかしその重みを少しでも軽くしようとして，さまざまな所有形態が発展してきた。

個人所有　土地所有の人格化としてマルクスは土地所有者を規定したように，個人が所有しているのが個人所有である。マルクスが近代社会の三大階級として土地所有者階級を想定したさいには，こうした個人所有を念頭においていたことは疑いない。日本の農業は戦後の農地改革によって，戦前の小作人が自作農となり，農地の個人所有が普遍化した。しかし，現代のグローバリゼーションの進展と農産物自由化の時流のなかにあって，周知のように，自作農経営が困難化し，農業の株式会社化やさまざまな協同組合的経営が模索されている。前者は農業の資本主義化であり，資本と土地とが合体した経営形態への移行である。それは，合理的農業と環境問題の解決とは逆の方向性である。後者は，

---

303)　同上書，1421-1422頁。

農業の社会主義化への萌芽の可能性を秘めているといえるが，可能性を現実性にするためには，私的所有一般したがって資本主義そのものの制限へと進まなければならない。

法人所有　資本主義は株式会社を発展させたことによって，法人所有が登場した。現代の日本では，産業・商業・銀行業で機能する独占的大企業自身が土地を所有しているのがほとんどであるし，林業などでは，巨大な独占会社が広大な森林を所有している（たとえば住友林業や大手の製紙会社）。さらに，大手の不動産会社や総合建設会社（ゼネコン）は，大都市の住宅地や商業地の大所有者になっている。こうした不動産・建設会社が，1980年代後半のバブルの直接の犯人であったことは疑いもない。しかしこうした法人所有は，土地から切り離された直接的生産者たちと対立しており，いぜんとして私的所有であることには変わりない。法人そのものが価値増殖という資本機能を担っているからである。

自治体所有　個人所有と国有との中間的形態として自治体所有がある。現代では地方の自治権が認められ，国家の福祉政策が実施されるから，それとの関連において自治体所有は個人所有や法人所有よりは社会性が強い。しかし同時に，その資本主義を補強しようとする性格は，基本的には貫徹している。すなわち，私的資本では負担できない大規模な産業基盤や生活基盤の整備・拡充のために，税金が支出されているのである。こうした大規模な公共投資（社会資本投資）は，国家独占資本主義としての現代資本主義に不可欠な手段であり，国家（中央政府）ともども地方自治体も支配階級の利害の擁護機能と，「共同管理・消費」機能との二重の役割を担っているといえる[304]。この所有形態は，単なる私的所有とは違った「公的所有」といってもよいが，直接の生産者や個人とは対立しているのだから，私的所有に対置すべき社会的所有ではない。市民社会の有力な一員でもある労働者階級は，福祉と生活基盤を拡充させる方向に，自治体所有と公共投資を監視していかなければならない。

国有　現代の先進資本主義国では，広大な土地とくに森林や観光地が国有されている。この国家所有は，他国に対する主権を行使できる領有（領土）でも

---

[304]　第24章第1節（24.1），参照。

あるが，土地から切り放たれた諸個人に対してはいぜんとして私的所有である。発展途上国における農地改革による国有化も同じであり，国有が私的所有の廃棄とはなっていない[305]。しかし土地が国有化されていれば企業と市場の凶暴な論理は制約されるし，国有の土地を個人や法人が借り受ければ，私的な土地所有者が不在であるから，土地の私有から生じる絶対地代は廃止でき，農産物価格はその分だけ低下するし，その結果，実質賃金は上昇する。さらに農業において，資本＝賃労働関係が全面的に発展する。また差額地代は土地の生産性格差から生ずるから，国有にした国家の懐に差額地代は入る。それを財源として，さまざまな福祉・社会保障政策に利用する可能性がでてくるだろう。しかし，国有はあくまでも私的所有の内部にあり，資本にとって最善の所有形態であるから，昔から急進的ブルジョアジーは土地の国有化を主張してきた。革新的政党は土地国有化のスローガンを立てるべきであり，それはまた環境問題の解決には有利になるはずである。しかし，資本家階級は私的所有に立脚している以上，全面的な国有化を実施できないから，なおさら労働者階級は国有化を主張する根拠がある。

以上考察したような土地の法人所有・自治体所有・国有の拡大は，三大階級としての地主階級が現代では消滅しつつあることを示している。しかし，土地の私的所有と資本制的地代は，形態を変えながら存続していることになる。その意味において，マルクスの地代論は現代でも生きつづけているといえよう。

14.2 差額地代

地代の典型として農産物地代を説明しよう。産業・商業・銀行業のあいだでは生産価格（平均利潤）が支配している。各農業資本（借地農業者）の投下資本と農業技術が同じでも，土地という自然条件（豊饒度・肥沃度）に規制され収穫量が異なり，したがって農産物1単位あたりの個別的生産価格の高低が生じる。農業資本もほかの分野の資本とともに平均利潤を得ているから，この個

---

[305] 法人所有，自治体所有，国有もすべて私的所有である点については，大谷禎之介『図解 社会経済学』（桜井書店，2001年）391-393頁，参照。

図 14-1　地　代

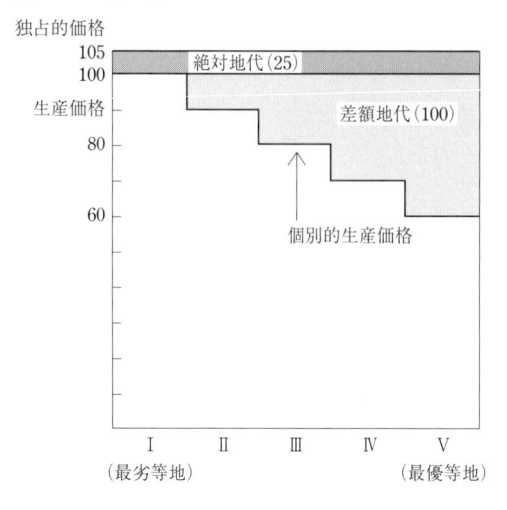

独占的価格
105　┌─────────────────┐
　　　│　絶対地代(25)　　│
100　├──┬──────────────┤
生産価格│　│　　差額地代(100)│
　　80　│　└──┬───────────┤
　　　　│　　　│　　　　　　│
　　　　│　　　└──┬────────┤
　　60　│　　　　　│↑　　　 │
　　　　│　　　　　│個別的生産価格
　　　　└──┴──┴──┴──┴──┘
　　　　Ⅰ　Ⅱ　Ⅲ　Ⅳ　Ⅴ
　(最劣等地)　　　　　(最優等地)

別的生産価格は個別的費用価格＋平均利潤である。自然条件の違いによって個別的生産価格に格差が生まれるが，どの個別的生産価格が農産物地代を決定するだろうか。

　第1形態　いま土地の肥沃度の違う5等級の農地が耕作され，個別的生産価格は図14-1のように格差をもっているとしよう。当然，最劣等地の個別的生産価格は一番高く，最優等地の個別的生産価格は一番低い。農産物価格はどの個別的生産価格が決定するだろうか。社会全体では最劣等地での生産を必要不可欠としているし，また任意に供給を増加できるのはこの最劣等地（限界耕作地）しかないから，社会全体としては最劣等地の農業資本にも平均利潤を与えなければならない。したがって，最劣等地の個別的生産価格100が農産物の生産価格となる。その結果，Ⅱ等級以下の土地には超過利潤が発生する。その源泉は，農業を含めた社会全体で生産された剰余価値（利潤）の一部にほかならない[306]。この超過利潤は誰が取得するのか。その発生条件は土地という自然条件（肥沃度）であるから，土地を私的に所有している土地所有者が取得する。超過利潤は地代に転化した。この地代は農業にも生産価格法則が貫徹する結果発生したものであるから，封建地代のように土地所有が直接に農民の剰余価値・剰余労働を搾取したものではない。社会全体で資本が搾取した剰余価値の一部が，賃貸料として土地所有者に支払われたものであり，近代的な地代である。以上の説明においては，各等級地に投下される資本量は同一であると仮定していた。

---

306)　マルクスはこの超過利潤を「虚偽の社会的価値」と規定した。『資本論』第3巻第39章，第12分冊，1160-1161頁。

この場合の地代を，差額地代の第1形態と呼ぶ。

第2形態 しかし，優等地で追加投資しても平均利潤が獲得されれば，当然農業資本は追加投資に踏み切る。収穫逓減法則が作用するから，追加投資による追加生産物の個別的生産価格は上昇する。社会全体の需要を満たすのに必要なかぎりでの最高の個別的生産価格が新たな生産価格になる。この最高の個別的生産価格より高い土地は，耕作されなくなる。どこの等級の土地での何回目の追加投資がこの最高個別的生産価格（市場調整的生産価格）になるかは，農産物の市場価格変動によって調節される社会全体の需要と，農産物の供給によって決まる。この追加投資による追加的な差額地代のことを，差額地代の第2形態と呼ぶ。

14.3 絶対地代

以上の差額地代の説明では，第1形態においては最劣等地では地代が発生しなかったし，第2形態における最高個別的生産価格の追加投資にも地代が発生しなかった。追加投資の場合は，すでに先行する投資が地代を生みだしているからよいとしても，追加投資もしない（できない）最劣等地の所有者がただで土地を貸すはずがない。最劣等地の供給が社会全体の需要を満たすのに必要不可欠であったのだから，最劣等地にも地代を支払わなければならない。そのためには，最劣等地の個別的生産価格よりも農産物価格は上昇しなければならない。こうして各等級の土地全体に新たな地代が発生するが，それは費用格差から生まれるのではないから，絶対地代と呼ぶ[307]。絶対地代が発生している場合の農産物価格はなにが規定しているのか，という問題が生じてくる。農業の有機的構成が社会全体の平均的有機的構成より高いか低いかによって，説明が異なってくる。

農業の有機的構成＜社会的平均構成の場合 マルクスはこう想定して，農産

---

[307] 八木紀一郎氏は，「未耕作地がまったく消滅するのでないかぎり，限界耕作地の地代は名目的なものであろう。地主間にも競争が存在するから，『差額地代』に加えて，『絶対地代』を生産者から取り立てる根拠をみつけることは困難である」として，絶対地代を否定している。八木紀一郎『社会経済学』（名古屋大学出版会，2006年）151頁。

物価格は生産価格ではなく市場価値によって規定されるとした。農業の有機的構成が低ければ，市場価値は生産価格（最劣等地の個別的生産価格）より高くなるから，絶対地代が発生する。この説明によれば，農業では土地私有の制限によって生産価格法則が貫徹しないで，価値法則が貫徹することになる[308]。

農業の有機的構成＞社会的平均構成の場合　この場合は，市場価値が生産価格よりも低くなってしまうから，もし市場価値で売るとしたら絶対地代は発生しないことになる。絶対地代を説明するためには，農産物価格は一種の独占価格であるとしなければならない[309]。この場合には，農業資本には生産価格法則が支配するが，価値法則は農産物価格には作用しないことになる。このときの独占価格は，最劣等地の供給を必要不可欠とする社会全体の需給関係によって決まる。すなわち，独占価格（農産物価格）が大幅に生産価格から乖離すれば，需要は減少するか代替農産物に移ってしまうから，農産物価格（市場価格）は低下する。独占価格（農産物市場価格）の生産価格からの乖離が極端に小さければ，需要は増大したり代替農産物から需要が移るから，農産物市場価格は上昇するだろう。結局，社会全体の需給関係を調整する水準（市場調整的価格）に独占価格は落ち着くことになる。

14.4　土地の商品化

宇宙の惑星・地球の表層である土地は，本来はそこで生命活動を営む生命体全体が生活している自然環境である。人間はこの自然環境と生命体と共生していかなければならないのに，自然の支配者のごとく振る舞ってきたために，自然の生態系と，人間自身の生命体としての自然機能を破壊してきた（環境破壊と公害）。そして土地そのものは，そこで直接に生産し生活している個々人か

---

[308]　大谷禎之介氏は，マルクスのこの説明を踏襲している。大谷禎之介『図解 社会経済学』382-385頁。
[309]　絶対地代を説明するときには，マルクスは市場価値で農産物価格を規定しているが，別の章では，農産物価格を生産価格以上の独占価格とする説明と価値（市場価値）とする説明を並存させている（『資本論』第3巻第47章「資本制地代の創世記」）。独占価格説に立つのが，大内力『地代と土地所有』（東京大学出版会，1958年）である。

ら分離され，私的に所有されるようになってきた。資本主義そのものが商品の私的所有と資本主義的領有に立脚しているから，土地の私的所有を制限できないばかりか，かえって土地の私的所有を強化さえしてきた。なんらかの労働が投下されてつくられる一般商品は価値をもつが，本源的自然である土地は労働価値はぜんぜんない。ところが，土地の私的所有は資本主義に包摂させられると地代として剰余価値を取得することができるから，その権利（所有名義）が売買されるようになる。

土地価格　土地の売買価格はどのように決まるのか。芸術作品や地位や名誉まで商品化するが，それらの価格は「買い手の購買欲と支払能力によって規定される」独占価格であるが，土地価格は擬制資本と同じように客観的であるが擬制的に規定される。すなわち，土地は時間決めで一定期間貸せば土地所有者に地代という収入をもたらすから，それを支配的利子率で資本還元したものが土地価格とみなされる。

土地投資　土地価格は地代の大きさによって規定されるから，土地所有者たちは土地に資本を投下して肥沃度を高めようとする。農業資本も，地代（借地料）が変えられないかぎり，肥沃度を高めれば一定期間「超過利潤」を獲得できるから，施肥や灌漑などの土地投資をする。しかし，短期に契約を更改しなければならない農業資本の土地投資には限界があるから，土地投資は主として土地所有者によっておこなわれるだろう。こうした土地投資の結果，肥沃度が向上して地代が減少してしまうことも起こるだろうが，社会全体としてみれば，農産物価格が低下して福祉の増大になる。こうした観点からすれば土地投資は福祉の増大に貢献するが，自治体や国家が所有している場合には，農業基盤や生活基盤への「公共投資」はより直接的に福祉を増大するといえる[310]。

土地物神　すでにみたように，資本主義社会では商品生産の所有法則が貫徹していた。土地についても，「自己労働によって取得した貨幣によって買ったもの」と観念されるようになる。じっさい，擬制価格である土地価格で売買できるから，この観念は完成させられる。また土地は地代をもたらすから，土地は「地代という果実をもたらす果樹」であり，「自己労働によって正当に取得

---

[310]　八木紀一郎『社会経済学』155-156頁。

した土地が果実をもたらすのは当然であり,だから果実をもたらすべきものだ」という観念が確立する。かくして土地は,地代という収入をもたらすという観念を経済学者はそのまま受け入れ,「労働─賃金」,「資本─利子」,「土地─地代」という「三位一体」範式が完成する[311]。まったく本質関係が隠蔽され,転倒して意識された「虚偽意識」の世界であるが,人々は「虚偽意識」に振り回されるようになる。1980年代後半の日本のバブルにおいて,銀行からはじまり,不動産・建設・小売企業だけでなく一般企業はもとより,サラリーマンや主婦や年金生活者までを巻き込んだ「土地神話」に陶酔したことは記憶に生々しい。金融派生商品(デリバティブ)の登場によって現在では,土地の証券化が進み,証券として取引されるまでになっている。

14.5 農業人口比率の急減とアグリビジネス

マルクスは19世紀後半においてすでに,農村人口の急激な減少と都市人口の急激な増加を目撃していた。その約1世紀半にわたってこの傾向は進み,農業人口の比率は極端に低下してきた。しかし他方では,農業は63億人の地球人口の生命と健康を維持・向上させる本源的生産であり,合理的農業にもとづく持続的成長のためにも必要不可欠である。しかし現実には,農業に提供する原料や生産される生産物は,巨大な世界的多国籍企業(アグリビジネス)が支配するようになっている。

農業人口比率の急激な減少　産業別の人口比率は第10章に掲げておいた表10-1 (150-151頁) のようになっている。水産業も含むが,先進資本主義国では共通して農業・水産業のいわゆる第1次産業人口の比率が低下している。すなわち,アメリカは50.2% (1870年) から2.9% (1990年),イギリスは18.8% (1861年) から2.1% (1991年),ドイツは46.7% (1882年) から3.0% (1992年),フランスは49.8% (1886年) から6.4% (1991年) へと,急激に比率が低下してきたことが確認できる。

アグリビジネス　しかし,現代の世界の農産物と食糧の生産と流通は,アグ

---

[311] 大谷禎之介『図解 社会経済学』395-396頁。

表 14-1　主な多国籍アグリビジネス（2005年）

産業部門	主要企業（国籍，売上高：億ドル）	備　考
農業	Bayer Crop Sciences（ドイツ，69.6） Syngenta（スイス，63.1） BASF（ドイツ，41.2） Dow AgroSciences（米国，33.6） Monsanto（米国，30.4） DuPont（米国，23.0）	各社年次報告書 農薬部門のみ 参考：住友化学(12.9)，アリスタ(9.0)
種子	Monsanto（米国，32.5） Pioneer/DuPont（米国，27.5） Syngenta（スイス，18.0）	各社年次報告書 種子部門のみ 参考：サカタのタネ(4.2)，タキイ種苗(3.7)
化学肥料	Yara International（ノルウェー，73.0） Mosaic（米国，55.0） Bunge（米国/バミューダ，26.7）	各社年次報告書 肥料部門のみ
農業機械	John Deere（米国，194.0） CNH Global（オランダ，118.1） AGCO（米国，54.5）	各社年次報告書 農機部門のみ
農産物取引加工	Cargill（米国，710.7） Archer Daniels Midland（米国，359.4） Bunge（米国/バミューダ，216.0） Louis Dreyfus（オランダ等，200） Dole Food Company（米国，58.7） Chiquita Brands Intl.（米国，39.0）	各社年次報告書等 食品部門も含むが，Bunge は肥料を除く Cargill は非公開のため，肥料（Mosaic）や金融部門を含む総売上高 Louis Dreyfus は非公開のため推計。無国籍に近いが，農産物取引株式会社はオランダ
飲食品製造	Nestlé（スイス，695.2） Kraft Foods/Altria（米国，341.1） PepsiCo（米国，325.6） Unilever（英国/オランダ，276.4） Tyson Foods（米国，260.1） Coca-Cola Company（米国，231.0） Sara Lee（米国，192.5） Mars, Inc.（米国，180.0） Groupe Danone（フランス，152.5） ConAgra（米国，145.7）	各社年次報告書等 Unilever は日用品部門を除く Mars, Inc. は非公開のため推計 アルコール主体の企業（米 Anheuser-Busch，英 Diageo，英 SABMiller）は除く 参考：日本ハム(79.9)，味の素(65.5)，マルハ(62.6)，明治乳業(54.2)，山崎製パン(53.5)，森永乳業(45.9)，伊藤ハム(42.5)
食品小売	Wal-Mart（米国，1,283.5） Carrefour（フランス，677.1） Ahold（オランダ，542.5） Tesco（英国，460.4） Kroger（米国，395.0） Rewe（ドイツ，385.1） Schwarz Group（ドイツ，349.0） Aldi（ドイツ，343.3）	Planet Retail 2006 食料雑貨（grocery）部門のみ 参考：イオングループ（総合小売事業部門 326.6），セブン＆アイ（同 296.0）
フードサービス	McDonald's（米国，542.8） Yum! Brands（米国，316.4） Compass Group（英国，230.4） Wendy's（米国，127.6） Burger King（英国，115.9） Sodexho Alliance（フランス，112.0）	Planet Retail 2006 フランチャイズ等も含む全売上高

出所：『経済』No.140（2007年5月号），32頁。

リビジネスに支配されている。2005年の主要な多国籍アグリビジネスは，表14-1のようになる。

多国籍化した時期は産業ごとに異なる。カーギル等の穀物商社，ドールやユニリーバ等の熱帯一次産品を原料とする流通・加工企業は，世界に偏在する資源確保を目的とし，国外進出がかなり早い段階からおこなわれてきた。これにたいし，食品加工部門のアグリビジネスは，多くは1980年代後半から，食品小売企業は1990年代から，急速に多国籍的展開を強めてきた。こうした最近の急速な多国籍化の背景には，国内市場の成熟・飽和化と企業の寡占化が進み，価格競争をつうじた国内市場獲得競争に限界がみえはじめたことがある。そしてほかの多国籍企業と同じく，国外市場と低廉な労働力を確保することを目的としている[312]。農業や食料品分野における多国籍アグリビジネスの現状と集中を概観しておこう。

農業生産財　農業生産財部門は，さらに肥料，農業機械，種子，農薬，飼料等に分かれる。これらの関連産業では，国内独占企業間の相次ぐ合従連衡によって巨大な国際独占企業が誕生し，市場の寡占化が強まっている[313]。農薬・種子はバイオ技術と金融自由化と結合して，1980・90年代にM&A運動の渦中にある。農薬は上位4社で65％（2005年）となり，遺伝子組み換えは大豆93％，トウモロコシ92％，綿花71％，採種44％にもなる。個々の農家は，こうした遺伝子を組み換えた種子を使用せざるをえない。

穀物取引・加工　この代表的多国籍企業はカーギルとバンギであるが，その特徴は，企業買収や合弁事業といった形態をとりながら，農産物原料の代替化，高付加価値化，加工用と多元化し，商品連鎖の拡張と垂直的調整の強化によって，資本蓄積機会の外延的・内包的拡大を実現してきた[314]。

食品加工　世界食糧総販売のおよそ4分の3にあたる32兆円にあたり，現地生産・現地消費型の「複数国国内企業戦略」を展開し，海外の既存企業のブランドを買収して大型のM&Aを展開してきた。しかし世界的なさまざまな消

---

312)　久野秀二「多国籍アグリビジネスの再編と強まる支配」（『経済』No.140, 2007年5月号）31頁。
313)　同上論文，33頁。
314)　同上論文，36頁。

費者運動に直面し,最近は,健康志向を強める消費動向に対応して,健康食品や栄養補助食品事業の拡大が顕著である[315]。その代表的多国籍アグリビジネスはネスレであり[316],24万人以上を雇用し,売上高は711億ドルにもなる。事業を多角化しているが,コーヒー豆,粉ミルク,ボトルウォーター,アイスクリーム,栄養補助食品,ペットフードなどが世界シェア第1位であり,チョコレート,菓子類でも世界第3位のシェアになっている。

食品小売 近年,川上主導から川下主導へシフトした。多くの国で4～5社の大手小売企業へ集中されてきた[317]。食品小売の集中化は,最終的には農業生産者や農場労働者へのしわ寄せが拡大する[318]。

もちろん日本のアグリビジネスも多国籍企業として展開してきた[319]。しかし近年,多国籍アグリビジネスへの社会的批判が噴出してきた。有機農業やフェアトレード,世界社会フォーラム,ネスレの粉ミルク不買運動である。多国籍企業の側もCSR(企業の社会的責任)対応をしている。しかしそれで問題が解決されるのではない。

「しかしながら,原則として企業の自主性に委ねられているがゆえに,多国籍企業主導のCSRイニシアチブに対する批判は少なくない。クリスチャンエイドの報告書は,多国籍企業がCSRを推進する経済的動機として,社会的イメージの改善,投資家へのアピール,社会的批判キャンペーンの懐柔,法的拘束力のある規制の回避などを列挙しながら,現にCSRを掲げる多国籍企業が国家的・国際的規制の届かない途上国農村社会で依然として行っている非倫理的な企業活動の実態を暴露し,痛烈に批判している。社会的公正

---

315) 同上論文,38頁。
316) 世界で最も悪質なアグリビジネスとして批判されている。スーザン・ジョージ著,小南祐一郎・谷口真理子訳『なぜ世界の半分が飢えるのか』(朝日新聞社,1982年)。
317) 前掲の久野論文,38-39頁。
318) 同上論文,39-40頁。
319) たとえば,農薬では,サカタのタネとタキイ種苗,住友化学,アリタスなど。食品関連の世界上位企業としては,キリンビール,アサヒビール,サントリー。食品加工では,日本ハム,味の素,マルハ,明治乳業,山崎パン,森永乳業,伊藤ハム。グローバルな事業展開しているのは,キッコーマン,日清食品,ヤクルトなどである。総合商社も古くからその情報・調査能力を駆使したアグリビジネスである。食品小売では,イオングループ,セブン&アイなどが代表的である(同上論文,40-41頁)。

を実現するためには,企業の自主規制に委ねるだけではなく,企業活動を法的に規制する仕組みを国際的にも国内的にも確立していくことが依然として必要だということである。／……このように,多国籍アグリビジネスの事業活動は,グローバルからローカルまで縦横無尽に展開しており,それに伴って,オルタナティブな農と食をめざす運動が立脚する対抗軸も錯綜しつつある。CSRやオルタナティブ市場への参入をもって多国籍アグリビジネスの『変化』を軽々に評価するのではなく,これを『資本による農業・食料の包摂』の今日的定在として位置づけながら,その裏側にある生産関係の諸矛盾を析出していくことが早急に求められている。」[320]

研究を深めるために

マルクス『資本論』第3巻第6編
カール・カウツキー,向坂逸郎訳『農業問題』上・下（岩波文庫）
大内力『地代と土地所有』（東京大学出版会,1958年）
『資本論体系』7（久留島陽三・保志恂・山田喜志夫「地代・収入」有斐閣,1984年）
『経済』No.140（2007年5月号）

---

320) 同上論文,42-43頁。

第15章　賃労働

　現代においても，複雑労働化と単純労働化の両作用が働いている。すでに第5章第2節（5.2）で考察したように，現代の労働過程と労働の変化を，北村洋基氏はつぎのように総括していた。

「労働は全体として間接的な管理労働・情報処理労働としての性格を強めながらも，分野によっては広範な手作業労働や機械労働も長期にわたって残るし，それゆえにまたさまざまな種類の熟練の必要性も決してなくなることはない。」[321]

　また，

「情報資本主義では，一方では，創造的で高度な研究開発力をもった知的労働者がますます必要となり，そうした労働者をいかに養成し確保するかが個別資本にとっても一国経済にとっても重要な課題となるとともに，他方では，情報技術の資本主義的利用によって，ほとんど何の知識や技能をも必要としない，マニュアル化された情報処理労働や，情報技術で代替するにはコストがかかりすぎるような単純な労働を増大させる。」[322]

　鈴木和雄氏も北村説と同じように，不熟練労働と熟練労働の共存を結論づけている。

「本書では，第2次大戦後の官僚制的統制が支配する時期にあっては，技術変化が労働の不熟練化に結果するトレンドと新たな熟練形成をうむトレンドとが共存するという理解をとっておく。」[323]

---

321)　北村洋基『情報資本主義』208頁。
322)　同上書，324頁。北村氏は，書名が表現しているように現代資本主義を情報資本主義と規定しているが，本書は国家独占資本主義規定で一貫させている。
323)　鈴木和雄『労働過程論の展開』96頁。

15.1 現代の労働力再生産機構

　労働力の価値は，労働者家族を含めた労働力の再生産費用，いいかえれば労働力再生産に必要な生活手段の価値（生活手段を獲得するのに必要な時間）によって規定される。労働力の再生費用の中には，「次世代」（子女）の養育・教育費も含まれるし，生活必需品のほかにレジャーや文化活動の費用も含まれる。その平均的水準は，労働者家族の標準的生活水準として歴史的・文化的に確定できる。マルクスの労働力の価値規定はこのようであった[324]。

　第3章で指摘したように，労働力の価値は賃金財バスケットの量（実質賃金率）と賃金財バスケットの価値によって規定される[325]。まず，賃金財バスケットの増大傾向について考えてみよう。自由競争の資本主義においては，労働市場の需給関係によって貨幣賃金率は決定される傾向にあったが，独占資本主義になると，独占資本の意図的な「高賃金政策」もあって，独占的労働市場における労働組合は，生活手段の価格を予想して貨幣賃金率を交渉できるようになる（実質賃金率を維持ないし上昇させようとする）。さらに，戦後の労働運動の高まりと，東西冷戦の影響を受けた「完全雇用政策」に後押しされ，全体的に賃金財バスケットは確実に上昇した。資本主義諸国で爆発的に耐久消費財ブームが起こったが，それを需要の側面から支えたのがこの高賃金であったといえよう[326]。

　このように賃金財バスケットの量は，長期的には確実に上昇してきた。問題は価値のほうである。自由競争の資本主義の時代には，賃金財バスケットを一

---

[324]　マルクス『資本論』第1巻第4章第3節，第2分冊，291-294頁。
[325]　北村氏は労働力の価値が増大したという。実質賃金率が上昇したことは疑いないが，労働力の価値まで上昇し，したがって，剰余価値率を低下させるように作用してきたかどうかは一概にはいえないのではないか。鈴木氏は，支出労働量と賃金額との乖離が，①出来高払いの否定，②労働強化，付加給付，企業全体の最適基準の業績の達成と引き上げ，③賃金の下方硬直性，「搾取」の隠蔽化，などによって引き起こされていると指摘している。鈴木和雄『労働過程論の展開』第2章第2節2。
[326]　レギュラシオン学派のフォーディズム論は，この傾向を理論化しようとしたものといってよい。

定にしておいて，生産性を上昇させて生活手段の価値を低下させ，もって相対的剰余価値を増大させるのが資本の常套手段だった。現代においても生産性はたえず上昇しているから，生活手段の価値は低下している。独占価格が支配していなければ，賃金財バスケットの価値低下と賃金財バスケットの量の増大によって，労働力価値の増減が規定される。しかし現代では，生活手段の多くが独占価格である。生産性の上昇による価値低下に対応して独占価格は低下せず，維持される傾向があるから（価値と価格との乖離），賃金財バスケットの増加を補うだけの価格低下は全体としては起こりにくくなってきた。その結果は，実質賃金率の上昇傾向となる。剰余価値の分配関係からみればこのことは，本来ならば低下した価値によって生じるはずの相対的剰余価値が（賃金財バスケット一定と仮定），生活手段部門の独占資本に流れていることになる。価格体系の次元でみれば，実質賃金率の上昇以上の生産性の上昇があれば，利潤も増大する[327]。

　しかし現代では，労働力再生産の機構は複雑になっており，労働者は受け取る賃金だけで労働力を再生産しているのではない。国家独占資本主義となって，国家が福祉政策の一環として所得再分配政策（ケインズ政策とも呼ばれた）を展開したので，賃金から所得税や年金積立や社会保険料を控除した可処分所得が，実質的な賃金となる。控除される社会保障や社会福祉の支払と，国や地方自治体から給付される額（効果）との比較考量が重要な政治問題にもなってきた。労働者階級全体としてこの負担（支払）と給付（享受）のどちらが大きいかに，労働組合や労働者政党は重大な関心を向けなければならなくなってきたといえる。所得の高い層から累進課税によって徴税した税を低い層に再配分する所得再分配政策は，格差の拡大を阻止するために必要不可欠である。経済学的にいえば，社会保障や社会福祉の負担を賃金所得がするか利潤所得がするかによって，現代資本主義の「福祉国家」としての性格が左右されるであろう。こうした問題は，将来，年金が積立方式から税方式に転換するとした場合の，

---

[327]　戦後資本主義の「黄金時代」と呼ばれる高度成長期には，労働生産性が上昇し実質賃金率上昇と利潤増大が同時に実現した。低成長期となると同時に実現することは困難になり，資本と賃労働との分配闘争はシビアなものとなってきた。現実には賃上げ闘争は押さえつけられてきた，といえる。

図15-1 労働力の価値と労働者の構成についての概念図
（1）19世紀中頃（マルクスの時代）　（2）20世紀重化学工業段階

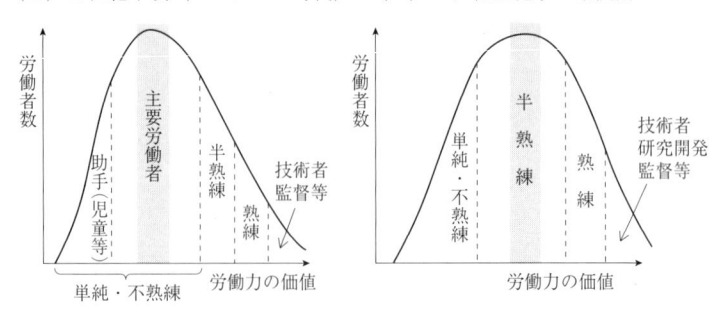

（3）情報資本主義段階

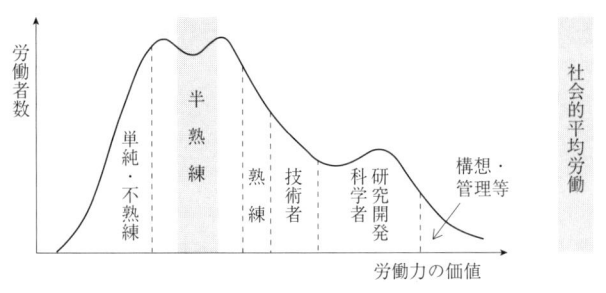

出所：北村洋基『情報資本主義』318頁。

年金生活者（老齢者）の生活をどの階級・階層が保障するのかという問題として，シビアなものとして登場してくるだろう[328]。

　最後に，労働の先端的・中心的位置を占めるようになってきた研究開発労働の価値規定を取り上げよう。賃金体系全体は，その時代・社会の社会的平均労働を基準として，その上下に非熟練・半熟練労働と熟練労働が存在すると想定できる。この社会的平均労働は，歴史的には，図15-1のように推移してきた

---

[328] この問題はさしあたり，馬場宏二『もう一つの経済学』（御茶の水書房，2005年）第6章，参照。マルクスは，社会主義においては，サープラスしたがって剰余価値が，労働不能者（子供と退職者と障害者）の生活を保障しなければならないとした。資本主義社会の原則と違った社会主義的負担原則といってもよいであろう（マルクス，西雅雄訳『ゴータ綱領批判』岩波文庫，24-25頁）。

といえるだろう。そして研究開発労働力の価値規定について，北村洋基氏はつぎのようにいう。

「研究開発・創造的知的作業に携わる労働者の労働力の価値は，人間としての再生産が可能な自然的欲求や必需的欲求を満たすに必要な生活手段に相当する価値に加えて，研究開発能力の養成，維持，向上の費用，一言でいえば研究労働力の再生産費用によって基本的に規定される。」[329]

このように，研究能力の再生産費用として規定できるだろう。またこの労働は，

「研究開発はもはや個人的・個別的な作業ではなく，多くの研究者たちの共同作業として行われているのが通常であり，また先端的で高度な，それゆえ費用も莫大な研究手段を利用しなければ十分な成果をあげられなくなっており，形態的には分業と協業にもとづく工場労働に近づいているとさえいえる。」[330]

としている。今後いっそう研究開発労働の分析が進められるべきであるが，そのためには経済学者と自然科学者との共同研究が必要不可欠であることを指摘しておこう。

15.2 労働市場の分断化

独占資本主義になると，独占資本の独占利潤による「高賃金」政策によって，労働市場は「独占的労働市場」と「非独占的労働市場」に分断化する傾向がでてきた。現代ではこの分断化は，企業内外ばかりか国家間にも形成され，欧米のラディカル派が研究を進めている。たしかに労働市場の分断化は，労働者階級の階級意識の希薄化や喪失，共通の利害関係をもった社会階級としての存在そのものに，重大な影響を与えていることには疑問の余地はないだろう。まず実態を直視しておこう。

トヨタの生産現場から優れた報告をした伊原氏は，生産性の向上に結びつか

---

329) 北村洋基『情報資本主義論』320頁。
330) 同上書，321頁。

ない労働者の自律性は認められていない。そして、労働者の自律性なるものは労働強化になり、その巧妙な「仕組み」が重要だ、と報告している[331]。

鈴木氏は、労働者の分断は中心―周辺パターンの形態をとっているという。すなわち、中心部に中核的労働者が配置され、周辺部には非熟練・未熟練・臨時工・社外工が配置される。企業内の内部労働市場形成は管理者のイニシャティブによって形成されるが、分断化は資本制生産のはじまりからあるが、それは資本主義の段階的発展によって異なっており、現代では企業内、企業間、国家間において進展しているという[332]。

15.3 現代の労働疎外と労働者の闘争

第3章で考察したように、剰余価値は、歴史的に形成された「資本＝賃労働」という生産関係を前提にした「労働力の商品化」によって生産された。この「資本＝賃労働」関係が、第4章で考察したように、資本循環（価値増殖運動）の背後において再生産されていた。いわば国家の暴力的支援なしに、資本自らの自立的価値増殖・蓄積運動によって「資本＝賃労働」関係を再生産した。しかし、価値増殖運動は自動的にスムーズに進展するのではなく、生産・分配・消費の全過程において激烈な階級闘争が展開しており、こうした複雑な関係を通じてダイナミックに価値増殖が貫徹した。本節では、現代における労働疎外と労働者の闘争を考察しよう。

統制システムのもとでの労働者の諸権利 現代では第5章第3節（5.3）で考察したように、労働者は「管理―非管理のピラミッド体系」のもとで「官僚的に統制」されている。こうした「官僚的統制」のもとでの労働者の権利と、「官僚的統制」が労働者に与えている影響をみておこう。組合のある企業においては団体協約があるから、先任権によるレイオフからの保護や昇進・付加給付が得られる。組合のない企業では、ハンドブックやマニュアルによって一応は「規定」される。そして、労働者の発言権は門戸開放政策や苦情処理機構に

---

[331] 伊原亮司『トヨタの労働現場』140-141頁、154頁。
[332] 鈴木和雄『労働過程論の展開』165-179頁。

よって確保され，公正な処遇が約束される。さらに，欠員応募権，先任権などの特権や役得が与えられる。鈴木氏はつぎのように要約している。

「……，官僚制的統制システムのもとでは，労働者にはじつにさまざまの権利があたえられる。これらの権利はいずれも，19世紀の職場はもちろん，テイラー・システムやフォード・システムのもとでの職場にも存在しなかったものである。これらの権利が，労働者を企業の存続と関連したある種の『所有者』にし，これらをつうじて労働者の動機づけの面で大きな役割をはたすことは容易にわかるであろう。」[333]

いわば企業内での一種の「労働者の同権化」が進展していることになる。

統制システムが労働者におよぼす影響 このような「官僚的統制システム」のもとで与えられる労働者の諸権利は，労働者にどのような影響を与えているか。まず労働者の人格にどう影響するか。労働者の主体的な文化形成能力は衰退し，労働者の行動類型が，ピラミッド体系の中での位置によって，つぎのようになる。職務の下級レベルでは規則思考が強調され，中間レベルでは予測可能性と信頼性が報奨され，上級レベルでは企業目標を内面化している人々が報奨される。その結果，「組織人」なり「会社人間」が創造される[334]。

この統制形態は統制の諸レベルに応じて労働者に要求する習慣と行動を定型化し，そうすることで，集団としての労働者が目指すべき目標を設定する。統制システム全体は，労働者の生活圏まで包括した全体統制システムが確立し，労働者自らの文化が破壊されるという。鈴木氏は結語として，労使同権化と官僚的統制システムの並存状態だという[335]。

労働者の抵抗と管理者の戦略 鈴木氏は，フリードマン[336]の分析を肯定的に紹介している。フリードマンによれば，マルクスは階級闘争を強調しすぎ，レーニンは労働運動を二次的なものとしすぎたし，ブレイヴァマンは労働者の抵抗を無視した，という。もともと労働者の抵抗は，競争的資本主義の時代か

---

333) 同上書，102頁。
334) 同上書，115-119頁。
335) 同上書，117-119頁。
336) Andrew L. Friedman, *Industry and Lbor: Class Struggle at Work and Monopoly Capitalism*, London, Macmillan Press, 1977.

らあった，とフリードマンはいう。現代の階級闘争の特徴は，制度化しているところにある。すなわち「官僚的統制」のもとで，内部労働市場が強まり，そこでは金銭的インセンティブが導入され労働者が分断され，管理権限がホワイトカラー職に委譲されている。まさにホワイトカラー職は，上部から管理されながら下部を管理する「二重人格」を演じる存在となっている。

労働者は当然抵抗（闘争）する。労働力の価値は，階級闘争と階級意識によって左右される。すなわち，

「労働力の価値決定に闘争が介入するということは，賃金・労働条件・生活状態などについての労働者の意識が価値決定過程に介在し，これが労働力の価値水準に反映されるということである。」[337]

経営者のほうは，労働時間を延長したり労働強化によって剰余価値を高めようとする。こうした階級闘争の結果剰余価値率が決まるが，労働者の運動は国家間で分断している，とフリードマンはいう。すなわち，

「剰余価値率の分母にくる労働力の価値が階級闘争によって決定されるばかりでなく，分子にくる剰余価値量も労働者をいかに激しく労働させるかにかかり，これも階級闘争が決定する。……労働者が関心を持つのは，セクション間の想定的賃金の点でも，社会的配当（社会保障，失業保険，年金，等々）と国家の制約（労働時間，労働における健康と安全，等々）の点でも，自分の国における自分の地位だけであり，他国の労働者の状況には関心を持たない。」[338]

現状では労働者の抵抗は，「官僚的統制」への服従となっており，労働者政党は「国民政党」化してしまっていると，フリードマンは指摘している。同じような労働者の抵抗についてはトヨタの現場からも報告されている。すなわち，労働者の抵抗は消極的抵抗であり，その不満の「ガス抜き」が行われ，個々の労働者は「状況ごとに読み替えをして抵抗」している，という[339]。

このように，労使の闘争と妥協が繰り返されてきたのが労働運動の歴史であったが，現代ではそれが制度化されているのが特徴的であることになる。最後

---

337) 鈴木和雄『労働過程論の展開』164頁。
338) 同上書，164頁。
339) 伊原亮司『トヨタの労働現場』257頁。

に鈴木氏は，将来展望として，労働者の同意が政治的・イデオロギー的にいかに形成されてくるかが重要であり，政治的意識やイデオロギーの重要性を指摘しているのには[340]，同意できる。

15.4 現代の過剰人口

15.4.1 マルクスの本源的蓄積論[341]

賃労働したがって「資本＝賃労働」関係が歴史的に形成された過程を，本源的蓄積と呼んだ。封建制から資本制への移行をめぐっては世界的に論争されたが[342]，本項では主として，『資本論』第1巻第24・25章でマルクスが叙述しているイギリスとアメリカを中心として考察しよう。

封建制の解体　ヨーロッパの封建制の危機が高まった。すなわち，慢性的な過剰搾取と農民反乱が経済不振をもたらし，気候条件が食料不足と疫病を付け加えることによって，封建制社会は危機に陥った[343]。そして，封建的・領主制的土地所有の解体が地域ごとにつぎのように進行した。①中農層の出現（耕地の多い地域），②囲い込み運動（耕地の少ない地域・牧畜業の発展した地域），③大所領への土地集中（東欧の穀物輸出地域）[344]。そしてイギリスでは，15世紀末の地理上の発見と，東西インド航路の開拓と，16世紀の商業革命に先立って，封建制が崩壊していた[345]。こうした封建社会の危機とか停滞過程を基礎として，本源的蓄積が進行した。

賃金労働者のルーツ　イギリスでは，土地を所有する独立自営の農民層が富農と貧農，そして資本家と賃金労働者に両極分解するのが典型的であった。イギリスでは早くから商品経済が農業にも浸透していき，封建地代が貨幣地代に

---

340)　鈴木和雄『労働過程論の展開』246頁。
341)　本項は，拙著『経済学原論』第4章第3節を若干変更したものである。
342)　ロドニー・ヒルトン編，大阪経済法科大学経済研究所訳『封建制から資本主義への移行』（柘植書房，1982年），参照。
343)　イマニュエル・ウォーラスティン著，川北稔訳『近代世界システム』Ⅰ（岩波書店，1986年）38-39頁。
344)　同上書，30頁。
345)　大内力『帝国主義論』上（経済学体系第4巻，東京大学出版会，1985年）67頁。

なり，封建領主の貨幣経済への依存が高まった。そして14世紀から15世紀にかけて，封建的身分関係から解放された独立自営農民層（ヨーマンリー）が多数存在していた。この独立自営農民層を農地から分離させたのは，2回にわたるエンクロージャー・ムーブメント（囲い込み運動）であった。16世紀を中心とする第1次は，三圃農法を排除しようとする農民自身の囲い込み運動から，領主層による牧羊業のための大規模な囲い込み運動に発展した。18世紀を中心とする第2次は，耕作と牧畜を有機的に結合するノーフォーク型輪作農法を採用するためになされた。どのような農地がエンクロージャーの対象にされたかといえば，教会の所有地であった。カトリックの支配力が衰えると，教会領が貴族やブルジョアによって安く買い取られていった。つぎは国有地であり，また，共有地も私的所有に転化した[346]。

　農地から追いだされた農民たちは，農業に雇われる日雇労働者になった場合もあるが，多くは都市に流入していった。また，農地を取得した土地所有者から土地を借りた借地農業者（農業資本）が，土地から追いだされた農民を雇用するようになる（本格的な農業労働者の形成）。都市に流入した農民は，国家権力によって暴力的に強制されながら，工業労働者となった。

　アメリカは，『資本論』第25章でマルクスが叙述しているように，植民地化された広大な大陸であるから，賃金労働者はヨーロッパからの移民によって形成された。まっさきに資本主義を確立したイギリスからの移民が最も多かったのは，それだけイギリス国内で貧困層が累積していたことを物語っている。中西部の土地が安く手に入るから，最初は東部には賃金労働者が定着しなかった。しかし時の経過とともに，中西部への流出を移民労働者の流入が上回るようになり，東部に賃金労働者が定着するようになった。

　日本では，「寄生地主制」として特徴づけられるように，イギリスのような農民の土地の収奪としては進行しなかった。豪農（富農）が大地主化したのではなく，前期的資本が土地を集積し，これらの少数地主への多数の零細小作農民が隷属するようになった。賃金労働者の供給源は，①農民の没落，②職人層の崩壊，③士族の窮乏化，④都市貧民，だったという。そして，大資本に雇用

---

[346]　前章の第1節第2項（14.1.2）も参照。

される本来的賃金労働者ではなく，商工業・家内工業の労働者，小売商・サービス業の従事者，職人・人夫・日雇いなどの賃金労働者が中心だった[347]。

資本家のルーツ　農業資本家のルーツは，イギリスの場合，封建領主の土地を管理していた人たちだった。この過程を促進したものとして，海外の植民地から収奪してきた金・銀の国内への流入があった。金・銀が過剰に流入したために，当時は物価が上昇し実質賃金率が低下した。そして借地農業者の利潤が増加し，いっそうの借地農業化が進んだ。こうした農業の資本主義化は，工業にも影響を与えた。まず農民が都市に流入した。マニュファクチュアは農村の家内工業を破壊し，それに従事していた人たちを賃金労働者に転化させた。また農業での土地投資は，工業への需要を増加させた（国内市場の形成）。

産業資本家のルーツはどうか。レーニンが指摘したように，資本主義への「イギリスの道」と「プロシャの道」との二つがあった。前者の場合には，独立自営農民層が両極に分解した。工業においては，農村の家内工業者や都市の小親方としての職人（マスター）がしだいに富を蓄え，やがて資本家になった。しかし，イギリスのすべての地域において普遍的にこのような過程が進行したのではない。ある時代やある地域では，前期的商人資本が産業資本家に転化したケースもある。「プロシャの道」は，遅れて資本主義化していった地域なり国に典型的にみられた。そこでは封建的支配が強固であって，容易には独立生産者たちが形成されなかった。むしろ封建制内部で力をつけてきた大商人や大土地所有者が産業資本に転化したケースが多い。このように資本家のルーツは，地域や国や時代によって異なる。

日本の場合は，江戸時代の豪商（大商人）が財閥の母体になったように，「プロシャの道」に近かった。もちろん日本でも農村の富農（豪農）が自立化し，生糸の輸出や米の販売をしたり，紡績業の経営に乗りだした。しかしその多くは失敗し，富農たちは在村の地主になっていった。また紡績業におけるように，社会の広い範囲からの出資による株式会社として発展したケースもある。しかし鉱山業・港湾・運輸・軍需産業などは，藩閥政治と結びついた豪商たち

---

[347]　歴史学研究会・日本史研究会編『講座・日本歴史7　近代1』（東京大学出版会，1985年）215-223頁。

が，政府の「殖産興業」・「富国強兵」政策のもとで，独特な独占資本形態である財閥を形成した[348]。

アメリカの産業革命は，19世紀の初頭の商工業ではじまった。その木綿工業の資本形態は，商業資本グループが出資する株式会社形式と，商人・職人・農民などの少額出資者からなる形式とに分かれるが，株式会社形態が特徴的であった。そして，その後の重化学工業の基幹となる鉄鋼業（カーネギー）や石油業（ロックフェラー）を考えると，移民を祖先とする賃金労働者が大資本家に出世したといえる。これは，植民地状態から独立して資本主義化したアメリカ独特の資本家形成と考えられる。

本源的蓄積を促進した契機 本源的蓄積を促進した契機として，海外の植民地から収奪した富とか，租税制度，国債制度などがある。租税制度は，農民に高い税を課し，農民が土地を担保として借金して税を払えば，やがて債務奴隷化した農民は担保とした農地を奪われていく。植民地から収奪した金・銀の流入は物価を騰貴させ，それが借地農業化を促進した[349]。植民地から収奪した富は原初的な資本になる。資本主義は，成立期から世界の周辺部分の収奪に依存していたことになる。しかし，海外収奪がヨーロッパの資本主義化の主動力となったとすることはできない。最初に植民地経営に乗りだしたポルトガルやスペインの資本主義化が大きく遅れたことを指摘しておけば，十分であろう。

現代の本源的蓄積 本源的蓄積過程は，現代でも進行している。いわゆる発展途上国では，独立生産者たちや，封建的・共同体的関係の中に生活している人々が，グローバリゼーションによる商品化の波にさらされて都市の賃金労働者に転化する過程が，現在まさに進行している。また，東欧やロシアが資本主義への道を邁進すれば，それは再度の本源的蓄積過程となるであろう。中国の「市場社会主義」路線においても，農村の過剰人口の賃金労働者化が進行していくだろう。

さらに先進資本主義国においても，この過程は進行している。農業人口比率の劇的な減少はそのことを物語っている。戦後の日本においても，農地改革に

---

348) 同上書，171-223頁。
349) 当時の物価騰貴をめぐる論争については，ウォーラステイン『近代世界システム』Ｉ，104-110頁，参照。

よって小土地所有者となった自作農民が，高度成長期に兼業農家そして都市労働者に転化した。農産物自由化によって日本農業の再編成が迫られているが，農業の株式会社化とか中核農家による集積が進めば，さらなる本源的蓄積過程が進行することになるであろう。

15.4.2 産業予備軍[350]

蓄積の諸条件 資本の生産拡大の目的は，生産力そのものを発展させることではなく，資本の価値増殖にあった。最大限の剰余価値を生産し，その最大限を蓄積（追加的資本）に回し，いっそう多くの剰余価値を生産しようとする循環運動が，資本の推進的動機・規定的目的となる。マルクスは資本のモットーは，「蓄積せよ，蓄積せよ！ これがモーゼであり，予言者たちである！」であるとした。しかし，資本蓄積は自動的に自律的に進行するのではなかった。第4章で説明したように，資本蓄積は階級闘争・国家のさまざまな機能・イデオロギーによって規制され，またこれらの蓄積条件を変えていく。また，資本の循環過程は生産過程と流通過程からなるように，資本蓄積は，剰余価値生産（生産過程）と剰余価値の実現（流通過程）の二つの幕（ハードル）を乗り越えていかなければならない。それが周期的に不可能となることによって，恐慌そして産業循環（景気循環）運動が必然化する[351]。

労働者のライフサイクル 就業している労働人口を現役労働者軍と呼び，働く能力と意思がありながら就業機会がないために失業している労働人口を産業予備軍と呼ぶ。人はゆりかごで育ち，教育を受けて就業し，やがて退職して年金生活に入り，そして

図15-2 労働者のライフサイクル

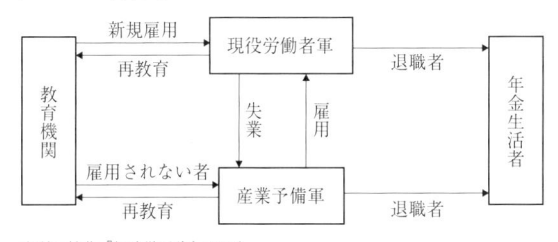

出所：拙著『経済学原論』214頁。

---

350) 本項は，拙著『経済学原論』第16章第1・2節を若干変更したものである。
351) 景気循環とその形態変化・変容については，第19・20章で考察する。

墓場にいく。労働者の場合，そのライフサイクルは図15-2のようになる。労働人口は現役労働者軍と産業予備軍からなるが，失業は現役労働者軍から産業予備軍に落ち込むことであり，雇用は産業予備軍から現役労働者軍に復帰ないし昇ることである。図の左側に教育機関があり，広い教養と知識と技術力が養成され，やがて社会にでていく。無事就職できれば新規採用となり現役労働者軍に入り込むが，不幸にして就職できない人は産業予備軍にならざるをえない。産業予備軍と現役労働者軍から再就職を求めて教育機関に戻り，労働力を再訓練するケースもある（社会人入学）。やがて定年に達すれば，年金生活者になっていく。ある世代からつぎの世代への労働人口の交代が進行する。雇用と失業とはなにによって規制されているか。

雇用と失業 一般的には，資本の有機的構成（不変資本/可変資本）が変化しないで資本蓄積が進めば，雇用が生じ現役労働者は増大する。投下資本額が変化しないで（新たな蓄積がなくて）有機的構成が高度化すれば，失業が発生し産業予備軍が増大する。雇用と失業の関係を厳密に規定すればつぎのようになる。資本の技術的構成は，生産手段(K)/労働力(L)＝$1/\beta$となる。したがって，

$$L=K/(1/\beta)$$

上式の対数を時間で微分すれば，

Lの変化率＝Kの変化率－$(1/\beta)$の変化率

したがって就業人口（現役労働者軍）の増減は，生産手段の増加率と資本の技術的構成の高度化率との大小関係に規制される。すなわち，

①生産手段の増加率＞技術的構成の高度化率⇒就業人口の増大（雇用）

②生産手段の増加率＝技術的構成の高度化率⇒就業人口不変

③生産手段の増加率＜技術的構成の高度化率⇒就業人口の減少（失業）

となる。

労働人口の自然成長率を考慮すれば，雇用の増加率が自然成長率（マイナス成長もありうる）を上回れば，産業予備軍は減少していく。景気循環運動に即していえば，恐慌・不況期には産業予備軍が増大し，回復・好況期には資本蓄積の加速化とともに産業予備軍は徐々に減少していく。産業予備軍が枯渇するような極限状況になれば（完全雇用），恐慌が発生する[352]。そして再度産業予

表 15-1　経済指標の長期動向

経済指標	高度成長期	スタグフレーション期	バブル期
成長率（％）	12.0	2.9	2.4
卸売物価騰貴率（％）	1.1	7.5	−0.9
消費者物価騰貴率（％）	4.5	8.4	1.2
完全失業率（％）	1.4	1.9	3.0
有効求人倍率	0.97	0.84	0.80
売上高経常利益率（％）	3.2	2.5	2.6

出所：①1958〜80年間は『経済変動指標総覧』（東洋経済新報社，1983年），②1981〜97年間は『経済統計年報1997』（日本銀行調査局），③1998〜2000年間は『金融経済統計月報』（日本銀行調査統計局）より計算。
注：スタグフレーション期は1972〜82年，バブル期（バブルの膨張と破裂）は1983〜2000年とした。高度成長期は経済指標によって異なる。

備軍が形成される。資本主義経済は景気循環運動（恐慌）によって搾取対象たる産業予備軍を確保できることになる。いいかえれば，資本主義の存続にとって恐慌という人的・物的犠牲が不可欠であることを意味する。マルクスは，産業予備軍が累積的に増加していくと予想したが[353]，これには問題があることを指摘しておこう。

15.4.3　過剰人口

　完全失業率の高まり　戦後日本の長期動向を，高度成長期・スタグフレーション期・バブル期に区分して総括的に示せば，表15-1のようになる。完全失業率は1.4％，1.9％，3.0％と，段階的に上昇してきた。この指標をみても，日本社会も本格的な失業時代に入ったことがわかる。しかし完全失業率だけでは雇用状況全体を判断するには不十分である。完全失業者とは，サンプル調査する月末1週間に，就業を希望し求職活動をしたが，1時間未満しか就業できなかったか，まったく就業できなかった人々しか含まれない。1時間以上就業した人はすべて就業人口に含められてしまう。また，就業を希望していても悲観して求職活動をしなかった人は，失業者とはみなされない。いわゆる潜在的失業者や不安定就業者は統計から排除されてしまっている，まったく不完全な失

---

352)　それ以前にほかの原因によって恐慌が発生するケースも，もちろんある。
353)　マルクス『資本論』第1巻第23章第3節。

業データなのである。

マルクスの相対的過剰人口規定　正確な失業を検出するために，19世紀後半のイギリスの相対的過剰人口を分析したマルクスの規定[354]を参考にしてみよう。相対的過剰人口は失業者と不完全就業者の合計であり，その存在は，産業循環に規定されるものと，そうでない構造的要因によって規定されるものとがある。相対的過剰人口をマルクスは，流動的・潜在的・停滞的形態に区分している。

流動的過剰人口：近代的産業の中心部では，生産規模に規制されながら，労働者が大量的に反発されまた吸引される。この流動的過剰人口は壮年期の男子労働者に多くみられ，一定の事業部門以外には行き場がないから大量の失業が発生しているのに，他方では労働力が不足する状態が生まれる[355]。労働力の消耗が激しく，急速な労働者世代の交代が進行する。

潜在的過剰人口：農業の資本主義化が進めば，農村労働者は反発されるが吸引はされない。農村に潜在的過剰人口が形成され，都市での賃金労働者として流出するのを待ち構える。そのために，農村労働者の賃金は最低限に押し下げられ，片足をつねに受救貧民の淵にさし入れている。

停滞的過剰人口：この過剰人口は現役労働者軍の一部をなすが，その就業はまったく不規則である。その典型は家内労働であり，資本にとっては自由にしうる労働力の無限の貯水池となる。ここでは労働時間の最大限と賃金の最小限が特徴的であり，出生数・死亡数・家族の絶対的大きさが，賃金の高さに反比例する。

受救貧民：浮浪人・犯罪者・売春婦などで，相対的過剰人口の最低の沈殿場所となる。それらは①労働能力を持ち，産業循環によって増減する。②孤児や受救貧民であり，産業予備軍の候補者たちである。③零落者，ルンペン，労働無能力者であり，分業による転換能力がなくて没落した人々，標準年齢以上の労働者，産業の犠牲者たる身体障害者，病弱者，寡婦，などである[356]。

---

354)　同上書，第1巻第23章第4節。
355)　マルクスはこうした状態を，「労働者大衆の自然的増大が，資本の蓄積欲求を満足させず，しかも同時にこの蓄積欲求を超過するということは，資本の運動そのものの一矛盾である。」と表現した（同上書，第1巻第23章第4節，第4分冊，1102頁）。

不安定就業（広義の失業）　マルクスの相対的過剰人口規定は，完全失業概念が排除してしまっている「不完全雇用者」（不安定就業者）の分析にきわめて重要である。アメリカのラディカル派経済学者ハワード・シャーマン氏は，1970年代のアメリカを対象として，失業の正確な範囲を測定しようとした。完全失業率（政府発表の公式失業率）は8.8％であったが，労働人口9257万5000人のなかに無業者5853万9000人は入れられていなかった。そのうちの518万6000人は，就業を希望するがあまりにも失望して直前の4週間は就職活動をしなかった人々である。求職活動を断念したこれらの人々全体を失業者に入れた場合（最大限の修正）と，そのうちの「就業できないと考えた」を理由にあげた115万3000人のみを失業者に入れた場合（最小限の修正）とに分けている。さらにシャーマン氏は，非自発的パートタイマーは半分しか就業していないとみなす。こうした修正をした場合，完全失業率8.8％に対して，最小限修正失業率は12.0％，最大限修正失業率は15.7％にもなる[357]。さらにシャーマン氏は，熟練技術や高度の研究能力が生かされていない副次的雇用（過少雇用）や，季節的失業，摩擦的失業も考慮すべきであると指摘している。

　日本における不安定就業者の実態については加藤佑治の研究がある[358]。表15-2は，非農林業における失業状態の推移を示している。①無業者中の就業希望者とは，就業を希望しているが現在就業できない人々である（政府の完全失業者は1時間でも就業すれば失業者とはみなされない）。②無業者中の求職活動をしなかった人々は，政府統計では労働力人口から排除されるが，収入があれば家計に入れたいと答えた人々は潜在的失業に入れてもよいだろう。③表での2・3・4はいわゆる不安定就業者であり，2の「不安定雇用形態」の臨時雇用・日雇・内職者は半失業状態，3の「短時間就業者」を部分失業状態，としている。4の「失業意識」は，現在なんらかの就業をしているが，雇用が不安定なので，転職や追加就業を希望している人々である。加藤は，不安定就業

356）　マルクスは，「受救貧民は，現役労働者軍の廃兵院を形成し，産業予備軍の死重」であると規定した（同上書，1106頁）。
357）　ハワード・シャーマン著，拙訳『スタグフレーション』（新評論，1979年）20-24頁。
358）　加藤佑治『現代日本における不安定就業労働者（増補改訂版）』（御茶の水書房，1991年）。以下の加藤佑治の研究の紹介は，拙編『研究と教育（個人雑誌）』第8号「スタグフレーション論（第2版）」（1986年10月）を若干変更したものである。

表 15-2 相対的過剰人口の推移（非農林業，1968〜1977年）

			1968年			1971年			1974年		
			総数	男	女	総数	男	女	総数	男	女
総　　数		雇用者（非農林業）	3,020	2,067	953	3,336	2,284	1,052	3,562	2,425	1,137
失業者(顕在的)		1　無業者の就業希望者	802	156	646	864	158	706	922	146	776
		①求職者	326	80	246	326	80	246	351	77	274
潜在的失業者の性格をもつ		②非求職者	476	76	400	538	78	460	571	69	502
不安定雇用の諸指標	半失業	2　不安定雇用形態	270	103	167	314	114	200	341	125	216
		①臨時雇	142	65	77	152	61	91	186	71	115
		②日　雇	59	35	24	83	50	33	84	51	33
		③内職者	69	3	66	79	3	76	71	3	68
	部分失業	3　短時間就業者	210	101	109	261	120	141	391	181	210
		①年間200日以上週35時間未満	68	32	36	81	36	45	122	52	70
		②年間200日未満	142	69	73	180	84	96	269	129	140
	失業意識	4　就業希望意識	257	177	80	295	209	86	361	249	112
		①追加就業希望者	87	69	18	110	90	20	149	118	31
		②転職希望者	170	108	62	185	119	66	212	138	81
A		失業・不安定雇用者の総計（概算）	1,081	260	821	1,204	281	923	1,384	330	1,054
B		労働力人口	5,061	3,058	2,003	5,178	3,175	2,004	5,274	3,278	1,996
		不安定雇用・失業率（相対的過剰人口率）A/B（％）	21.4	8.5	41.0	23.3	8.9	46.1	26.2	10.1	52.8

出所：加藤佑治『現代日本における不安定就業労働者（増補改訂版）』（御茶の水書房，1991年）138頁（ただし，原表

者層には重複があるとして低めに計算し，内職者と短時間就業者のみを不安定就業者としている。これに，顕在的および潜在的失業者を加えると，広義の失業は顕在的・潜在的・部分・半失業となる。そうすると，広義の失業率は21.4％（1968年），23.3％（1971年），26.2％（1974年），29.2％（1977年）にもなる。

さきに紹介したマルクスの過剰人口規定を，加藤は日本において検出しようとした。表15-3は，全産業を対象とした広義の失業人口である。表15-2と異なる点は以下のようになる。①無業者中の就職希望者のうち，経済的理由で就業を希望する人（収入の大部分を家計に入れたい者）のみを失業者に含める（流動・停滞の過剰人口：求職者の28.6％，非求職者の20.7％）。②農林業自営（雇無業主）から，中農9％，恒常的職員・賃労働兼農林業者の半数にあたる

(単位：万人)

	1977年	
総数	男	女
3,752	2,518	1,234
1,070	201	869
409	110	299
661	91	570
433	149	284
217	69	148
139	78	61
77	2	75
464	215	249
105	45	60
359	172	187
567	388	179
227	174	53
340	214	126
1,611	418	1,193
5,520	3,396	2,124
29.2	12.3	56.2

を若干修正)。

6.28%，を差し引いてだした農林業自営下層の農民を，失業者（潜在的・停滞的過剰人口）とみなす。③農林業の家族従業者から雇無業家族従業者を推計し，上と同じ手続きで推計された農林業自営の家族の家族従業者を，失業者（潜在的・停滞的過剰人口）とする。④短時間雇用者のうち，(a)年間200日以上・週35時間未満のものは，部分失業者（停滞的過剰人口）に入れ，(b)年間200日未満の者から，民間の役員と経済外的理由によるパート雇用者を除いた者を，部分失業者（停滞的過剰人口）とみなす。⑤年間200日以上働く臨時工・日雇いは，週35時間以上働くとみなし，短時間雇用者とは重複しないと判断して，すべて半失業者（停滞的過剰人口）に入れる。⑥零細企業労働者（10人未満企業に就業する者）から，ここで働くと思われる臨時・日雇労働者を差し引いた者を，部分失業者（停滞的過剰人口）に入れる。⑦非農林自営下層は，雇無業主（自営）の年間所得が生活保護基準以下の者を，部分失業者（停滞的過剰人口）に入れる。⑧非農林業家族従業者中の「200日以上就業」・「週49時間以上就業」を，部分失業者（停滞的過剰人口）に入れる。

受救貧民は，以下のように推計される。(a)生活保護受給者から，15歳未満24％と，家族成員が働きにでている者20％を差し引いた者を，生活保護受給者としている。(b)各種福祉施設入所者，精神薄弱者救護施設入所者，婦人保護施設入所者から，生活保護受給者推定率20％を差し引いて，身体障害者福祉施設入所者（4万605人）としている。(c)老人ホーム入所者から，軽費老人ホーム入所者を差し引き，さらに生活保護受給者推定率20％を差し引いた者10万1036人。(d)精神病床在床者から，満15歳未満を差し引いた26万5963人から，さらに労働者階級以外の推定者と生活保護受給者を差し引いた21万2770人。(e)養護施設入所者児童3万1540人，(f)受刑者3万9834人，(g)住所不定者25万9317人，となる。表15-3の相対的過剰人口を労働人口（有業者と無業者中の就業希望者）で割ると，相対的過剰人口の率は34.1％にもなる。

表 15-3　現段階における相対的過剰人口（全産業，1977年）　　　（単位：万人）

	(A)表柱項目の統計数字	(B)Aのうちの相対的過剰人口数	率（％）	諸形態	諸形態別割合（％）
1　無業者の就業希望者	1,070	254	11.6	顕在・潜在的部分	11.6
①求職者	(409)	(117)	(5.3)		
②非求職者	(661)	(137)	(6.3)		
2　農林業自営下層（雇無業主）	288	244	11.1	潜在・停滞的部分	21.6
3　農林業自営下層家族従業者	272	230	10.5		
4　不安定雇用形態	1,160	1,067	48.6	停滞的部分	60.1
①短時間雇用者	359	300	(13.6)		
（年間200日未満）					
②臨時雇（年間200日以上）	(112)	(112)	(5.1)		
③日　雇（年間200日以上）	(73)	(73)	(3.3)		
④内職者	(77)	(77)	(3.5)		
⑤零細企業常用労働者	(539)	(505)	(23.0)		
5　非農林自営下層（雇無業主）	396	107	4.9		
6　非農林自営下層家族従業者	320	147	6.7		
7　受救貧民	204	147	6.7	受救貧民部分	6.7
①生活保護受給者	(139)	(78)	(3.6)		
②その他の非救恤対象者	(69)	(69)	(3.1)		
A　相対的過剰人口の総計	──	2,196	100.0		100.0
B　有業者＋無業者中の就業希望者		6,435			
C　不安定就業・失業率（相対的過剰人口率）	A/B（％）	34.1			

出所：表15-2と同じ，147頁（ただし，原表を若干修正）。

その内訳は，

（α）流動・停滞的過剰人口率（経済的理由で就業を希望するもの：顕在・潜在的失業者）　3.9％

（β）潜在・停滞的過剰人口率（農林業自営下層およびその家族従業者）7.4％

（γ）停滞的過剰人口率（不安定就業者と非農林自営下層およびその家族従業者：半・部分失業者）　20.5％

（δ）受救貧民的過剰人口率　2.3％

フリーター志向の増大，非正規社員の増大　21世紀に入った日本においても，非正規雇用者，フリーター，ニートが増大してきた。図15-3は，フリーター

第15章　賃労働　231

図15-3　コーホート別「フリーター」属性を持つ者の数

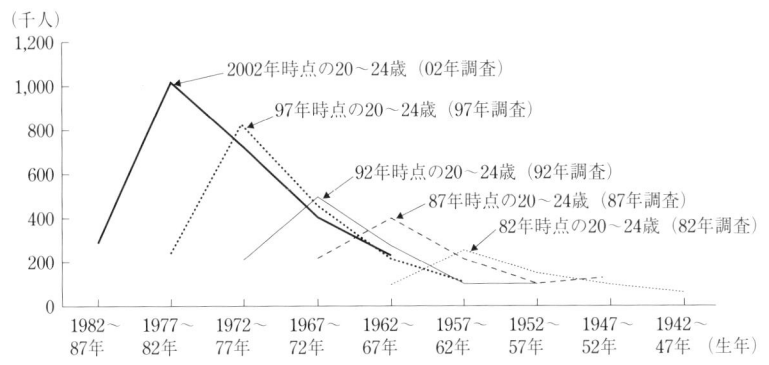

(千人)

2002年時点の20〜24歳（02年調査）
97年時点の20〜24歳（97年調査）
92年時点の20〜24歳（92年調査）
87年時点の20〜24歳（87年調査）
82年時点の20〜24歳（82年調査）

1982〜／87年　1977〜／82年　1972〜／77年　1967〜／72年　1962〜／67年　1957〜／62年　1952〜／57年　1947〜／52年　1942〜／47年　（生年）

出所：http://wwwwhakusyo.mhlw.go.jp/wpdocs/hpaa200601/f0043.html（2007年9月8日）
原資料：総務省「就業構造基本調査」をもとに厚生労働省労働政策担当参事官室にて特別集計。
注：「フリーター」属性を持つ者とは，卒業者で配偶者のいないパート・アルバイト就業者またはパート・アルバイト就業希望者のことである。

図15-4　離職者に占める雇用形態別雇用者となった者の割合
　　　　（15〜34歳，在学中の者を除く）

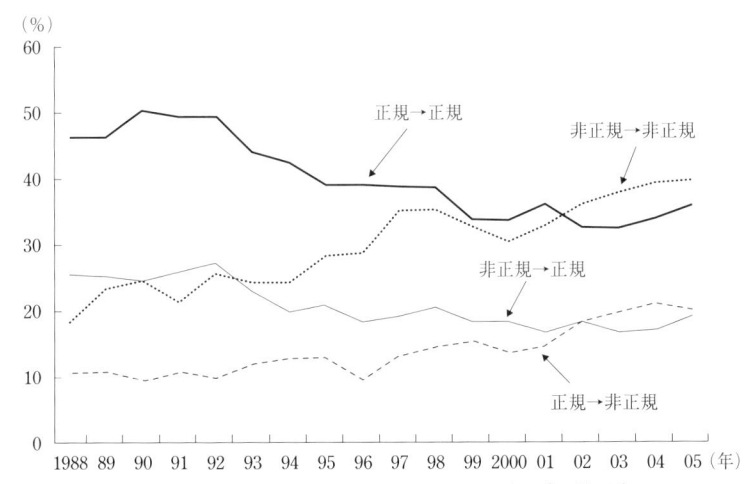

(％)

正規→正規
非正規→非正規
非正規→正規
正規→非正規

1988　89　90　91　92　93　94　95　96　97　98　99　2000　01　02　03　04　05（年）

出所：http://wwwwhakusyo.mhlw.go.jp/wpdocs/hpaa200601/f0043.html（2007年9月8日）
原資料：1988年から2001年までは総務省統計局「労働力特別調査」（2月），2002年から2004年までは総務省統計局「労働力調査（詳細結果）」をもとに厚生労働省労働政策担当官室にて特別集計。
注：離職者とは，過去1年間に離職した者のことである。

表 15-4 非正規雇用労働者 (単位:万人)

	2000年実数			2005年実数		
	計	男	女	計	男	女
就業者	6,469	3,821	2,648	6,343	3,711	2,633
雇用者	5,353	3,215	2,138	5,407	3,164	2,243
うち役員を除く雇用者	5,008	2,941	2,067	5,007	2,864	2,143
正規の職員・従業員	3,695	2,597	1,098	3,374	2,357	1,018
パート・アルバイト	1,131	248	883	1,120	247	872
パート	753	60	693	780	77	703
アルバイト	378	188	190	340	171	169
派遣・その他（嘱託など）	182	96	86	513	260	253
労働者派遣事業所の派遣社員	38	9	30	384	191	193
その他（嘱託など）	144	87	57	129	69	60

出所:羽田野修一「日本の階級構成はどう変わったか―『新・日本的経営』の10年」(『経済』2006年12月号) 82頁。
原資料:「労働力調査」より。

表 15-5 労働者階級内の臨時雇の比率 (単位:千人, %)

	2000年			2005年			00〜05年臨時雇伸び率
	労働者数	うち臨時雇数	比率	労働者数	うち臨時雇数	比率	
労働者階級*	52,613	6,607	12.6	52,569	7,504	14.3	13.6
いわゆるサラリーマン層	19,395	2,174	11.2	19,181	2,576	13.4	18.5
専門的・技術的職業従事者	7,609	664	8.7	7,662	862	11.3	29.8
事務従事者	11,786	1,510	12.8	11,519	1,714	14.9	13.5
生産的労働者層	17,566	2,389	13.6	16,458	2,561	15.6	7.2
農林漁業従事者	373	95	25.5	382	103	27.0	8.4
鉱工運通従事者	17,194	2,294	13.3	16,076	2,458	15.3	7.1
不生産的労働者	12,446	2,044	16.4	12,983	2,368	18.2	15.9
販売労働者	7,566	754	10.0	7,227	839	11.6	11.3
サービス職業従事者	4,880	1,290	26.4	5,756	1,529	26.6	18.5

出所:表15-4に同じ, 81頁。
原資料:「平成17年国勢調査・抽出速報集計結果（1％抽出結果）」より。
注:*労働者階級の分類については、次章の表16-1を参照。

志向者の年齢別構成を5年ごとに追跡調査したものである。各調査に共通して，フリーター志向者は20〜24歳が最も多く，年齢が増大するにつれて減少する。また，最近になればなるほど，20〜24歳のフリーター志向者の数が増加してきたことがわかる。図15-4は，離職者（15〜34歳）の雇用形態別（正規・非正規）雇用者の比率を示している。正規から正規へ，非正規から正規への再就職

者の比率は減少しており，逆に，非正規から非正規へ，正規から非正規への再就職者の比率が増大している。表15-4は非正規労働者の推移を示しているが，正規労働者が減少しているのに，パート・アルバイトと派遣（嘱託）が増加していることがはっきりとでている。表15-5は2000年から2005年にかけての臨時雇用の変化を示しているが，どの階層でも臨時雇用の比率が上昇していることがわかる。労働者階級5256.9万人のうち臨時雇用労働者は750.4万人となり，比率では2000年の12.6％から14.3％に上昇している。

研究を深めるために

マルクス『資本論』第1巻第23章第3・4節

『資本論体系』3（富塚良三・服部文雄・本間要一郎編「剰余価値・資本蓄積」有斐閣，1985年）

Richard C. Edwards, *Rights at Work: Employment Relations in the Post-Union Era*, Washington, D.C., The Brookings Institution, 1993

Richard C. Edwards, "The Social Relations of Production in the Firm and Labor Market Structure", *Politics and Society*, vol. 5

Andrew L. Friedman, *Industry and Lbor: Class Struggle at Work and Monopoly Capitalism*, London, Macmillan Press, 1977

デイヴィッド・ゴードン著，佐藤良一・芳賀健一訳『分断されるアメリカ―「ダウンサイジング」の神話』（シェビリン，1998年）

ジェームズ・オコーナー著，佐々木・青木・中谷ほか訳『経済危機とアメリカ社会』（御茶の水書房，1988年）

加藤佑治『現代日本における不安定就業労働者（増補改訂版）』（御茶の水書房，1991年）

北村洋基『情報資本主義論』（大月書店，2003年）

鈴木和雄『労働過程論の展開』（学文社，2001年）

第16章　国民所得と諸階級

　剰余価値と利潤の源泉はともにサープラス（余剰生産手段と余剰生活手段）であり（第3章第2節，第8章第2節），産業資本が一律に支配しかつすべて自己資本と想定したうえで，価値と生産価格を求めた（第9章第2節第2項）。しかし，資本の流通過程と信用関係は商業資本と銀行資本が専門的に担うようになり，産業資本の運動に適合的な近代的商業・近代的銀行業が自立化した。それにともなって，剰余価値の一部が商業利潤と銀行利潤として分配された。しかし利潤部分だけではなく，商業や銀行業で使用する不変資本部分と商業労働者や銀行労働者に支払う可変資本部分も，社会全体で生産された剰余価値の一部によってまかなわれた。マルクスの生産的労働規定の立場を堅持しようとすれば，流通労働や信用労働（業務）は価値は生産せず，剰余価値の分配されたものであるからである。商業労働者と銀行労働者は，商業資本と銀行資本に全収益（収入）をもたらすが，賃金として受け取るものは労働力の価値部分であり，残余は不変資本の補塡や利潤として，商業資本と銀行資本が取得してしまった。その意味において，やはり商業労働者も銀行労働者も搾取されていた。

　以上の分析は，本源的生産要素である土地を考慮に入れていなかった。資本といえども，自然条件たる土地を任意につくりだすことは不可能である。しかも土地は私的所有であるから，資本は経済法則にのっとり農産物価格を規定しながら，借地料としての地代を支払った。差額地代の源泉は，社会全体で生産された剰余価値の一部であり，絶対地代が直接に価値（市場価値）で規制されるならば，その源泉は農業労働者が生産した剰余価値であり，生産価格を超える独占価格によって規定されるならば，その源泉は差額地代と同じく，社会全体で生産された剰余価値の一部としなければならない。

　説明を逆にして，近代的土地所有を包摂した確立した資本主義を想定すれば，社会全体で生産された剰余価値の一部はまず，土地所有者に地代として分配され，その後に，産業資本，商業資本，銀行資本，農業資本，の間での競争によって利潤率が均等化し，生産価格が成立することになる。こうした剰余価値全

体の分配関係を，まず明らかにしよう。

16.1　生産価格法則と剰余価値の分配

　第9～11章で生産価格・商業利潤・銀行利潤を考察したときには，投下資本（機能する資本）はすべて自己資本と想定した。本章では，銀行利潤の源泉は剰余価値から支払われる利子であることを明確にするために，銀行は自己資本を基礎として信用を創造し，産業・農業・商業資本は銀行からすべて借り入れる，と想定する[359]。また，投下した資本全体（機能した資本全体）が平均利潤形成に参加するものとする。そして，機能した資本は，地代と利子を払った後の残りの総利潤を，資本量に応じて平等に分配するものと想定する。剰余価値を生産するのは産業・農業部面であるから，農地の所有者に支払う地代は，産業・農業資本の剰余価値から支払われるものとする。本章では，農業だけでなく産業・商業・銀行業も土地を借用するものと想定し，それぞれ工業地代，商業地代，銀行地代を支払うものとする[360]。

　農業地代　さて，物的・非物的（サービス）生産活動を指揮する産業資本と農業資本において，以下のように資本が投下され，両部面での競争の結果利潤率が均等化して，平均利潤（Ⅱ）が形成されたとしよう（一般的・平均的利潤率は10％）。

　　産業資本　8,000C＋2,000V＋1,000Ⅱ＝11,000Xi
　　農業資本　1,000C＋　300V＋　130Ⅱ＝1,430Xa

　簡単化のために差額地代第2形態を捨象すれば，農業で発生する地代は第14章の図14–1（202頁）のように125となる。この農業地代を投下資本量に応じて支払う（負担する）とすれば，産業資本は110，農業資本は14，の地代を払う（端数は切下げ）。第1次的平均利潤からこの地代を控除した残りの利潤は，産業資本・農業資本ともに8.89％となる。実際には，地代を支払った残りの利潤

---

[359]　流動資本モデルを想定する。流動資本と固定資本を区別すれば，第11章で想定したように，前者は銀行から借り入れ，後者は銀行預金（減価償却積立金と蓄積積立金）が引き出されると想定するのが現実的であろう。
[360]　以下の説明は，拙著『経済学原論』第15章第2・5節を若干修正したものである。

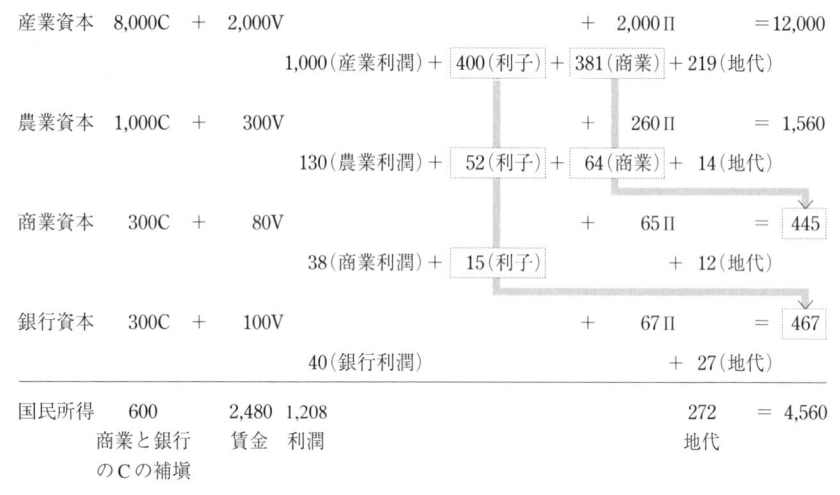

図 16-1　生産価格法則と国民所得

```
産業資本   8,000C  +  2,000V                        +  2,000Π    = 12,000
                        1,000（産業利潤）+ 400（利子）+ 381（商業）+ 219（地代）

農業資本   1,000C  +   300V                         +   260Π     =  1,560
                         130（農業利潤）+ 52（利子）+ 64（商業）+ 14（地代）

商業資本    300C  +    80V                          +    65Π     =    445
                           38（商業利潤）+ 15（利子）         + 12（地代）

銀行資本    300C  +   100V                          +    67Π     =    467
                           40（銀行利潤）                    + 27（地代）
─────────────────────────────────────────────
国民所得     600         2,480   1,208                   272       =  4,560
          商業と銀行      賃金    利潤                   地代
          のCの補塡
```

出所：拙著『経済学原論』209頁。

は，商業資本と銀行資本が自立化することによって上昇する。地代を払う前の利潤率が，10％から20％に上昇したとしておこう。

図16-1は，社会全体で生産された利潤（剰余価値）が，利子率4％，平均利潤10％になるように分配される例を示している。

産業利潤　①産業資本と農業資本は10,000と1,300の資本を銀行から借り入れ，生産された剰余価値総量を2,260として投下資本量に応じて分配し，2,000と260の第1次的な「平均利潤」を生みだす。この総平均利潤2,260が分配の対象となる。②産業資本は，第1次的に獲得した「平均利潤」2,000から219の地代（110の農業地代と109の工業地代）を支払うものとし，381を商業活動に支払うものとし（安く売る），投下資本の4％にあたる400を利子として銀行資本に支払う。残りの1,000が産業利潤となり，利潤率は　1000Π／10,000（C＋V）＝10％，となる。

農業利潤　③農業資本も，第1次的に獲得した「平均利潤」260からすでに14の農業地代を支払ったが，さらに，投下資本1,300の4％にあたる利子52を銀行資本に支払い，さらに商業活動（商業資本）に64支払うものとする。残りの130が農業利潤となり，農業利潤率も10％になる。

商業利潤　④商業資本は銀行資本から380借り入れ，それを300の不変資本と80の可変資本に投下するものとしよう。産業と農業から支払ってもらった（安く買った）合計445でもって，不変資本300を補填し，80の可変資本を回収し，65の「平均利潤」をひとまず獲得する。商業労働者は剰余価値したがって「平均利潤」を生産はしないが，商業労働によって，すでに産業・農業労働者が生産した剰余価値（「平均利潤」）445から，300の不変資本を補填し，80で可変資本を回収し，65の「平均利潤」を資本家に獲得させることになる。商業資本家は取得できた第1次的「平均利潤」65を，商業地代として12を支払うものとし，また15の利子を支払う。これは，第1次的に産業と農業から分配された剰余価値の再分配されたものとなる。残りの38が商業利潤となり，商業利潤率も10%となる。

銀行利潤　⑤銀行資本は自己資本400を不変資本に300，可変資本に100投下し，合計467の利子を獲得した（400は産業から，52は農業から，15は商業から）。銀行が貸し付けた資本は，産業10,000，農業1,300，商業380の合計11,680であるから，その4%にあたる利子を得たことになっている（四捨五入）。この利子総額は，産業と農業で生産された剰余価値（「平均利潤」）の分配と，商業から再分配されたものである。銀行資本は300の不変資本を補填し，100の可変資本を回収し，残りの67が第1次的「平均利潤」となる。そのうち27を銀行地代として支払うとすれば，銀行利潤は40となり，銀行利潤率も10%になる。⑥実際には，銀行から借り入れた産業・農業・商業資本は，補填した不変資本や回収した可変資本部分を利子つきで銀行に返済し，新に資本を投下するときに再度銀行から借り入れると処理しても，同じである。

地代　⑦土地所有者は合計272の地代を得るが，その源泉は産業と農業で生産された剰余価値にほかならない。219と14で産業と農業で生産された生活手段を調達し，12と27で商業サービスと銀行サービスに支払っていると考えれば，部門ごとに均衡が維持される。

剰余価値の分配形態　⑧社会全体で生産された剰余価値（「平均利潤」）は2,260であった。商業資本や銀行資本が独立したのは，社会全体からみた場合の流通費用445と信用取引費用（貨幣取扱費用）467を補ってあまりある，社会全体での剰余価値増加に寄与しているからである。生産された剰余価値2,260

は，産業利潤1,000と農業利潤130が産業・農業に残り，1,130は第1次的には商業に445，銀行に452，土地所有者に233，分配される。さらに第2次的に，商業資本から15の利子と12の地代が銀行資本と土地所有者に，銀行資本から再度27の地代が土地所有者に再分配される。その結果，国民所得は，図の最下段に示されているように，賃金2,480，利潤1,208，地代272となる。剰余価値はさらに，商業資本と銀行資本の不変資本の補塡に回される（600）。所得と補塡部分の合計は4,560となるが，これから剰余価値を生産した産業と農業の労働者に支払われる賃金2,300を控除した2,260は，生産された剰余価値（「平均利潤」）2,260にほかならない。

かくして，生産価格法則が貫徹する結果，三大階級に賃金・利潤・地代という所得が派生したことになる。

16.2 国民所得と再生産

前節では，機能資本はすべて銀行から借り入れ，一律の利子率で利子を支払うものと想定した。本節では，機能資本は自己資本と銀行借入資本の両方を機能させるものと想定する。「商業サービス」（商品取扱業務）と「銀行サービス」（貨幣取扱業務）に剰余価値から支払った後で，産業・農業・商業・銀行の利潤率が均等化するとの想定は，同じである。

16.2.1 再生産と国民所得（1）——一般的分析

図16-2は，社会全体での生産手段・生活手段・流通費・利子・地代の再生産の流れを示している。記号は生産価格表示であり，物量と生産価格（価値）を分離していない。また二部門分割の流動資本モデルであり，生産手段は毎期補塡されるものとしている。記号は以下のようになっている。C：不変資本，V：可変資本，Π：分配前の第1次利潤，$\bar{\Pi}$：平均利潤，Πc：「商業サービス」への支払，I：利子，R：地代，Mc：不変資本蓄積，Mv：可変資本蓄積，Mk：資本家の個人消費。サブスクリプト（添字）1は生産手段部門，2は生活手段部門，3は商業，4は銀行業，を示す。

生産手段と生活手段部門で生産された剰余価値は，両部門の資本量に応じて

図16-2 再生産と国民所得

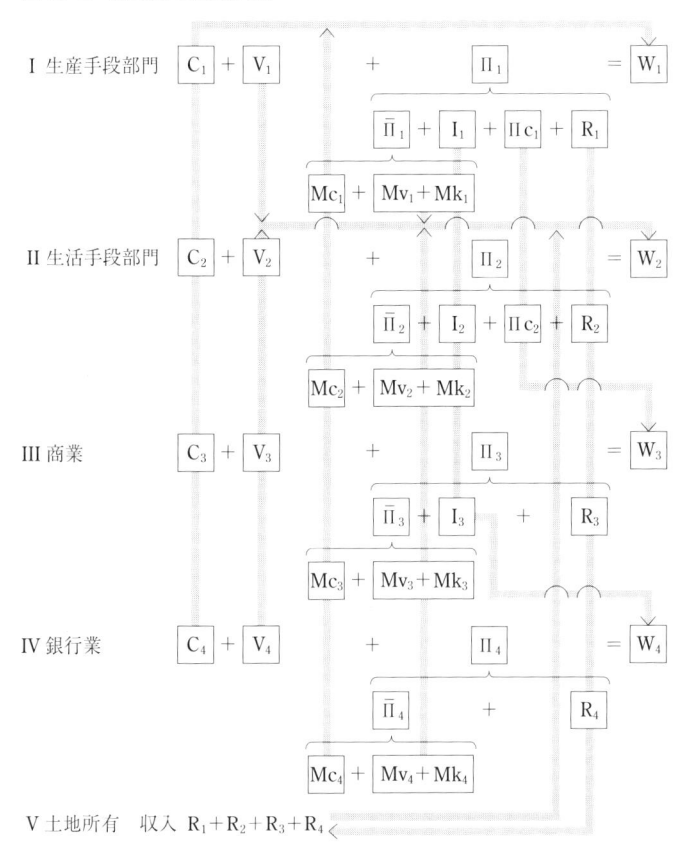

I 生産手段部門　$C_1 + V_1$ ＋ Π_1 ＝ W_1
　　　　　　　　　$\bar{\Pi}_1 + I_1 + \Pi c_1 + R_1$
　　　　　　　　　$Mc_1 + Mv_1 + Mk_1$

II 生活手段部門　$C_2 + V_2$ ＋ Π_2 ＝ W_2
　　　　　　　　　$\bar{\Pi}_2 + I_2 + \Pi c_2 + R_2$
　　　　　　　　　$Mc_2 + Mv_2 + Mk_2$

III 商業　$C_3 + V_3$ ＋ Π_3 ＝ W_3
　　　　　　$\bar{\Pi}_3 + I_3 + R_3$
　　　　　　$Mc_3 + Mv_3 + Mk_3$

IV 銀行業　$C_4 + V_4$ ＋ Π_4 ＝ W_4
　　　　　　$\bar{\Pi}_4 + R_4$
　　　　　　$Mc_4 + Mv_4 + Mk_4$

V 土地所有　収入 $R_1 + R_2 + R_3 + R_4$

分配される（Π_1とΠ_2）(「第1次的平均利潤」)。それらはそれぞれの部門において，$\bar{\Pi}$（平均利潤），I（利子），Πc（「商業サービス」への支払），R（地代），に再分配される。平均利潤は両部門の資本が獲得するものであるから，Mc（不変資本への蓄積），Mv（可変資本への蓄積），Mk（資本家の個人消費）に支出される。商業部門の収益全体は生産手段部門と生活手段部門から支払われる「商業サービス」であり，それによって使用した商業用生産手段を補塡し，商業労働者に賃金を支払う。残りの「第1次的商業利潤」Π_3は，$\bar{\Pi}_3$（平均利潤），I_3（利子），R_3（地代），となる。平均利潤は，生産手段部門・生活手段

部門と同じく，蓄積と個人消費に回される。銀行業の全収益は，生産手段部門・生活手段部門・商業部門から支払われる利子からなる。商業とおなじく銀行業もそれでもって，銀行業用の不変資本を補填し，銀行労働者に賃金を支払い，地代を支払った後の残りの平均利潤を蓄積と個人消費に回す。土地所有のもとでは，支払われた地代が所得となる。

再生産上の均衡関係は図の網線で示されている。

① 生産手段の均衡は，$W_1 = C_1 + C_2 + C_3 + C_4 + Mc_1 + Mc_2 + Mc_3 + Mc_4$

② 生活手段の均衡は，$W_2 = V_1 + V_2 + V_3 + V_4 + Mv_1 + Mv_2 + Mv_3 + Mv_4 + Mk_1 + Mk_2 + Mk_3 + Mk_4 + R_1 + R_2 + R_3 + R_4$

地代は全額個人消費に支出されるものと想定している。

③ 商業での「均衡」は，$W_3 = \Pi c_1 + \Pi c_2$，となる。

④ 銀行業での「均衡」は，$W_4 = I_1 + I_2 + I_3$，となる。

⑤ 地代はすべて個人消費として生活手段の需要となる。

16.2.2 再生産と国民所得（2）—数値例解

前項の記号による一般的分析の理解を深めるために，数値を入れて説明しよう。図16-3では，第1節の図16-1にあわせるために，生産手段部門と生活手段部門の区別が産業（資本）と農業（資本）の区分に変えてある。産業は生産手段と生活手段を生産し，農業は生活手段を生産すると想定している。産業と農業で生産された剰余価値は，両部門で第1次的に20%の平均利潤率でそれぞれ「第1次的平均利潤」をあげる。それを「商業サービス」・利子・地代として支払った残りで，平均利潤率12%を獲得するとしよう。商業資本も銀行資本も12%の平均利潤を獲得する。各部門とも獲得した平均利潤からの蓄積率は50%としている。

まず前項で説明した再生産の均衡関係を，確認しておこう。① 生産手段の需要は，不変資本の補填の合計9,150，追加的不変資本（不変資本蓄積）の合計549，の総合計9,699である。この総合計額が産業の生産額中の生産手段とすれば，生産手段の均衡が成立することになる。産業の生産額12,000からこの生産手段9,699を控除した2,301が生活手段となる。② したがって生活手段の供給額は，産業の2,301と農業全体の1,200を合計した3,501，となる。生活手段に対す

第16章　国民所得と諸階級　241

図16-3　国民所得と再生産（数値例解）

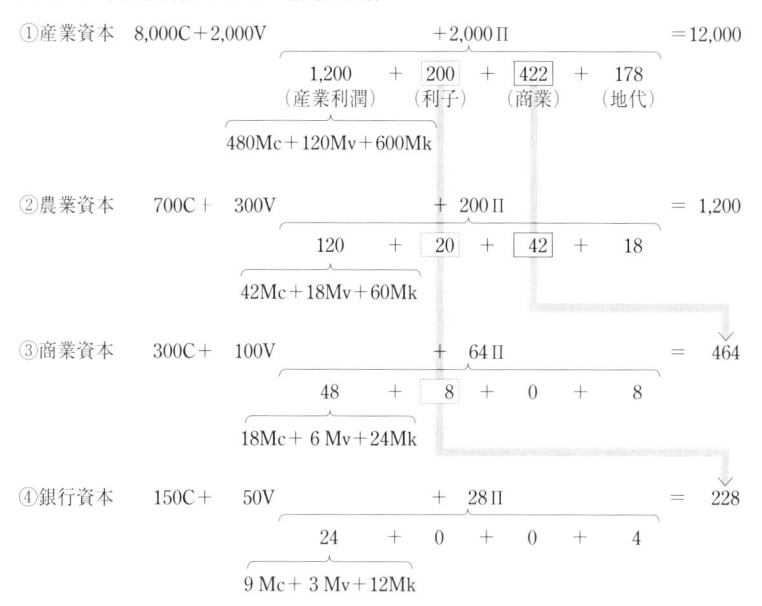

① 産業資本　8,000C＋2,000V　　＋2,000Π　　＝12,000
　　　　　　　　　　1,200　＋　200　＋　422　＋　178
　　　　　　　　　（産業利潤）（利子）（商業）（地代）
　　　　　　　480Mc＋120Mv＋600Mk

② 農業資本　700C＋300V　　＋200Π　　＝1,200
　　　　　　　　　120　＋　20　＋　42　＋　18
　　　　　　　42Mc＋18Mv＋60Mk

③ 商業資本　300C＋100V　　＋64Π　　＝464
　　　　　　　　　48　＋　8　＋　0　＋　8
　　　　　　　18Mc＋6Mv＋24Mk

④ 銀行資本　150C＋50V　　＋28Π　　＝228
　　　　　　　　　24　＋　0　＋　0　＋　4
　　　　　　　9Mc＋3Mv＋12Mk

⑤ 土地所有　収入　178（産業地代）＋18（農業地代）＋8（商業地代）＋4（銀行地代）＝208

「第1次平均利潤率」＝20%
「最終平均利潤率」＝12%
Π＝「平均利潤率」
Mc：不変資本蓄積
Mv：可変資本蓄積
Mk：資本家の個人消費
蓄積率：50%
利子は投下資本（自己資本＋借入資本）の2%と想定

る需要は，可変資本（賃金）の合計2,450，追加的可変資本（可変資本蓄積）の合計147，資本家の個人消費の合計696，地代の合計208，の総合計3,501であるから，均衡が成立している。③商業と銀行はそれぞれ464と228で「均衡」している。

　図において，国民所得はどのように生産され，分配され，支出されているだろうか。生産された国民所得（付加価値）は，産業資本と農業資本で生産された賃金2,300と剰余価値（「第1次平均利潤」）2,200の合計4,500である。分配さ

れた第1次所得は，賃金2,300と，生産利潤（産業と農業の平均利潤）1,320，産業資本と農業資本からの利子220，産業資本と農業資本からの地代196，「商業サービス」（流通費用）464，の合計2,200の総合計であり，やはり4,500となる。最終的には，商業から8の利子と8の地代，銀行から4の地代が再分配される。最終的に支出された所得は，産業・農業・商業・銀行業の追加的可変資本147を加えた賃金が2,597，資本家の個人消費が696，追加的不変資本（不変資本蓄積）549，地代の支出（土地所有者の個人消費）208，商業資本と銀行資本の不変資本の補填に回された合計450，の総合計であり，やはり4,500となる。このように，国民所得は生産・分配・消費（支出）のどかからみても一致していることが，確認された。

16.3 「三位一体」範式の世界

利潤の監督賃金と利子への分割　前節の考察により，産業労働者と農業労働者の賃金は，直接に賃金労働者が新に生産した価値（付加価値）の一部であり，商業労働者と銀行労働者の賃金は産業と農業で生産された剰余価値が分配されたものであった。産業利潤と農業利潤は，自部門の賃金労働者から搾取した剰余価値の一部であり，商業利潤と銀行利潤は，産業と農業で生産された剰余価値が分配されたものである。ところが利潤は，直接に利潤として現象しないで，監督賃金と利子として表層に現れてくる。すなわち，銀行から借り入れた他人資本の場合には，利潤の一部は，実際に資本を機能させた機能資本が企業者利得として取得し，残りは貸付資本家（銀行）に利子として支払われる。そして資本機能は，賃金労働者を指揮・監督・管理し剰余価値を生産させた監督労働とみなされ，企業者利得は監督賃金として現象する。この利潤の監督賃金と利子への分割が，自己資本を運転する場合にも適用される。すなわち，利子生み資本が確立しているから，その所有の結果利子が獲得されると意識され，あらかじめ利潤から資本所有による利子が差し引かれ，残りが企業者利得となり，やがては監督賃金化する。そして，賃金労働者の賃金と監督賃金の区別も消滅してしまって，賃金として現象してくる。

「三位一体」範式の完成　生産の3要素は，労働力と生産手段と土地である。

表 16-1　2005年の階級構成表　　　　　　　　　　　　　　　　　（単位：千人，％）

	2005年		95～05年増減数	95年～05年増減率
	実数	構成比		
労働年齢人口（15歳以上人口）	110,193	168.3	4,469	4.2
労働力人口（完全失業者を含む）	65,462	100.0	▲1,320	▲2.0
就業者人口（休業中を含む）	61.513	94.0	▲2,391	▲3.7
A．資本家階級＝（1）＋（2）＋（3）	1,842	2.8	▲1,023	▲35.7
（1）個人企業主	39	0.1	▲43	▲52.4
（2）会社役員と管理職員	1,721	2.6	▲910	▲34.6
（3）管理的公務員	82	0.1	▲70	▲46.1
B．軍人・警官・保安サービス員	1,044	1.6	86	9.0
C．自営業者層＝（5）＋（6）	9.998	15.3	▲1,729	▲14.7
（5）自営業者と家族従業者	8,329	12.7	▲1,727	▲17.2
a.農林漁業従業者	2,730	4.2	▲747	▲21.5
（参考）【都市型自営業者】b.c.d＋（6）	7,270	11.1	▲980	▲11.9
b.鉱工運通従業者	2,652	4.1	▲378	▲12.5
c.販売従事者	1,587	2.4	▲573	▲26.3
d.サービス職業従事者[1]	1,363	2.1	▲26	▲1.9
（6）専門的・技術的職業従事者[2]	1,669	2.5	▲2	▲0.1
（7）上記のうち家族従業者	3,132	4.8	▲971	▲23.7
D．労働者階級＝（8）～（14）	52,569	80.3	1,337	2.6
【いわゆるサラリーマン層】＝（8）＋（9）	19.181	29.3	238	1.3
（8）専門的・技術的職業従事者	7,662	11.7	515	7.2
（9）事務従事者	11,519	17.6	▲267	▲2.3
【生産的労働者層】＝（10）＋（11）	16,458	25.1	▲1,795	▲9.8
（10）農林漁業従事者	382	0.6	3	0.8
（11）鉱工運通従事者	16,076	24.6	▲1,798	▲10.1
【不生産的労働者】	12,983	19.8	1,815	16.3
（12）販売労働者	7,227	11.0	207	2.9
（13）サービス職業従事者[1]	5,756	8.8	1,608	38.8
（14）完全失業者	3,950	6.0	1,072	37.2
非労働力人口	41,320	63.1	3,149	8.2
非労働年齢人口（14歳以下人口）	17,400	26.6	▲2,646	▲13.2
総人口	127,756	195.2	2,186	1.7

注：1）分類不能の就業者を含む。
　　2）事務従事者を含む。
　　3）原統計資料の関係で，表中の合計数と労働力人口などが一致していない場合がある。
出所：『経済』2006年12月号，77頁。
原資料：総理府統計局「平成17年度国勢調査・抽出速報集計結果（1％抽出結果）」より。

表 16-2 戦後日本の階級構成の変化

	実　数								
	1950年	1960年	1970年	1980年	1990年	2000年	2005年	1950年	1960年
労働力人口	36,309	44,009	52,822	57,076	63,658	66,098	65,462	100.0	100.0
労働者階級	13,888	22,237	31,158	38,008	47,430	52,613	52,569	38.2	50.5
自営業者	21,403	20,100	18,385	15,576	12,639	10,547	9,998	58.9	45.7
農林漁業従事者	16,189	13,486	9,570	5,592	3,955	2,886	2,730	44.6	30.6
都市型自営業者	5,214	6,614	8,815	9,984	8,684	7,660	7,270	14.4	15
資本家階級	681	1,183	2,633	2,701	2,725	1,917	1,842	1.9	2.7
(軍人・警官・保安)	337	489	646	770	860	1,022	1,044	0.9	1.1

出所：表16-1に同じ，78頁。
原資料：1950，60年は，大橋隆憲著『日本の階級構成』(岩波書店，1971年)。1970年は土居英二「現代日本の貧困化」青木書店，1982年)。1980，1990年は友寄英隆「80年代に日本の階級構成はどう変化したか」(『赤旗』評論特

　それが資本制的私的所有のもとでは，労働者は生産手段から排除され自己の労働力しか所有できない。それを資本家に売らなければならなかった（労働力の商品化）。ところが生産手段は資本家が私的に独占しているから，労働力を購入してそれを消費（＝生産）することによって，剰余価値を商品経済の等価交換にもとづいて取得（搾取）したものが利潤であった。土地は土地所有者によって私的に所有されているから，資本は搾取した剰余価値の一部を借地料として地代を支払った。ところがこうした直接的な剰余価値の生産と，私的所有にもとづく剰余価値の分配（取得）との区別を意図的に無視して，あたかも生産の3要素たる労働力・生産手段・土地の所有自体が，賃金・利潤・地代という所得を生みだしているかのような虚偽意識が誕生する。近代経済学は，各生産要素が生産活動に貢献した貢献度に応じて，所得が発生したかのように説明する。限界学派は限界生産力なる概念をつくりだし，あたかも生産手段や土地も価値を形成するかのように想定して，限界生産力が均等化されるときの各生産要素の限界生産力によって賃金・利潤・地代が決定される，と説明する。マルクスは，この「三位一体」範式という虚偽意識が生みだされる根拠（必然性）を，資本の運動過程から解明して，「三位一体」範式の虚偽的・物神的性格を根底的に批判したといえる。この点については次章で考察することにするが，ともかく，つぎのような麗しき世界が誕生する。

第16章　国民所得と諸階級　245

構成比 (単位：千人，％)				
1970年	1980年	1990年	2000年	2005年
100.0	100.0	100.0	100.0	100.0
59.0	66.6	74.5	79.6	80.3
34.8	27.3	19.9	16.0	15.3
18.1	9.8	6.2	4.4	4.2
16.7	17.5	13.6	11.6	11.1
5.0	4.7	4.3	2.9	2.8
1.2	1.3	1.4	1.5	1.6

と階級構成」(『講座・現代経済学Ⅳ　現代日本経済論』
集版，1992年6月22日）より．

生産要素	所有	所得
労働力	賃金労働者	賃金
生産手段	資本家	利潤
土地	土地所有者	地代

そしてすでに利潤や地代の諸章で指摘したように，果樹が果実を生みだすように，資本や土地の所有自体が利潤や地代を生みだすかのような観念が生まれてくる．近代経済学では，果実を生みだすものが資本であり，地代を生みだすものが土地資本という，まったく転倒した資本物神と土地物神の世界にはまり込んでしまっている．

利潤が，監督賃金そして最終的には賃金と利子に分割されることによって，以下のように「三位一体」範式は完成される．

生産要素	所有	所得	最終的所得
労働力	賃金労働者	賃金	賃金
生産手段	資本家	利潤	賃金と利子
土地	土地所有者	地代	地代

16.4　日本の階級構成

表 16-1 は，2005年の日本の階級構成と，1995年からの変化を示している．表 16-2 は，労働者階級，自営業者，資本家階級，軍人・警官・保安，にまとめた1950年から2005年の55年間の推移を示している．本節で使用するデータはすべて，羽田野修一氏が作成したものである[361]．2005年度の構成比は，資本

---

[361]　羽田野修一「日本の階級構成はどう変わったか―『新・日本的経営』の10年」(『経済』2006年12月号)．階級構成の試算の仕方は，大橋隆憲の方法（大橋隆憲編著『日本の階級構成』(岩波新書，1971年）であり，友寄英隆論文（「80年代に日本の階級構成はどう変化したか」『赤旗』評論特集版，1992年6月22日）を踏襲している．使用している資料は，総理府統計局「平成17年度国勢調査・抽出速報集計結果（1％抽出結果）」である．

家階級2.8％, 軍人・警官・保安サービス員1.6％, 自営業15.3％, 労働者階級80.3％, である。

　各階級の動向をみると, ①労働者階級は, 1950年の38.2％から2005年には80.3％に急増してきた。しかし2005年調査では絶対数がはじめて低下し, 完全失業者と臨時雇用労働者が増加している。②自営業者は55年間で実数が半分以下になり, 農林漁業従事者は構成比で4.2％に落ち込んでいる。都市型従業者は, 1980年をピークとして減少がつづいている。農家数は, 1955年の604.3万戸から2005年には284.8万戸に急減している。2005年では, 専業農家15.6％, 第１種兼業農家10.8％, 第２種兼業農家42.6％, 自給的農家が31.1％, であり, 専業農家の比率が極端に低い。③資本家階級においては, 集積・集中がいっそう進行し, 独占資本は多国籍企業化してきたのが特徴的である[362]。

研究を深めるために
『資本論体系』7（久留島陽三・保志恂・山田喜志夫編「地代・収入」有斐閣, 1984年）
友寄英隆「80年代に日本の階級構成はどう変化したか」（『赤旗』評論特集版, 1992年6月22日号）
羽田野修一「日本の階級構成はどう変わったか」（『経済』2006年12月号）

362）　以上は, 同上論文, 76-88頁の要約である。

第17章　競争の仮象と「三位一体」範式

17.1　競争の仮象（資本の競争の世界）

　諸資本の競争の結果，利潤は平均利潤に転化し，生産価格が成立する（第9章）。平均利潤（剰余価値）は利潤（最終的には利子と監督賃金）と地代に分配（分割）されるが（第16章），逆に賃金や利子や地代が独自に決まり，それらの価値の合計が商品の価値となるという「価値構成説」が登場してくる。それは最終的には「三位一体」範式となるが，マルクスはまずいろいろな視点から，「価値構成説」が必然化する理由（根拠）を説明しているので，順を追って検討していこう。

　剰余価値の利潤への転形を考察したときは賃金（労働力の価値）は一定と仮定した　こう仮定しなければならなかったのは，利潤率の動揺を剰余価値率の変動とはかかわりなしに研究しなければならなかったからである。しかしいまや，賃金変動を検討しなければならない[363]。

　労賃騰貴によって価格が上昇するようにみえる仮象　労働生産性が減少すれば商品の価値は上昇し，生活手段の価値も騰貴するから，労働力の価値も上昇する。しかし結果だけからみれば，賃金騰貴によって商品価格が騰貴したようにみえ，賃金コストが商品価格を規定するかのごとき外観が生ずる[364]。

　労働力の現実的価値と賃金の下限　労働力の現実的価値は肉体的最低限を超

---

[363]　マルクス『資本論』第3巻第50章。「その結果，利潤率は，この場合には二重の理由によって増大するであろう。すなわち，一方では不変資本の価値が減少するからであり，他方では剰余価値が増大するからである。われわれが剰余価値の利潤への転化を考察したさいには，労賃は下落せず不変のままであると想定したが，それは，われわれはそこでは，利潤率の諸変動を剰余価値率の諸変化とはかかわりなしに研究しなければならなかったからである。のみならず，そこで展開された諸法則は一般的なものであり，それら法則は，労働者の消費にはいり込まない生産物を生産する資本諸投下，したがってそこでは生産物の価値変化が労賃に影響しない資本諸投下にもあてはまるものである。」（第13分冊，1500頁）

えて，歴史的・社会的・風土的発展に応じた水準に決まる。だからまた，新たな労働投下によって形成される新価値の残りの部分（諸収入）には，限界があることになる。労働力が肉体的最低限にまで低下したときに，諸収入は最大限になる[365]。

競争は調整的平均水準をつくりだす　諸資本の競争は，調整的な平均市場価格である生産価格の水準をつくりだすが，その水準で需要と供給が一致すれば，競争はこれ以上の内容についてはいっさい説明できない。その背後にある，価値・剰余価値・投下資本によってその水準自体を説明しなければならない[366]。

競争が利潤の分割比率や需給の一致を規定する　利子生み資本が成立すると，平均利潤は機能資本家として取得する企業者利得と自己資本所有者としての利

---

[364] 『資本論』第3巻第50章。「しかし，これは，労賃の引き上げの結果ではなく，〔逆に〕労賃の引き上げが商品の騰貴の結果であり，同じ分量の労働の生産性の減少の結果であろう。この場合には，労賃の騰貴が生産物を高価にしたかのような外観が生じる。労賃の騰貴は，しかしこの場合には原因ではなく，労働の生産性の減少によってもたらされた商品の価値変動の結果である。」（同上書，1498頁）

[365] 『資本論』第3巻第50章。「彼の労働力の現実的価値は，この肉体的最低限から背離する。それは，風土と社会的発展の状態とに応じて，相違する。それは，肉体的諸欲求に依存するだけでなく，〔他方から見れば〕歴史的に発展した社会的諸欲求――これらは第二の天性となる――にも依存する。しかし，どの国でも，ある与えられた時代には，この規制的な平均労賃はある与えられた大きさである。こうして，その他の諸収入全部の価値に限界が与えられる。……労働日のうち，労働者が彼の賃金の価値を再生産するために必要とする部分は，彼の賃金の肉体的最低限をその最後の限界とするものとすれば，労働日のうち，彼の剰余労働がそれに現われる他の部分，したがってまた剰余価値を表わす価値部分は，労働日の肉体的最高限を，すなわち，労働者が彼の労働力を維持し再生産するにあたっておよそ与えることのできる日々の労働時間の総分量を，その限界とする。」（同上書，1502頁）。

[366] 『資本論』第3巻第50章。「さまざまな生産部面に投下された諸資本のあいだへの，この率のもとづく社会的利潤の分配は，諸商品の価値から背離する生産諸価格――これは現実的に規制的な平均市場諸価格である――を生み出す。……市場諸価格は，これらの規制的生産諸価格以上に騰貴したり以下に下落したりするが，しかしこれらの変動は相互に相殺される。比較的長期間にわたる価格表を見れば，また，諸商品の現実的価値が労働の生産力の変動の結果変化した場合，同じくまた自然的または社会的な不慮の出来事によって生産過程が撹乱された場合を除外すれば，第一には諸背離の限界が比較的狭いこと，第二に諸背離の均等化が規則的に行なわれることに，おどろかされるであろう。ここには，ケトレが社会的現象について指摘したのと同じ，規制的諸平均の支配が見いだされるであろう。」（同上書，1503-1504頁）

子とに分割するが，この分割を規定するのは競争にほかならない[367]。

「構成価値説」批判 このように諸資本の競争が利潤の分割を規定するのに，分割された諸収入や賃金が商品価値を構成すると考える「価値構成説」がでてくる。その世界では，不変資本は存在しないことになり，価値概念は消滅してしまう[368]。

競争は労賃の変動を規定するが，その水準は説明できない マルクス自身，「われわれが見いだそうとするのは，ほかならぬ労賃の自然価格，すなわち，競争によって規制されるのではなく逆に競争を規制する労働の価格である」[369]といっている。

競争は利潤を生みださない 競争は利潤率の不均等を均等化させるが，利潤や利潤率を創造はしない。競争は均衡化すればなにごとも語れないのである。ところが，競争の世界だけに囚われてきた経済学者たちは，競争を正確に説明できないばかりか，その本質的概念を把握できない経済学者に競争が説明してやらなければならない始末である，とマルクスは皮肉っている[370]。

「価値構成説」の必然化 以上の，競争の果たす役割と，競争では説明できないこととを峻別したうえで，マルクスは「価値構成説」が必然化する根拠について5点にわたって述べる。

---

[367] 『資本論』第3巻第50章。「分割の一定の比率は，この場合には偶然的である。すなわち，それはもっぱら競争諸関係によって規定されている。他の場合には，需要と供給との一致が，市場諸価格のその規制的平均価格からの背離の廃棄に，すなわち競争の影響の廃棄に等しいのにたいして，この場合には競争が唯一の規定的なものである。」(同上書，1507頁)

[368] 『資本論』第3巻第50章。「商品価値から不変価値部分を控除したものがこの三つの部分に分かれる本源的な単一体ではなく，逆に，これら三つの部分それぞれの価格は自立的に規定されており，これら三つの独立した大きさの加算からはじめて商品の価格が形成される，というようにみなされてはならない。」(同上書，1507-1508頁)。

[369] 同上書，1511頁。

[370] 『資本論』第3巻第50章。「それゆえ，競争は，利潤率における不等を均等化しうるだけである。不等な利潤率を均等化させるためには，利潤は商品諸価格の要素としてすでに現存していなければならない。競争は利潤をつくり出しはしない。競争は，均等化が行なわれたときに現われてくる水準を高めたり低めたりはするが，それをつくり出しはしない。」(同上書，1512頁)。また，「経済学者たちが競争を説明しなければならないのに，逆に，競争が経済学者たちのあらゆる没概念性を説明する労をとらなければならないのである。」(同上書，1514頁)

「第一に，商品の価値構成諸部分が自立的な諸収入として互いに相対しており，これらの収入は，そのようなものとして，労働，資本，および大地という三つの互いにまったく異なる生産作用因に関連づけられており，それゆえこれらの生産作用因から発生するように見えるからである。労働力の所有，資本の所有，大地の所有は，諸商品のこれらの異なる価値構成諸部分をこれらのそれぞれの所有者に帰属させ，それゆえそれらを彼らにとっての収入に転化させる原因である。しかし，価値は収入への転化から発生するのではなく，価値は，それが収入に転化され収入の姿態をとりうる以前に，定在しなければならない。これら三つの部分の相対的な大きさの規定は互いに別種の法則に従っており，諸商品価値そのものとのこれらの法則の連関，および諸商品の価値そのものによるこれらの法則の制限は決して表面には現われないのであるから，このさかさまにされたものの外観はますます強められざるをえない。」[371]

すなわち，労働力・資本・土地の所有が，価値諸成分を諸収入形態に転形させ，三生産要素に連関させられることによって，それらから生ずるような観念が生じる。しかも諸収入は相異なる法則に規定されるから，この逆立ちの仮象は根強くなる。

「第二に——すでに見たように，労賃の一般的な騰貴または下落は，他の事情に変わりがなければ，それとは反対の方向における一般的利潤率の運動を引き起こすことによって，異なる諸商品の生産諸価格を変化させ，それぞれの生産部面の資本の平均構成に応じて，そのあるものを騰貴させ他のものを低下させる。したがってこの場合には，少なくともいくつかの生産部面においては，一商品の平均価格は労賃が騰貴したため騰貴し，労賃が下落したため下落するということが経験さる。……これらすべての経験は，価値構成諸部分の自立してさかさまになった形態によって引き起こされた外観，労賃だけが，または労賃と利潤とが一緒になって諸商品の価値を規定するかのような外観を確認する。」[372]

---

371) 同上書，1517-1518頁。
372) 同上書，1528-1519頁。

賃金（労働力の価値）の上昇は剰余価値を減少させるから，社会的平均的な有機的構成よりも低い部面では生産価格を上昇させ，高い部面では生産価格を低下させた。この経験的事実が，賃金が商品価値を規定するかのような逆立ち形態を生みだす。

「第三に——……それゆえ，労賃は，商品および商品価値が生産される以前にその大きさが与えられている一つの価格要素として，すなわち費用価格の構成部分として現われ，……それゆえ，剰余価値が分裂するこれらの部分は，個々の資本家にとっては与えられた費用価格の諸要素として現われるのであるから，それらは，逆に，剰余価値の形成者として，すなわち，労賃が商品価格の一部分を形成するのと同じように，商品価格の他の部分の形成者として，現われる。商品価値の分解のこれらの諸産物がなぜつねに価値形成そのものの前提として現われるのかという秘密は，単純に次のこと，すなわち，資本主義的生産様式は，他のどの生産様式とも同じように，つねに物質的生産物を再生産するだけではなく，社会的経済的諸関係を，この物質的生産物形成の経済的な形態諸規定を，再生産するということである。それゆえ，資本主義的生産様式の諸前提がその結果として現われるのと同様に，資本主義的生産様式の結果がつねにその前提とした現われるのである。……さまざまな生産作用因の所有者たちのあいだでの契約のさいには，このことが前提されているのであり，個々の各場合に相対的な大きさの諸比率がどんなに変動しようとも，この前提は正しいのである。価値諸部分が相対し合う，規定された姿態が前提されているのは，それがつねに再生産されるからであり，また，それがつねに再生産されるのはそれがつねに前提されているからである。」[373]

賃金や利潤や利子や地代は資本家の費用価格になるから，逆にそれらが商品価値の形成者かのように現象してくる。こうした観念は原因と結果を取り違えたものにほかならないが，こうした取り違えが必然化するのは，社会的経済諸関係が再生産され，資本制生産様式の前提がその結果として現れるからにほかならない，とマルクスは洞察している。

「第四に——諸商品がその価値どおりに売られるか売られないかということ，

---

373) 同上書，1522–1524頁。

したがって価値規定そのものは，個々の資本家にとってはまったくどうでもよいことである。……価値規定が資本家の関心を引くのは，それが資本家自身にとって商品の生産費を増大または減少させる限りでのことにすぎず，したがってそれが彼を例外的な立場におく限りでのことにすぎない。／……それゆえ，不変資本部分を度外視すれば，彼にとっては，労賃，利子，および地代が，商品価格の限界的な，それゆえ創造的，規定的な諸要素として，現われる。」[374]

競争の世界で実践する資本家にとっては，価値規定は，新技術を導入して特別剰余価値を獲得できる場合以外には関心がない。個々の資本としては，費用価格の動向が決定的に重要となるから，費用価格が商品価格を決定するかのように観念するのである。

「第五に——資本主義的生産様式の基盤の上では，新たにつけ加えられた労働がそれに現われる価値を，労賃，利潤，および地代という収入諸形態に分解するということはきわめて自明なことになるのであるから，この方法は（……）はじめから右の収入諸形態の実存諸条件が欠如しているところにも適用される。／……このように，資本主義的生産様式に照応しない生産形態が資本主義的生産様式の収入諸形態のもとに包摂されうる—そしてこのことはある程度までは不当ではないのであるが—のであるから，資本主義的諸関係があらゆる生産様式の自然諸関係であるかのような外観がますます固められる。」[375]

独立生産者においても，自己労働の成果（価値）を不変資本と賃金と剰余価値（利潤）に分割するようになることによって，あたかも資本制生産様式が普遍的（自然的）生産様式であるかのような仮象が生ずる，とマルクスはいっている。

17.2 物神的性格

物象化・物神性については，それぞれの箇所で述べてきた（第1章，第8章）。

---

374) 同上書，1526-1528頁。
375) 同上書，1530-1531頁。

本節では，マルクス自身の叙述を引用しながら，総括的に解明しておこう。

17.2.1　商品物神

第1章第1節（1.1）で説明したように，商品経済においては，人と人との生産と消費をめぐる関係が，商品と貨幣という物の関係として現象せざるをえなかった（物象化）。人々の社会的相互援助関係が，生産手段の私的所有によって分断されているからである。そのために，労働生産物は必然的に商品とならざるをえなかった。そして商品は交換されることによって（現実には貨幣が媒介する），商品は得体の知れない価値対象性をもつようになる。マルクスはいう。

「では，労働生産物が商品形態をとるやいなや生じる労働生産物の謎的性格は，どこから来るのか？　明らかに，この形態そのものからである。人間的労働の同等性は，労働生産物の同等な価値対象性という物的形態を受け取り，その継続時間による人間的労働力の支出の測定は，労働生産物の価値の大きさという形態を受け取り，最後に，生産者たちの労働のあの社会的諸規定がそのなかで発現する彼らの諸関係は，労働生産物の社会的関係という形態を受け取るのである。」[376]

したがって，商品の物神的性格（物神性）の生ずる根拠は，

「したがって，商品形態の神秘性は，単に次のことにある。すなわち，商品形態は，人間にたいして，人間自身の労働の社会的性格を労働生産物そのものの対象的性格として，これらの物の社会的自然属性として反映させ，それゆえまた，総労働にたいする生産者たちの社会的関係をも，彼らの外部に実存する諸対象の社会的関係として反映させるということにある。」[377]

類例を見いだすとすれば，宗教の世界である。

「ここでは，人間の頭脳の産物が，それ自身の生命を与えられて，相互のあいだでも人間とのあいだでも関係を結ぶ自立的姿態のように見える。商品世界では人間の手の生産物がそう見える。これを，私は物神崇拝と名づけるが，

---

376)　マルクス『資本論』第1巻第1章第4節，第1分冊，123頁。
377)　同上書，123頁。

それは，労働生産物が商品として生産されるやいなや労働生産物に付着し，それゆえ，商品生産と不可分なものである。」[378]

この物神性に人々が囚われると，商品に対して特殊な感情や心理を抱くようになる。商品を売って貨幣に換えれば自分の欲望が充たされるから，商品は他人労働を支配する力をもっているように意識され，商品化できない生産は無駄であると考えるようになる。人々は生産そのものよりも商品自体を崇拝するようになり，商品生産に追いまくられるようになる。

17.2.2 貨幣物神

商品の物神性は，目に見えるようになった・人目を幻惑させる貨幣物神となる。第2章で説明したように，商品世界が一般的等価物としての貨幣を生みだした。ところがこの過程が消え失せて，金・銀は生まれながらに貨幣であるかのように見えてくる。マルクスの語りを紹介しよう。

「われわれはこの虚偽の外観の確立を追求した。一般的等価形態が，ある特殊な種類の商品の自然形態に癒着したとき，あるいは貨幣形態に結晶したとき，この外観は完成する。他の諸商品がその価値を一商品によって全面的に表示するので，その商品ははじめて貨幣になるのだとは見えないで，むしろ逆に，その商品が貨幣であるからこそ，他の諸商品はその商品で一般的にそれらの価値を表示するかのように見える。媒介する運動は，それ自身の結果のうちに消失して，なんの痕跡も残さない。……金や銀というこれらの物は，地中から出てきたままで，同時に，いっさいの人間的労働の直接的化身なのである。ここから，貨幣の魔術が生じる。……だから，貨幣物神の謎は，目に見えるようになった，人目をくらますようになった商品物神の謎にほかならない。」[379]

そして貨幣物神に囚われた人々は，金・銀貨幣は生まれながらに，他人労働（商品）を支配する力があるかのように意識する。そして，貨幣こそが万能で

---

378) 同上書，124頁。本書では，物象化，物神性，物神崇拝を区別して使用する。物象化によって物神性が生じ，それゆえに，人間が崇高な意識をもつようになることが物神崇拝である。

379) 同上書，158-159頁。

あるかのような虚偽意識が支配し，人々は拝金主義に陥ることになる。

17.2.3　資本物神

　商品や貨幣の謎的性格（物神的性格）は，商品貨幣経済が資本の価値増殖運動に包摂されることによって，資本の物神性へと発展していく。第8章第1節(8.1)で考察したように，資本の生産過程における労働諸力の「資本の生産力」化や，賃金の「労働の価格」化が生じた。資本の流通過程では，流通過程が利潤発生にかかわってくるかのように見えてきて，資本の回転運動が利潤を生みだすかのようになり，不変資本と可変資本の区別が背後に退いてしまった。生産過程と流通過程を統一した資本の総過程においては，諸資本の競争に媒介されて資本の物神性はいっそう進展するし，競争過程での生産当事者たちの虚偽の意識形態がいっそう明瞭に現れてくる。不変資本と可変資本の区別は消失し，競争当事者たちには，利潤は投下した資本全体が生みだすものと意識された（第8章第2節）。

　競争の結果，現実には競争機構でもある景気循環運動によって，利潤は平均利潤に転化した。資本は平均利潤を得る資格（能力）という追加的使用価値を獲得し，資本所有には利子が発生した（利子生み資本の形成）。企業者利得も監督賃金化することによって，資本─利子なる範式が成立する。企業者利得は機能資本が生産させた剰余価値の一部であり，利子もこの一部が貸し手に還流したものにほかならないが，こうした媒介過程が消失してしまい，結果だけの世界が残る。もはや資本は，時間の経過とともに一定の果実たる利子をもたらすものと観念され，そうした観念を合理化しようとする俗流経済学者が叢生した。こうした虚偽意識が発生する根拠については，第3節（17.3）で説明することにしよう。

17.2.4　土地物神

　第14章で考察したように，地代は土地が私的に独占的に所有されているがゆえに，社会全体で生産された剰余価値の一部が分配されたものであった。ところが，土地そのものが地代を生みだしているかのように説明する経済学的三位一体範式が登場し，土地が生みだす果実としての地代を資本還元した土地価

格・土地資本概念が生まれてきた。土地を貨幣で売り買いするようになるから、労働者までが「土地は自己労働によって取得した貨幣で買ったもの」と意識するようになる。利子が資本の果実と観念されたのと同じように、地代が資本の果実として観念され、土地価格が上がれば「差額利潤」が発生するから、人々は資産のストックとして土地を所有し、それを投機の対象物とする土地神話（土地物神）に囚われるようになる。

17.3　物神化の完成と「三位一体」範式批判

　商品物神、貨幣物神、資本物神、土地物神は、経済学的「三位一体」範式において完成される。「三位一体」範式が完成する過程については前章第3節（16.3）で説明したが、マルクスは、「三位一体」範式に人々が囚われ、また、それを弁護しようとする俗流経済学の説明が必然的にでてくる根拠を暴露しているので、本節ではマルクスの説明を追跡していこう。
　マルクス自身が、商品・貨幣物神、資本の生産過程と流通過程における物神化を要約的に述べているので、その総括を確認しておこう。

　商品・貨幣の物神性　「商品および貨幣を考察したさいに、神秘化的な性格、すなわち、社会的諸関係—……—を、これらの物そのものの諸属性に転化させる（商品）、またいっそうはっきりと生産関係そのものを一つの物に転化させる（貨幣）、神秘的な性格を指摘した。」（第13分冊、1447頁）

　資本の生産力化　「本来の独自な資本主義的生産様式における相対的剰余価値の発展につれて—それとともに労働の社会的生産諸力が発展する—、これらの生産諸力と、直接的労働過程における労働の社会的諸連関とは、労働から資本に移されたものとして現われる。このためだけでもすでに資本はきわめて神秘的な存在になる。というのは、労働のあらゆる社会的生産諸力が、労働そのものにではなく資本に属する諸力として、また資本自身の胎内から生まれ出る諸力として、現われるからである。」（同上、1448頁）

　流通過程から利潤が発生するような外観　「資本が直接的生産過程でくみ出し、諸商品として表わした剰余価値がどのようなものであるにせよ、諸商品に含まれる価値および剰余価値は、まず流通過程で実現されなければならな

い。そして，生産に前貸しされた諸価値の回収も，またとくに諸商品に含まれる剰余価値も，単に流通において実現するだけのようには見えず，流通から発生するように見える。この外観は，とくに次の二つの事情によって打ち固められる。第一は，譲渡のさいの利潤は，詐欺，狡知，その道の知識，手腕，およびありとあらゆる市況に依存するということ。しかし次に，ここでは労働時間のほかに，第二の規定的要素，すなわち流通時間が加わるという事情。この流通時間は，価値形成および剰余価値形成の消極的制限として機能するにすぎないとはいえ，それでも，労働そのものと同じように〔右の形成の〕積極的原因であるかのような，また，資本の本性から生じて労働とはかかわりのない規定性をもち込むかのような，外観を呈する。」(同上，1448-1449頁)

総過程(現実的生産過程)における自立化と骨化　「現実的生産過程は，直接的生産過程と流通過程との統一として，新たな諸姿容を—そこでは，ますます内的連関の脈絡が消えうせ，生産諸関係が互いに自立化し，価値の構成諸部分が互いに自立的な諸形態に骨化する，そのような新たな諸姿容を—生み出す。」(同上，1449-1450頁)

剰余価値の利潤への転化　「剰余価値は，利潤の形態においては，もはや，剰余価値が発生する，労働に支出された資本部分に関連づけられるのではなく，総資本に関連づけられる。利潤率は独自な諸法則—剰余価値の率が不変のままであっても利潤率の変動を許し，またこの変動を引き起こしさえする諸法則—によって規制される。」(同上，1450頁)

利潤の平均利潤への転化　「正常な平均利潤そのものは，資本に内在し，搾取にはかかわりがないように見える。異常な搾取は，または有利な例外的諸条件のもとでの平均的搾取も，ただ平均利潤からの背離をもたらすだけで，平均利潤そのものをもたらしはしないように見える。」(同上，1451頁)

企業者利得と利子への分割　「企業者利得と利子への利潤の分裂は(……)，剰余価値の形態の自立化を，剰余価値の実体・その本質にたいする剰余価値の形態の骨化を，完成する。利潤の一部分は，他の部分に対立して，資本関係そのものから完全に引き離され，賃労働の搾取という機能からではなく資本家自身の賃労働から発生するものとして現われる。これに対立して，次に

は利子が，労働者の賃労働にも資本家自身の労働にもかかわりなく，それ自身の独立な源泉としての資本から発生するように見える。資本は当初，流通の表面で，資本物神，価値を生む価値として現われたが，それは，いまやふたたび，利子生み資本の姿態において，そのもっとも疎外された，もっとも独自な形態にあるものとして現われる。」(同上，1451頁)

三位一体範式の完成　マルクスは，「資本―利潤」，「土地―地代」，「労働―労賃」という三位一体的形態の中に，社会的生産過程のいっさいの秘密が包括されているという[380]。本来，生産の三要素はまったく異なる部面に所属している異なった概念である。資本は，一定の社会的な，一定の歴史的な社会構造に属する生産関係である。土地は，資本が任意に変えることができない自然的豊饒度の違いによって，差額地代を生むにすぎない。労働は，人間一般の生産的活動であり超歴史的に不変な人間と自然との質料変換を媒介する活動である。そして，資本・地代・賃金は資本制社会という歴史的に規定された社会形態であるのに対して，生産手段，土地，労働（力）は生産過程の質量的要素であるのに，両方が乱暴にも並列させられている。そもそも土地は使用価値生産の要因であるが，価値などは形成しない。

ところが俗流経済学は，この通約できない使用価値と価値を関係させる。マルクスは批判する。

「俗流経済学は，ブルジョア的生産諸関係にとらわれたこの生産の当事者たちの諸観念を教義的に代弁し，体系化し，弁護する以外には，実際にはなにも行なわない。したがって，まさに経済的諸関係の疎外された現象形態，そこでは，この諸関係が"明らかに"ばかげたものであり，完全な矛盾である現象形態―そして，もし事物の現象形態と本質とが直接に一致するなら，あらゆる科学は余計なものであろう―において，まさにそこにおいて，俗流経済学が申し分のないくつろぎを感じるとしても，そして，この諸関係の内的連関が隠蔽されていればいるほど，しかも，この諸関係が通常の観念になじむものとなればなるほど，それだけますます俗流経済学にとってこの諸関係が自明に見えるとしても，われわれにとっておどろくにはあたらない。」[381]

---

[380]　マルクス『資本論』第3巻第48章，第13分冊，1424頁。

さらに,

「まず,なんの価値ももたない使用価値たる土地と,交換価値である地代があり,その結果,一つの社会的関係が,物として把握され,自然にたいして比例関係におかれている。すなわち,同じ単位で計量できない二つの大きさが相互に関係するものとされている。次に資本—利子。資本が貨幣で自立的に表わされた一定の価値額として把握される場合,ある価値はそれがもつ価値より多くの価値であるなどということは,"明らかに"無意味である。……最後に,労働—労賃,労働の価格は,……,"明らかに"価値の概念と矛盾する表現であり,同じく,一般的にはそれ自体価値の一定の表現にすぎない価格の概念とも矛盾する表現である。」[382]

土地所有者は,農民を追いだすだけでなく,本源的生産要素の人格化であり,労働者は自分自身の労働力の所有者であり販売者である。明らかに異なった社会的関係の人格化であるのに,諸収入としては同一の領域に属するから,収入の源泉として生産要素が現象するようになる。賃金は労働の成果の一部にすぎず,利潤は剰余価値の一部にすぎず,差額地代は調整的市場価値(競争に媒介される社会的一法則)によって発生するのだが,賃労働は労働化され,資本は生産手段化され,土地が私的所有地化されることによって,社会的形態が剥ぎ取られ,質料的定在(生産手段と土地)が収入の源泉とされる。

かくして三位一体範式が完成するが,その世界で資本制社会の神秘性が完成する。

「価値および富一般の構成諸部分とその諸源泉との連関としてのこの経済学的三位一体においては,資本主義的生産様式の神秘化が,社会的諸関係の物化が,素材的な生産諸関係とその歴史的・社会的規定性との直接的な癒着が完成されている。」[383]

古典派経済学は利子や地代を利潤に還元したが,未解決の矛盾に陥っていた。ところが俗流経済学は,支配階級の収入源の自然必然性と永遠性を正当化する露骨な弁護者になりはてた。物神性は,資本制生産様式から離れればたちどこ

---

381) 同上書,1430頁。
382) 同上書,1430-1432頁。
383) 同上書,1452頁。

ろに消滅している。すなわち，原始共同体・古代の都市共同体・中世の同職組合においては，神秘化は発生しない。

17.4 競争の現実的運動

序章で紹介したように，マルクスは自身の経済学研究のプラン（経済学批判プラン）をつぎのように立てていた。
  I 資本（α 資本一般，β 競争，γ 信用，δ 株式会社）
  II 土地所有
  III 賃労働
  IV 国家
  V 外国貿易
  VI 世界市場

現行の『資本論』（第1巻はマルクス自身の編集，第2・3巻はエンゲルスの編集，マルクスの草稿は MEGA として出版されている）がマルクスのプランのどこまでを扱っているかをめぐって，プラン問題（論争）が展開されてきた[384]。資本・土地所有・賃労働までの前半三部門が分析されているのか（「三部門説」），それとも資本一般しか扱われていないのか（「資本一般説」）が両極的な解釈である。筆者は，佐藤金三郎が提起したように，前半三部門の基本的規定はなされているが，資本一般以外の項目には固有の領域が残されたという考えである（「両極分解説」）。マルクスが構想していた全体系の全体像は推測の域を抜けだしていないが，本書は，プラン前半を視野に入れ，かつ現代までを射程に入れている。

さて当面する競争について，マルクスはつぎのように留保していた。
「生産諸関係の物化の叙述，および生産当事者たちにたいする生産諸関係の自立化の叙述では，われわれは，それらの連関が，世界市場，その商況，市場価格の運動，信用の期間，商工業の循環，繁栄と恐慌との交替によって，生産当事者たちにとっては，圧倒的な，不可抗的に彼らを支配する自然法則

384） プラン論争については序章第4節第2項（0.4.2），参照。

として現われ，彼らにたいして盲目的な必然性として作用するその仕方・様式には立ち入らない。なぜなら，競争の現実の運動はわれわれのプランの範囲外にあるのであり，われわれはただ，資本制的生産様式の内部組織のみを，いわばその理念的平均において，叙述すべきだからである。」[385]

このように，マルクスの計画の範囲外におかれている競争の現実的運動の研究こそ，景気循環（産業循環）や世界市場と恐慌の研究のために，不可欠であることを確認しておこう。さしあたり本節では，循環的な市場価格と投資行動を考察しておこう。

17.4.1　新技術の導入・普及・陳腐化と投資行動

資本の動態過程に分析にとって，蓄積（投資）がどのように決定されるかは根本的に重要な問題である。さまざまな投資関数があるが，投資額は期待利潤率の増加関数として，以下のように設定しよう[386]。

$$M_{k1}^t/M_{k1}^{t-1}=1+\rho\,(Re_1^t-1), \qquad M_{k2}^t/M_{k2}^{t-1}=1+\rho\,(Re_2^t-1), \qquad \rho>0$$

M_k^tとM_k^{t-1}は今期と前期の投資額，ρは期待利潤率に対する反応係数，Re^tは期待利潤率，である。本項では，新技術の導入・普及・陳腐化過程，需要状態，競争状態との関連において，新投資の進展と限界技術の排除過程（資本価値の破壊）を考察する。

ある産業には，最初に標準的技術と限界的技術が存在し，標準的技術が支配的大量を生産しているとしよう。この状態の中に新技術が率先的に導入されるとしよう。景気循環と関連づけて，大雑把につぎのように分類する。①需要一定のもとで新技術が導入される（不況末期から回復期）。②需要が拡大して，さまざまな技術のもとで投資がいっせいに進展する時期（好況前期）。③費用価格が上昇し利潤率が低下し，その結果，競争が激化し新技術が急速に普及する時期（好況後期）。④需要が減少して，限界的技術が排除される時期（恐慌・不況期）。

需要一定のもとでの新技術の導入（不況末期・回復期）　ある産業の需給状態

---

385) マルクス『資本論』第3巻第48章，第13分冊，1454頁。
386) 拙著『景気循環論』（青木書店，1994年）第8章第1節，参照。本項は，拙著の第3節を若干変更したものである。

図17-1 需要一定下の新技術の導入

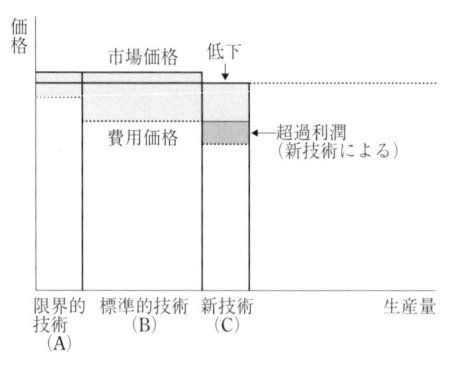

[図：価格を縦軸、生産量を横軸に、限界的技術(A)、標準的技術(B)、新技術(C)の市場価格・費用価格を示す。市場価格低下、新技術による超過利潤が示されている]

出所：拙著『景気循環論』119頁より。

図17-2 需要拡大による投資のいっせい進展

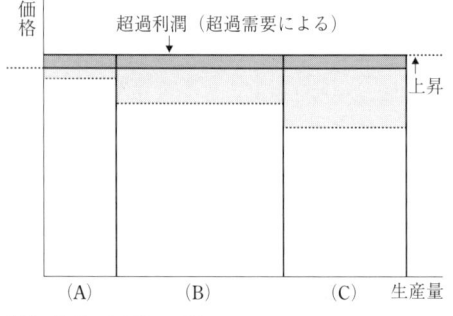

[図：価格を縦軸、生産量を横軸に、(A)(B)(C)の技術別に市場価格上昇と超過利潤（超過需要による）を示す]

出所：図17-1に同じ，119頁。

が図17-1のように，限界的技術と標準的技術で生産されていて，標準的技術が支配的大量を占めているとしよう。不況末期で超過供給状態にあり，激烈な価格切下げ競争がつづいているから，需要は減少傾向にある。価格競争にのぞむ最後の手段として，率先的資本は，新技術を導入してコストを大幅に低下させようとする。新技術の導入によって供給が増加するから，市場価格は低下するが，新技術のほうにはコスト低下による超過利潤が発生する（マルクスの特別剰余価値）[387]。このケースの投資増加の誘因は，コスト低下＝超過利潤による期待利潤率の上昇と，価格競争の激化による反応係数の増大である。

需要拡大による投資のいっせい進展（好況前期） 好況に入り超過需要状態がつづけば，図17-2のように，市場価格が上昇するから，それぞれの技術のもとで投資，したがって生産が拡大する。最も拡大するのはコストが一番低い新技術であるが，超過需要によって一種の超過利潤が獲得できるから，旧来の標準的技術や限界的技術でも投資がおこなわれる[388]。もちろん新技術は普及しはじめる。このケースの投資誘

---

[387] この事情をマルクスはつぎのように説明している。「他の事情が同じであれば，彼の諸商品は，価格の引き下げによってのみ，より大きな市場圏を獲得する。それゆえ彼は，その諸商品を個別的価値以上で，しかし社会的価値以下で，……，売るであろう。」（『資本論』第1巻第10章，第3分冊，554頁）。

因は，超過需要による超過利潤の期待（期待利潤率の上昇）である。

利潤率の低下─率の低下を量の増加でカバーする競争─新技術の普及（好況後期）　好況の後半なり末期に近づいてくると，原材料や労働力の価格が顕著に上昇してくる。そのために，図17-3のように，市場価格は低下しなくても，費用の上昇によって利潤が減少してくる（費用騰貴によるマイナスの超過利潤の発生）。そして利潤率が低下するが，そこで投資が抑制されるのではない。マルクスも指摘しているように，

図17-3　費用騰貴による利潤率の低下

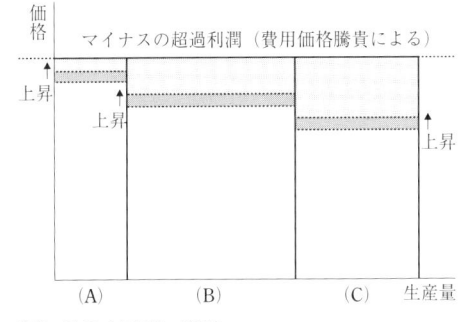

出所：図17-1に同じ，120頁。

図17-4　需要減少による限界的技術の排除

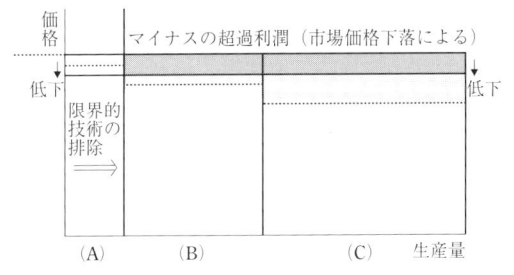

出所：図17-1に同じ，121頁。

利潤率の低下を利潤量の増加によって補おうとする投資競争が進展する[389]。このときの投資は，費用が上昇し利潤率が低下しているのだから，新技術でなされるのが最も有利である。このケースの投資誘因は，率の低下を量の増加によって補おうとする競争戦であり，またそれは新技術を採用しないとやがてはこの産業から排除される脅威によっても強制される。期待利潤率はむしろ低下気味かもしれないが，競争圧力によって反応係数が増大する。

需要減少による限界的技術の排除（恐慌・不況期）　恐慌・不況期に転換すれば超過供給状態になり，図17-4のように，市場価格が急落する。限界的技術

---

388) この状態は，加速度原理が想定するように，需要（所得）の増大が投資水準を規定していく過程とみなせる。
389) 『資本論』第3巻第15章，第9分冊，437頁。

では，コストが市場価格を上回ってしまい採算がとれないので，やがては生産を停止し，この産業から脱落していく。市場価格がさらに低下すれば，標準的技術にも排除が及ぶかもしれない。この排除過程は，好況期に過剰に蓄積された資本が破壊され[390]，均衡を回復していく過程にほかならない。そして期待利潤率がマイナスとなるから，投資額も減少していく。

17.4.2 市場価格の運動

労働手段 市場価格は需要と供給によって決まる。労働手段の市場価格は，期末に生産された供給量（物量）と期末の労働手段に対する投資額（貨幣額）によって決まる。市場清算価格[391]によって生産物は全部実現すると仮定すれば[392]，

$$P_1^t = (Mf_1^t + Mf_2^t + Mf_3^t)/X_1^t$$

P_1^t は今期末に決まる労働手段の市場価格，Mf_1^t, Mf_2^t, Mf_3^t は労働手段部門・労働対象部門・生活手段部門それぞれの労働手段に対する投資額，X_1^t は今期末の労働手段の供給量である。労働手段に対する投資額は，来期調達したい労働手段量（補填部分も含む）に労働手段の予想価格を掛けたものである。来期調達したい労働手段量は利潤予想（期待利潤率）に規制される。労働手段の供給量は，技術関係が所与であれば，今期期首の労働手段の配置量によって決まる。それは，前期末の労働手段に対する投資額と実現された市場価格に依存する。そして前期末の投資額はやはり前期末の期待利潤率と予想価格に依存する。したがって，需要は今期末の期待利潤率と予想価格に依存し，供給は前期末の期待利潤と予想価格と実現した市場価格に依存することになる。したがって市場価格変動は，前期末から今期末にかけての期待利潤率と予想価格の変化によって規制され，期待利潤率と予想価格が上昇すれば市場価格は上昇する

---

390) 同上書，432-435頁。
391) 生産物全部を実現（クリアー）する価格として「市場清算価格」と呼んでおこう。生産価格ではなく市場価格の一種である。
392) 調達したい生産手段（生産手段への実物需要）は，生産された生産手段以上には調達できないから（在庫はないものとしている），そのギャップは価格変動によって調整されることになる。実物需要が供給量より大きければ超過需要状態であり価格が上昇し，逆であれば超過供給となり価格が低下する。

（逆は逆）。

労働対象 労働対象の市場価格は以下のようになる。

$$P_2^t = (Mr_1^t + Mr_2^t + Mr_3^t)/X_2^t$$

P_2^tは労働対象の市場価格，Mr_1^t，Mr_2^t，Mr_3^tは労働対象への各部門からの投資額，X_2^tは労働対象の生産量。投資額は，労働手段・労働対象比率が与えられれば，次期に調達すべき労働対象に予想価格を掛けた額になる。したがって労働対象投資額は，労働手段の場合と同じく今期末に形成される期待利潤率と労働対象の予想価格に依存する。生産量は今期期首の労働手段の配置量に規定されるから，労働手段と同じく，前期末の期待利潤と予想価格と実現市場価格に依存する。市場価格の動向は，労働手段の場合と同じである。

生活手段 生活手段の市場価格は以下のようになる。

$$P_3^t = w^t(L_1^{t+1} + L_2^{t+1} + L_3^{t+1})/X_3^t$$

P_3^tは生活手段の市場価格，w^tは貨幣賃金率，L_1^{t+1}，L_2^{t+1}，L_3^{t+1}は次期の各部門の雇用労働力，X_3^tは生活手段の生産量。貨幣賃金率は以下のように決定されると想定する。

$$w^t = ws + \nu\{(L_1^{t+1} + L_2^{t+1} + L_3^{t+1})/N_t - \theta s\}$$

ws は標準賃金率，νは雇用率に対する反応係数，N_tは労働人口，θsは標準雇用率である。上式は，雇用率が標準雇用率を上回れば，貨幣賃金率は標準貨幣賃金率より上昇すると想定している（逆は逆）。需要は貨幣賃金率と次期雇用労働力に規定されるから，雇用率と雇用量に規定される。ともに労働手段の拡張を規定する期待利潤率と予想価格に依存することになる。生産量は，労働手段・労働対象と同じく，今期期首の労働手段の配置量，したがって前期末の期待利潤率と予想価格と実現市場価格に依存する。前期末から今期末にかけて期待利潤率が高まれば，雇用率と雇用量は増加し，生活手段の市場価格は上昇する。

研究を深めるために

マルクス『資本論』第3巻第48・50章

長島誠一『景気循環論』（青木書店，1994年）

第18章　蓄積モデルと循環

　第1～17章において，現代資本主義とりわけその基底にある資本主義一般の内的構造を，その理念的平均において考察し，その現代的変容（形態変化）を分析してきた。マルクスの『資本論』の世界も基本的にそうであった。前章の第4節（17.4）では，動態過程分析の予備的考察として，競争と投資の関係を考察した。本章では[393]，本格的に景気循環過程を分析する準備として，蓄積過程をモデル化し，その循環的特徴を考察しておこう。

18.1　予備的考察

　資本主義経済では，私的な個別資本が利潤動機によって投資を決定するから，生産する時点においては社会的需要を事前に知ることができない。しかもその投資によって基本的に需要が規定されるから，生産者はたえず変動する需要に直面して事後的に対応しなければならない。市場の変動に対する資本の対応は，生産量を維持して価格で調整するか，価格を維持しながら生産量（操業度・稼働率）を調整するか，価格と生産量を同時に調整するかのいずれかである。筆者は，価格支配力によって独占価格（寡占価格）が設定される独占段階においては価格維持＝操業度調整が支配的であり，自由競争と価格競争が貫徹する傾向があった自由競争段階においては操業度維持＝価格調整があてはまると考えてきた[394]。本章では，価格調整型に加えて，数量調整型と，価格調整と数量調整をミックスした蓄積モデルを提起したい。本章では，拙著『現代の景気循

---

[393]　本章は，拙著『現代の景気循環（第2版）』の第5章の一部を省略し，若干手直ししたものである。

[394]　独占資本の価格維持＝操業度（数量）調整型の投資行動などによる，独占資本主義や現代資本主義の恐慌と景気循環の特徴（形態変化・変容）については，拙著『独占資本主義の景気循環』（新評論，1974年）第6・7・8章，拙著『現代資本主義の循環と恐慌』（岩波書店，1981年）第4章，拙稿「現代資本主義の循環と恐慌」（『資本論体系』9-1，富塚良三・吉原泰助編「恐慌・産業循環」有斐閣，1997年）を参照。

環論(第2版)』の三部門構成を踏襲する。以下,三部門分割の価格調整型蓄積,数量調整型蓄積,価格+数量調整型蓄積(ミックス型)を数理モデル化する。その前に,いくつかの前提を明確にしておこう。

前提 モデル分析[395]では,本質関係をなるべく単純化して定式化することが望ましいから,以下のような前提をおく。基本的には流動資本モデル[396]と同じであるが,新しい点は,固定資本を導入した三部門分析にしたことと,価格調整に数量調整も加えた点である。それぞれのモデル上の特徴は次節以下で説明するので,ここでは共通する前提を明示しておこう。

(1) 社会的生産物を労働手段(資本財—サフィックスで1と表現),労働対象(生産財—サフィックスで2),生活手段(消費財—サフィックスで3)の三部門に分割する。技術不変とする。したがって技術的パラメータ(資本係数,資本の技術的構成)は一定とする[397]。固定資本の現物補塡によって既存の労

---

[395] 従来の恐慌・景気学説において,不明確な仮定や対極的な主張がされてきた(以下の筆者の見解については,拙著『現代の景気循環(第2版)』第5章,参照)。たとえば,実質賃金率の動向であり,好況期に実質賃金率が上昇するのか低下するのかについて見解が対立している。実質賃金率が上昇すると主張するのが,宇野恐慌論であり過剰投資説の流れである。逆に低下すると主張するのが,置塩蓄積論であり過少消費説の流れである。また,投資と利潤の関係についても,多くのマルクス経済学者たちは『資本論』第2巻第3篇の論理次元で考えていて,剰余価値(利潤)がすでに実現していると想定して,その利潤が投資を決定(規制)すると考えている。しかし,マルクス自身も第3巻においては商品の実現を問題にしているのであり,利潤が実現するためには投資需要が先行しなければならない(投資が利潤を決定する)。さらに,循環と成長(発展)とを切り離すべきではない。こうした経済諸量や経済過程の因果関係を明確にするためには,因果関係(決定関係)を数理モデル化することが有効である。実質賃金率は,貨幣賃金率と生活手段価格の相互関係(実体的にいえば生活手段量と就業労働力の相互関係)いかんによって決まってくるのであり,一般化することはできない。拙著『景気循環論』における数値解析の結果は,実質賃金率は好況後半から不況前半にかけて上昇し,不況後半から好況前半にかけて低下した(同上書,135頁)。また市場価格なり生産価格の体系から利潤を定義すれば,利潤の源泉はサープラス(余剰生産手段と余剰生活手段)であるが,それを集計する因子としての価格(需要)が決定されなければ,利潤を規定できない関係にある(同上書,第4章)。さらに,蓄積モデルを設定すれば,短期的な循環と長期的な発展傾向とを同時に数値解析することが可能となる。筆者は,理論的に循環と発展を同時に説明するためにはモデル分析が不可欠である,と考えている。モデル化できない恐慌・景気学説は学説ではあるが,理論ではないと考えている。

[396] 拙著『景気循環論』の世界。

働手段量は一定に維持され，新投資によって労働手段量は増加していく。したがって，労働手段の量は既存量と新投資の合計となる。固定資本の貨幣的補塡 D（減価償却）は，定率でなされるとする。減価償却額は銀行に積み立てられ（預金），現物補塡するときに銀行から引き出されることになる。経済主体は資本家と労働者から構成され，資本家は消費せず労働者は貯蓄しないとする[398]。投資が利潤を決定し，その逆ではない[399]。すなわち，資本家は蓄積欲を満たすために貨幣を銀行から借り入れて，それを全部投資と賃金に支出し，労働者は受け取る賃金を全額消費に支出するものとする。固定資本の現物補塡用の貨幣は，銀行に積み立てられた減価償却積立金を引き出して調達される。いいかえれば，労働手段と労働対象の需要は資本家から，生活手段の需要は賃金労働者からでてくることになる。その結果利潤が発生（実現）し，支払った賃金部

---

[397] 任意の時期において，技術的パラメータを変更して数値解析することは可能であるが，本章においては長期的にも不変としておく。こうした分析を踏まえて，はじめて技術進歩が導入された場合の経済効果が明確になる。

[398] こうした仮定は非現実的であり，資本家の消費を考慮すべきであるとする批判があるが（たとえば井村喜代子「恐慌論研究の現状と問題点（上）」『経済評論』1975年10月号，名和隆央「再生産の条件方程式について」『立教経済学研究』第59巻第1号，2005年7月），資本と賃労働の敵対的性格を明確にするために，このように仮定しておく。マルクスの再生産表式では，労働者の貯蓄はゼロとされている。資本蓄積にとって本質的なのは蓄積（投資）にあり，資本家の個人消費や労働者の貯蓄は副次的な存在だと考える。もちろん歴史的な景気動向を分析したり予測したりするときには，消費性向の動向，その資本家と労働者との違いが重要となることを否定するつもりはない。

[399] マルクスの『資本論』第2巻第3篇の再生産表式分析においては，「価値どおりの販売」が前提となっている。そのために剰余価値・利潤がすでに実現されたものとして，それが蓄積と消費にどのように配分されるかが考察されている。いわば経済原則を実現させる資本主義的形態機構論となっているし（宇野弘蔵），また，計画経済のもとでの意識的・協議的なサープラス（剰余価値）の分配可能性も示唆される。いわば分析課題がこのようになっているから「価値どおりの販売」が前提されているのであり，その世界では利潤（剰余価値）が先行し投資が決まるようになっている。しかし販売（実現）の可能性を問題にするときには，生産物が需要によって実現して価格と賃金が決まり，それによって生産されているサープラス（余剰生産手段と余剰生活手段）が利潤として実現される。こうした市場価格の世界である景気循環の世界においては，投資が利潤を決定する関係にある。拙著『景気循環論』（67-68頁），と本書の第8章第2節（8.2），参照。こうした論理次元の相違を無視して，「価値どおりの販売」の前提での議論をあたかもマルクスの全理論だとするのは誤りである。『資本論』第2巻第3篇と，市場価格の運動の世界である景気循環との，次元の相違を無視しているといわざるをえない。

分も還流し，資本家は銀行に返済するものとする[400]。

（2）三部門とも生産期間は1期で，市場は期末に成立し，価格（価格調整の場合）なり実現率（数量調整の場合）が決定されるものとする[401]。

（3）賃金は前払いとする。したがって賃金に支払われる貨幣は投下する可変資本であり，利潤率の計算に入る。また，次期に雇用される追加的労働者の消費は，今期生産された生活手段の消費に入る。

（4）数量と価格を分離する。したがって価格調整の場合には，市場経済の特徴は価格変動に現れる。数量調整の場合には実現率や操業度の変動に現れる[402]。生産構造（生産関数）はつぎのようになる。期首に労働手段・労働対象・労働力の配置が決まっていれば，技術的関係から期末の生産量が確定し，期末に交換されることによって，次期期首の配置が決定される。

記号 X：生産物，F：労働手段，R：労働対象，L：就業労働力，N：労働人口，L/N：雇用率（θ），n：労働人口の自然成長率，θs：標準的雇用率，w：貨幣賃金率，ws：標準貨幣賃金率，P：市場価格，$\bar{P}$：固定価格，u：計画操業度（「意図された過剰能力」），us：標準操業度，z：実現率（「意図せざる過剰能力」），π：実現利潤率，α＝X/F：資本係数の逆数，β＝L/F：資本の技術的構成の逆数，δ＝F/R：労働手段・労働対象比率，Mf：労働手段需要（労働手段への投資額），Mr：労働対象需要（労働対象への投資額），Pe：予想価格，πe：予想（期待）利潤率，ε：減価償却率

---

400) 銀行との関係でいえば，流動資本（労働対象と労働力への投資）は銀行の信用創造によって貨幣が供給され，固定資本の現物補填投資は自己の積立金（預金）が引き出され，固定資本の新投資は，蓄積基金として積み立てられている部分を越えるものは銀行の信用創造によって供給されることになる。こうした想定は，注225の川合一郎や玉垣良典氏の信用創造論に近い。

401) このモデルは期間分析であり，非線形の2階の定差方程式となる。歴史的な10年周期の設備投資循環や50年前後といわれる長期波動（コンドラチェフ波動）にあてはめようとするならば，サイクルの周期（期間）と現実の期間や耐用期間を対応させればよい。しかし歴史的な循環や波動が，抽象的な数理モデルによって機械的には解釈できない。

402) マルクスの再生産表式は，物量に価値を掛けた価値量として表現されているが，物量関係が価格関係によって実現されていく資本主義経済の特徴を明確にするために，物量と価格を分離して表現する。マルクスの場合も，再生産表式分析においては価値を一定としているから，事実上は物量体系である。

18.2 価格調整型蓄積モデル

まず，需給関係が価格変動によって調整される経済を考察しよう[403]。経済諸量は以下のように決定されていく。

（1）期末の生産量は，期首の労働手段・労働対象・労働力の配置によって決定される。

$$X_1^t = \alpha_1 F_1^t, \quad X_2^t = \alpha_2 F_2^t, \quad X_3^t = \alpha_3 F_3^t \tag{1}$$

（2）労働手段への投資額（補塡投資＋新投資）は，次期の労働手段の拡大（縮小）は今期末の期待利潤率に依存すると仮定し，それに予想する生産手段の購入価格を掛けたものとなる。期待利潤率がプラスであれば労働手段を拡大すると想定し，拡大率の利潤率への反応係数を $\rho(>0)$ とする。予想価格は三部門とも同じと仮定する。補塡投資は貨幣的補塡（減価償却）に等しいと仮定する。投資額は期待利潤率に規制されるから[404]，

$$Mf_1^t = Pe_1^t F_1^t (\varepsilon + \rho \pi e_1^t), \quad Mf_2^t = Pe_1^t F_2^t (\varepsilon + \rho \pi e_2^t),$$
$$Mf_3^t = Pe_1^t F_3^t (\varepsilon + \rho \pi e_3^t) \tag{2}$$

（3）労働手段の供給量と需要額が決まるから，労働手段の価格（市場清算価格）が決まる。市場清算価格[405]によって生産物は全部実現する，と仮定する[406]。

$$P_1^t = (Mf_1^t + Mf_2^t + Mf_3^t) / X_1^t \tag{3}$$

（4）労働手段価格が決まるから，各部門で次期使用される労働手段は，追加的労働手段＋補塡労働手段＋今期労働手段－補塡労働手段，となる。その結果，

---

[403] マルクスの場合，基本的には価格のパロメータ機能が重視され，競争と価格変動による利潤率の均等化（生産価格の成立）が経済学体系の骨格となっているといってよい。しかし数量調整を無視しているのではなく，再生産の弾力性との関連において操業度（稼働率）が指摘されているし（マルクス，中峯・大谷ほか訳『資本の流通過程―資本論第2部第1草稿』大月書店，1982年，第3章第4節），不況期のスケッチにおいては価格下落とともに操業度（稼働率）低下が同時に起こることを指摘している（『資本論』第3巻第15章第3節）。価格調整型景気循環論のメリットは，価格の自動調整作用によって均衡が成立していると想定する新古典派の成長論や，それと事実上同じ土俵に入っている宇野恐慌論を批判することができる点にある。

「超過補塡」や「過少補塡」は解消する[407]。

$$F_1^{t+1}=Mf_1^t/P_1^t+F_1^t(1-\varepsilon), \quad F_2^{t+1}=Mf_2^t/P_1^t+F_2^t(1-\varepsilon),$$
$$F_3^{t+1}=Mf_3^t/P_1^t+F_3^t(1-\varepsilon) \tag{4}$$

(5) 次期の労働手段が決まったから,次期の労働対象が決まる(労働手段の決定を先行させる,いわば労働手段主導)。

$$R_1^{t+1}=F_1^{t+1}/\delta_1, \quad R_2^{t+1}=F_2^{t+1}/\delta_2, \quad R_3^{t+1}=F_3^{t+1}/\delta_3 \tag{5}$$

(6) 次期労働対象を調達するために,価格を予想して労働対象への投資額を決める。

$$Mr_1^t=P_2e^tR_1^{t+1}, \quad Mr_2^t=P_2e^tR_2^{t+1}, \quad Mr_3^t=P_2e^tR_3^{t+1} \tag{6}$$

(7) 労働対象の供給量と需要額が決まったから,労働対象の価格が決まる。

---

[404] 筆者の「流動資本モデル」では,蓄積需要額(不変資本投資額)を期待利潤率で決定したが,本章では期待利潤率は生産手段の拡大率を規定し,その生産手段を調達すべく予想する価格を掛けたものとして蓄積需要を決定するとした点で,変更している。また,期待利潤率がプラスであれば生産を拡大すると想定することは,率が低下しても量が拡大すれば投資することを意味する。また,単純再生産を想定し,固定資本の現物補塡額と貨幣的補塡額(減価償却)は同じと仮定する。成長率がプラスでありつづけたり価格が騰貴しつづけていれば現物補塡額は貨幣的補塡額より小さくなり,逆なら逆であるが,追加投資されるかあるいは新投資から回されるものとする。それらが新投資から回されるか追加投資されるか否かは期待利潤率に依存するものと想定する。なお,景気・恐慌学説の分岐点は投資関数の違いに大きく左右される。代表的な投資関数には,加速度原理(サムエルソン),利潤原理(カレツキー),ストック調整原理(ハロッド)などがあるが,マルクス経済学の恐慌論についていえば,宇野恐慌論には投資関数が不在(価格機構による自動調整の想定)であり,富塚恐慌論では投資増→市場価格上昇→利潤率上昇→投資増,となっており利潤原理に分類されるだろう。置塩景気循環論はハロッドの資本係数を操業度(稼働率)に置き換えたものであり,一種のストック調整型といえよう。本章の投資関数は利潤原理の一種であるが,投資行動は現実には第17章第4節(17.4)で指摘したように,需要・技術・競争・信用・期待などによって具体的に規定される。モデルではこうした投資誘因は反応係数の大きさに影響するものとして,処理できる。

[405] 生産物全部を実現(クリアー)する価格として「市場清算価格」と呼んでおこう。生産価格ではなく市場価格の一種である。

[406] 調達したい生産手段(生産手段への実物需要)は生産された生産手段以上には調達できないから(在庫はないものとしている),そのギャップは価格変動によって調整されることになる。実物需要が供給量より大きければ超過需要状態であり価格が上昇し,逆であれば超過供給となり価格が低下する。

[407] 拙著『現代の景気循環論』の第1版では,労働手段は1期で補塡されるものとしてしまい,事実上流動資本として処理していた。第2版で訂正しておいた。

$$P_2^t = (Mr_1^t + Mr_2^t + Mr_3^t)/X_2^t \tag{7}$$

（8）次期労働手段が決まっているから，次期の雇用労働力が決まる。

$$L_1^{t+1} = \beta_1 F_1^{t+1}, \quad L_2^{t+1} = \beta_2 F_2^{t+1}, \quad L_3^{t+1} = \beta_3 F_3^{t+1} \tag{8}$$

（9）次期の労働力が決まるから，労働市場で貨幣賃金率が決まる。標準的雇用率以上に雇用率が高まれば，賃金は上昇すると想定する[408]。ν は雇用率に対する貨幣賃金率の反応係数（$\nu > 0$）。

$$w^t = ws + \nu \{ (L_1^{t+1} + L_2^{t+1} + L_3^{t+1})/N^t - \theta s \} \tag{9}$$

（10）生活手段の供給量と需要額が決まったから，生活手段の価格が決まる。

$$P_3^t = w^t (L_1^{t+1} + L_2^{t+1} + L_3^{t+1})/X_3^t \tag{10}$$

（11）労働手段・労働対象・労働力の価格が決まったから，実現する利潤率が決まる。投下資本額は固定資本（労働手段）・流動不変資本（労働対象）・可変資本（労働力）であり，利潤は売上高から減価償却費・労働対象（原材料）と賃金のコストを控除した額になる。価格は再調達価格とする[409]。

$$\pi_1^t = \{X_1^t P_1^t - (P_1^t \varepsilon F_1^t + P_2^t R_1^t + w^t L_1^t)\} / (P_1^t F_1^t + P_2^t R_1^t + w^t L_1^t)$$
$$= (\alpha_1 P_1^t - P_1^t \varepsilon - P_2^t/\delta_1 - w^t \beta_1)/(P_1^t + P_2^t/\delta_1 + w^t \beta_1)$$

同じく，

$$\pi_2^t = (\alpha_2 P_2^t - P_1^t \varepsilon - P_2^t/\delta_2 - w^t \beta_2)/(P_1^t + P_2^t/\delta_2 + w^t \beta_2)$$
$$\pi_3^t = (\alpha_3 P_3^t - P_1^t \varepsilon - P_2^t/\delta_3 - w^t \beta_3)/(P_1^t + P_2^t/\delta_3 + w^t \beta_3) \tag{11}$$

モデルを完結させるために，予想値（期待値）を前期の実現値に代替させよう。いいかえれば，前期の実現値にしたがって予測するものと仮定する。したがって，$\pi e^t = \pi^{t-1}$, $Pe_1^t = P_1^{t-1}$, $Pe_2^t = P_2^{t-1}$, とする。初期値（π^0, P_1^0, P_2^0, F_1^0, F_2^0, F_3^0, N^0, n），技術的パラメータ（α, β, δ, ε），反応係数（ρ,

---

[408] 労働市場で決定されるのは，貨幣賃金率なのか実質賃金率なのか。すでに指摘したように，さまざまな景気学説や恐慌論において，異なっているのが現状である。すなわち，マルクスや宇野やグッドウィンは，雇用率によって実質賃金率が決定されると考えていた。ケインズは，貨幣賃金率が決定されると考えていた。置塩は，実質賃金率を維持すべく生活手段の価格を予想して貨幣賃金率を決定するとした（置塩信雄『経済学と現代の課題』大月書店，2004年，195-196頁）。置塩は労働者の賃金交渉力を高く評価していることになるが，過大評価のように思われるし，期待される実質賃金率が一定の値を下回れば労働力を提供しない，とするのには疑問である。本章でも，労働者は，雇用を優先させていかなる貨幣賃金率でも受け入れざるをえない立場にある，と想定する。

[409] 再調達価格で計算する根拠については，置塩の同上書，192-193頁，と同じである。

ν），標準量（θs, ws）を与えると，第1期の経済諸量が決定し，次期の労働手段・労働対象・労働力の配置と今期の利潤率が決定されているから第2期へと移り，動態過程が進行していく。数値解析の結果と解釈については，拙著『現代の景気循環論（第2版）』第6章を参照されたい。

18.3 数量調整型蓄積モデル

つぎに，需給関係が実現率や操業度によって調整される経済を考察しよう[410]。価格は固定されていて，期首の労働手段をどれだけ操業するか（供給態度）が決まることによって，期末の供給量が決定される。それに対する需要額との対応で実現率が決定される。未実現の生産物は，在庫を形成することなく廃棄されるものと想定する（在庫不在）。その「損失」は，あらかじめ標準操業度のもとで設定される固定価格（独占価格）によって補填できるように，価格が設定されていると想定する。

経済諸量は以下のように決定されていく。

（1）期首に，計画操業度（意図された過剰能力）[411] が決定されることによって供給態度が決まる。計画操業度は前期の実現率とする。すなわち，前期の実現率が今期も達成されると考えて，操業目標を立てるものとする。

$$u_1^t = z_1^{t-1}, \quad u_2^t = z_2^{t-1}, \quad u_3^t = z_3^{t-1} \tag{1}$$

（2）計画操業度が決まるから，期末の生産量が決まる。

$$X_1^t = u_1^t \alpha_1 F_1^t, \quad X_2^t = u_2^t \alpha_2 F_2^t, \quad X_3^t = u_3^t \alpha_3 F_3^t \tag{2}$$

（3）労働手段需要（投資額）　価格は固定されていて既値であるから，期待利潤率によって決定される次期労働手段と現物補填を加えた労働手段に固定価

---

[410] 本章のモデルは資本主義経済を対象としているが，計画経済における固定価格のもとでの蓄積に応用することも可能である。

[411] 期末に実現される率は期首にはわからないから，計画操業度のもとに意図的に過剰能力を保有しながら生産する。期末に実現率が決まることによって「意図せざる過剰能力」が発生する。固定価格経済（数量調整型経済）のもとでは，変動は実現率や計画操業度によって調整される。「意図された過剰能力」と「意図せざる過剰能力」を最初に分析したのは，ジョセフ・シュタインドルである（宮崎義一・笹原昭五・鮎沢成男訳『アメリカ経済の成熟と停滞』日本評論社，1962年）。

格を掛けた額が投資額となる。
$$Mf_1^t = \bar{P}_1 F_1^t(\varepsilon + \rho \pi e_1^t), \quad Mf_2^t = \bar{P}_1 F_2^t(\varepsilon + \rho \pi e_2^t),$$
$$Mf_3^t = \bar{P}_1 F_3^t(\varepsilon + \rho \pi e_3^t) \tag{3}$$

（4）次期の労働手段（価格調整型蓄積と同じ）。
$$F_1^{t+1} = Mf_1^t/\bar{P}_1 + F_1^t(1-\varepsilon), \quad F_2^{t+1} = Mf_2^t/\bar{P}_1 + F_2^t(1-\varepsilon),$$
$$F_3^{t+1} = Mf_3^t/\bar{P}_1 + F_3^t(1-\varepsilon) \tag{4}$$

（5）次期の労働対象（価格調整型と同じ）。
$$R_1^{t+1} = F_1^{t+1}/\delta_1, \quad R_2^{t+1} = F_2^{t+1}/\delta_2, \quad R_3^t = F_3^{t+1}/\delta_3 \tag{5}$$

（6）労働対象需要（投資額）（価格調整型と同じ）。
$$Mr_1^t = \bar{P}_2 R_1^{t+1}, \quad Mr_2^t = \bar{P}_2 R_2^{t+1}, \quad Mr_3^t = \bar{P}_2 R_3^{t+1} \tag{6}$$

（7）次期の労働力（価格調整型と同じ）。
$$L_1^{t+1} = \beta_1 F_1^{t+1}, \quad L_2^{t+1} = \beta_2 F_2^{t+1}, \quad L_3^{t+1} = \beta_3 F_3^{t+1} \tag{7}$$

（8）貨幣賃金率（価格調整型と同じ）。
$$w^t = ws + \nu \{(L_1^{t+1} + L_2^{t+1} + L_3^{t+1})/N_t - \theta s\} \tag{8}$$

（9）実現率の決定。労働手段・労働対象・生活手段の供給量と，それぞれの需要額が決まったから，固定価格のもとで実現率が決定される。
$$z_1^t = (Mf_1^t + Mf_2^t + Mf_3^t)/(\bar{P}_1 X_1^t),$$
$$z_2^t = (Mr_1^t + Mr_2^t + Mr_3^t)/(\bar{P}_2 X_2^t),$$
$$z_3^t = \{w^t(L_1^{t+1} + L_2^{t+1} + L_3^{t+1})\}/\bar{P}_3 X_3^t \tag{9}$$

（10）実現利潤率の決定
$$\pi_1^t = (\alpha_1 \bar{P}_1 z_1^t - \bar{P}_1 \varepsilon - \bar{P}_2/\delta_1 - w^t \beta_1)/(\bar{P}_1 + \bar{P}_2/\delta_1 + w^t \beta_1)$$
$$\pi_2^t = (\alpha_2 \bar{P}_2 z_2^t - \bar{P}_1 \varepsilon - \bar{P}_2/\delta_2 - w^t \beta_2)/(\bar{P}_1 + \bar{P}_2/\delta_2 + w^t \beta_2)$$
$$\pi_3^t = (\alpha_3 \bar{P}_3 z_3^t - \bar{P}_1 \varepsilon - \bar{P}_2/\delta_3 - w^t \beta_3)/(\bar{P}_1 + \bar{P}_2/\delta_3 + w^t \beta_3) \tag{10}$$

（11）予測値を前期の実現値に代替させる。
$$\pi e^t = \pi^{t-1}$$

18.4 価格調整＋数量調整型蓄積モデル

　前節の数量調整型蓄積では，期首に決定された計画操業度によって決まる期末の生産物を，価格を維持するために固定価格で実現する物量だけを販売し，

残りは廃棄するものとした(在庫不在)。本節では，期末に供給された生産物は，価格を調整して全部実現させるものと想定する。次期の期首において新たに計画操業度が決定されるので，需給は価格調整と数量調整の双方によってなされる世界である。

経済諸量は以下のように決定されていく。

(1) 計画操業度の決定。前節では計画操業度を前期の実現率としたが，本節では全生産物実現を想定しているので(実現率＝1)，計画操業度を期待利潤率によって決め，かつプラスの利潤が期待されれば計画操業度を上昇させるものとする[412]。σ は計画操業度の期待利潤率に対する反応係数で，プラス。

$$u_1^t = u_1^{t-1}(1+\sigma\pi e_1^t), \quad u_2^t = u_2^{t-1}(1+\sigma\pi e_2^t), \quad u_3^t = u_3^{t-1}(1+\sigma\pi e_3^t) \quad (1)$$

(2) 期末の供給量(数量調整型蓄積と同じ)。

$$X_1^t = u_1^t \alpha_1 F_1^t, \quad X_2^t = u_2^t \alpha_2 F_2^t, \quad X_3^t = u_3^t \alpha_3 F_3^t \tag{2}$$

(3) 労働手段需要。価格が変動するから，予想価格によって労働手段投資額を決定する(価格調整型と同じ)。

$$Mf_1^t = Pe_1^t F_1^t(\varepsilon + \rho\pi e_1^t), \quad Mf_2^t = Pe_1^t F_2^t(\varepsilon + \rho\pi e_2^t),$$
$$Mf_3^t = Pe_1 F_3^t(\varepsilon + \rho\pi e_3^t) \tag{3}$$

(4) 労働手段の価格(価格調整型と同じ)。

$$P_1^t = (Mf_1^t + Mf_2^t + Mf_3^t)/X_1^t \tag{4}$$

(5) 次期の労働手段(価格調整型と同じ)。

$$F_1^{t+1} = Mf_1^t/P_1^t + F_1^t(1-\varepsilon), \quad F_2^{t+1} = Mf_2^t/P_1^t + F_2^t(1-\varepsilon),$$
$$F_3^{t+1} = Mf_3^t/P_1^t + F_3^t(1-\varepsilon) \tag{5}$$

(6) 次期調達すべき労働対象(価格調整型と同じ)。

$$R_1^{t+1} = F_1^{t+1}/\delta_1, \quad R_2^{t+1} = F_2^{t+1}/\delta_2, \quad R_3^{t+1} = F_3^{t+1}/\delta_3 \tag{6}$$

(7) 労働対象需要。価格が変動するから，予想価格のもとで投資額を決定する(価格調整型と同じ)。

$$Mr_1^t = Pe_2^t R_1^{t+1}, \quad Mr_2^t = Pe_2^t R_2^{t+1}, \quad Mr_3^t = Pe_2^t R_3^{t+1} \tag{7}$$

(8) 労働対象の価格(価格調整型と同じ)。

---

[412] この場合には，期首において期待利潤率を決めることになる。期末においても市場状態は未知であり，実現利潤率はわからないから，期首と期末の期待利潤率は同じだと想定する。数値解析上は，前期の実現利潤率に代行させるから，同一である。

図 18-1 生産量の循環

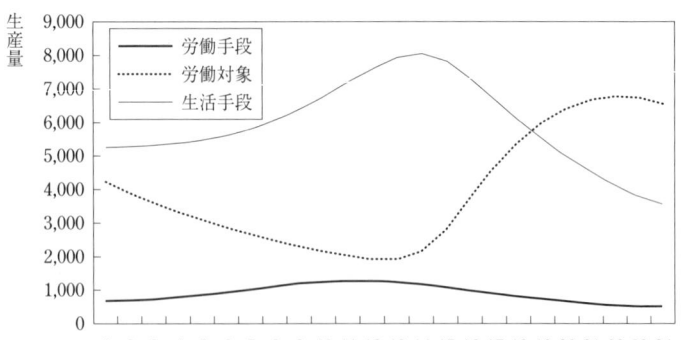

縦軸:生産量、横軸:期間

凡例:労働手段、労働対象、生活手段

出所:拙著『現代の景気循環論(第2版)』115頁より。

図 18-2 粗成長率の成長循環

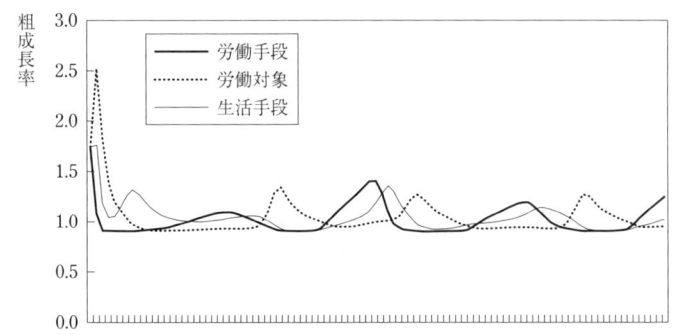

縦軸:粗成長率、横軸:期間

凡例:労働手段、労働対象、生活手段

出所:図 18-1 に同じ、116頁。

$$P_2^t = (Mr_1^t + Mr_2^t + Mr_3^t)/X_2^t \tag{8}$$

(9) 次期の労働力(価格調整型と同じ)。

$$L_1^{t+1} = \beta_1 F_1^{t+1}, \quad L_2^{t+1} = \beta_2 F_2^{t+1}, \quad L_3^{t+1} = \beta_3 F_3^{t+1} \tag{9}$$

(10) 貨幣賃金率の決定(価格調整型と同じ)。

$$w^t = ws + \nu \{(L_1^{t+1} + L_2^{t+1} + L_3^{t+1})/N_t - \theta s\} \tag{10}$$

(11) 生活手段の価格(価格調整型と同じ)。

$$P_3^t = w^t (L_1^{t+1} + L_2^{t+1} + L_3^{t+1})/X_3^t \tag{11}$$

(12) 実現利潤率(価格調整型と同じ)。

図 18-3　粗成長率の長期的運動

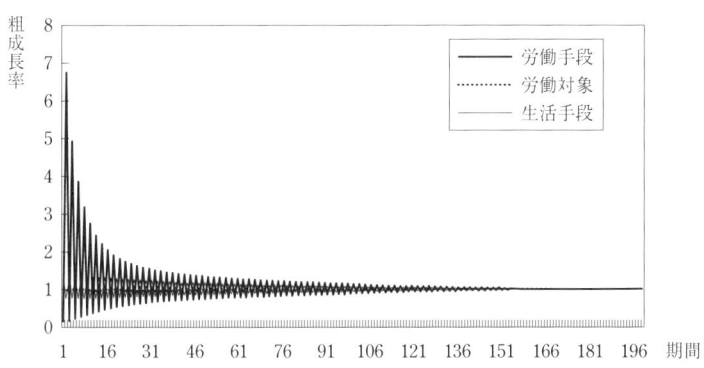

出所：図18-1に同じ，122頁。

図 18-4　粗成長率の長期的運動

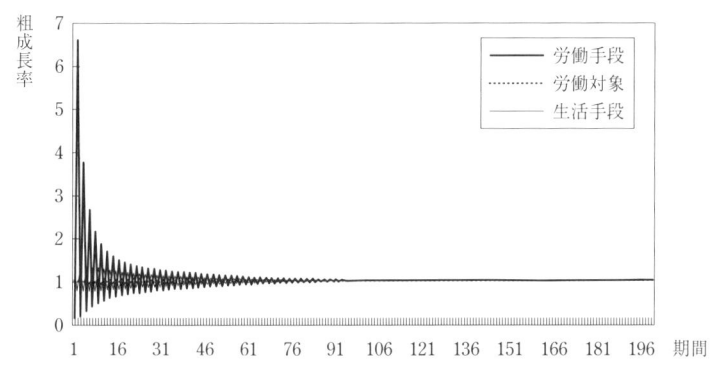

出所：図18-1に同じ，124頁。

$$\pi_1^t = (\alpha_1 P_1^t - P_1^t \varepsilon - P_2^t/\delta_1 - w^t \beta_1)/(P_1^t + P_2^t/\delta_1 + w^t \beta_1)$$
$$\pi_2^t = (\alpha_2 P_2^t - P_1^t \varepsilon - P_2^t/\delta_2 - w^t \beta_2)/(P_1^t + P_2^t/\delta_2 + w^t \beta_2)$$
$$\pi_3^t = (\alpha_3 P_3^t - P_1^t \varepsilon - P_2^t/\delta_3 - w^t \beta_3)/(P_1^t + P_2^t/\delta_3 + w^t \beta_3) \qquad (12)$$

(13) モデルを完結させるために，予想値を前期の実現値におきかえる。

$$\pi e^t = \pi^{t-1}, \quad Pe_1^t = P_1^{t-1}, \quad Pe_2^t = P_2^{t-1}$$

図 18-5　粗成長率の長期的変動

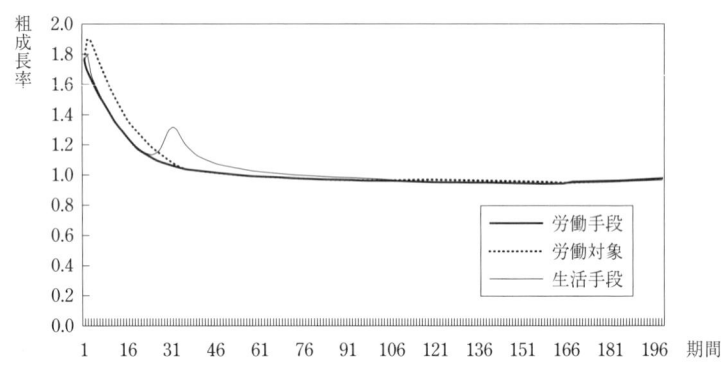

出所:図 18-1 に同じ,126頁。

図 18-6　生産量の長期的変動

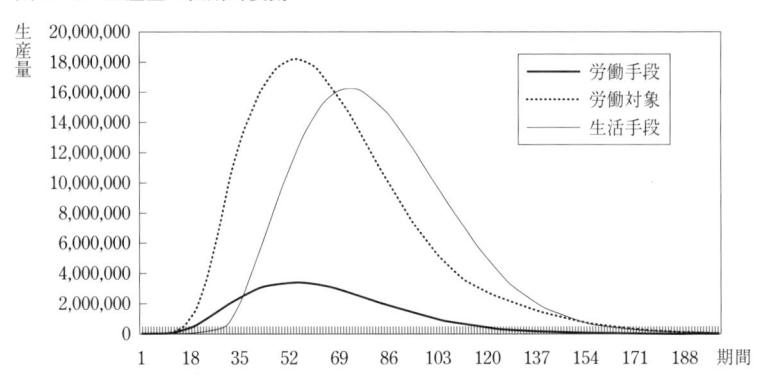

出所:図 18-1 に同じ,127頁。

18.5　蓄積モデルの周期

価格調整型蓄積　生産量の変動は図 18-1 のように変動し,1 循環の周期は24期と比較的に短い。粗成長率の成長循環は図 18-2 のようになる[413]。

数量調整型蓄積　粗成長率は,図 18-3 のように単純再生産になる。投資の反応係数を高めると,図 18-4 のように成長率は2.7％水準に均等化する[414]。このタイプの蓄積は均等的発展に収束し,波動を示さない。

ミックス型蓄積　粗成長率と生産量は，図 18-5・図 18-6 のようになり[415]，長期的な波動となる。

研究を深めるために

長島誠一『現代の景気循環論（第 2 版）』（桜井書店，2007年）第 5・6 章。

---

[413]　拙著『現代の景気循環論（第 2 版）』第 6 章第 1 節第 2 項の強蓄積経済の例である。初期値とパラメータの値については同書を参照。
[414]　同上書の図 6-22 と図 6-27 のケースである。
[415]　同上書の図 6-31 と図 6-32 のケースである。

第19章　景気循環機構

　自由競争が貫徹する結果，生産価格が成立し，さまざまな均衡が維持された。しか諸均衡は，価格機構によって自動的に達成されるのではない。価格機構はむしろ不均衡を累積させてしまい，その暴力的・強力的解決手段としての恐慌，そして景気循環運動を必然化させる。景気循環運動がある意味で競争機構全体であり，その貫徹によってはじめて生産価格が成立する関係にある。本章では，自由競争を想定した古典的景気循環（資本主義一般の景気循環）を考察し[416]，次章では現代の景気循環の形態変化や変容を考察する。

19.1　予備的考察

19.1.1　制度的枠組み—自由競争と金本位制度

　自由競争とその独占への転化，金本位制とその不換銀行券制への変質については序章で簡単に説明した。本項では，景気循環との関連において自由競争と金本位制を説明しよう。

　自由競争　自由競争段階においては自由競争[417]が貫徹する傾向があり，マルクスのいう「理念的に平均化した」資本主義像が実現する傾向にあった。資本相互の関係は対等な競争関係にあり，産業部門内部では新技術採用の障害は基本的にないし，利潤率が低ければその部面から流出して，利潤率の高い部面に流入することができる，と想定しよう。労働者相互の関係も単純労働関係であり（複雑・熟練労働は単純労働に還元される），労働者は賃金が高い部面に自由に移動でき，その結果単一の賃金率（剰余価値率）が成立するものとする。「資本＝賃労働」関係は資本の循環運動によって再生産され，景気循環が自律

---

[416]　本章は，拙著『現代の景気循環論（第2版）』第1章の一部を省略し，残りを若干修正したものである。

[417]　マルクスの自由競争概念は，完全競争や原子的競争と同じではない。第9章第1節第1項，参照。

的に進行し，一定の産業予備軍（失業者）が確保されることによって賃金率が狭い範囲に押し込められ，循環をとおして一定の搾取度が維持されるものと想定する（「資本独占」[418]の成立）。

諸資本の新技術の採用や資本の流出入に制約がないということは，産業部面間に参入障壁がないことを意味する。現実には未償却の固定資本が存在し，それが新技術の採用や流出を制限する。この制限が，資本蓄積そして景気循環を規制する。また，利潤率はたえず均等化に向かうのではなく，むしろ不均等性（格差）を強めてしまう。利潤率が均等化し生産価格が成立するのは，景気循環運動による事後的な平均化作用をとおしてである。

金本位制度 金本位制には金貨本位制・金地金本位制・金為替本位制があるが，金貨本位制は，金貨の鋳造と溶解，輸出入，兌換を保証する。国内的には銀行券と金との交換が保証されるから，通貨の価値と金の価値とは原理的に一致する。国際的には金の輸出入が保証されるから，為替相場（各国通貨の交換比率）は金の現送費以上には変動しない。金本位制とは，通貨の価値を金の価値に縛っておく貨幣制度であるといってよい。金兌換の義務があるから，金が中央銀行から流出していく場合は信用供給が制限され，それが資本蓄積を制約する。また，金の買入価格（公定価格）は固定しているから，一般商品の価格変動とは反対になる。このように，金本位制度としての貨幣制度も景気循環運動に影響を与える。しかし同時に，信用制度を含めた経済全体が自律的な循環運動をすることによって，価格は価値（生産価格）に収斂するのであって，金そのものが収斂させるのではない。本書では，金の価値尺度機能を価値表示機能とし，機能を実現する機構は景気循環であるとする[419]。

---

418) マルクス『資本論』第1巻第23章，第4分冊，1306頁。
419) 宇野学派は，「金の価値尺度機能」に価格運動による価値水準の確定を含ませているが，「たえざる不均衡のたえざる均衡化作用」のみを想定するのは一面的であり，マルクスは同時に，「均衡のたえざる不均衡化」をいうことを忘れてはいなかった。こうした価値尺度機能論は，「実現論なき恐慌論」としての宇野恐慌論と表裏の関係にあるように思われる。なお，高須賀義博は独占段階における「価値尺度機能の麻痺」説を提起したが（第21章で検討する），価値尺度機能の理解そのものは宇野学派と同じである。高須賀体系の根底にある「平均化機構としての産業循環」説を徹底させれば，価値尺度機能も景気循環と関連づけて展開されるべきであったろう。

19.1.2　投資関数

　自由競争が貫徹するから，個々の資本は自分の投資による供給増大が市場全体に及ぼす影響を事前に知らないし，まして投資の結果が自分に及ぼす影響（価格や操業度の低下による損失）を，投資決定する時点において考慮することはできない。自分の目先の利潤がどれだけ獲得できるだろうかという予想によって，投資を決定する（期待利潤による投資決定）。しかし不確実な未来に対する予想であるから，最大限過去の実績を重視して，投資を決定するものと想定しよう。

19.1.3　価格調整と数量調整

　第18章第1節で述べたように，資本主義経済では私的な個別資本の利潤動機によって投資が決定され，生産する時点においては社会的需要を事前に知ることができない。しかもその投資が基本的に需要を規定するから，生産者はたえず変動する需要に直面して対応しなければならない。市場の変動に対する資本の対応は，生産量を維持して価格で調整するか，価格を維持しながら生産量（操業度・稼働率）を調整するか，価格と生産量を同時に調整するかのいずれかである。本章では価格調整型を中心とし，次章では価格調整（非独占資本）と数量調整（独占資本）をミックスして説明する。また本章では，基本的には超過需要状態である好況期には機械設備をフル操業するが，超過供給状態にある不況においては操業度も下げるだろうから，価格調整と操業度調整の両方が行われると想定する[420]。本書は労働手段・労働対象・生活手段の三部門構成であるから，労働手段は耐用年数に達するまでは部分的に価値を回収し（固定資本の貨幣的補塡），耐用年数に達っしたときにいっきょに現物補塡される（固定資本の現物補塡）。

19.2　蓄積メカニズム

　蓄積メカニズム　資本蓄積は前章の第2節と同じく，以下のように展開して

---

420)　前章の注403, 参照。

いく。
　（1）期首の労働手段・労働対象・労働力の配置が決まっているから，期末の生産量は技術的係数によって自動的に決定される。
　（2）次期の労働手段の拡大（縮小）は今期末の期待利潤率に依存すると仮定し，それに予想する労働手段の購入価格を掛けたものが労働手段への投資額となる。期待利潤率がプラスであれば労働手段を拡大すると想定し，予想価格は三部門とも同じと仮定する[421]。
　（3）労働手段の供給量と需要額が決まるから，労働手段の価格が決まる。
　（4）労働手段価格が決まるから，各部門で次期投下される労働手段が決まる。
　（5）次期の労働手段が決まるから，次期の労働対象が決まる。
　（6）次期労働対象を調達するために価格を予想して，労働対象への投資額を決める。
　（7）労働対象の供給量と需要額が決まるから，労働対象の価格が決まる。
　（8）次期労働手段が決まっているから，次期の雇用労働力が決まる。
　（9）次期の労働力が決まるから，労働市場で貨幣賃金率が決まる。標準的雇用率以上に雇用率がたまれば，賃金は上昇すると想定する。
　（10）生活手段の供給量と需要額が決まるから，生活手段の価格が決まる。
　（11）労働手段・労働対象・生活手段・労働力の価格が決まったから，実現する利潤率が決まる。投下資本額は固定資本（労働手段）・流動不変資本（労働対象）・可変資本（労働力）であり，利潤は売上高から減価償却費・労働対象（原材料）と賃金のコストを控除した額になる。

　利潤率の規定　景気の動向は，蓄積（投資）の動向に決定的に規制される。その蓄積は前章で示したように期待利潤（率）に規制されるが，期待利潤率そのものが過去の利潤（率）実績に大きく依存する。利潤率の動向がきわめて重要になってくるので，明確に規定しておこう。i部門の利潤率は以下のようになる[422]。

$$\pi i = (\alpha i P i - P_1 \varepsilon - P_2/\delta i - w\beta i)/(P_1 + P_2/\delta i + w\beta i)$$

421）　拙著『景気循環論』を変更した。注404，参照。
422）　利潤率の数学的定式化については，第18章第2節，参照。

π：利潤率，P：価格，w：貨幣賃金率，α：資本係数の逆数，β：資本の技術的構成の逆数，ε：減価償却率，δ：労働手段・労働対象比率，である。サフィックス1は労働手段，2は労働対象，3は生活手段である。α 以下の技術的パラメータが不変であれば，利潤率の変動は労働手段・労働対象・生活手段の価格と貨幣賃金率の変動によって決定される。当然，貨幣賃金率wが上昇すれば利潤率は低下するし，自部門の価格 Pi が上昇すれば利潤率も上昇する。技術進歩が導入されて技術的構成 ($1/\beta$) が高度化すれば利潤率は上昇し，労働手段・労働対象比率 δ が上昇すれば利潤率は上昇し，資本係数 ($1/\alpha$) が低下し資本の技術的構成 ($1/\beta$) が高度化すれば，やはり利潤率は上昇する関係にある。

利潤率循環 技術を不変とし，初期値とパラメータを特定化すると，三部門の利潤率は図19-1のように循環する[423]。三部門の利潤率は同時化していないが，それらの平均は図19-2のように全体としては循環している。しかし現実の投資は技術・競争・需要・信用状態によって左右されるから，以下の景気循環過程の分析においては，これらの要因も考慮して説明していこう[424]。

19.3　好況

加速的蓄積 期末の供給量＜実物需要量（次期調達したい量）となり，超過需要状態になったとしよう。販売価格が上昇し利潤率が上昇する。また，不況末期の補塡投資が新技術を採用しておこなわれるから，資本の技術的構成が高度化したり資本係数が低下し，やはり利潤率は上昇する。補塡投資が不況末期から集中化して生じれば，「販売なき購買」（固定資本の現物補塡）＞「購買なき販売」（固定資本の貨幣的補塡）となり，この面からも「超過需要」が発生

---

[423] 初期値・パラメータの値については，第18章第2節と同じである。各部門の利潤率は同時化せず，タイム・ラグをともなっている。

[424] 筆者はかつて，景気循環過程を実証的に分析したウェスレイ・ミッチェルの景気循環論とルドルフ・ヒルファディングの恐慌論を比較しながら，古典的景気循環機構を叙述してみた（『独占資本主義の景気循環』第3章）。以下の景気循環過程の説明は，それを基礎としている。

[425] 第6章第1節第3項，参照。

図 19-1　利潤率の成長循環

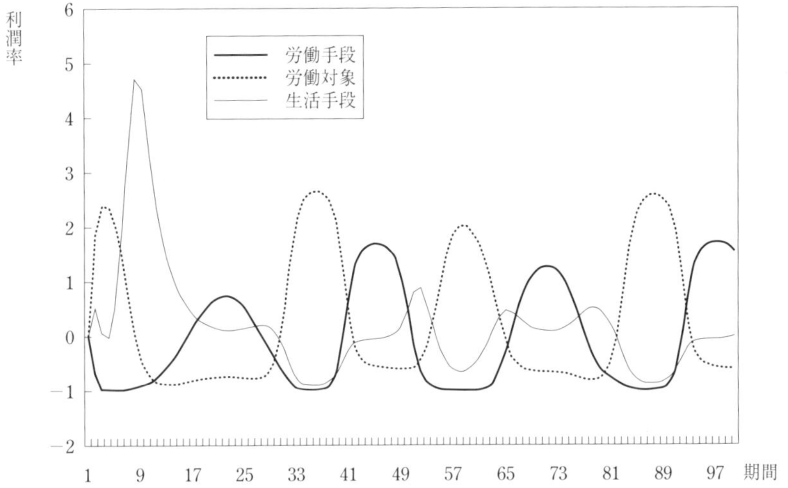

出所：拙著『現代の景気循環論（第2版）』26頁。

図 19-2　利潤率平均値の循環

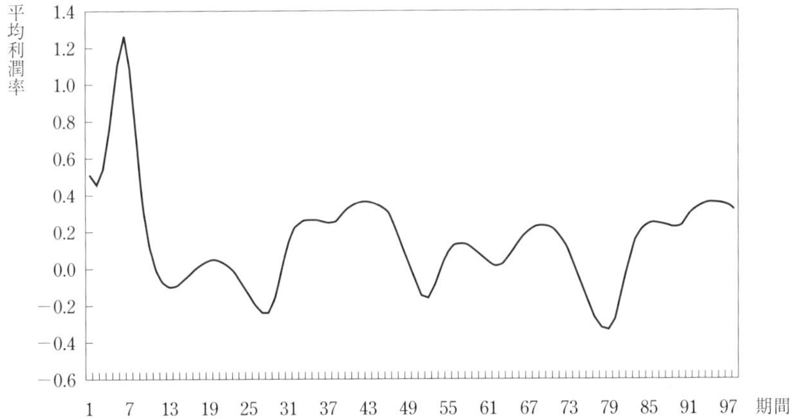

出所：図 19-1 に同じ。

する[425)]。利潤率の上昇は期待利潤率を上昇させ，技術進歩の導入や超過需要は投資の利潤率への反応を高めるから，蓄積（投資）が増加する。蓄積増加はいっそうの価格上昇と利潤率上昇をもたらし，利潤率上昇と蓄積増加の好循環

が出現し,蓄積が加速的に増加する好況が進展する。

不均等発展 この加速的蓄積によって生産も急拡大していくが,各部門の成長率が同じくなる均等的発展ではなく,不均等発展となる。各部門の利潤率が格差をもって不均等に上昇するからである。不況末期からの新技術下の補塡投資は,まっさきに労働手段への需要を急増する。さらに新技術の導入によって技術的構成が高度化するから,補塡投資に限定すればかえって失業が発生する[426]。新投資も発生するが,新技術下の補塡投資による失業発生によって,雇用量は低迷しているといえる。そのために雇用率の上昇が弱いから,貨幣賃金率の上昇は,生産手段(労働手段と労働対象)の価格より遅れる。生活手段の需要増加が弱いから,その利潤率の上昇も弱くなる。その結果,労働手段の利潤率＞労働対象の利潤率＞生活手段の利潤率,となるから,労働手段部門の蓄積が最も大きくなり,生活手段部門の蓄積が最も小さいので,労働手段を中心とした生産手段部門の不均等発展となる。

(1)生産手段の不均等発展:不均等発展の度合いは,各部門の蓄積増加率の比率に依存する。すなわち,部門構成(各部門の生産手段の比率と定義)の高度化率＝蓄積比率であれば,部門間の成長率比率が一定となる生産手段部門の不均等発展となる[427]。部門構成高度化率＜蓄積比率となれば,生産手段の不均等発展がいっそう深まり,逆であれば生産手段の不均等発展は弱まっていく。図19-3のように,不均等発展のタイプが分類される。生産手段の不均等発展がさらに進めば実質賃金率は上昇するようになるが[428],そうではない範囲での不均等発展であれば,就業労働力の伸び＞生活手段の伸びとなり,実質賃金率は低下していく[429]。

生産手段の不均等発展として好況が進行していけば,蓄積の潜在的基盤たる余剰生産手段(生産された生産手段−補塡する生産手段)が累増していく。さ

---

[426] 景気判定の基準としてDI(ディフュージョン・インデックス)分析があるが,それによっても,失業率は遅行系列として扱われている。

[427] 二部門モデルでの証明については,拙著『景気循環論』142頁,参照。

[428] 富塚良三『恐慌論研究』(未来社,1962年)において,第1部門の自立的発展と実質賃金率上昇が同時に起こるとされていると理解すれば,それはこのようなケースにおいて成立する。筆者もかつて,第1部門の不均等発展の進化によって実質賃金率が低下から上昇に逆転することを指摘した(拙著『独占資本主義の景気循環』付論1第7節)。

らに、超過需要に対応しようとする供給側には、建設期間が介在する。瞬間的に供給を増加させることはできない。建設時間は、労働手段部門＞労働対象部門＞生活手段部門と想定できるから、生産手段部門の価格は最も騰貴し、不均等発展は強化されるから、余剰生産手段はいっそう累増する。また、不況末期や好況前半とは反対に、固定資本の貨幣的補塡（D）が現物補塡（R）を上回るようになり、固定資本補塡上の「超過供給」状態になる。累増する余剰生産手段を吸収する以上の新投資が起こっていけば、超過需要状態は持続し、好況がつづいていく。しかし次節で考察するように、新投資が諸制限にぶつかり、やがて過剰生産恐慌が勃発する。

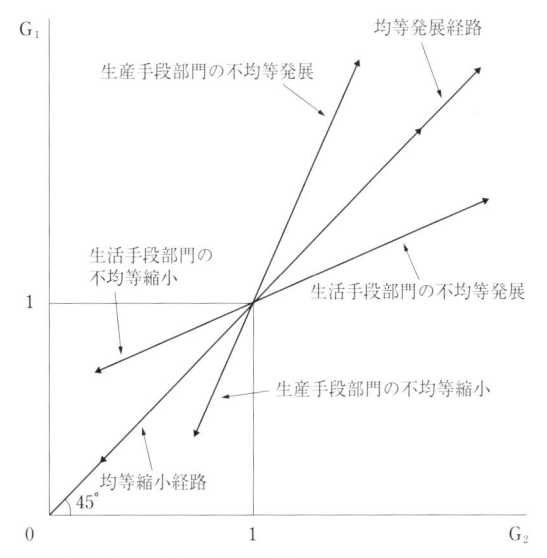

図19-3 発展（縮小）経路

（図中ラベル：均等発展経路、生産手段部門の不均等発展、生活手段部門の不均等縮小、生活手段部門の不均等発展、生産手段部門の不均等縮小、均等縮小経路、45°、G_1、G_2）

出所：拙著『景気循環論』94頁より引用。

（2）生活手段部門の不均等発展への転化の可能性：生産手段を中心として加速的蓄積が進展する過程で、確実に就業労働力（現役軍）は増大していく。貨幣賃金率も上昇するから、生活手段需要は急増する。生活手段の供給のほうは生産手段が不均等に発展しているのだから需要に追いつけず、生活手段の市場価格は上昇する[430]。他方で生産手段の市場価格のほうは、余剰生産手段が累

---

[429] 実質賃金率を不変としたときの第1部門の成長率以上の成長率を第1部門がとったときには、実質賃金率は上昇し、以下の成長率のときには実質賃金率は低下する。成長比率一定の第1部門の不均等発展であれば、実質賃金率は低下する。詳しくは拙著『景気循環論』第7章第3節、参照。好況期に実質賃金率が低下するとしたのが、置塩信雄『蓄積論』（筑摩書房、1967年）である。

増していくから上昇が鈍化するかもしれないし,鈍化しなくても,生活手段の上昇より小さくなる可能性が大いにある。こうした相対価格の逆転が起これば,生活手段部門の利潤率＞生産手段部門の利潤率となり,投資は生活手段に多く向かい,生活手段部門の不均等発展に転化する。この不均等発展のもとでは,生活手段の伸び＞就業労働力の伸びとなり,実質賃金率は上昇していく[431]。不均等発展の度合いは生産手段の不均等発展と同じく,部門構成の低下率と両部門への蓄積比率の大小関係に依存する。すなわち,部門構成の低下化率＝蓄積比率の低下であれば成長比率一定の生活手段の不均等発展となり,蓄積比率の低下のほうが部門構成の低下率より大きければ不均等発展は強まり,逆であれば不均等発展は弱まる。生活手段の不均等発展が極端に強まる場合には,実質賃金率は低下に逆転するが,そこまでいかない程度の不均等発展であれば,実質賃金率は上昇していく。実質賃金率の上昇が労働生産性の上昇を上回れば,利潤率が低下しはじめ[432],やがて蓄積は鈍化していくことになる。

（3）均等発展の偶然性：生産手段の不均等発展から生活手段の不均等発展に転化するさい,たまたま両部門の利潤率が一致すれば,蓄積増加率や労働手段増加率が均等化し,したがって両部門は均等に成長する。この均等発展がつづけば,実質賃金率は一定となる。しかし,こうした比例性がたえず攪乱され破壊されるのが資本主義経済の特徴であり,両部門の利潤率が一致するのは偶然的な確率にすぎない。数値解析の結果は,生産手段の不均等発展から生活手段の不均等発展への逆転が起こってくる。

信用による膨張 こうした好況過程を,貨幣面から支える信用を考察しておこう。不況期には貨幣資本は銀行に滞留しているし,銀行同士の貸付競争が激化しているが,投資需要の増加とともに銀行は貸付を増大する。機能資本同士が貸し付けあう商業信用は,販売が順調であるから,生産・流通をいっそう拡

---

[430] このとき,貨幣賃金率と生活手段価格の上昇のどちらが大きいかは,生産手段と生活手段のどちらが不均等発展するかに依存する。いぜんとして生産手段の不均等発展ならば,前者より後者が高く,実質賃金率は低下する。

[431] 二部門分割（流動資本）モデルの数値解析では,好況前半の生産手段部門の不均等発展から,好況後半の生活手段部門の不均等発展へ転化し,それにともなって実質賃金率は低下から上昇に転じる（拙著『景気循環論』133-136頁）

[432] 宇野学派の実質賃金率上昇＝利潤率低下論は,このようなケースにおいて成立する。

大するように作用する。銀行にも貸付が順調に還流してくる。したがって，商業信用・銀行信用ともに利子率は低位で安定的に拡大し，加速的蓄積をいっそう促進する。銀行は預金の数倍にあたる信用を創造するから，機能資本の期待利潤率が高まり蓄積欲が強まっても，それを満たすための貨幣は供給される。このように低位の利子率での貨幣供給が実現していることは，機能資本の投資への期待度を高め，加速的蓄積を促進する。

　信用関係が順調であっても，信用創造によって実体経済の不均等発展は強まり，その背後で進展しているさまざまな不均衡をいっそう累積化させていることに注意しておこう。しかし，商業信用が順調で，銀行の貸出も順調に返済されているかぎりでは，信用貨幣による支払決済で十分だから，中央銀行への金兌換請求は生じていない。いわば信用主義が支配している。

19.4　恐慌—下方への反転運動

　前節で考察したように，好況期の加速的蓄積は生産手段部門の不均等発展か生活手段部門の不均等発展となり，均等的な発展は偶然でしかない。利潤率が均等化せず不均等化するからである（格差の持続化）。どちらが不均等に発展するかは，両部門の期待利潤率と投資の期待利潤率への反応の大きさ（反応係数）に依存する。どのように発展しようとも，つぎのような諸制限にぶつかり，過剰生産恐慌が勃発し，景気は下方へ反転する。

　実質賃金率上昇—利潤率低下　好況期の加速的蓄積が進展していけば，産業予備軍が減少し（雇用率の上昇），貨幣賃金率は上昇していく[433]。しかし実質賃金率は，貨幣賃金率上昇＞生活手段価格の上昇となるか，生活手段の伸び＞現役軍（就業労働力）の伸びとなれば上昇し，逆であれば低下する。前節で指摘したように，生産手段の正常な不均等発展であれば実質賃金率は低下し，極端化すれば上昇に転ずる。生活手段の正常な不均等発展であれば実質賃金率は上昇し[434]，極端化すれば低下する。ここでは，生活手段が不均等に発展し実

---

[433]　こうした事態は，好況期に労働力供給以上に蓄積が不均衡に（過剰に）進展していた結果である。

質賃金率が上昇するケースを取り上げよう。実質賃金率の上昇は両部門の利潤率を低下させるが，相対価格が悪化している生産手段部門の利潤率がより低下する。利潤率の低下によってこの部門の投資（蓄積）額は鈍化し，それが生産手段価格の上昇を鈍化させる。利潤率がいっそう低下するから，この部門での労働力需要も鈍化させる。生活手段の量は引きつづき増加しているから，この現役軍増加の鈍化は，実質賃金率をいっそう上昇させる（いいかえれば，貨幣賃金率の上昇は鈍化するが，それ以上に生産増によって生活手段価格の上昇が鈍化する）。この実質賃金率のいっそうの上昇は，生活手段部門の利潤率をも低下させ，投資を抑制するとともに，生産手段部門の利潤率をいっそう低下させ，投資をさらに鈍化させる。このように，生産手段部門の投資額の鈍化→実質賃金率のいっそうの上昇→生活手段部門の投資額の鈍化→生産手段部門の投資額のいっそうの鈍化，の過程が進行する。このように投資額が鈍化し，生産手段への実物需要も鈍化するのに，余剰生産手段は増加していくから，遅かれ早かれ過剰生産恐慌に突入する。

産業予備軍の枯渇　産業予備軍が減少しても，貨幣賃金率は上昇するが実質賃金率はかならずしも上昇しなかった。しかし完全に枯渇すれば（完全雇用になれば），就業労働力は絶対的に増加しない[435]。労働時間が延長されなければ，剰余価値・利潤（余剰生産手段と余剰生活手段）[436]は絶対的に増加しなくなる（マルクスはかかる状況を「資本の絶対的過剰生産」と呼んだ）[437]。社会全体（マクロ）でこのような状態になれば，全体として蓄積が停止し過剰生産になるだろう。もしミクロ的に労働力の引き抜き合戦がおこなわれたとしても，引き抜きに成功した部門は均衡を維持すべき成長率が達成されたとしても，引き

---

434)　こうした事態は，好況期に労働力需要以上に生活手段部門が不均衡に発展していたことを意味する。

435)　労働人口一定と仮定している。労働人口が増加していれば，労働力人口の増加に労働需要が強制的に縮小される（「完全雇用調整」）。その結果，第22章第2節第3項でみるように，利潤率は急落する。

436)　第8章第2節で明らかにしたように，余剰生産手段と余剰生活手段を価値で集計したものが剰余価値であり，価格で集計したものが利潤である。サープラス（余剰生産手段と余剰生活手段）こそ利潤の源泉なのである。

437)　マルクス『資本論』第3巻第15章，第9分冊，428-429頁。

抜かれた部門では均衡成長率を維持することが不可能となり，成長率が急低下するから，やはり過剰生産恐慌が発生する[438]。

実質賃金率の下限　生産手段部門が正常に不均等発展する場合には，実質賃金率は低下した[439]。実質賃金率には労働力の再生産を保証しなければならない最低限が存在する（注365，参照）。この下限以下に実質賃金率が低下すれば，労働者は働く意欲なり動機を喪失してしまう。労働者は工場に出勤することをやめるか，本格的なストライキに立ちあがるだろう。ともに，労働力供給が減少する。後者の場合には，資本主義が解体される危険性を生みだす。ともあれ労働力供給の減少は，前項の産業予備軍の枯渇以上に深刻な事態であり，同じような経路を経て，過剰生産恐慌に突入する。

信用制限　以上のような不均衡の累積によって過剰生産が勃発すれば，販売（実現）の順調さに基礎をおいていた商業信用の連鎖が破壊され，不信の連鎖に転換してしまう。銀行に貨幣需要が殺到するが，銀行への返済はやはり過剰生産によって困難化しているから，銀行は貸付を制限する。好況期の信用主義から重金主義へ変貌する。このようにして信用制度が攪乱されることによって，過剰生産恐慌はいっそう激化していく。

しかし過剰生産になる前に貨幣・信用が制限されて[440]，それらによって過剰生産になる場合もある。もともと金本位制度は銀行券と金との兌換を保証しなければならないから，無制限に信用を創造（銀行券の増発）することはできない。金兌換の義務から，中央銀行が信用を制限することは理論的にありうる。歴史的には，輸入の増大による金の対外流出や，賃金支払額の増大による金の対内流出によって，銀行信用が制限された[441]。銀行信用の制限はやはり利子率を急上昇させるから，再生産過程はまだ過剰生産が発生していなくとも，利潤率低下と衝突して，過剰生産を引き起こす。この場合は，信用制限が過剰生

438）　詳しくは，拙著『景気循環論』151-154頁，参照。
439）　こうした事態は，好況期に生産手段部門の蓄積とそれにともなう労働力需要が，生活手段部門よりも不均衡に進展していたことを意味する。
440）　貨幣・信用機構からの制御作用については，玉垣良典『景気循環の機構分析』（岩波書店，1985年）第6章第3節，参照。
441）　西村閑也『国際金本位制とロンドン金融市場』（法政大学出版局，1980年）。

産の直接の引金となることを意味する。また好況末期には金融資産や一般商品に対する投機活動が活発化するが, 価格を人為的に吊り上げるために銀行への借入需要が急増する。その分だけ実体経済（現実資本の世界）への信用供与が減るならば, 利子率を急上昇させる[442]。投機活動が崩壊して（取引所恐慌），それに巻き込まれて, 現実資本の世界で過剰生産恐慌になる場合もある。

「暴力的均衡化」と「静かな均衡化」　こうした諸原因によって過剰生産恐慌になれば, 超過需要状態から超過供給状態に転換する。価格機能が正常に機能してこの転換（下方反転）がスムーズに進行すれば（「静かな均衡化」），自動的に成長率は低下し, やがてマイナスとなり縮小再生になっていく。しかし, 価格機能が攪乱されて正常的に調整できない場合には（「暴力的均衡化」），激烈なかたちで過剰生産恐慌が勃発するだろう[443]。均衡化がどちらの形態をとるかは一義的には確定できないだろうが, 拡大再生産から縮小再生産へ転換していく過程なり運動を恐慌と定義しておこう。

19.5　不況

好況期に累積化した不均衡は, 不況期に反対の不均衡が累積化することによって, 整理・解消されていく。すなわち, 蓄積と労働力供給の不均衡による産業予備軍の減少・枯渇は, 恐慌・不況期の蓄積の衰えと失業の急増によって, 再度産業予備軍を確保させる。労働力需要と生活手段供給との不均衡による実質賃金の上昇（生活手段の不均等発展の場合）は, 生活手段の不均等縮小による実質賃金率の低下が, コストの面から回復の条件をつくりだす。実質賃金率の下限（生産手段の不均等発展の場合）は, 生産手段の不均等縮小によって実質賃金率が上昇し, 需要の面から回復の条件をつくりだす。信用の制限も, 恐

---

442)　ヒルファディングやミッチェルは, 好況末期における創業・取引所・投機活動によって, 利子率が急上昇することを指摘している。拙著『独占資本主義の景気循環』87頁, 96-97頁, 参照。

443)　拙著『景気循環論』の第10章は「静かな均衡化」（連続的景気循環），第11章は「暴力的均衡化」（不連続的景気循環）を考察した。最初に両不均衡を区別したのは松岡莞爾「静かな均衡化と暴力的均衡化—競争論における試論」（『静岡大学文理学部研究報告　社会科学』第13号, 1965年）である。

慌が一段落して不況に向かえば，貨幣資本は銀行に滞留し，利子率は蓄積の停滞を反映して低下していく。

蓄積の停滞　不況期は超過供給状態であるから，価格や操業度が低下していく。そして期待利潤率がマイナスになっていれば，新規の固定資本投資は大幅に減少する。もちろん，自由競争段階においても成長産業があり，長期的需要拡大を見越して新投資が起こるだろうが，独占段階ほど大規模にはならないであろう。更新期を迎えた若干の資本は補填投資に向かうから，労働手段への需要は減少しているが存続している。残存固定資本は操業されるから，労働対象と労働力への需要は労働手段ほどには減少しない。しかし，価格・操業度低下→実現利潤率低下→期待利潤率低下→蓄積減少→価格・操業度のいっそうの低下，という悪循環が進行し，蓄積が累積的に減少し，縮小再生産が進展していく。

不均等縮小　（1）第1部門の不均等縮小：新規の固定資本投資は大幅に減少するから，労働手段需要は大幅に低下するのに対して，残存固定資本が稼働することによって，労働対象と労働力（生活手段）への需要はある程度持続する。したがって，労働手段の利潤率が最も低下し，生産手段部門が不均等に縮小していく。この過程で実質賃金率はどうか。失業はどの部門でも発生しているが，生産縮小の最も大きい労働手段部門での失業が最も大きい。このことは，現役軍（雇用量）の減少のほうが生活手段の減少より大きいことを意味するから，実質賃金率そのものは上昇する（貨幣賃金率の低下以上に生活手段価格が低下する）[444]。生産手段部門の不均等縮小がさらに深化する場合には，好況期とは逆に実質賃金率は低下に逆転する。

（2）第2部門の不均等縮小への転換の可能性：好況期の生産手段部門の不均等発展が生活手段部門の不均等発展に転化する可能性があったように，第1部門の不均等縮小が第2部門の不均等縮小に転化する可能性もある。すなわち，縮小再生産がつづくから失業は累増していく。雇用率の低下は貨幣賃金率をさらに低下させるから，生活手段需要は急減する可能性がある。生活手段の供給

---

[444]　数値解析の結果は，不況前半期に実質賃金率は上昇し，不況後半期に低下した（拙著『景気循環論』133-136頁，参照）。

のほうは生産手段が不均等に縮小しているからその減少は大きくないので，生活手段の市場価格はより低下する。他方で生産手段への需要は減少しているが，固定資本の補塡という下限があるから，その減少が底に達する可能性がある。生産手段の市場価格の低下が生活手段の低下より小さくなる可能性が，大いにある。新産業での新投資があればこの可能性はさらに大きくなる。こうして相対価格の逆転が起これば，生活手段部門の利潤率＜生産手段部門の利潤率となり，投資減少は生活手段が高くなり，生活手段部門の不均等縮小に転化する[445]。こうなれば，生活手段の減少が雇用量（現役軍）の減少より大きくなり，実質賃金率は低下に転換する（貨幣賃金率の低下より生活手段価格の低下が小さくなる）。さらに第2部門の不均等縮小が極端化すれば，実質賃金率は逆転する可能性もある。

信用の緩和　激烈な恐慌が発生しているときには信用逼迫が起こり，支払手段需要が殺到し，利子率は急騰する。しかし，倒産や債権・債務関係の整理が一段落すれば，貨幣は銀行に滞留する[446]。現実資本の側では蓄積が停止している状態であるから，固定資本の現物補塡が多少進むにすぎず，投資需要が冷え込んでしまっている。それでも，銀行のほうは貸付しなければ利潤が獲得できないから，銀行間での激しい貸付競争が展開される。中央銀行へ金が還流してくるから，信用制度の貸付能力も回復している。その結果，利子率は低下していく。

資本破壊の進行　恐慌・不況期の価格や操業度の低下は，資本破壊を引き起こす[447]。価格が低下しつづけ，それが古い機械設備の費用を下回るようになれば，資本は物理的に廃棄（スクラップ）される。この場合は，資本が価値的にも使用価値的にも消滅する。価格低下が最も大きい労働手段部門を中心として破壊が進行するだろう。操業度が低下する場合に，遊休機械設備が減価償却されなければ価値が回収されず，直接に価値喪失が起こってくる。以上は生産資本の破壊であるが，商品資本も在庫品の腐朽化として資本破壊が進行する。

---

445)　好況期に均等発展になる「可能性」があったように，不況期にも均等縮小になる「可能性」はあるが，それは偶然的であろう。

446)　拙著『独占資本主義の景気循環』123-124頁。

447)　第6章第2節，第17章第4節第1項，参照。

こうした資本破壊の進展は，好況期に過剰に蓄積された資本の整理過程であり，利潤率を回復させるように作用する。

19.6　回復

不況が進行していく過程で，景気回復の条件が経済内部から自動的に生じてくる。慢性的に不況が長期化するのではない。

利潤率回復・利子率低下　第4節で指摘したように，利潤率低下と利子率上昇が衝突して恐慌に突入した。不況期にはこの衝突が緩和されていく。前項で考察した資本破壊の進行は，過剰資本を整理するから，利潤率を改善するように作用する。前節で考察したように，生活手段部門が不均等に縮小するときには，実質賃金率は低下した。この低下はやはり利潤率を改善するように作用する。他方で利子率のほうは，前節でみたように低下していった。かくして利潤率が改善され，利子率が低下していくので，やがて利潤率が上昇し，景気が自動的に回復する可能性が生じてくる。

産業予備軍の累増・実質賃金率低下　産業予備軍が枯渇してしまえば，実質賃金率が上昇しなくとも恐慌に突入した。縮小再生産の持続化は失業をたえずもたらすから，産業予備軍が確保されるばかりでなく累増していく。それは貨幣賃金率を低下させ，やがては実質賃金率も低下させるだろう。具体的には，生産手段の不均等縮小が極端化した場合や，生活手段の不均等縮小に転化した場合に，実質賃金率は低下する。こうなれば当然利潤率回復要因として作用し，利潤率上昇の可能性を強めていく。実質賃金率が低下していく過程で利潤率上昇をもたらさず，引きつづき低下し，第4節で考察したように実質賃金率の下限にぶつかったとしよう[448]。労働供給は減少し雇用率が上昇するから，貨幣賃金率は上昇し実質賃金率低下がストップしたり，上昇することもありうる。これが生活手段需要の減少の歯止めとなりうる。

---

448)　実質賃金率の下限にぶつかって労働者階級が革命に立ち上がるようになれば，資本主義解体の危機が生まれる。歴史的にもコンドラチェフ波動の下降局面において，プロレタリアートの反乱が多発した。加藤雅『時間の波動』（岩波書店，2006年）第5章第1節，参照。

補塡投資の集中　前節で考察したように，資本破壊が進展していけば利潤率を回復するように作用した。また，資本破壊を強制された資本が，その生産能力を維持するために投資に走ることもある。不況期には資本は「生きるか死ぬか」の安売り競争をしているが，この価格戦争に勝つ最終的手段は，新技術を導入してコストを大幅に低下させることである。不況期にも機械設備の更新期に達した資本は現物補塡し，これが景気下降の歯止めとしても作用した。しかし更新期に達していない資本も，競争戦に勝ち抜くために現物補塡に走り，新技術の採用に踏み切るだろう。こうした新技術下の補塡投資が，競争によって強制されるのである。固定資本の現物補塡は「超過需要」をもたらすから，そのある程度の集中化は労働手段部門への需要を喚起する。こうなれば景気は確実に回復していく。

19.7　景気循環と資本主義の存続

恐慌は，資本主義経済の内在的諸矛盾の集中的爆発であり，累積化したもろもろの不均衡の限界の露呈である。しかし同時にマルクスもいうように，「攪乱された均衡を瞬間的に回復する暴力的爆発」[449]でもある。この均衡化はすでに第4節（19.4）で考察したように，「暴力的均衡化」と「静かな均衡化」のどちらかの形態をとる。

平均化機構としての景気循環　恐慌は，労働者には失業を強制し，富の物的基礎である生産能力を破壊していく。このような人的・物的犠牲を強制しながら，資本主義経済はもろもろの均衡を達成していく。いいかえれば，人的・物的犠牲を払わなければ均衡を達成できない経済システムであるともいえる。すなわち，恐慌・不況期に産業予備軍を確保し，剰余価値生産・資本蓄積の根本的条件を再建する。景気循環によって労働力の需給関係が調節されていることになる。また好況期に価格が不均等に騰貴し，利潤率も不均等に上昇するが，恐慌・不況期に反対の不均等運動が起こることによって，価格が均等化し利潤率も均等化される[450]。このように景気循環運動が平均化機構となる[451]。この

---

449)　マルクス『資本論』第3巻，第9分冊，425頁。

平均化運動によって価値法則（生産価格法則）が貫徹し，資本主義経済の生産・分配・消費が規制され，いわば経済原則が資本主義的形態をとって実現されていく。

景気循環と金本位制　すでに考察したように，信用関係によって景気の膨張が過度に進められ，景気の収縮がやはり過度に進められる。また金本位制のもとでは，金の対外・対内流出入によって信用が調節され，景気循環も金によって規制されているといえる。さらに，すでに指摘しておいたように，貨幣用金の価格は公定価格として固定しているから，一般商品の価格の循環的運動とは反対の動きとなる。すなわち，好況期には金の相対価格は悪化し，不況期には有利になる。こうした一般物価との反対の運動は，景気循環を金供給したがって信用の側面から間接的に規制していることを意味する[452]。しかし，金生産が景気循環運動そのものを生みだしているのではない。現実資本の世界が景気循環運動をすることへの貨幣資本の側の反応，と位置づけるのが適切であろう。景気循環運動によって均衡化が達成され，したがって価値法則（生産価格法則）が貫徹することによって，金本位制が維持される。景気循環と金本位制とはこうした相互規制関係にあり，価値法則（生産価格法則）貫徹の表と裏の関係にある。

---

[450]　第22章第2・3節で，景気循環モデルによる利潤率の循環的・長期的運動を数値解析する。本書には収録してないが，均等化についていえば，価格や利潤率は平均化して一定の均衡水準が形成されるが，部門間の利潤率はかならずしも均等化しない。均等化作用はいえても完全に均等化するとはいえない（拙著『現代の景気循環論（第2版）』第7章第5節）。今後の研究課題である。

[451]　平均化機構としての景気循環という発想は，高須賀義博の経済学体系の根底にあった発想である。この点が，均衡はたえず成立していると想定する宇野派恐慌論との決定的な対立点である。高須賀は景気循環論を完成しなかったが，たとえば，高須賀義博「宇野原理論の核心」（『経済セミナー』1977年6月号），同『マルクスの競争・恐慌観』（岩波書店，1985年）参照。宇野派恐慌論の最近の動向については，筆者の書評（経済理論学会編『季刊 経済理論』第42巻第4号，2006年1月），参照。

[452]　馬場宏二『世界経済 基軸と周辺』（東京大学出版会，1973年）第2章は，景気循環中の一般商品と金商品の価格変動の違いによる利潤率の乖離から，金の価値尺度機能を論じている。歴史的にも，金の価格指数と卸売物価指数とは，循環的に反対の動きをしていた（山田喜志夫『現代貨幣論』大月書店，1999年，127頁。原資料は，Roy W. Jastram, *The Golden Constant*, John Wiley & Sons, 1997）。

研究を深めるために

『資本論体系』9-1・9-2（富塚良三・吉原泰助編「恐慌・産業循環（上）（下）」）
長島誠一『現代の景気循環論（第2版）』（桜井書店，2007年）第1～3章
長島誠一『景気循環論』（青木書店，1994年）

第20章　現代の景気循環

　現代資本主義（国家独占資本主義）においては，前章で考察した古典的景気循環はどのように形態変化や変容しながら，かつ貫徹しているだろうか。その形態変化や変容が逆に，現代資本主義にどのような新たな矛盾を生みだしているのかについては次章で論じる。

20.1　予備的考察——段階的変化

　国家独占資本主義の確立　20世紀前半に独占資本主義（帝国主義）は，2度の世界戦争と，1929年世界大恐慌と1930年代の大不況に陥り，国家の全面的な支援なしには自立的運動ができなくなった。第2次大戦後の資本主義は，独占資本主義に国家が政策的に介入し組織化する国家独占資本主義と規定される。それはすでに，第1次大戦中にレーニンが戦時国家独占資本主義と呼んだように萌芽的に現れ，1930年代大不況期にニューディール政策に象徴されるような国家の政策的調整を経て，第2次大戦後に確立した。国家は，経済過程のみならず，社会・教育・イデオロギーをも全面的に管理化しようとするが，それは，レーニンが喝破した金融寡頭制支配（政・官・財複合体制）が，国家機関を利用することによって補強したものである。経済的には国家は図4-1（65頁）のように，資本循環の全局面に組織的に介入し，資本の価値増殖運動を支援する。しかし国家の政策全体は，金融寡頭制支配を貫徹させるだけではなく，ケインズ政策とも呼ばれるように，失業救済や公教育や社会福祉政策や社会保障制度を充実させ，もって市民社会の諸原則を実現して労働者階級を「体制内化」させる。本節では，景気循環運動に与える景気政策について考察しよう。

　金本位制の停止　第2章第1節第1項（2.1.1）で考察したように，独占段階に入るとともに金本位制の形骸化がはじまった。具体的には第1次大戦によって金本位制は停止され，1920年代に再建されるが，1929年大恐慌によって金本位制は停止される。むしろ国家は，裁量的な財政政策を実施するために，積極

的に金本位制を停止したといったほうがよいかもしれない。管理通貨制（不換銀行券制度）をテコとした有効需要政策によって，大量失業という社会的危機を乗り越えていこうとしたのである。第2次大戦後に成立した国際通貨体制（IMF）は，「金為替本位制」と「ドル本位制」との混合であったが，1971年の「金・ドル交換停止」によって，金本位制は国際的にも完全停止状態になった。

国家の景気政策　戦後の先進資本主義国は共通して，1929年大恐慌と1930年代大不況を繰り返すことを回避しようとして，景気政策を実施する[453]。その主要なものが財政・金融政策である。大恐慌を未然に回避すべく，好況が過熱化（過剰蓄積化）していく兆候が現れれば（たとえば国際収支の悪化，インフレの亢進，利子率の高騰，賃金率の高騰など），早めに景気を財政・金融面から引き締め，人為的・なし崩し的に恐慌を発生させる。そうすることによって，金融恐慌（パニック）をともなった急激で深くかつ広い恐慌が起こることを，未然に防止しようとしてきた。マイルドな不況ないし成長率の低下がしばらくつづけば，失業を救済するためにも，早めに引締め政策から景気刺激政策に転換し，不況からの脱出を早めようとする。こうした景気政策は，成功した面と失敗した面とがあるが，組織化という側面からみれば，景気循環運動という資本の自律的運動そのものを調整化しようとする試みともいえる[454]。

20.2　好況—不均等発展の弱化

国家独占資本主義の蓄積は独占段階と同じく[455]，独占資本と非独占資本が

---

[453]　国家の経済過程への政策的介入は，資本循環の全局面でおこなわれる。第4章第1節第3項，参照。

[454]　大内力『国家独占資本主義』（東京大学出版会，1970年）は，こうした「恐慌論的アプローチ」によって景気循環の変容論を展開している。本書との違いは，ベースにおいている恐慌論の違いによるところが多い。大内説については賛否両論が多数提起されたが，拙稿「国家独占資本主義と恐慌」（『経済研究』第17巻第1号，January 1976）で検討した。独占資本主義および国家独占資本主義下の恐慌・景気循環に関する論争については，高須賀義博編『独占資本主義論の展望』（東洋経済新報社，1978年）の第4章（高山満）と第5章第2節（拙稿）を参照。

[455]　本章では省略した独占資本主義の景気循環の変容については，拙著『現代の景気循環論（第2版）』第2章，参照。

担っている。また、国家は資本循環の外部から政策的に介入するのだから、蓄積過程そのものは変化がない。したがって、前章のような蓄積メカニズムが基底において貫徹する。それらはすでに考察したので、すぐに景気循環そのものの説明に入ろう。

　加速的蓄積　超過需要状態になったとしよう。独占段階と同じく、販売価格の上昇、「計画的操業度」の上昇、新技術の採用、補塡投資の「集中化」によって、利潤率が上昇していく。利潤率の上昇は補塡投資をいっそう進めるし、新投資が本格化する。安定的独占価格はやはり利潤率上昇を促進するし[456]、独占資本が意図的に保有する過剰能力（遊休予備資本）による需給調整速度の高まりが、蓄積をスピード・アップさせる。かくして独占段階と同じく、蓄積の増加は期待利潤率をいっそう上昇させ、利潤率上昇と蓄積増加の好循環が出現し、蓄積が加速的に進展する好況が出現する。

　不均等発展　この加速的蓄積によって生産も拡大するが、独占段階と同じく新技術下の補塡投資による労働手段部門への需要、新たなる失業の発生による貨幣賃金率上昇の遅れによって、利潤率が不均等に上昇し、労働手段の利潤率＞労働対象の利潤率＞生活手段の利潤率、となれば、生産手段部門の不均等発展となるだろう。こうした発展は高成長期にみられたが、国家の財政支出は再生産の全体に直接需要を喚起するし、耐久消費財ブームの出現によって生活手段部門それ自体が発展する動力もあるので、必ず生産手段の不均等発展になるとはいえないであろう。両方のケースを並列的に考察しておこう。

　（1）生産手段の不均等発展：生産手段の不均等発展として好況が進行していけば、余剰生産手段が累増し、固定資本の補塡をめぐる「超過供給」状態が加わり、余剰生産手段がいっそう累増する。累増する余剰生産手段は「生産と消費の矛盾」を潜在的に激化するが、国家の景気抑制政策が発動することによって、自由競争段階や独占段階のようには不均等発展は促進されない。国家が種々の景気指標をみて加熱状態と判断すれば、金融・財政面から景気引締めに走るからである。

　さらに戦後は、1920年代にアメリカに出現した耐久消費財ブームが、先進資

---

[456]　同上書、46頁。

本主義各国でも生じた。独占資本は，独占利潤の一部を広告・宣伝活動に支出し，大衆の消費欲望を潜在的に喚起する。消費者ローンの発達は，この潜在的欲望を有効需要化させる。「独占的労働市場」で実質賃金率確保という労働組合の目標が実現していけば，大衆の購買力は確実に増大する。さらに国家の完全雇用政策が一応成功していれば，さらに購買力は増大する。日本の場合は，戦後の農地改革による農村市場の拡大も，こうした購買力増加を促進した。こうした耐久消費財を中心とした消費ブームが生じたために，生活手段部門が生産手段部門の拡大を追っていくことになる。その結果，生産手段部門の不均等発展は弱まり，大量生産＝大量消費型の好況が出現した[457]。

（2）生活手段部門の不均等発展：生活手段部門の利潤率＞生産手段部門の利潤率，であれば，生活手段部門の不均等発展となる。低成長期になり停滞基調になれば，住宅・自動車・電化製品を中心とした耐久消費財が景気回復を先導する。あるいは，国家の財政出動が回復を先導する場合もある。このようなときには，生活手段部門が先に不均等に発展するだろう。生産拡大のために必要な余剰生産手段は，労働手段部門の独占資本が保有する「意図された過剰能力」（遊休予備資本）によって保証されている。それ以上に過剰能力（「意図せざる過剰能力」・過剰生産資本）が存在し，独占の操業度が標準的操業度に回復するまで投資を控えれば，労働手段の生産は遅れる。さらに，耐久消費財が普及し，いわゆる「多品種＝少量生産」に転換すれば，大量生産＝大量消費のような設備投資誘発効果はでてこないだろう。ともかく余剰生産手段は累増しないので，潜在的成長能力は低くなる。そのために，生活手段部門の不均等発展が進展する場合には，弱々しい好況となる可能性が高い。インフレーション期に特有な「貨幣錯覚」や「インフレ心理」も，スタグフレーション期にはみられた。

独占の安定化作用と不安定化作用　独占資本の「意図された過剰能力」（遊休予備資本）の保有による需給の調整期間の短縮化と，独占価格の安定性は，いぜんとして作用し蓄積を促進する。しかしスタグフレーション期にみられたように，石油等の資源価格や賃金の上昇圧力が激しいときには，独占資本は

457）　拙著『現代資本主義の循環と恐慌』（岩波書店，1981年）第4章2，参照。

「利潤圧縮」から逃れるために，コスト上昇を価格に転嫁する。こうして独占価格が上昇すれば，蓄積は阻害される。

　信用による膨張　自由競争段階や独占段階と同じく，販売が順調なので商業信用・銀行信用ともに利子率は低位で安定的に拡大し，加速的蓄積を促進する。早めの金融緩和政策が好況期もしばらくつづけば，「意図的な低金利」は信用膨張力を強め，加速的蓄積が進展する。金本位制を国内的に停止したことによって，銀行の信用創造は中央銀行の金融政策に大きく左右されることになる。しかし信用はこの期には，現実資本の側からの蓄積欲に応じて内生的に供給されていくであろう。

20.3　恐慌―激発性の消滅と均衡回復作用の弱化

　「恐慌の可能性を現実性に転化させる諸条件」は戦後どのようになっただろうか。

　実質賃金率上昇―利潤率低下　独占段階になると，貨幣賃金率も生活手段価格もともに分裂した動きをした。好況が進展し，国家の完全雇用政策も成功して産業予備軍が減少し，雇用率が上昇してくれば，「非独占的労働市場」はもとより「独占的労働市場」でも貨幣賃金率が上昇する。実質賃金率は貨幣賃金率と生活手段価格の上昇の大小関係に規定されるが，雇用率が上昇し独占資本の生活手段価格が安定的であることは実質賃金率を上昇させやすくする。全体として実質賃金率が上昇するか否かは，生活手段量の伸びと就業労働力の伸びによる。しかし，「独占的労働市場」の実質賃金率は「非独占的労働市場」より差別的に高い。「独占的労働市場」ではもともと実質賃金率の確保を目標としているから，労働市場の好転による貨幣賃金率の上昇は，実質賃金率をさらに上昇させる。産業予備軍減少（労働不足状態）においては，「非独占労働市場」でも実質賃金率の上昇を要求するであろうし，非独占のほうも労働力を確保するために実質賃金率の上昇を認めざるをえない。実質賃金率が全般的に上昇するから，利潤率を圧迫する。労働生産性がそれ以上に上昇すれば利潤率は低下しないが，好況末期になると，未熟練労働者を雇用したり旧式の機械設備を再稼働させるから，労働生産性は停滞する[458]。生産手段と生活手段の価格

はどちらがより騰貴するだろうか。独占価格が維持されているかぎり，非独占価格の循環的騰貴に依存する。不均等に発展している部門の価格騰貴のほうが大きいと想定できるから，生産手段の不均等発展のときにはその価格がより騰貴し，生活手段の不均等発展のときにはその価格がより騰貴することになる。

　実質賃金率の上昇と労働生産性の停滞は両部門の利潤率をともに低下させるが，相対価格が悪化していたり操業度上昇（実現率）が遅れている部門の利潤率がより低下する。すなわち，生産手段の不均等発展であれば生活手段の利潤率が，生活手段の不均等発展であれば生産手段の利潤率が早く低下する。自由競争段階や独占段階と同じく，利潤率低下[459]は蓄積を鈍化させ，両部門に相互に悪循環し，遅かれ早かれ過剰生産恐慌に突入する。国家の金融引締め政策が発動して利子率が引き上げられれば，利潤率低下と利子率上昇の衝突は早めにやってくるだろう。また，独占段階と同じく，非独占の利潤率は低いし利子率は差別的に高いから，まっさきに非独占が先行して恐慌になっていくだろう（非独占主導型恐慌）。

　産業予備軍の枯渇　実質賃金率が上昇せずに加速的蓄積が持続化していけば，やはり産業予備軍が枯渇し，剰余価値・利潤（余剰生産手段と余剰生活手段）は絶対的に増加しなくなり，「資本の絶対的過剰生産」が発生する。好況期の貨幣供給は「成長通貨」の性格があったが，もしこの時期に貨幣供給が増加すれば「真正インフレ」が発生するだろう。もしこうした極限的状況に近づけば，国家は景気の加熱状態と判断して景気引締め政策を発動し，人為的・なし崩し的に恐慌を引き起こす。

　実質賃金率の下限　自由競争段階や独占段階においては，「実質賃金率の下限」まで実質賃金率が低下し，それが契機となって景気は下方に反転する可能性があった。しかし，戦後の労働組合運動の高揚と冷戦体制のもとでの「東西競争」の状況下では，生活を保障できないような実質賃金率の低下は起こりに

458）労働生産性の上昇率は産業間で異なる。「賃金の高位平準化」が進んでいけば，生産性上昇率の低い産業の利潤は圧縮されるが，それが価格に転嫁されれば「生産性変化率格差インフレーション」となる。詳しくは次章で論じる。

459）トーマス・ワイスコップは，利潤率を利潤シェア・操業度・産出係数に分解して，戦後アメリカの景気循環における利潤率の循環的動向を分析している。ワイスコップの分析結果については，拙著『現代資本主義の循環と恐慌』（79-82頁）で紹介している。

くくなったといえよう。労働者を「体制内化」させ労使協調を維持するためにも，国家はこのような事態を放置できなくなり，強制的に賃金交渉に介入してくるであろう。「実質賃金率の下限」よりも，独占資本の目標（要求）利潤率と「独占的労働市場」での実質賃金率確保の目標とが両立できなくなり，激しい分配闘争が起こる可能性が高い。しかし，1990年代から最近までの日本の長期停滞状態におけるように労働運動が後退するときには，実質賃金率が低下しつづけ，下限にぶつかる可能性がなくなったとはいえない。

　信用制限　管理通貨制（不換銀行券制）のもとでは，信用制限は中央銀行の金融引締めによって起こってくる。すなわち，中央銀行の民間銀行への信用供与が制限されるし，銀行の準備率引上げ指導などによって，現実資本への貨幣供給が制限される。それが，種々の要因による利潤率低下と結びついて，恐慌状態になし崩し的に移行していく。このさい，中央銀行は急激な利子率騰貴を避けようとするから，急激な信用崩壊（信用恐慌）や金融恐慌（パニック）は回避される。

　景気引締め政策の発動　すでに指摘してきたように，景気が加熱状態だと判断すれば，国家は金融・財政政策によって景気を引き締める[460]。あるいは賃金騰貴などに対抗するために意図的に恐慌を引き起こすこともある（安定恐慌）[461]。あるいは，産業予備軍が枯渇してきて「真正インフレ」の危険性があれば，人為的に恐慌を引き起こす。しかし，利潤率が低下したり産業予備軍が枯渇しなくとも，スタグフレーション期のように急激な物価騰貴が起これば，国家は総需要抑制策に転換する。急激な物価騰貴は国際競争力を低下させるし，銀行の実質利子率をマイナスにするし，社会的・政治的不安を醸成する。また第2節で指摘したような，「貨幣錯覚」や「インフレ心理」による景気の過熱化の危険性もあった。こうした事態を回避しようとして，国家が財政と金融両面から景気を引き締めることによって，人為的・なし崩し的恐慌になっていく。

---

460)　1950・60年代前半までの日本においては，「国際収支の天井」にぶつかって，繰り返し景気引締め政策が展開した。

461)　アメリカのラディカル派の産業予備軍理論は，この点を強調している。Raford Boddy and James Crotty, "Class Conflict and Macro-Policy: the political Business Cycle", *The Review of Radical Political Economics*, Spring 1975; "Wages, Prices and the Profit Squeeze", *The Review of Radical Political Economics*, Summer 1976.

20.4 恐慌の形態変化

　以上のようないくつかの契機によって過剰蓄積が露呈し，恐慌になっていく。過剰蓄積の発現である点では，自由競争段階や独占段階と変わらないが，その発現形態はいろいろ変化している[462]。

　人為的・なし崩し的恐慌　以前は，低下する利潤率と利子率が衝突して激発性の恐慌が勃発した。しかし戦後は，利潤率低下なり物価騰貴の加速化などが一定程度進行すれば，激発性の恐慌を避けるために国家は財政・金融政策を発動して景気引締めに走る。過剰蓄積がいっそう進展してしまって，結果として利潤率が急激に低下しないように，あらかじめ財政支出を抑制する。また，利子率が急激に上昇しないように，徐々に段階的に利子率を引き上げる。こうした景気引締め政策が成功すれば激発性の恐慌は回避され，なし崩し的に恐慌状態に転換する。産業予備軍が減少し賃金騰貴が激しいときには，産業予備軍を確保するために人為的に恐慌を引き起こすこともある[463]。

　金融恐慌の回避　戦後は金融恐慌が回避されてきた。国家は利子率の急激な上昇を回避し，信用関係の大攪乱が起こらないようにする。また金融機関が危機に陥っても，預金が保証されているから「取り付け」騒ぎは回避される。さらに最後の手段として，国家機関や企業集団が緊急融資によって金融機関を救済する。このようにして，貨幣・信用・金融制度全般にわたる崩壊（パニック）が回避されてきた。

　蓄積の停止と独占利潤の確保　独占資本は，期待限界利潤率が目標（要求）利潤率より低いと予想すれば，投資を控える。恐慌期にはまさにこうした状態が実現している。しかし，独占利潤が喪失してしまっているのではない。既存の投下資本全体には，長期的な目標利潤を確保するように独占価格が設定されている。恐慌期には，操業度が標準的水準より低下し，利潤はもちろん低下しているが，目標利潤に近い利潤が確保される。それだけ，独占資本の恐慌対応

---

[462]　本節は，表現を若干変更したが基本的に拙稿「現代資本主義の循環と恐慌」(『資本論体系』9-1，所収) の再論である。

[463]　R. Boddy and J. Crotty, "Class Conflict and Macro-Policy: the Political Business Cycle".

力が強まっていることになる。

恐慌負担の転嫁 非独占資本では市場価格の低下によって資本破壊が進行するが、これは、恐慌による犠牲を資本自らがこうむっていることを意味する。しかし独占資本は、マイルドな価値喪失を独占利潤によって回収してしまうのは、資本価値喪失としての損失を独占価格によって他階層に転嫁してしまっていることを意味する。好況期の独占価格の維持は蓄積を促進したが、不況期の独占価格維持は、「恐慌の損失」を他階層に転嫁し、それだけ蓄積の再開を遅らせていることになる。

物価＝賃金の悪循環の可能性 利潤率と賃金率が対抗関係にあるように、資本の目標（要求）利潤率と、「独占的労働市場」で確保しようとする労働者の実質賃金率（要求実質賃金率）とは、対抗関係にある。労働生産性が実質賃金率上昇を上回るときには両方の要求が満たされるが、そうでなければ物価と賃金の悪循環が発生し、不況のもとでの物価騰貴として典型的なスタグフレーションとなる。すなわち独占資本は、目標（要求）利潤が確保できなければ独占価格を引き上げる。対抗的に労働組合が、実質賃金率を維持すべく貨幣賃金率の引上げを要求するから、独占価格を引き上げても、結果として利潤率の上昇とならない。独占資本は新投資に踏み切らず、独占価格を再度引き上げる。こうした価格上昇に対抗して、労働組合や国民各層が対抗的に価格を引き上げていく悪循環が発生する。利潤率は改善されないから、不況のもとでの物価騰貴が進行する。

20.5 不況—成長率循環

戦後においても好況期に累積化した不均衡は、不況期に逆の不均衡がある程度累積化し整理・解消されるが、いろいろな要因によって自動回復力は弱まる。

蓄積の停滞 戦後も独占段階と同じく、先端産業を中心とした成長産業が不況期にも設備投資をおこなうから、労働手段への需要は自由競争段階ほどは減少しない。しかし経済全体では独占段階や自由競争段階と同じく、価格・操業度低下→実現利潤率低下→期待利潤率低下→蓄積減少という悪循環が進行し、蓄積が累積的に減少し、成長率が低下したり（成長率循環）、縮小再生産が進

展していく。

不均等縮小の弱化　第2節で考察したように，戦後は部門間の不均等発展は弱まる傾向にあったから，不況期の不均等縮小も弱まる。したがって本節では，縮小再生産過程一般として考察しよう。さらに戦後は，縮小再生産の累積性が弱まる傾向がある。国家が不況の深化を回避するために，景気引締め政策から景気刺激政策に転換すれば，有効需要の減少が軽減される。失業保険などの所得再配分も，消費需要の減少を軽減する。また独占資本は，不況が深化しないことを期待して，長期的投資計画を続行するだろう。さらに耐久消費財の買い換え時であれば，個人消費が伸びる。こうした諸要因が景気の下支えとして働くから，不況の深化に歯止めがかかる[464]。他方で，貨幣賃金率や原材料などの費用や利子率が低下すれば，利潤率低下は弱まり，徐々に蓄積条件が改善されていく。

信用の緩和　独占段階では，利子率低下が弱まるかもしれない[465]。しかし戦後は，金融政策によって利子率が左右される。景気引締め政策がつづくかぎり利子率は上昇するが，緩和政策に転換すれば，利子率は独占段階よりさらに低下するようになる。それだけ，貨幣・信用の側面から景気回復の要因が強く働くことになる。しかし，低金利政策がかならずしも成功するとはかぎらない[466]。

資本破壊作用の麻痺　独占資本のもとでは，主として操業度低下によるマイルドな資本価値破壊として進展した[467]。そのために資本破壊作用は弱まる。しかし，費用を価格がカバーできなくなれば，独占といえども資本を破壊せざるをえない。不況の深化を食い止めるために国家はたえず一定の需要を注入するから，操業度は累積的に低下しなくなる。その結果，国家独占資本主義のもとでは資本破壊が弱まり，恐慌の暴力的均衡化作用を阻害する。そして過剰生産資本が好況期にも持ち越される傾向がでてくる。

---

[464]　戦後恐慌が軽微化したことについては，拙著『現代資本主義の循環と恐慌』69頁，参照。
[465]　拙著『現代の景気循環論（第2版）』57頁。
[466]　利子率低下は投資誘因の一つではあるが，現実資本の期待利潤率が回復しなければ，投資は起こらない。1990年代の日本の超低金利政策の「失敗」が，このことを実証している。
[467]　拙著『現代の景気循環論（第2版）』57頁。

周期の短縮化傾向　以上の好況期・不況期の考察から，固定資本の回転と景気の循環とがヅレてくる。独占資本の価値破壊が不徹底になり，資本破壊による補塡投資強制が起こりにくくなる。また，独占資本が投資を計画的に分散化するから，それだけ固定資本の「集中化」が弱められる。耐久消費財や住宅投資に「ライフ・サイクル」があるために，固定資本循環が景気循環を規定する作用が弱められる。こうした諸要因が作用するために，固定資本循環と景気循環とがヅレるようになる。

さらに，循環周期が短縮化する傾向が生じる[468]。それらを列挙すれば，①非独占資本の利潤率は低く利子率は高いので，その衝突が早まり，非独占が先行して早く恐慌になる。②国家の景気政策によって，好況期と不況期がともに短縮化する。③「完全雇用政策」が成功している間は，産業予備軍減少が速まり，賃金騰貴が早く出現する。④世界的な資源ナショナリズムが高揚している間は，早めに原料価格が騰貴する。⑤独占資本が保有する「意図された過剰能力」（遊休予備資本）は，需給の調整期間を短縮する。こうした諸要因によって，循環周期が短縮化する傾向が生じる。

20.6　回復—他律性と自律性

前節で考察したように，戦後は，縮小再生産の不均等性が弱まり，累積性も弱化し，財政・金融政策の発動によって資本破壊作用は不十分になり，利子率は人為的により低下する傾向があった。こうした変化は，景気回復にどのように影響するだろうか。

利潤率回復—利子率低下　利潤率低下と利子率上昇の衝突が緩和するか否かは，以下の諸条件に依存する。資本破壊は不十分になるから，過剰資本の整理による利潤率改善は遅れる。しかし実質賃金率が低下すれば，利潤率を改善す

---

[468]　10年周期説の支持者はいぜんとして多いが（たとえば岩下有司『景気循環の経済学』勁草書房，1994年），周期が10年前後であることは明確にされてはいないし，まして現代にも貫徹しているとする主張には疑問である。篠原三代平氏は設備投資/GNP比率の10年周期を検出したが，筆者は1990年代の長期不況期には検出できないと考えてきた。最近篠原氏は，平成大不況の経験を踏まえて，20年周期を提起している（篠原三代平〈経済教室〉『日本経済新聞』2006年8月15日付）。

る。他方で利子率のほうは金融政策によって人為的に低められるから，信用が早く緩和される。かくして戦後においても，利潤率が改善され利子率が低下し，やがて利潤率が上昇し，景気が自動的に回復する可能性は残っている。

産業予備軍の累増—実質賃金率低下作用の喪失　自由競争段階や独占段階においては，産業予備軍が累増し貨幣賃金率を低下させた。しかし戦後は，「失業に政府が責任あり」とするケインズ政策が実施されていた間は，財政政策の発動によって早めに景気を回復させてきたから，産業予備軍は累増しなかった。しかし，市場原理主義（新保守主義・新自由主義）は，「失業の犠牲を払ってもインフレを抑制する」ことを優先させるから，それを徹底した場合には，大恐慌や大不況が起こらないとはいえない。

景気刺激政策の発動　すでに述べてきたように，国家が早めに景気を回復しようとして財政・金融を緩和させることによって，景気が回復していく。

補塡投資集中化の弱化　戦後は資本破壊が不十分となり，投資も分散化する傾向にあったから，不況末期から好況前半期の固定資本補塡投資の「集中化」は弱くなった。

研究を深めるために
『資本論体系』9-2（富塚良三・吉原泰助編「恐慌・産業循環（下）」有斐閣，1998年）
大内力『国家独占資本主義』（東京大学出版会，1970年）
長島誠一『現代の景気循環論（第2版）』（桜井書店，2007年）第3章

第21章　価格体系とインフレーション

　第2章の貨幣論においては，マルクスと同じく，貨幣の価値尺度機能を「価値表示」機能に限定して説明した。そこでは，商品が価値どおりに等置されていることが前提とされた。しかし諸資本の競争の世界では，需給関係によって価格が価値から乖離し，価格運動の結果，価値水準が確定される[469]。この価値水準の確定は，価格の自動調整作用によって日々実現されるのではなく，不均衡の累積とその暴力的均衡化としての景気循環（産業循環）運動によって達成される。こうした平均化機構としての景気循環機構とその変容（形態変化）については，第19・20章で解明したので，マルクスの貨幣論次元から上向して，価値尺度機能を論じる必要がある。また，独占段階になると，総価値と総価格は恒常的に乖離する傾向がある（第9章第6節）。自由競争段階においては，平均化機構としての景気循環が貫徹することによって，市場価格は生産価格に収束し，相対価格が調整される機構が存在した[470]。しかし独占段階になると，この相対価格調整機構は変質する。これが，現代資本主義の構造的特質にもなっているインフレーションと深く結びついている。現代インフレーションの解明と，その資本主義にとっての歴史的な意味を明らかにするためには，価値尺度論や相対価格調整機構にまで貨幣論を展開しておく必要がある。以下，インフレーション解明のために精力的に通説（「貨幣論」的インフレーション論）を批判し，現代における価値尺度機能の麻痺説を提起した高須賀義博の見解を紹介しながら，残されていると思われる未完成な点を検出してみよう。

---

[469]　マルクス自身はこのことを認識しており，「規律が，盲目的に作用する無規律性の平均法則としてのみ自己を貫徹」すると述べている（『資本論』第1巻第3章第1節，第1分冊，174頁）。
[470]　注451で指摘したように，平均化機構としての景気循環という発想は，高須賀義博の経済学体系の根底にあった。

21.1 インフレーションの基礎理論

　高須賀義博は，通説的な「貨幣論」的インフレ論者の理解を批判した後で，価値尺度・法定価格（標準）・貨幣流通法則を再定式化し，すすんで，開放体系下での貨幣流通法則と金本位制の自動調節メカニズム論を展開している。この順序にそって検討していこう[471]。

　価値尺度機能　まず高須賀は，「流通必要金量」を商品価値総額と貨幣商品1単位の価値の比率として与える[472]。すなわち，

　　$\Sigma Qi = \Sigma(\lambda i / \lambda g)$

Qi：商品価値・貨幣商品価値比率（「流通必要金量」），λi：商品価値，λg：貨幣商品1単位の価値，である。価格総額は，Pi：商品価格（価値価格），Eg：貨幣1単位の金量，Ng：法定価格標準，とすればつぎのようになる（貨幣の流通速度は1）。

　　$\Sigma Pi = QiEgNg$

　EgNg は貨幣1単位の金量の法定価格であるから，上の式は「流通必要金量」に貨幣1単位の金の法定価格を掛けたものである。この価格は価値どおりの価格であるが（高須賀は価値価格と呼んでいる），この価値価格においては「流通必要金量」は価値の「内在的尺度」として機能しており，マルクスが定義したように，金貨幣は価値の表示機能を果たしている。しかし，問題は貨幣商品の価値にある，と高須賀はいう[473]。

　新産金の価値：λg^{cn}，ストック金の価値：λg^s，貨幣の支配商品価値（購買力）：λg^c，の関係はつぎのようになる。商品一般の価値は，再生産に必要な労働時間によって規定されるのだから，ストック金の価値は新産金によって規定される。つぎに貨幣の支配商品価値と新産金の関係についてだが，まず高須賀は，価値形態と価値関係の措定（確定）についてつぎのように言明している。

---

[471]　高須賀義博『現代資本主義とインフレーション』（岩波書店，1981年）139-161頁。
[472]　高須賀は一商品で表現しているが，総額で示す。
[473]　高須賀，前掲書，139-140頁。

「商品所有者が自己の商品の価格をつけるとき，価値は未知数である。だが価格を表示しないかぎり他の商品との交換関係に入ってゆけないために，商品所有者は自己の商品の未知の価値を自己の私的判断でもって仮言的に既知の値として表現する。これが価格にほかならない。価格（貨幣形態）は，それを媒介として商品どうしが交換関係を取り結ぶために必要な形式であって，商品所有者の交換の意思表明である。この私的に宣言された価格が市場において一定の修正をうけ，社会的に通用する水準が決定されることによって，価値関係が確定され，交換が行われる。したがって，価値形態，つまり価値表現の形式を通して価値関係が措定される関係にある。」[474]

商品所有者は自己の未知の価値を一応既知のものと仮定して，金の一定量で表現する（このとき金は価値表現の材料になっているが，観念的存在でよい）。その価格設定においては，商品所有者は商品価値も貨幣商品（金）の価値も予想するしかない。したがって，さきの価値が所与であった場合の式は，つぎのような予想値になる。

　　予想価値比率＝予想商品価値／予想貨幣商品価値

　　予想価格＝予想価値比率×EgNg

そして，予想貨幣商品価値は支配商品価値（λg^c）であり，貨幣の支配商品価値は需給によって変動するが，長期的には調整されてストックとしての貨幣価値が支配する[475]。支配商品価値が，ストックとしての貨幣価値，そして究極的には新産金によって規定されるようになることが，高須賀・価値尺度論のエッセンスでもある。

法定価格標準　金貨流通のもとでは，法定価格標準は貨幣用金生産者にとっての鋳造価格（供給価格）である。それは固定しているのに対して，一般商品価格は景気循環の中で循環的に変動するから，金と一般商品の利潤率は循環的に逆相関の運動をする。産金業者がその過程において一般的利潤率を獲得できれば，金供給は確保され，金本位制は維持される。中央銀行券（信用貨幣）が専一的に流通するようになると，価格標準は金と中央銀行券との兌換比率にな

---

474)　同上書，143頁。
475)　同上書，144-145頁。

る。中央銀行にとっては兌換準備金の調達価格となる。金が調達できるか否かが貨幣制度の中核にある，と高須賀はいう。

「要するに，法定価格標準は貨幣用金の調達価格である。この下で必要な金が調達できなければ，貨幣信用関係の全体が乱れてくる。このことは同時に貨幣の価値尺度機能にも波及するのであって，価格標準は単に金の一定分量に対して技術的必要から与えられた名称にとどまるものではない。それは，貨幣信用制度の中核をなすのである。」[476]

貨幣流通法則　マルクスは，貨幣流通法則を単純流通の制約下で説明したために，貨幣用金生産との関係を明示的には説明していない。しかしマルクスは，貨幣の蓄蔵プールや単純再生産論における貨幣材料の再生産を，かなり詳しく考察していた。それを拡大再生産において高須賀は再定式している。さきの価値尺度で定式化した貨幣流通法則に，貨幣の流通速度を入れて言葉で表現すればつぎのようになる。

　　流通必要金量×貨幣1単位の重量（価格の度量標準）×法定価格標準
　　＝商品量×平均価格／流通速度

この式において，貨幣1単位の重量（価格の度量標準）と法定価格標準は常数であり，流通速度を一定と仮定して変化率で表現すれば，

　　流通必要金量の変化率＝商品量の変化率＋価格の変化率

一般商品の生産条件は変化しないから，価格の変化率はゼロとなり，

　　商品量の変化率＝流通必要金量の変化率

となる。流通必要金量の増分は，新産金によって供給されねばならないから，

　　新産金＝商品量変化率（成長率）×流通必要金量

この式を貨幣流通法則の式に代入すれば，

　　新産金×貨幣1単位の重量（価格の度量標準）×法定価格標準
　　＝商品生産量の増加×平均価格／流通速度

となる。この式を高須賀は，貨幣流通法則の拡大再生産版，とする。金にして

---

476) 同上書，148頁。高須賀は，価値関係が確定し労働時間によって価値が尺度されることを「価値の内在的尺度」と規定し，商品価値が貨幣金の一定量で表現されること（価値形態）を「価値の外在的尺度」と規定している。高須賀義博『現代価格体系論序説』（岩波書店，1965年）102-105頁。

も一般商品にしても、その供給量は期首の生産手段の大きさに規定されるから、この貨幣流通法則は、つぎのようになる（ミス・プリントは訂正）。

　　金産業の産出係数×金産業の生産手段量×貨幣1単位の重量（価格の度量標準）×法定価格標準＝一般産業の産出係数×一般産業の生産手段の増加×平均価格／流通速度

産出係数・平均価格・流通速度が一定であれば、現実には一般産業の生産手段の増加／金産業の生産手段量が基準値より小さければ、貨幣用金の過剰供給、大きければ過小供給となる。過剰供給の場合は一般商品の価格が上昇し、したがって金生産の費用価格が上昇し、利潤率が低下する。過小供給の場合には、一般商品の価格が低下し、したがって費用価格も低下し、利潤率が上昇する（ここでは貨幣数量説を前提にしている）[477]。そして高須賀は、価値尺度機能が貫徹することの内実をつぎのように総括する。

「貨幣用金が……過大あるいは過小であれば、それが一般商品価格に影響を与えると考えねばならないのである。そうだとすれば、貨幣流通法則の定式化において価格総額はすでに与えられているとすることはもはやできない。……この点を考慮して価値尺度論を再定式化すれば、つぎのようにいわねばならない。すなわち、価格形成において直接的に内在的尺度として機能するのは貨幣の支配商品価値であったが、この決定要因のなかには、支配商品の価値（および生産条件）だけではなく、貨幣用金の取得可能性（availability）も含まれる、ということこれである。このことは、新産金価値と支配商品価値の乖離を説明する。そして、この乖離を生みながら、一般商品と金生産との間で、流通必要金量を単一基準でもって供給する機構があるとき価値尺度機能は正常に遂行されるのである。」[478]

開放体系下の貨幣流通法則　以上の考察はクローズド・システム（封鎖体系）であったが、高須賀はオープン・システム（開放体系）へと拡大する。中央銀行券が専一的に流通していると仮定すれば、貨幣流通法則はつぎのようになる。

　　中央銀行券×中央銀行券1単位の貨幣呼称＝価格総額／流通速度

---

477)　高須賀義博『現代資本主義とインフレーション』149-153頁。
478)　同上書、153-154頁。

中央銀行の金準備の数倍の中央銀行券が創造されるから[479]，

「信用創造係数」＝中央銀行券／（金準備／貨幣1単位の金量）

であるから，

「信用創造係数」×（金準備／貨幣1単位の金量）×中央銀行券1単位の貨幣呼称＝価格総額／流通速度

この式において，「信用創造係数」，貨幣1単位の金量，中央銀行券1単位の貨幣呼称，流通速度は一定であるから，変化率で示せば，

金準備の変化率＝商品量の変化率＋価格の変化率

となる。中央銀行の準備金の増減＝貿易差額，とすれば，

金準備金の変化率＝貿易差額／金準備金

この式をその上の式に代入すれば，金準備＝貿易差額／（商品量の変化率＋価格変化率）。

となる。この式を信用創造を入れた貨幣流通法則の式に代入すれば，

「信用創造係数」×（貿易差額／貨幣1単位の金量）×中央銀行券1単位の貨幣呼称＝価格総額（商品量の変化率＋価格の変化率）／流通速度≒価格総額の増加／流通速度

となるから，

「所与の価格標準のもとで一定の連結係数（「信用創造係数」）を維持するためには，国際収支（貿易収支）の差額の大いさが，価格総額（価格×数量）の増加分に比例しなければならない。」[480]

かくして高須賀は，リカードの「金本位制の自動調節メカニズム」に立ち返っている。高須賀は，マルクスのリカード批判は鋭いが，自分の価値＝価格の世界にとどまっているとする[481]。高須賀とリカードとの根本的違いは，景気循環（産業循環）と恐慌を入れてくるか否かにある。

「われわれは恐慌そのものが，リカードの『貨幣の相対価値』，われわれの貨幣の支配商品価値の変動を平均化するメカニズムの中軸であることを正当に評価しなければならない。」[482]

---

479) 同上書の数式にはミス・プリントがみられるので，訂正した。
480) 同上書，156頁。
481) 同上書，157-160頁。

そしてマルクスから学ぶべき点は，摩損鋳貨論であるという。

高須賀インフレーション論の基本規定　以上の基礎理論を踏まえながら，高須賀はインフレーションを以下のように規定した[483]。

（1）インフレーションとは，通貨の過剰発行によって諸商品価格が高騰する現象であり，財政インフレは，赤字国債発行によって財・サービスが収奪され，再生産外的に浪費されることによって発生し，信用インフレは低利子率政策によって発生する。

（2）インフレーションとは，自動的に調整不可能な総価格の総価値からの乖離現象である。

（3）インフレーションと，法定価格標準の固定化とは，両立しない。

（4）インフレーション下では新産金の供給がストップするため，貨幣の価値尺度機能が麻痺し，貨幣錯覚が生じる。

（5）貨幣用金の供給ストップは，貨幣信用制度そのものを震撼させる。

（6）「かくして，インフレーションの本質は，法定価格標準＝鋳造価格と事実上の価格標準の乖離が自己否定的矛盾関係にある点にあり，その集約的表現が貨幣材料の供給の停止，それにもとづく貨幣信用制度の震撼である。」[484]

21.2　相対価格調整機構

かつて高須賀は，戦後日本の高度経済成長期の卸売物価安定＝消費者物価騰貴に着目して，「生産性変化率格差インフーション」説を提起した。そのエッセンスは，生産性変化率（上昇率）が高い産業での高賃金に，生産性変化率（上昇率）の低い産業の賃金が平準化すれば（「賃金の高位平準化」），低い産業の費用が上昇するので，対抗的に価格を吊り上げることによって，インフレーションが発生するというものである。しかしその後，高須賀は，「賃金の高位平準化」が起こったとしても，価格転嫁がなされインフレになる場合と，低利潤率の固定化が起こる場合（二重構造の形成）とがあったとして，両方のケー

---

482)　同上書，160頁。
483)　同上書，165-167頁。
484)　同上書，166-167頁。

スを含みうるような一般的なかたちで，相対価格調整論を展開した。本書の第19章は，まさに景気循環運動を平均化機構として把握しており，第20章の恐慌の形態変化論は，相対価格調整機構の変質と密接に結びついている。まず高須賀の議論を紹介しながら，補強し，修正しておこう。

まず高須賀は，価格体系とは，相対価格が総体として一定の度量標準のもとに一定の価格水準を形成したもの，と定義する[485]。相対価格の総体には，少なくとも一般商品の相対価格関係，総価値と総価格との関係，一般商品と貨幣用金の相対価格関係がある。順序を追って追跡してみよう。

相対価格調整機構　自由競争のもとでは，新技術の導入・普及によって超過利潤が消滅する傾向があるので，相対価格が調整されるという[486]。このことは，第17章第4節（17.4）で考察したように，新技術の導入・普及・旧技術の排除過程によって投資が規制され，その過程で価格は低下し，支配的大量を占める標準的技術の価値水準に価格が収束していったことによって，相対価格は価値水準（価値比率）に調整されることを意味する。第17章での超過利潤の発生と消滅，そして新技術の導入と旧技術の排除（廃棄）の過程は，景気循環の過程として進行する。そして第19章で考察したように，市場価格は一般的に好況期には上昇するが，恐慌・不況期に下落することによって自己調整され，価格水準が確定することによって価値（生産価格）水準が確定した。利潤率格差も景気循環運動によって均等化する傾向があり，生産価格体系が成立した。一般商品の相対価格も，価格がこの生産価格水準に落ち着くことによって，調整された。数値解析の結果は，価格調整型の景気循環（蓄積）の場合には，労働手段・労働対象・生活手段の市場価格（市場清算価格）と利潤率は，図21-1と図19-1のように循環的に変動しながら，平均水準が形成され，さらに利潤率は均等化する作用が働いている[487]。また金商品と一般商品のあいだでも，

---

485)　高須賀義博『現代価格体系論序説』202頁。
486)　同上書，202-203頁。第9章第6節で述べたように，総価値と総価格は乖離した。当然，個々の商品の価値と価格は乖離するが，その相対価格は価値によって確定する一定の範囲内においてしか乖離できないという制約がある。置塩信雄・中谷武「相対価格の許容範囲」（『大阪経大論集』1992年5月），参照。
487)　初期値とパラメーターの値については，拙著『現代の景気循環論（第2版）』111頁，参照。

図 21-1　価格の循環

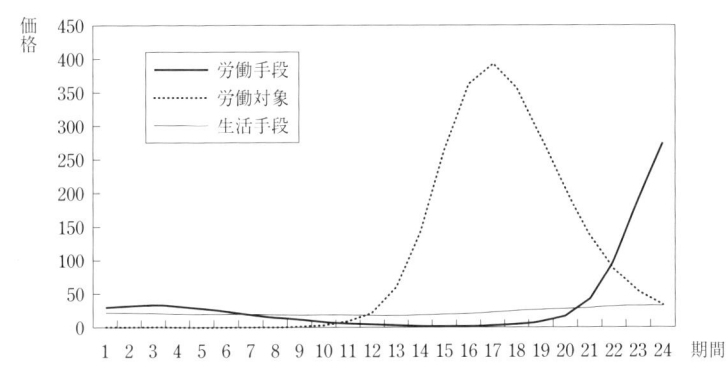

価格

| 労働手段 |
| 労働対象 |
| 生活手段 |

出所：拙著『現代の景気循環論（第2版）』113頁より。

景気循環過程での逆相関関係によって，両方の利潤率が均等化することによって金供給が確保され，したがって金本位制度が正常に作用していた。厳密には第9章で論じたように，自由競争が支配しても総価値と総価格は一致しなかった（総計一致命題の不成立）。しかし，価格の価値からの乖離は一定限度に制約されており，基本的には一致傾向が作用していたといってよい。

総価格と総価値の乖離傾向　第9章で，独占資本主義になると，生産力の高度化によって価値水準は低下するのに，独占価格は基本的には維持される傾向があるから，総価値と総価格は乖離する傾向があると論じた。この傾向にいち早く着目した高須賀は，独占価格が支配するようになると，相対価格調整機構が麻痺すると主張した[488]。さらに高須賀は，独占部門では生産性の上昇によって価値は低下するが価格は固定され，非独占部門では生産性が不変で価値も不変であるが価格が上昇すると想定し，「生産性変化率格差インフレーション」論を展開した。そもそも独占価格を維持できるのは，需要の変動に対して操業度（数量・生産量）を調整できるからである。非独占資本が価格を維持できないのは，自由競争のときと同じく数量を調整できないからである[489]。したがって具体的な循環的変動としては，独占価格は好況期にも不況期にも維持され，操業度が循環的に変動し，この変動が利潤率の循環的運動を規制する。不況期

---

488) 高須賀，前掲書，219–220頁。

における独占価格の崩壊とそれによる破滅的な価格競争を回避しようとするからである。非独占価格（自由競争価格）は逆に，価格が循環的に変動し，それは価値水準に収斂する傾向がある。操業度のほうは維持して固定資本の価値回収をはかることが意図されるが，結果としては，操業度を不況期には低下させざるをえないだろう。少なくとも価格の運動としては，非独占価格が循環的に変動し，価値水準の低下とともに低下していくのに，独占価格のほうは循環をとおして維持されるから，総価値と総価格は恒常的に乖離していく。

高須賀の価値尺度麻痺説　こうした総価値と総価格の乖離傾向，いいかえれば総価値＝総価格一致メカニズムの麻痺，それによる貨幣価値安定化メカニズムの麻痺をもって，高須賀は価値尺度機能の麻痺とした。総価値と総価格が乖離するということは，相対価格調整機構が十全には機能しないことと同じである。高須賀はもちろん，相対価格調整作用が独占の支配の場合においてもあることを指摘している。非独占産業でも技術革新の波及や労働節約的技術の採用の可能性はあり，それによって超過利潤の発生と消滅機構が作用する。その可能性がないとしても，非独占による一定量の供給を社会全体が確保する必要がある場合には，非独占にも存続可能なある水準の利潤率を保証しなければならない。このときには，利潤率水準を確保するために非独占の価格転嫁が社会的に承認され，相対価格がまさに「相対」的に調整され，「資本と労働の配分原理」が不十分ながら貫徹することになる[490]。またさきの「生産性変化率格差インフレーション」が発現するときには，相対価格調整が不十分ながら作用することになる。その条件は，①独占的超過利潤の存在とその労賃への配分，②労賃の高位平準化傾向，③生産性変化率格差の存在，である[491]。賃金の高位平準化が起これば，相対価格がそれなりに調整されることになるが，起こらなければ利潤率格差の拡大となり「二重構造」が定着することになる[492]。

独占の支配は発展段階を画するような構造変化であり，賃金が高位平準化す

---

[489]　筆者は，独占資本は「価格維持＝操業度調整」，非独占資本は「操業度維持＝価格調整」が典型的行動様式だと考えてきた。第18章での調整様式の類型は，このことを意識してなされた。さしあたり，拙著『現代の景気循環論（第2版）』の第2章を参照されたい。同章では独占資本主義の景気循環が考察されているが，本書には収録しなかった。

[490]　高須賀義博『現代価格体系論序説』212-216頁。

[491]　同上書，205-212頁。

るか否かも労働人口が過剰化しているか否かという,やはり長期的な条件である。独占資本はたしかに恐慌・不況期にも独占価格を維持し崩壊させないから,一定の独占的利潤を確保する。しかしその背後では操業度が大幅に低下しているのであり,固定費用が上昇し独占利潤を侵食している。かくして,独占資本相互間にも利潤率の「均等化」は弱いながらも作用しているのであり,その意味において,非独占との間での「相対的利潤率」は調整される関係にあるといえる。さらに,平均化機構としての景気循環という視点からみれば,独占のもとでの不況期における固定費用の上昇は,陳腐化した技術や旧技術に対して資本破壊を強制していることになる。費用上昇を独占価格でカバーできなくなれば,独占といえども過剰資本を廃棄せざるをえない[493]。独占段階になって「景気の自動回復力」が消滅してしまったのではなく,むしろ「自動回復」にゆだねておくだけの時間的余裕がなくなっているからこそ,国家の財政政策に依存していったと考えられる。独占価格の維持は,自動回復力の喪失をもたらしたのではなく,不況を長期化させた要因であるといえる。ともかく,独占段階になっても資本価値破壊作用は弱化したとはいえ作用し,「自動回復力」も弱化しながら作用しているのであるから,平均化機構,相対価格調整機構,価値尺度機能が完全に喪失したとはいえないのではないだろうか。これらの麻痺化傾向の発現は,国家が本格的に財政政策を景気政策として発動するようになった国家独占資本主義においてであろう。

金本位制の形骸化 独占価格が支配するようになれば,それが金産業の利潤率を圧迫し,金供給が不足しがちになる。このこと自体が,金の価値と金の支配商品価値との乖離を生みだし,相対価格調整機構を阻害する。インフレーションが恒常化するときには,この不等価交換が恒常化すると高須賀はいう。金本位制の側面から,相対価格調整機構の阻害をみておこう。高須賀は,貨幣商品金は貨幣信用制度の基礎だという。現金と通貨の区別をしなければ,銀行券と価格総額との関係は以下のようになる。

　　銀行券の数量×銀行券の貨幣呼称＝総価格/流通速度

---

492) 同上書, 216-217頁。
493) 市場価格低下と操業度以下によるスクラップ化の過程については,拙著『独占資本主義の景気循環』第2章第3節,参照。

準備資産に外国通貨を入れれば,

銀行券の数量＝金準備(１＋外貨準備/準備金)×「信用創造係数」/貨幣１単位の金量(価格の度量標準)

であるから,

金準備(１＋外貨準備/準備金)×「信用創造係数」×銀行券の貨幣呼称/貨幣１単位の金量＝価格総額/流通速度

第１節の開放体系化の貨幣流通法則では,「連結係数」(流通速度,「信用創造係数」, 外貨準備/準備金比率, ただし最後の比率は入れていなかった) を一定としたが, それらも変化するとすれば,

準備金の変化率＋「連結係数」変化率＝成長率＋価格変動率

となる。右辺の変化率（経済成長とインフレ）に対応して, 成長に必要な貨幣が供給されればそれは成長通貨であり, 価格変動に必要な貨幣の供給はインフレ通貨である。信用主義は「連結係数」の変化に, 重金主義は準備金の変化によって対処しようとしている, と高須賀は指摘している[494]。信用主義が完全に支配したならば, ①貨幣は価格表示の手段にすぎなくなり, 蓄蔵手段機能の停止によって, 社会保障の充実（公的防衛）の要求と保険（掛け捨て方式）への変化, ②利潤概念が形骸化し, ストックの減価が隠蔽され, 長期投資は投機的性格を強め, 利那主義が企業活動を支配する。そして, ③貨幣価値は不安定でも貨幣信用関係は安定的であるとする錯覚が現れ, 信用制度自体の物神化が起こってくる, と警告した[495]。

21.3 生産性変化率格差インフレーションの展開とその変容

前節で指摘したように,「生産性変化率格差インフレーション」が発現する条件は, ①独占的超過利潤の存在とその労賃への配分, ②労賃の高位平準化傾向, ③生産性変化率格差の存在, であった。高須賀は, 日本の高度経済成長期の卸売（企業）物価安定＝消費者物価騰貴を念頭において,「生産性変化率格

---

494) 以上は, 高須賀義博『現代資本主義とインフレーション』273-275頁。
495) 同上書, 276-278頁。

差インフレ」説を提起したが,滝田和夫氏は1970年代から2002年までの日本経済を実証的に検討し,1990年代前半まではおおむね「生産性変化率格差インフレ」論で説明できるが,その後は逆に,「生産性変化率格差デフレ」に変容したと結論づけている[496]。本節では滝田説を紹介し,その問題提起の意味を若干指摘しておこう。

滝田氏は,貿易財部門(農林水産業,鉱業,製造業)と非貿易財部門(その他の産業)の二部門に分割し,それぞれの価格(GDPデフレーター),労働生産性,貨幣賃金率の変化率を計算し,その相互関係を検討している。まず労働分配率は以下のようになる。

労働分配率=(貨幣賃金率×雇用者)/(GDPデフレーター×実質GDP)
　　　　　=(貨幣賃金率/GDPデフレーター)/(実質GDP/雇用者)

であるから,

貿易財部門の労働分配率の変化率
=貨幣賃金率の変化率－デフレーターの変化率－労働生産性の変化率　(1)
非貿易財部門の労働分配率の変化率
=貨幣賃金率の変化率－デフレーターの変化率－労働生産性の変化率　(2)

そして,第1次オイルショック以降の日本の労働分配率は,短期の循環変動を含みながらも趨勢的には一定の水準をめぐって変動してきた,と判断して議論を進める[497]。この労働分配率一定の仮説が滝田説の特徴であり,また問題点でもある。両部門の労働分配率を一定と仮定すれば,変化率はゼロであるから,

デフレーターの変化率=貨幣賃金率の変化率－労働生産性の変化率　(3)

となる。そして滝田氏は,貨幣賃金率の変化率は均等化する傾向があると判断して,議論を進める。これも,滝田説の第二の仮説といえよう。(3)式より,デ

---

[496] 滝田和夫「平成デフレの構造」(一ノ瀬篤編著『現代金融・経済危機の解明』ミネルヴァ書房,2005年)。滝田は「デフレ」を常識的に物価下落の意味で使用しているが,循環的物価変動とインフレーションは厳密には区別しなければならないし,そもそもマルクス経済学において「デフレーション」の定義ができるのか否かは,検討の余地が残されている。価値水準が低下しそれに照応して価格が下がっているのであれば,「デフレーション」とは規定できない。

[497] 同上論文,339頁。

フレーターの変化率は，貨幣賃金率の変化率と労働生産性の変化率の大小関係に規定される。もし，貿易財部門の労働生産性の変化率＞非貿易部門の労働生産性の変化率，でかつ，貨幣賃金率増加率が貿易財部門の労働生産性の増加率を上回れば，(3)式より両部門の物価は上昇し，「生産性変化率格差インフレ」が発生する。貨幣賃金率上昇が貿易財部門の労働生産性増加率に等しければ，貿易財の価格は上昇しない。滝田説においては，「生産性変化率格差インフレ」が発生する条件は，さきの二つの仮説（労働分配率一定，貨幣賃金率変化率の均等化）に加えて，①労働生産性変化率格差，②貨幣賃金率の均等化傾向，③賃金の「高位平準化」である[498]。逆に賃金が「低位平準化」すれば，「生産性変化率格差デフレーション」が発生することになる。

　滝田氏は，以上の分析装置の前提や仮説を実証的に検討し，以下のような経験的法則を引きだしている。

（1）GDPデフレーターの変化率と労働コスト〈（貨幣賃金率×雇用者）／実質GDP〉の変化率（＝貨幣賃金率の変化率－労働生産性の変化率）は，密接な関係にある。

（2）労働生産性上昇率格差は存在し，貿易財4.5％，非貿易財2.3％（1970～2002年）となる。

（3）貨幣賃金率上昇率の均等化傾向は存在し，1980～1990年間は，貿易財4.5％，非貿易財4.3％，1990～2002年間は，貿易財1.9％，非貿易財1.5％，となる。

（4）労働分配率が不変である長期においては，相対価格変化率格差＝労働生産性変化率格差，となる傾向がある。

　そして1970年代においては，非貿易財の貨幣賃金率上昇率(13.3％)≒貿易財の貨幣賃金率上昇率(12.7％)＞貿易財の労働生産性上昇率(5.4％)＞非貿易財の労働生産性上昇率(2.6％)，となり，急激なインフレーションが生じたという。1980年代においては，貿易財の労働生産性上昇率(5.0％)≒貿易財の貨幣賃金率上昇率(4.5％)≒非貿易財の貨幣賃金率上昇率(4.3％)＞非貿易財の労働生産性上昇率(2.9％)，となり，貿易財の物価騰貴は0.7％と安定していたが，非貿

---

498) 同上論文，341頁。

易財の物価騰貴は2.4％であり，マイルドな「生産性変化率格差インフレ」が発生した。1990〜95年間は，貿易財の貨幣賃金率上昇率(3.6％)≒非貿易財の貨幣賃金上昇率(3.4％)≒貿易財の労働生産性上昇率(3.4％)＞非貿易財の労働生産性上昇率(1.8％)，となり，1980年代のマイルドな「生産性変化率格差インフレ」が継続したという。ところが1995〜2002年間には，貿易財の労働生産性上昇率(3.4％)＞非貿易財の労働生産性上昇率(1.5％)＞貿易財の貨幣賃金率上昇率(0.7％)≒非貿易財の貨幣賃金率上昇率(0.2％)，となるから，貿易財が2.3％の物価下落と非貿易財の0.6％の物価下落を引き起こしたとする。そして，1990年代後半の賃金増加率の低下は，主として失業率の上昇によって引き起こされたことを確認している[499]。

　以上紹介してきたように，労働生産性上昇率格差があって，「賃金高位平準化」があればインフレとなり，「賃金低位平準化」であればデフレになるとする滝田説は傾聴に値する注目すべき分析である。しかし，労働分配率一定，貨幣賃金率変化率の均等化という，二つの仮説のうえに立てられている点に，問題が残される。現代資本主義の一般的傾向として理論的に成立するだろうか。そもそも1980年代以降は急激なインフレーションが生じていないのだから，「生産性変化率格差インフレ」の継続を主張することの現実的な説得力は，そんなに大きくはないのではないだろうか，という疑問が生じてくる。少なくとも，短期的な循環的物価変動に応用することはできないであろう。しかし滝田説は，もっと重大な問題提起をしている。「生産性変化率格差インフレ」説は，前節でも指摘したように，高須賀は相対価格調整機構一般として論じなおしていた。滝田説が実証的にも正しいとすれば，物価変動率の格差，したがって相対価格は，労働生産性上昇率の格差に規定されていることになり，相対価格調整機構は作用していることになる。これは，元祖・高須賀が提起した相対価格調整機構（したがって価値尺度機能）の麻痺説に対する，枠組みをかえた次元での反証となっている。

　しかし，そもそも高須賀説は，独占と非独占の格差，それにもとづく「独占的賃金」と「非独占的賃金」の格差を構造的与件としていた。それに対して滝

---

[499] 同上論文，364頁。

田説は,貿易財(水産業,鉱業,製造業)と非貿易財(その他の産業)という枠組みで展開されている[500]。独占と非独占の格差が固定化すれば,相対価格も格差を残しながら調整化される。したがって高須賀説においても,格差が拡大していく場合には相対価格調整機構は麻痺することになるが,格差が固定化する傾向がある場合には,格差を含みながらも相対価格調整機構は変質しながらも作用していることになる。滝田説のように貿易財と非貿易財に分割するモデルでは,貿易関係したがって国際競争が影響していると考えられるが,高須賀説の場合にはクローズド・システムで考えられていた。また,貨幣賃金率,労働生産性,労働分配率はすべて,独占と非独占を平均化したものとなっている。

　独占と非独占のあいだの価格と賃金の格差を否定することはできない。それにもかかわらず,貿易財と非貿易財のあいだで相対価格調整が働いているとすれば,国際競争を導入したオープン・システムで論じる必要があるだろう。滝田説の残された問題は,①「生産性上昇率格差インフレ(デフレ)」論と相対価格調整機構との関連,②独占・非独占の構造的格差をどう位置づけるか,③貿易財と非貿易財をもっと細分類し,かつ,独占的財と非独占的財に分けた場合にも,成立するのか否か,④競争相手国(たとえばアメリカ)においても,「生産性上昇率格差インフレ(デフレ)」が成立するのか否か,であることを指摘しておこう。

研究を深めるために
高須賀義博『現代価格体系論序説』(岩波書店,1965年)
高須賀義博『現代資本主義とインフレーション』(岩波書店,1981年)
滝田和夫「平成デフレの構造」(一ノ瀬篤編著『現代金融・経済危機の解明』ミネルヴァ
　書房,2005年)

---

500) 貿易財と非貿易財に分けて内外価格差を明らかにしようとしたのは,長岡貞男『内外価格差の経済分析』(NTT出版,1999年)である。しかし長岡氏は,高須賀の「生産性上昇率格差インフレ」にはまったく言及せず,バラッサ=サムエルソン効果から出発している。

補論　マネタリズムの貨幣観批判（貨幣数量説批判）

　高須賀義博は，マネタリズムとくにその貨幣観（貨幣ベール説）を批判した[501]。マルクス経済学からのマネタリズム批判は少ないので，そのエッセンスを紹介しておこう。マネタリズムは貨幣数量説に立脚するが，その「積極性」は，新古典派経済学の相対価格論に絶対価格の水準を接木したところにある[502]。

　第1節で説明したように，中央銀行券が専一的に流通していれば，貨幣流通法則は以下のようになった。

　　　中央銀行券×中央銀行券1単位の貨幣呼称＝価格総額/流通速度

　マルクスは，右辺の価格総額が左辺の銀行券（貨幣量）を規定すると考えていたが，貨幣数量説は，貨幣数量が価格総額を規定すると主張する。貨幣数量説があてはまる経済状態は存在する。完全雇用状態で貨幣供給が増加すれば，「真正インフレーション」が発生する。フリードマンたちの自然失業率仮説は，貨幣数量説が成立する状態を特定化したものである。完全雇用になっても，現実には構造的特徴を反映して一種の失業が発生している（自然失業率）。フリードマンは，ワルラスの一般均衡方程式に，この労働市場の構造的特徴が織り込まれたときの失業率（自然失業率）を完全雇用とする。そして貨幣数量説が成立する条件として，合理的期待形成仮説を入れてくる。すなわち，経済の全主体が均一の予想価格上昇をもって価格形成に参加する，と仮定する。この合理的期待仮説のもとでの価格形成は以下のようになる[503]。

　　　$p=f(x)+kp'$

　p：実際のインフレ率，x：経済の実質的状態を示す指数の変化率，k：予想インフレ率に対する反応係数，p'：予想インフレ率。$k=0$なら通常のフィリ

---

[501]　高須賀義博『現代資本主義とインフレーション』第2章補論「フリードマンのマネタリズム」。ミルトン・フリードマン著，保坂直達訳・解説『インフレーションと失業』（マグロウヒル好学社，1978年）。

[502]　同上書，125-126頁。

[503]　同上書，130-132頁。

ップス曲線，k＝1なら合理的期待形成仮説が貫徹することになる。

こうしたフリードマンの世界は，貨幣錯覚が不在であると高須賀は批判している。すなわち，

> 「すべての人間が均一の期待インフレーション率をもってワルラスの想定した合理的経済人の世界で行動するときにのみフリードマンの理論は成立する。……フリードマン説が成立するためには，貨幣供給の変化が経済の一般均衡に対し実質的な影響を少しでも与えるようでは困るのである。」[504]

さらにフリードマンにおいては，実質利子率を不変にするために「予想された実質利子率と予想された実質成長率の差は体系の外側で決定される」との仮定がなされている。インフレは経済の実体になんの影響も与えないことになってしまっており（貨幣ベール観），インフレ収束は，通貨供給量を実質成長率に一致させればもたらされることになる[505]。

504）　同上書，133頁。
505）　同上書，134-135頁。

329

第22章　利潤率の長期波動
―資本主義の存続条件と解体条件―

　すでに考察してきたように，生産力そのものを発展させることは手段にすぎず，資本の生産拡大の目的は資本の価値増殖にあった。最大限の剰余価値（サープラス）を生産し，その実現した利潤の最大限を蓄積に回し，より多くの剰余価値をさらに生産しようとする循環運動が資本の規定的目的であり推進的動機となる。資本のモットーは，マルクスが喝破したように，「蓄積せよ，蓄積せよ！　これがモーゼであり，予言者たちである！」となる。

　そのさいの資本家の目標（指標）としてあるのは，第8章でみたように，投下資本の増殖率である利潤率にほかならない。したがって利潤率の長期的動向は，資本主義の運命（存続可能性）を規定する関係にあるから，経済学者たちは利潤率の傾向的運動に重大な関心を示してきた。たとえばリカードは，農業における収穫逓減法則の作用の結果，農産物価格が騰貴して賃金が上昇するから，利潤率は長期的には低下すると考えた。シュンペーターは，同一技術水準のもとで完全競争が貫徹していけば，利潤は賃金上昇に吸収されて，やがて消滅していくと論じた[506]。ケインズにおいても，利潤率に相当する資本の限界効率は低下するがゆえに，有効需要政策が不可欠になると論じた。マルクスも，反対に作用する要因があるにもかかわらず，利潤率は長期的には傾向として低下していくと論定した[507]。第16章で考察したように，産業と農業で生産された剰余価値（利潤）は地代と産業・農業・商業・銀行利潤として分配されたが，利潤率の長期的運動を考察するためには，マルクスと同じく利潤が分割される前の全体的利潤，したがって産業と農業で生産される利潤（率）の次元で考察しよう。

506）　ジョセフ・シュンペーター著，塩野谷祐一・中山伊知郎・東畑精一訳『経済発展の理論』上（岩波文庫）第1・4・5章。
507）　マルクス『資本論』第3巻第13〜15章。

22.1 マルクスの利潤率傾向的低下法則とその問題点

22.1.1 マルクスの利潤率傾向的低下法則

マルクスは利潤率を価値次元で定義し，それを規制する要因の相互関係によって利潤率の動向を考察している。利潤率（π）は，剰余価値：M，不変資本：C，可変資本：V，とすれば，

$\pi =$ M/（C+V）=（M/V）/（C/V+1）
= 剰余価値率/（資本の有機的構成+1）

となる。剰余価値率が上昇すれば利潤率は上昇し，有機的構成が高度化すれば利潤率は低下する。マルクスの論法はつぎのように要約できる。生産力の発展によって，相対的剰余価値生産が促進されて剰余価値率は上昇するが，その生産力の発展は，有機的構成を高度化させ利潤率を低下させる。したがって現実の利潤率は，剰余価値率上昇と有機的構成の高度化の大小関係に規制される。マルクスは，後者が前者を上回ることによって，利潤率は長期的には傾向的に低下していくだろうと論定した。また，つぎのようにも推論している。Vが存在すれば，

$\pi =$ M/（C+V）<（V+M）/C

となる。いくら剰余価値率が上昇したとしても，労働者が生産する新価値（V+M）は，1日の労働時間によって制限されているから，不等式の右辺は低下していくだろう。その結果，左辺の利潤率も低下していく，と。

もちろんマルクスは，反対に作用する諸要因を検討している。それらを列挙すれば，①労働の搾取度（剰余価値率）の増大，②労働力の価値以下への賃金の切下げ，③不変資本の諸要素の低廉化，④相対的過剰人口，⑤外国貿易，⑥株式会社の増加，である。しかしこうした反対に作用する諸要因の作用にもかかわらず，有機的構成がそれ以上に高度化して，傾向として利潤率は低下していくと論定した。

22.1.2 マルクスの論定の難点

前項で紹介したマルクスの論定には，二つの難点がある。第一は，利潤率が

「価値利潤率」で考察されている点である。正確には生産価格が成立しているのだから,「生産価格利潤率」で考察しなければならない。「価値利潤率」が「生産価格利潤率」と一致するのは,均等利潤率＝最大成長経済において,部門構成が「社会的・技術的投入マトリックス」の固有ベクトルに対応しているときにかぎられる[508]。第二に,価値（生産価格）と物量が分離されていないために,推論が正確でない。生産手段の量：K,労働者（労働力）：L,生産手段の価値：k,労働力の価値：w,とすれば,「価値利潤率」は以下のようになる。

$$\pi = 剰余価値率/(資本の有機的構成+1)$$
$$= 剰余価値率/\{(Kk)/(Lw)+1\}$$
$$= 剰余価値率/\{(K/L)*(k/w)+1\}$$

上式で,K/Lは資本の技術的構成,k/wは生産手段と労働力の価値比率である。マルクス自身,資本の技術的構成は急上昇したとしても価値比率が低下するかもしれないから,有機的構成はそれほどには上昇しないと考えていた。ともかくマルクスの論定が成立するためには,剰余価値率の上昇と価値比率の低下をカバーするほどに,技術的構成が高度化しなければならない。マルクスの時代の機械化はこのようなタイプだったかもしれないが,現代にまで一般化することはできない。マルクスのもう一つの推論の右辺は,投下労働量（生労働）/過去労働 であり,一般的利潤率の上限であるが[509],やはり正確さに欠ける。

$$\pi = M/(C+V) < (M+V)/C = (1+剰余価値率)/有機的構成$$
$$=(1+剰余価値率)/技術的構成 \times 生産手段と労働力の価値比率)$$

となり,やはり剰余価値率の上昇と価値比率の低下をカバーするほどに技術的構成が高度化しなければ,利潤率の上限は低下しない。

22.2　資本蓄積メカニズムと利潤率の長期動向（1）―二部門分析

マルクスの推論は,剰余価値率の運動と技術変化（有機的構成）とを分離し

---

[508]　たとえば拙著『経済学原論』第14章の補論,参照。
[509]　同上書,218頁。

て考察しており，蓄積過程全体の動向，それによって利潤率がどのように変動しながら循環するか（利潤率循環）については，未展開に終わっている。本節では蓄積モデルを設定して，蓄積過程の進展と利潤率の長期動向を検討してみよう。さしあたり技術は不変としておく。

第18章において，価格調整型蓄積モデル，数量調整型蓄積モデル，ミックス型蓄積モデルを提示した。本章は利潤率の長期運動を考察するのが課題であるから，蓄積モデルによる利潤率の長期動向（成長循環）に焦点を絞って検討する。次節で紹介するが，固定資本を導入した三部門分割の蓄積モデルの数値解析では，すべて利潤は消滅しない結果となる。しかし置塩たちは，二部門の蓄積モデルで利潤が消滅するケースを提起した。筆者も二部門分割（流動資本モデル）で利潤率の長期動向（成長循環）を検討したので[510]，本節ではそこでの検討を紹介しよう。

22.2.1　置塩信雄の問題提起

さきに指摘したようにシュンペーターは，技術不変のもとで循環が一定の軌道上で繰り返されていけば，利潤は地代と賃金に吸収されて，剰余価値は消滅すると推論した。そして，新機軸（技術革新）が起こると剰余価値が発生し，それが生産的利子に分割されると論じた。その妥当性を検討するのも本章の課題の一つである。マルクスは前節で考察したように，生産力の発展は剰余価値率を上昇させるが，それ以上に資本の有機的構成が高度化することによって，利潤率が傾向的に低下していく，と論定した。

マルクスの論定にたいして置塩は，新技術が導入されても，実質賃金率が不

---

[510] 拙稿「利潤率の成長循環と資本主義の存続条件」（『東京経大学会誌』第247号，2005年11月）。この論文は，若干の修正と注を追加して拙著『現代の景気循環論（第2版）』の第7章に収録した。本節は，この第7章の生産価格成立問題を削除し，若干修正したものである。生産価格成立（利潤率均等化）問題については，本章では生産価格が成立するものとしている。しかし拙著『現代の景気循環論（第2版）』（第7章第5節）で示したように，部門の利潤率は平均化するが，利潤率はかならずしも均等化しなかった。投資関数（蓄積増加率）を前期の実現利潤率のみと関係させたことが原因かもしれないし，均等化しない状態が長期間持続するとすれば，投資関数が変化して，新たな資本移動が起こり，結局は均等化するかもしれない。

変でかつ均等利潤率が成立すれば，その均等利潤率は上昇すると批判した（「置塩の定理」）。こうした諸問題，すなわち①資本主義経済の存続条件でもある利潤が存在しつづける条件，②生産価格（自然価格）の成立を保証する利潤率均等化のメカニズム，③利潤率の長期的傾向（マルクスの場合には利潤率の傾向的低下法則）などは，資本主義経済の根本問題であるし，経済学体系の根幹にかかわる問題でもある。

　置塩は，マルクスの剰余価値率循環と利潤率循環を数理モデルで表現して，数値解析（シミュレーション）し，パラメータと初期値が一定の範囲にあれば技術不変下では剰余価値も利潤も消滅することを示し，実質賃金率不変と均等利潤率の存在という自身の定理（「置塩の定理」）の前提条件に否定的な結論を導きだした[511]。中谷武氏は生産関数をさらに特定化させて，利潤が消滅するためのパラメータ相互の範囲を拡大した[512]。しかし置塩たちも明言しているように，利潤消滅は初期値とパラメータが一定の範囲にあるかぎりで成立するのであって，必ず成立するのではない。置塩たちの数値解析によっても，労働供給が増加する場合や技術進歩がある場合には利潤は消滅しない。特別剰余価値の獲得をめざした新技術のたえざる採用は資本蓄積の正常な姿であり，こうした蓄積が進む場合の利潤率の動向こそ本格的に検討されなければならない。本章では，蓄積の諸条件が異なれば利潤率は多様な循環的成長（長期的変動）をすることを示し，それらが資本主義の存続にとってどのような意味をもつかを考えてみたい。まず置塩が明らかにしたマルクスの蓄積経路の弱点と，再構成した蓄積モデルを簡単に紹介しよう。

　最初に，マルクスの剰余価値率循環と利潤率循環についての置塩の数値解析の結果を簡単に紹介しておこう。マルクスは実質賃金率が労働市場で決定されると考えていたが[513]，それはたしかに循環する。しかし，技術と労働供給が不変で循環が繰り返されていくと，雇用量が増加し実質賃金率が上昇するから剰余価値率は低下し，やがては剰余価値が消滅する。利潤存在の条件でもある

---

511) 置塩信雄『経済学と現代の諸問題―置塩信雄のメッセージ』（大月書店，2004年）。
512) Takesi Nakatani, "Profit Squeeze and Competitive Pressure", *Kobe University Economic Review*, 47, 2001. 中谷氏は，拙著のモデルと数値解析を詳細に検討している（中谷武「人口成長率と利潤率」『国民経済雑誌』第195巻第3号，2007年3月）。

剰余価値が消滅しないためには，①外生的に労働供給量が増加するか，②たえず技術進歩がなければならない[514]。さらに，予想利潤率にもとづいて投資が決定され，それに必要な資金が調達できると仮定すれば，利潤率の循環は生じるが，投資の利潤率に対する反応係数が大きくなければ技術不変下では利潤率はゼロに収束していく。技術不変のもとで利潤率が正の一定値に均等化するケースは，①資本家の実質個人消費を導入した場合，②労働供給が増大する場合である[515]。資本主義経済が自己再生産するメカニズムが存在するためには，マルクスと同じく技術進歩（資本の有機的構成の高度化）を議論しなければならない。マルクスの考え方から導きだされる結果は，利潤率が正の一定値には必ずしも収束しないことになり，生産価格にかならずしも収束しない。またマルクスの考え方によれば，初期の部門構成（部門比率）は任意の構成から出発できないことになる[516]。こうした弱点を除くために，置塩は修正した蓄積モデルを提起した。置塩が採用したモデルは拙著で展開したモデルを賃金率決定について修正したものであるので，そのモデルを紹介し，置塩モデルとは若干

---

513) マルクスは『資本論』第1巻第23章でつぎのように述べている。
　「もし，労働者階級によって提供され，資本家階級によって蓄積される不払労働の量が，支払労働の異常な追加によらなければ資本に転化されえないほど急速に増大するならば，賃金が上昇し，そして他のいっさいの事情が不変ならば，不払労働がそれに比例して減少する。しかし，この減少が，資本を養う剰余労働がもはや標準的な量で提供されなくなる点に接触するやいなや，一つの反作用が生じる―すなわち，収入のうちの資本化される部分が減少し，蓄積が衰え，賃金の騰貴運動は反撃を受ける。したがって労働価格の高騰は，資本主義制度の基礎を侵害しないだけでなく，より拡大された規模でのこの制度の再生産を保証しもする限界のうちに閉じ込められ続ける。」（第4分冊，1069頁）。また，「近代的産業の特徴的な生活行路―すなわち，比較的小さな変動によって中断されながら，中位の活気，全力をあげての生産，恐慌，および停滞の諸期間からなる10ヵ年の循環という形態は，産業予備軍または過剰人口の不断の形成，大なり小なりの吸収，および再形成に立脚する。」（同上書，1088頁）

514) 置塩信雄『経済学と現代の諸問題』149-164頁。こうした結論が導きだされるのは，「資本主義では資本家が生産手段を階級的に独占しているという『資本独占』の含意を軽視していたのではないかと思われる。『資本独占』は，剰余価値を消滅させるほどには資本家間競争を徹底させないのである。」（鶴田満彦氏の書評『経済』2005年2月号）との批評がある。「資本独占」が正常な搾取率を維持することを意味するのならば，雇用率の安定が利潤を保証するとした本章の結論と一致する。

515) 置塩信雄『経済学と現代の諸問題』165-186頁。

516) 同上書，191-192頁。

違ったモデルを設定した場合の結果と比較してみよう。

22.2.2 蓄積モデル
前提
（1）社会の総生産物を生産手段と生活手段の二部門に分割する。
（2）固定資本の捨象（流動資本モデル）。
（3）経済主体は資本家と労働者とし，資本家は投資し，労働者は賃金をすべて消費する。
（4）両部門の生産期間は1とし，市場は期末に成立し瞬時に売買がおこなわれる（流通時間ゼロ）。
（5）価格は伸縮的であり，社会的需給は市場価格（市場清算価格）によって調整される（価格調整型）。したがって生産物はなんらかの価格水準によって全部実現する。
（6）賃金は前払いとする。したがって，次期に雇用される追加的労働者の消費は今期生産された生活手段に向けられる。

　グッドウィンはマルクスの蓄積論をモデル化して，先駆的に成長循環を考察した[517]。本章の前提と比較すれば，（1）〜（3）の前提は同じであるが，（4）の前提については，グッドウィンは生産期間を導入していない。その結果，生産調整は瞬時におこなわれることになる。新古典派の成長論と同じ扱いになっている。その世界は数学的には微分の世界であり，循環的変動過程が微分分析でおこなわれている。このモデルは定差分析となる。（5）の前提については，グッドウィン・モデルは循環的に変動するが，リアル・タームであり物量と価格が分離されていないので，価格運動が排除されている。したがって，不均衡の累積とその調整としての景気循環が概念化されていない。このモデルでは不均衡は価格変動として表現されている。（6）の前提についても，グッドウィン・モデルでは賃金は資本から排除されており，賃金後払いを前提にしているといえる。

---

[517] R. M. Goodwin, "A Growth Cycle", in C. H. Feinstein ed., *Socialism, Capitalism and Economic Growth*, Cambridge University Press, 1967.

蓄積モデル

記号を以下のようにする。基本的には前章までに使ってきたものと同じであるが，資本係数や資本の技術的構成はいままでは労働手段で定義してきたが，本章では生産手段で定義している。

X：生産物，K：生産手段，L：労働力，$\alpha = X/K$：資本係数の逆数，$\beta = L/K$：資本の技術的構成の逆数，$Q = K_1/K_2$：部門構成，ω：実質賃金率，N：労働力人口，L/N：雇用率，n：労働力人口の成長率，θ_s：標準的雇用率，w：貨幣賃金率，w_s：標準的貨幣賃金率，P：市場価格，M_k：蓄積需要（生産手段への投資額），R：粗利潤率（$1+$純利潤率），Re：期待粗利潤率，ρ：投資の利潤率への反応係数，a：貨幣賃金率の雇用率への反応係数

経済諸量は以下のように決定されていく。

（1）期末の生産量は，期首の生産手段と労働力の配置によって決定されている。

$$X_1^t = \alpha_1 K_1^t, \quad X_2^t = \alpha_2 K_2^t \tag{1}$$

（2）蓄積需要（生産手段投資）は期待利潤率によって決定される。

$$M_{k_1}^t/M_{k_1}^{t-1} = 1 + \rho(Re_1^t - 1), \quad M_{k_2}^t/M_{k_2}^{t-1} = 1 + \rho(Re_2^t - 1), \quad \rho > 0 \tag{2}$$

（3）生産手段の供給と需要額が決まるから，市場価格（市場清算価格）が決まる。

$$P_1^t = (M_{k_1}^t + M_{k_2}^t)/X_1^t \tag{3}$$

（4）生産手段価格が決まるから，次期に両部門に投下（使用）される生産手段が決まる。

$$K_1^{t+1} = M_{k_1}^t/P_1^t, \quad K_2^{t+1} = M_{k_2}^t/P_1^t \tag{4}$$

（5）次期生産手段が決まるから，次期両部門で雇用される労働力が決まる。

$$L_1^{t+1} = \beta_1 K_1^{t+1}, \quad L_2^{t+1} = \beta_2 K_2^{t+1} \tag{5}$$

（6）労働力需要が決まるから，労働市場で貨幣賃金率が決まる。

$$w^t = w_s + a\{(L_1^{t+1} + L_2^{t+1})/N^t - \theta_s\}, \quad a > 0 \tag{6}$$

（7）生活手段需要が決まるから，生活手段の価格が決まる。

$$P_2^t = w^t(L_1^{t+1} + L_2^{t+1})/X_2^t \tag{7}$$

（8）価格と貨幣賃金率が決まるから，実現する利潤率が決まる（実現粗利潤率は売上高を再調達費用・再調達価格で評価した投下資本で割り，パラメータに置き換える）。

$$R_1^t = \alpha_1 P_1^t / (P_1^t + w^t \beta_1), \quad R_2^t = \alpha_2 P_2^t / (P_1^t + w^t \beta_2) \tag{8}$$

　今期末に決定される蓄積額（生産手段投資額）は今期末の予想利潤率（期待利潤率）に依存するが，モデルを完結させるために，前期末に実現した利潤率と等しいと仮定する。いいかえれば，利潤率予想に過去の実現利潤率が大きな影響を与えると仮定する。

　このモデルでは投資（蓄積）需要と実現利潤との関係はつぎのようになる。投資需要に必要な資本は銀行から借りてきて調達され，それが支出されることによって，利潤が決定される。実現した利潤が返済に回される（借入先行）（第18章の流動資本の想定と同じ）。初期値とパラメータを与えればモデルは完結し，数値解析できる。置塩モデルとの違いは，(6) の賃金率決定式にある。このモデルでは雇用率によって貨幣賃金率が決定される。マルクスは雇用率によって実質賃金率が決定されると考えていたことになるが，グッドウィンはそれを踏襲していた。置塩では，労働市場で決定されるのは貨幣賃金率であるが，そのさい労働者は生活手段の価格を予想し，「予想実質賃金率」の大小によって労働を供給すると想定されている。その結果，雇用率が1を越えてしまう事態が避けられている。しかし労働者が，このように主体的に実質賃金率を予想して賃金決定に参加しているかについては，疑問が残る。このモデルでは労働者は，いかなる賃金水準でも受け入れて生活していくしかない立場にある，と想定する。

　以上の簡単な体系を，ほかの蓄積（成長）モデルと比較しておこう。価格変動を除けば，この蓄積モデルの決定関係は，期待利潤率（前期利潤率によって代替）→蓄積率（蓄積需要額）→労働需要（したがって雇用率）→貨幣賃金率→利潤率，となる。ケインズ派は，ケンブリッジ方程式（資本蓄積率＝貯蓄率×利潤率）と投資関数の交点によって資本蓄積率と利潤率を同時決定し，利潤率は賃金率を，資本蓄積率は労働需要を決定すると考える。資本蓄積率と利潤率が同時に決定されるとすれば，景気変動は雇用率の変動となって発生する。しかし同時決定できるだろうか。ケンブリッジ方程式は投資と貯蓄の同時決定と同じことであるが，ケインズ自身やカレツキーは，投資が利潤そして貯蓄を決定すると考えていた。利潤は，価格や賃金が決定されなければ確定できない関係にある。新古典派は，労働集約度（資本と労働の比率）は連続的に変化し，

かつ資本と労働ともに収穫逓減となるような特殊な生産技術を仮定し，労働市場は賃金率によってたえず調整され完全雇用が達成されている，と仮定することから出発する。このときの労働供給によって資本蓄積率が決定され，それによって利潤率や賃金率が決定されると考えている。はじめから賃金率・価格・利子率による調整が達成されることを前提とした均衡分析であり，景気変動は内生的には発生しないことになってしまっている[518]。

このモデルでは，次節で具体的に分析するように，労働力の需要と供給によって決まる雇用率が貨幣賃金率を決定する。この貨幣賃金率が安定的であれば定常的循環を繰り返し，雇用率が上昇していけば，貨幣賃金率が上昇して累積的拡大循環（増幅的循環）が繰り返され，やがて完全雇用を突破してしまう。雇用率が低下していけば貨幣賃金率が低下し累積的縮小循環（減衰的循環）になる。やがて雇用率がゼロに収束すれば，貨幣賃金率も極限値（最低値）に収束して，単純再生産になる。

22.2.3 利潤存在の条件—利潤はかならずしも消滅しない

1 技術・労働力供給量不変のとき

α　投資の利潤率に対する反応係数が高くないとき（弱蓄積経済）—利潤率はゼロに収束し，利潤は消滅する（$\rho=0.1$，$N^0=40{,}000$）。

このケースは，パラメータが一定の範囲にあるときに置塩や中谷武氏が例示した。このモデルによっても，反応係数 ρ が高くない場合には利潤率が傾向的に低下し，利潤が消滅する。パラメータを $\alpha_1=2$，$\alpha_2=3$，$\beta_1=1.5$，$\beta_2=2$，$\rho=0.1$，n=0，a=10，$w_s=15$，$\theta_s=0.9$，初期値を $N^0=40{,}000$，$M_{k1}^0=30{,}000$，$M_{k2}^0=15{,}000$，$R_1^0=1.1$，$R_2^0=1.1$，$K_1^0=1{,}500$，$K_2^0=750$，とおけば両部門の粗利潤率は図22-1のように1に収束し，利潤が消滅する（Microsoft Excelで計算）。投資の利潤率への反応が低いために蓄積が弱まり，労働需要が低下するから，

---

[518] ケインズ派や新古典派の蓄積モデルの特徴については，宇仁宏幸・坂口明義・遠山弘徳・鍋島直樹『入門 社会経済学』（ナカニシヤ出版，2004年）第3章（宇仁執筆），参照。なお同章において，マルクス派の特徴は，賃金シェアを不変とするように賃金率と利潤率が同時決定され，その後に蓄積率と労働需要が決定されるとしている点は，疑問である。たしかに階級関係をマルクス派は重視するが，賃金シェアそのものが資本蓄積に左右される。

第22章　利潤率の長期波動　339

図 22-1　利潤の消滅傾向

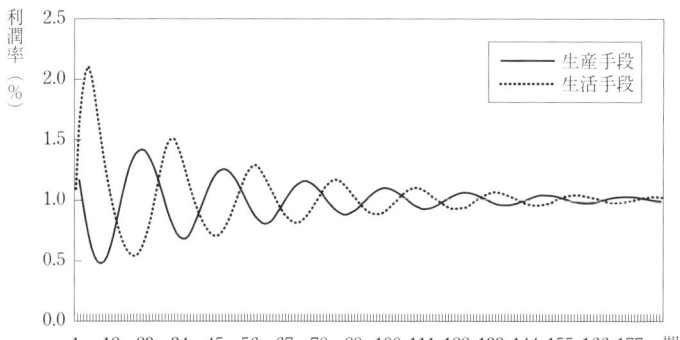

出所：拙著『現代の景気循環論（第2版）』139頁。

図 22-2　雇用率

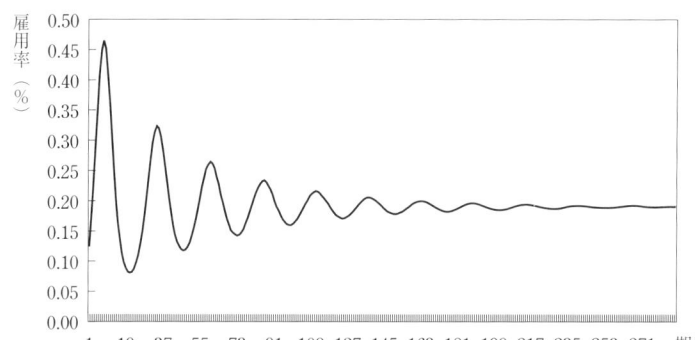

出所：図 22-1 に同じ。

図 22-3　貨幣賃金率

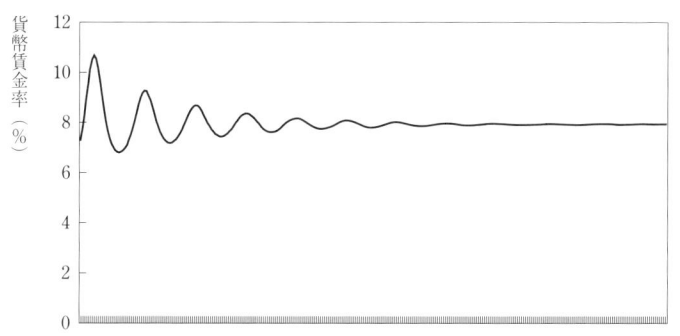

出所：図 22-1 に同じ。

雇用率は図22-2のように減衰的に循環し、やがては0.189419に収束する。その結果、貨幣賃金率が図22-3のように減衰的に循環していくからである。貨幣賃金率は、(6)式において雇用率を0.189419としたときの7.8941924に収束していく[519]。

　β　反応係数が高いとき（強蓄積経済）（$\rho=0.5$, $N^0=30{,}000$）—利潤率の変動幅は大きくなり利潤額は循環的に変動するが、累積利潤は増加し利潤が存在する。

　ρを0.1から0.5に高め、労働力供給量を40,000から30,000に減らすと（その他のパラメータや初期値はαのケースと同じとする、以下同様）、図22-4のように、利潤率の変動幅が大きくなり、やがて経済は完全雇用の壁にぶつかる（59期）。強蓄積経済であるから、雇用率は循環しながら上昇し、貨幣賃金率も循環しながら上昇するからである。利潤額は図22-5のように増加と減少が繰り返すが、図22-6のように、初期からの利潤を合計した累積利潤は増加していく（費用は期首すなわち前期末の調達価格で計算）。

2　労働力供給量が増加するとき[520]

　α　利潤率がゼロに収束し利潤も消滅する（単純再生産）（$\rho=0.5$, $N^0=10{,}000$, $n=0.05$）。

　投資の利潤率に対する反応係数を0.5と維持し、労働力供給量の増加率を5％とし、初期の労働力供給量を10,000に減少させると、粗利潤率は図22-7のように循環的に変動しながらやがては1に収束する。こうなるのは労働供給が急増して雇用率がゼロに収束し、貨幣賃金率が6に収束するからである。

　β　利潤率の変動幅が循環的に増幅し、利潤も存在する（$\rho=0.5$, $N^0=10{,}000$, $n=0.04$）

　反応係数と初期の労働力供給量を〈2-α〉と同じくし、労働力供給量の増加率を4％に下げると、図22-8のように、利潤率は増幅的に循環する（ただし44期に完全雇用の天井を突破する）。このように変動するのは、労働力供給量

---

519)　貨幣賃金率の低下は、(8)式より利潤率を上昇させるが（賃金の費用効果）、(7)式より生活手段価格を低下させる（賃金の需要効果）。相反する両作用の結果、実質賃金率は一定値に収束し、利潤が消滅してゆく。

520)　拙著『景気循環論』、同『経済学原論』（青木書店、1996年）で例示したケースである。

図 22-4　利潤率の循環的上昇

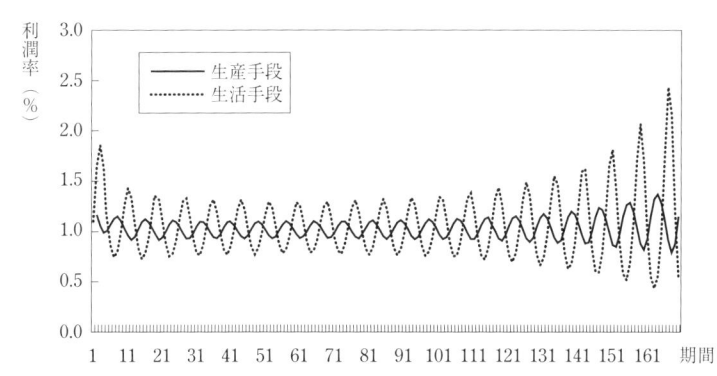

利潤率（％）

凡例：
―― 生産手段
······ 生活手段

出所：図 22-1 に同じ，141頁。

図 22-5　利潤額

利潤額

出所：図 22-1 に同じ，141頁。

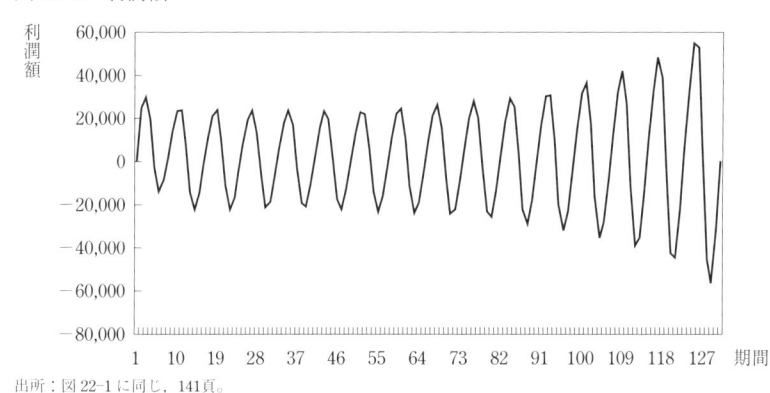

図 22-6　累積利潤額

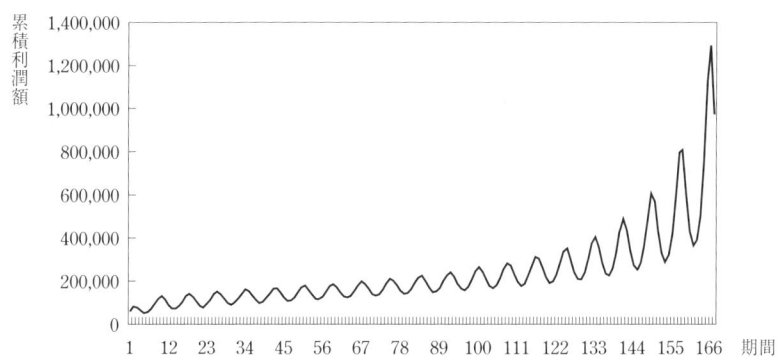

累積利潤額

出所：図 22-1 に同じ，141頁。

図 22-7　利潤率の減衰的低下

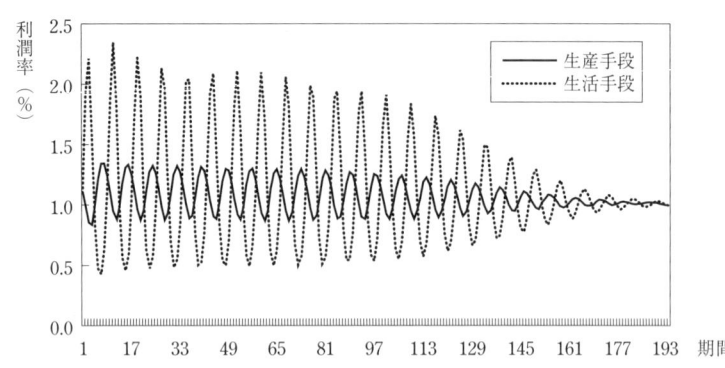

出所：図22-1に同じ，142頁。

図 22-8　利潤率の増幅的循環

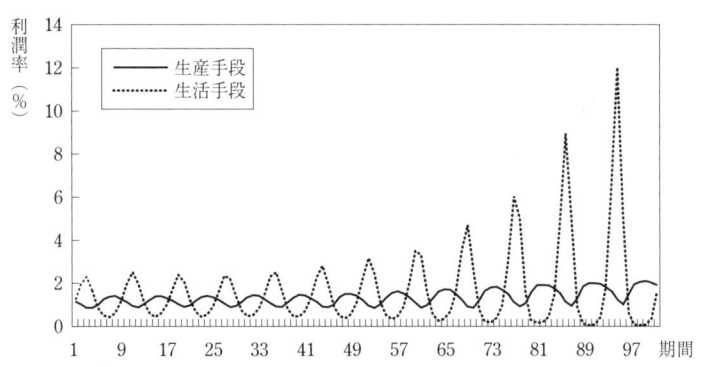

出所：図22-1に同じ，142頁。

図 22-9　累積利潤額

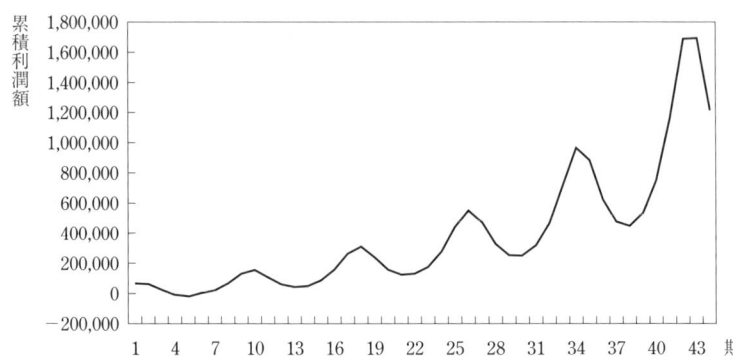

出所：図22-1に同じ，142頁。

の増加率を5％から4％に下げたから雇用率が上昇し，貨幣賃金率が上昇するからである。44期までの累積利潤は図22-9のように循環的に増大していく。

3　間歇的に技術進歩が導入されるとき

α　労働力供給量不変—利潤率は定常的循環から増幅的循環になる（$\rho=0.5$，$N^0=40,000$，$n=0$）。

〈1-β〉では初期の労働力供給量を30,000としたが，40,000とすると，図22-10のように49期にかけて利潤率は循環的に減衰していく。利潤率の低下過程で新技術が導入されたならどうなるだろうか。いま50期と100期に，資本の技術的構成が高まる新技術が導入されたとすると（β_1は1.5から1.2，0.96に，β_2は2から1.6，1.28に低下），利潤率は50期以降定常的に循環し，100期以降は増幅的循環となる。こうなるのは，新技術の導入によって産業予備軍が確保され，雇用率が安定的に上昇し，貨幣賃金率も安定的に上昇するからである。利潤は図22-11のようにプラスとマイナスを繰り返すが，プラスが先行しているので，正の利潤が存在することになる。累積利潤は，図22-12のように累積的に拡大していく。

β　労働力供給量が増加し利潤が存在するケース（$\rho=0.5$，$N^0=10,000$，$n=0.05$）。

〈2-α〉のケースにおいては利潤率が減衰的に循環し，やがては利潤が消滅した。いま同じ条件下で21期と40期にαのケースと同じ新技術が導入されたとすると，利潤率は図22-13のように増幅循環する。44期には完全雇用の天井を突破する。図22-14のように，累積利潤はほとんど毎期プラスで存在する[521]。

γ　労働力供給量が増加し利潤が消滅するケース（$\rho=0.5$，$N^0=10,000$，$n=0.1$）。

〈3-β〉の状態から労働力供給量の増加率を10％に高めると，2回にわたる新技術の導入にもかかわらず，粗利潤率は図22-15のように1に収束し利潤は消滅する。そうなるのは，労働力供給が急増して，雇用率がゼロに近づいてしまうからである。

---

521)　グッドウィン・モデルの世界は，労働力と技術進歩が連続的に存在する世界である。その結論は，利潤率は一定値に収斂するとしているが，このモデルでは利潤率は増幅循環する。R. M. Goodwin, *op. cit.*, pp. 54–58.

図 22-10　利潤率の循環的変動

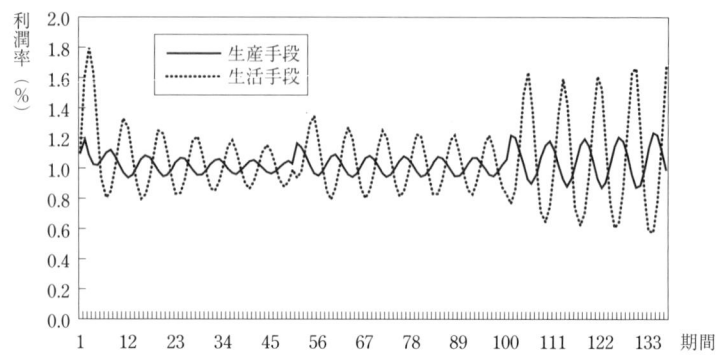

出所：図 22-1 に同じ，144頁。

図 22-11　利潤額

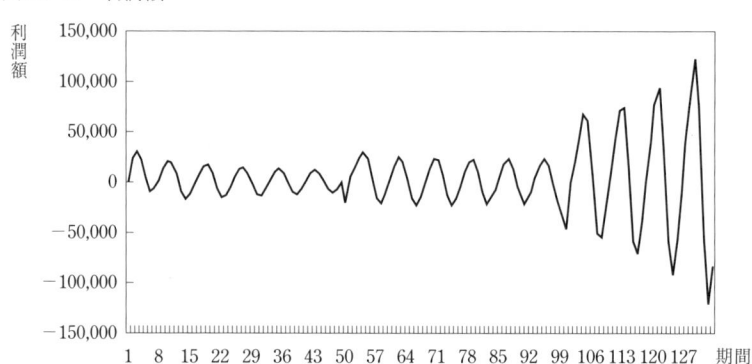

出所：　図 22-1 に同じ，144頁。

図 22-12　累積利潤額

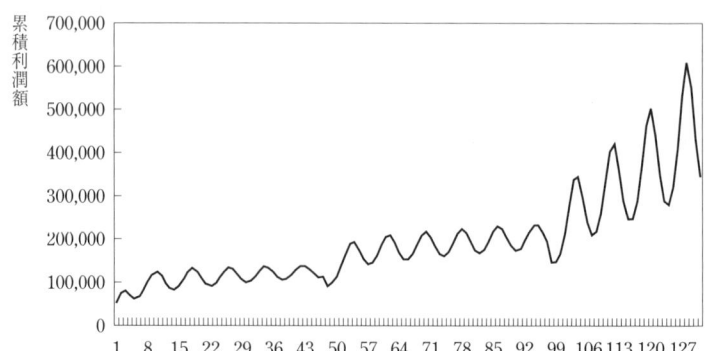

出所：図 22-1 に同じ，144頁。

第22章　利潤率の長期波動　345

図 22-13　利潤率の増幅循環

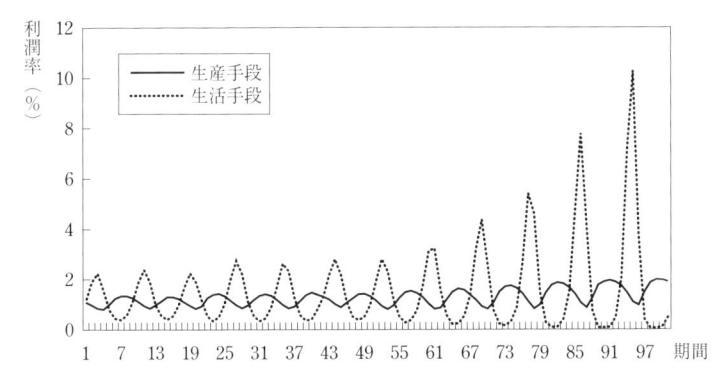

出所：図22-1に同じ，145頁。

図 22-14　累積利潤額

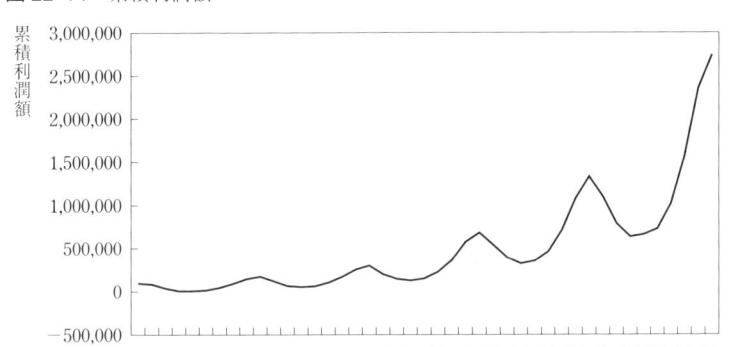

出所：図22-1に同じ，145頁。

図 22-15　利潤率の減衰的循環

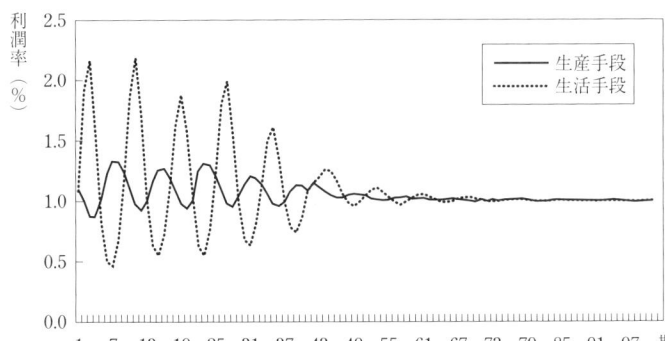

出所：図22-1に同じ，145頁。

4 完全雇用調整

　拙著『景気循環論』において好況から不況への転換について，価格機構が十全に作用して循環モデルが貫徹するケースを連続的循環とし，均衡を維持すべき成長率がとれなくなったときに価格機構が機能麻痺に陥り，暴力的に均衡化する不連続的循環，とを区別して論じた[522]。以下の α から γ は，完全雇用の天井にぶつかったときに労働力供給量がそれ以上に増加しないから，労働力需要は強制的に縮小し，かつ価格機構が働くと仮定してシュミレーションしたものである。こうした完全雇用調整がされる場合に，利潤率はどうなるだろうか。

　〈1-β〉，〈2-β〉，〈3-β〉は，完全雇用の天井を突破した。いま，完全雇用になればそのときの労働力供給量以上には雇用できないから，投資（蓄積）需要は強制的に縮小されるとしよう（両部門の強制縮小率は同じとする）。

　（α）図22-16は，〈1-β〉ケースにおいて，第159～160期，167～169期，176期，183～185期に，完全雇用調整（労働力需要の強制的縮小）をしたときの利潤率の変動を示す。利潤率は急落し，変動幅も小さくなる。累積利潤は図22-17のようになる。（β）〈2-β〉を44～45期，52～53期，59～66期に完全雇用調整をおこなうと，図22-18のように利潤率は急落するが，やがて生活手段の利潤率が上昇して再び完全雇用の天井にぶつかる（72期）。累積利潤は図22-19のように，調整後は大幅に変動する。（γ）〈3-β〉を51～55期において完全雇用調整をおこなうと，図7-20のように利潤率は急落する。

　この蓄積モデルによる利潤率・利潤・累積利潤の循環的成長を，要約しておこう。〈1-α〉，〈2-α〉，〈3-γ〉のケースは，粗利潤率が1に収束し，利潤も消滅した。そうなるのは，雇用率がゼロに収束し貨幣賃金率が最低値になるか，雇用率が低い一定値に収束し，貨幣賃金率がやはり低い一定値に収束するからである。〈1-β〉，〈2-β〉，〈3-α〉，〈3-β〉では，利潤率が増幅的に循環上昇し，毎期の利潤や累積した利潤が存在する。こうなるのは雇用率が安定的に上昇するからである（完全雇用の天井にぶつかる場合もあった）。したがって，技術・労働力供給量不変（イノベーション不在）だと利潤は消滅するというシュンペーター命題とは，一致しない。また労働力供給量の増加があれば利潤は

---

522)　拙著『景気循環論』第10・11章，参照。

第22章 利潤率の長期波動 347

図 22-16 完全雇用調整1

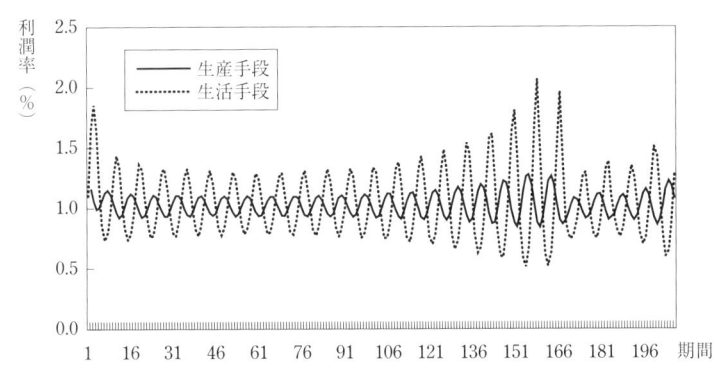

出所:図22-1に同じ，147頁。

図 22-17 累積利潤額

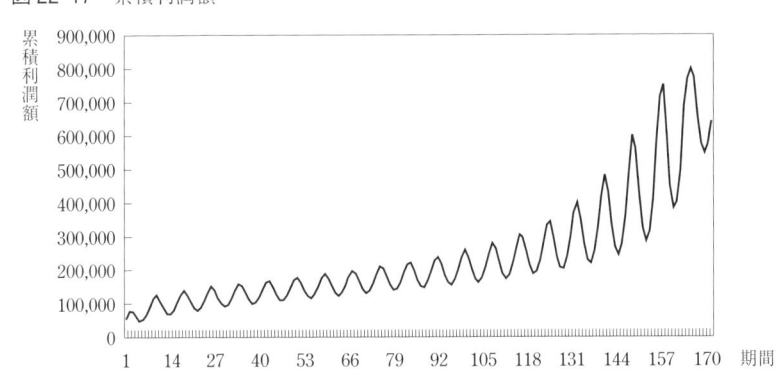

出所:図22-1に同じ，147頁。

図 22-18 完全雇用調整2

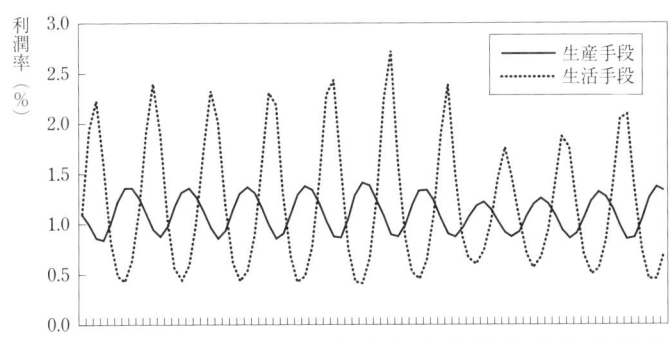

出所:図22-1に同じ，147頁。

図 22-19　累積利潤額

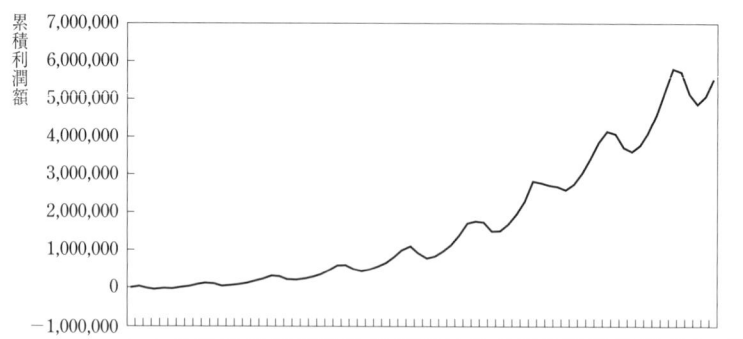

図 22-20　完全雇用調整 3

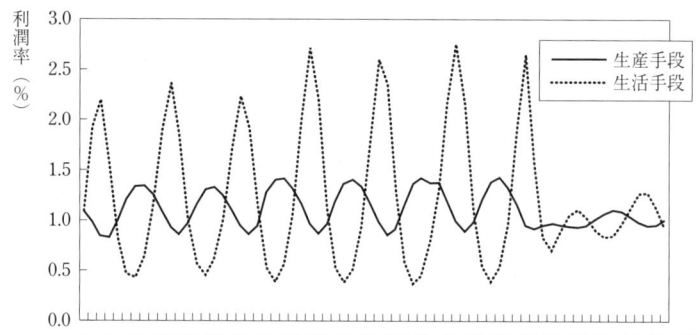

出所：図 22-1 に同じ，148頁。

存在するという置塩の数値解析とも，一致しない。技術進歩が導入されると利潤が増加するが，なかには技術進歩の効果が低いような経済では，利潤率低下傾向を打ち消すことはできないケースも存在した。このような結果になるのは，労働力供給量増加の有無や技術進歩の有無にかかわらず，労働力供給量に対応的に労働力需要（したがって資本蓄積）が生じるか否か，ということに依存していることになる[523]。いいかえれば，蓄積需要に対応的な産業予備軍が確保されているかに依存する。労働力供給量に対応的に資本蓄積が進めば，利潤も存在することになる。完全雇用の天井にぶつかり完全雇用調整が起こると，利潤率は急落する。この点は，今後いっそう検討してみなければならない。

22.2.4 利潤率傾向的低下法則の検討

第1節で，マルクスの利潤率傾向的低下法則を紹介し，その難点を述べた。マルクスの利潤率の傾向的低下法則に対して早くから批判と反批判が展開されてきたが，たとえばポール・スウィージーは一義的に低下するとは論定できないとして，不確定説を主張した[524]。冒頭に紹介した置塩は，実質賃金率不変・均等利潤率の成立を前提とすれば，利潤率は上昇すると主張した（「置塩の定理」）。欧米のファンダメンタリストたちは，傾向的低下法則を支持し論証を試みているが，成功していないといわざるをえない[525]。前項の数値解析によっても，蓄積条件（初期値とパラメータ）によって利潤率はさまざまな運動をするのであって，一義的には確定できなかった（不確定説）。

利潤率が低下するケース

α 技術・労働力供給量不変

第3項の〈1-α〉のように，利潤率は循環的に変動しながら傾向的に低下し，ゼロに収束する。こうなるのは雇用率が0.18941924に収束し，貨幣賃金率が7.8941924に収束するからである。

β 技術不変・労働力供給量増加

初期の労働力供給量を10,000，労働人口の成長率を5％とおくと，〈2-α〉のように利潤率は傾向的に低下し，やがてゼロに収束していく。これはやはり雇用率がゼロに収束し，貨幣賃金率が最低値6に収束するからである。

γ 間歇的新技術の導入，労働力供給量増加

反応係数0.5，労働力供給量の増加10％，初期労働力供給量10,000とおくと，〈3-γ〉のように利潤率は循環的に変動しながら低下するので，21期と41期に新技術を導入し資本の技術的構成を高度化させる。利潤率は若干回復するがすぐに傾向的に低下していく。このようになるのは，労働力供給量の増加率が高

---

523) もちろん置塩は，投資の利潤率反応係数が高いときには利潤率が違った運動を示すことを指摘していたし，労働力供給増加が有無な場合を比較していたように，労働力供給に対する労働力需要の動向が雇用率・賃金率に影響することを知っていたと思われる。

524) ポール・スウィージー著，都留重人訳『資本主義発展の理論』（新評論，1967年）第6章，参照。

525) James O'Connor, *The Meaning of Crisis*, Basil Blackwell Inc., 1987, Chapt. 2, 拙稿「オコーナーの危機論」（『東京経大学会誌』237号，2004年1月），参照。

図 22-21 利潤率平均（⟨1-β⟩のケース）

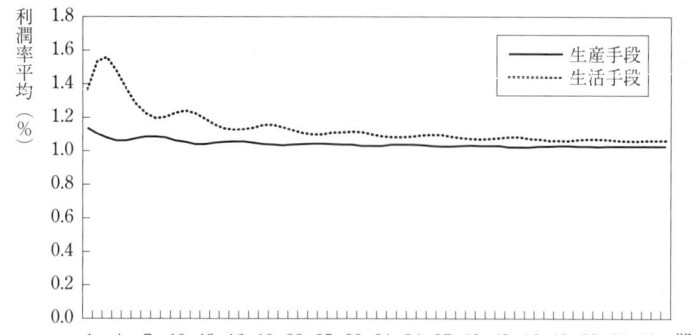

出所：図 22-1 に同じ，153頁。

図 22-22 利潤率平均（⟨2-β⟩のケース）

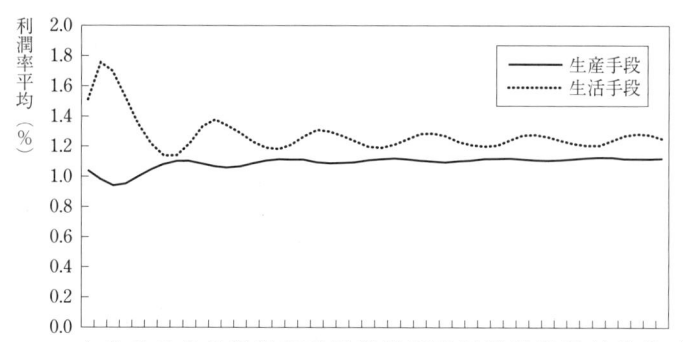

出所：図 22-1 に同じ，153頁。

図 22-23 利潤率平均（⟨3-α⟩のケース）

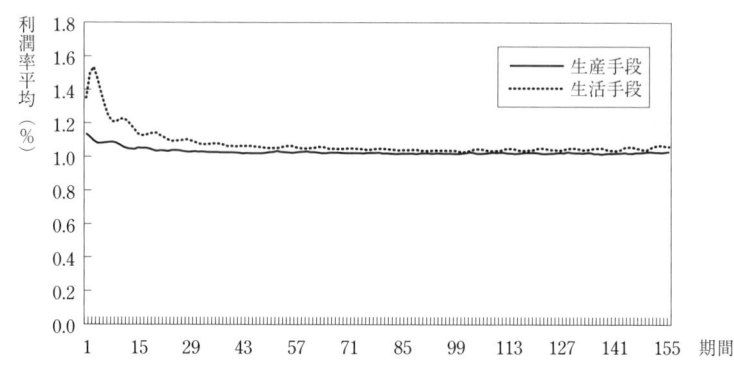

出所：図 22-1 に同じ，153頁。

図22-24 利潤率平均（〈3-β〉のケース）

[図：利潤率平均（%）のグラフ、生産手段と生活手段の推移、期間1〜43]

出所：図22-1に同じ、154頁。

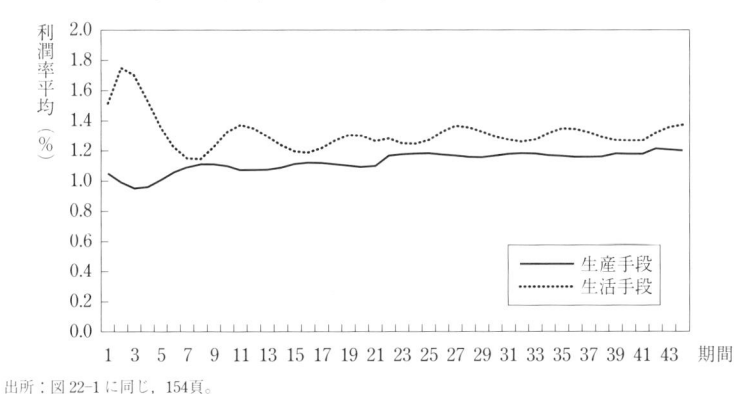

く、雇用率が低下していくからであった。

利潤率の多様な成長循環　利潤が存在するケースにおいて、利潤率の循環的変動の影響を排除して利潤率の傾向をみるために、0期からその期までの累計した利潤率の平均値（利潤率平均）を調べてみよう。

　α　技術・労働力供給量不変（〈1-β〉のケース）

　初期の労働力供給量を30,000、投資の利潤率反応係数を0.5に高めると、図22-21のように、利潤率平均は傾向的に低下している。

　β　技術不変・労働力供給量増加（〈2-β〉のケース）

　〈2-α〉の労働力供給量の増加率5％を4％に下げると、図22-22のように、利潤率平均は生産手段部門で緩やかな上昇傾向を示し、生活手段部門では安定的に推移する。

　γ　間歇的新技術の導入、労働力供給量不変（〈3-α〉のケース）

　投資の利潤率への反応係数を0.5、労働力供給量を40,000とおくと、図22-23のように、利潤率平均は傾向的低下から傾向的上昇に転ずる。

　δ　間歇的新技術の導入、労働力供給量増大（〈3-β〉のケース）

　反応係数0.5、労働力供給量10,000、労働力の増加率5％とおくと、図22-24のように、利潤率平均は完全雇用の天井にぶつかるまでは、上昇傾向にある。

　このように利潤が一定期間存在しつづけるケースにおいては、利潤率平均は多様な成長循環をする。すなわち、低下（〈1-β〉）、低下から上昇（〈3-α〉）、

上昇（生産手段）と安定（生活手段）(〈2-β〉)，上昇（〈3-β〉）した。このように蓄積条件いかんによって利潤率は多様な長期傾向を示すのであって，一義的には確定できない。技術進歩があるのが資本本主義経済の健全な状態であるから，技術進歩が利潤存在の条件だとしたシュンペーターの主張は妥当であろう。しかしすでにみたように，技術進歩があっても労働力供給量が急増する場合には，利潤は消滅する場合もあった。

22.2.5 資本主義の存続条件

存続の可能性　前節第2項のケースでは，利潤率平均は，低下から上昇，ないし上昇した（〈3-α〉，〈2-β〉，〈3-β〉）。利潤獲得を至上命令とする資本主義経済にとって，こうしたケースは，存続を維持していくことができることを意味する。こうした存続条件はすでにみたように，労働力供給量に適合的に蓄積（労働力需要）が進展することであった。いいかえれば，蓄積需要に適合的な産業予備軍を確保することであった。労働力供給量の増加があるときや，技術進歩があるときには，こうした適合的蓄積の可能性が高まる関係にある。しかし，必ず利潤を確保しつづけることができるのではない。完全雇用にいたるまではこうした存続条件が確保されるが，完全雇用の天井にぶつかると大逆転が起こることに，注意しておこう。

解体の可能性　〈1-α〉，〈2-α〉，〈3-γ〉のケースは，利潤率が傾向的に低下し，やがて利潤が消滅する。そうなるのは労働力供給量に対応して蓄積（労働需要）が進展せず，雇用率がゼロないし低い水準に収束してしまうからであった。利潤率が回復するためには，新技術が導入されるか，投資の利潤率反応係数が増大しなければならない。そうした創造的活動をする資本家が登場しなければ，資本主義は衰滅していくだろう。マルクスは，「蓄積せよ，蓄積せよ！　これがモーゼであり，予言者たちである！」といい，蓄積衝動こそ資本の本質だというとき，こうした創造的資本家がたえず登場するのが正常な資本主義だと考えていたように思える。シュンペータが資本主義の解体を予言したのは，こうした創造的経営者が消滅すると予想したことに由来する[526]。マルクスは蓄積衝動が衰えるのではなく継続する結果，一方では労働者階級の貧困化が進むが（資本蓄積の一般法則）[527]，同時に労働者階級が訓練され教育され団

結していくことによって，資本主義は変革されていくと展望した[528]。

マルクスの利潤率傾向的低下法則の一解釈 マルクスは『資本論』第3巻第3篇においては，生産力の発展は剰余価値率上昇以上に有機的構成を高度化させ，利潤率は傾向的に低下していくと論じた。しかし本章の蓄積モデルによる数値解析は，雇用率低下こそ利潤率低下の最大の要因であることを示している。いいかえれば，産業予備軍が累積的に増加し，雇用率と貨幣賃金率が低下し，利潤率は低下していくことになる。『資本論』第1巻の蓄積論で展開された，産業予備軍と実質賃金率・剰余価値率の循環的関係を見直す必要があることを示唆しているかもしれない。産業予備軍を景気循環によって確保できたとしても，短期的循環を繰り返していくと，長期的には産業予備軍は枯渇するか累積してしまう可能性があった。すなわち産業予備軍が累積化すれば，すでにみたように利潤率が低下するし[529]，産業予備軍が枯渇すれば，利潤率は完全雇用の天井にぶつかって急落してしまう。こうしたケースにおいて利潤率傾向的低下法則は成立する，と限定すべきであろう。

産業予備軍の動向が資本主義の運命を左右する 以上の考察（推論）より，産業予備軍の長期的動向が資本主義の存続にとって決定的な意味をもつことがわかった。すなわち，産業予備軍が，景気循環の繰り返しのなかで長期的に枯渇していけば，完全雇用の天井にぶちあたって利潤率は急落する事態に陥る。資本蓄積機構は機能不全に陥るだろう。産業予備軍が累増していったならば，利潤率は傾向的に低下し，やがては利潤が消滅する。資本主義経済の推進的動機が消滅するのであって，資本自身の自己否定にほかならない。しかしこの過程は同時に，主体としての労働者階級にとっては，失業が累積していくことであり，資本主義経済システムが労働権・生存権を否定することであり，そうしたシステムを否定し転換を求める運動が必然化するだろう。資本主義経済が安定的に蓄積を進めていくためには，労働力供給に適合的な労働力需要（資本蓄

---

526) ジョセフ・シュンペータ著，中山伊知郎・東畑精一訳『資本主義・社会主義・民主主義』上（東洋経済新報社，1951年）第12章，参照。
527) 引用文は，第23章第1節（23.1）にある。
528) 引用文は，第23章第2節（23.2）にある。
529) 産業予備軍の累積化（したがって雇用率の累積的低下）によって，貨幣賃金率が低下し，賃金の需要効果（過少消費傾向）が強くはたらくものと推定される。

積)が起こってくることであり、いいかえれば、資本蓄積に適合的な一定の搾取率が維持できるように産業予備軍を確保することが、資本主義経済存続の基本的条件となる。しかし長期的な成長循環(長期波動といってもよいかもしれない)の視点からみれば、そのようなメカニズムは保証されてはいない[530]。

22.3　資本蓄積メカニズムと利潤率の長期動向(2)—三部門分析

第18章において、三部門(労働手段・労働対象・生活手段)に分割した価格調整・数量調整・ミックス型の蓄積モデルと、その成長循環の特徴を考察した。本節では、利潤率の長期動向をシミュレーションした結果を示しておこう。

価格調整型蓄積モデル　各部門の利潤率の平均は、図22-25のように長期的に循環している[531]。平均利潤率は傾向的に低下するのではなく、長期的に波動していることが確認できる。

数量調整型蓄積モデル　どのタイプの経済においても、各部門の利潤率はプラスの一定値に収束する。図22-26は弱蓄積経済(投資の利潤率に対する反応係数0.05、労働人口の成長率5％)の場合であるが、利潤率は0.26付近に

---

[530]　産業予備軍の確保を資本主義自立化の根本的条件としたのは、宇野弘蔵の功績といってよい。しかし、宇野の産業予備軍論は景気循環論(恐慌論)に限定されていて、長期的傾向としてはぜんぜん展開されなかった。その恐慌論は、労働力についての不均衡のみが扱われていて、一般商品については価格による自動調整を仮定してしまった(実現なき恐慌論)。筆者の蓄積モデルでは、両不均衡が扱われている(統合モデル)。さらに宇野の原理論は、たえず繰り返されると想定した世界(永遠的循環の世界)に限定されていて、循環が繰り返され発展していく運動過程は、理論的考察から排除されてしまっていた。しかし産業予備軍確保の問題は、資本主義の長期的発展と関連づけて論じなければならない。本章で明らかにしたように、景気循環が繰り返されていく長期をとれば、産業予備軍の確保は困難化していく。だからこそ、資本主義は存続するために、歴史的には、独占化や国家の組織化などによって、蓄積諸条件をつくりかえてきたのである。資本主義の段階的発展は、こうした利潤率の長期的動向の視点から再検討すべきであろう。歴史的には、利潤率は長期波動してきた。

[531]　拙著『現代の景気循環論(第2版)』26-27頁($\rho=0.1$, n=0.03の強蓄積経済のケース、115頁)。

図 22-25　利潤率平均の長期的変動

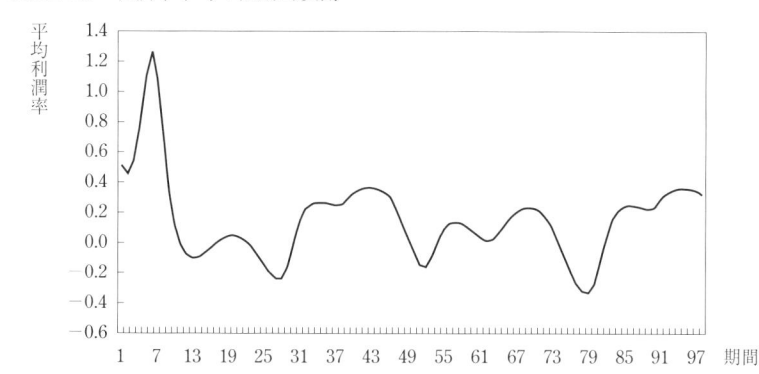

出所：図 22-1 に同じ，26頁。

図 22-26　利潤率の長期的変動

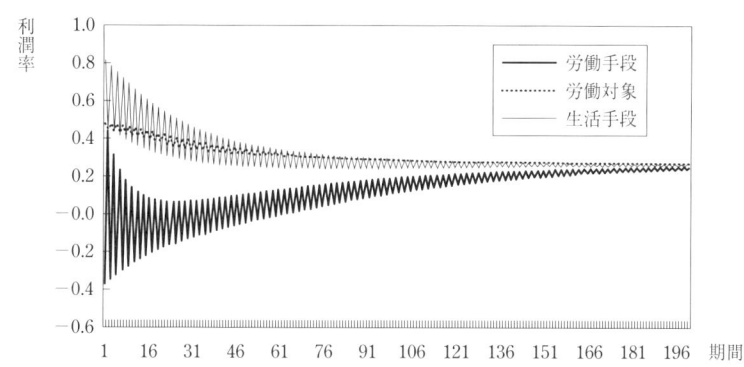

出所：図 22-1 に同じ，122頁。

図 22-27　利潤率平均の長期的変動

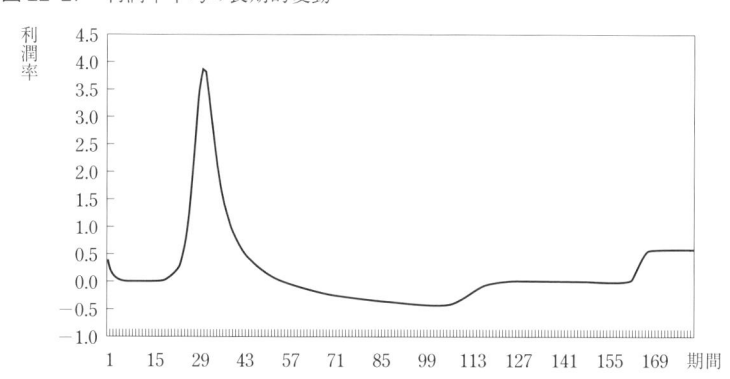

収束している。

ミックス型蓄積モデル 図22-27のように，利潤率平均は最初は上昇するが，傾向的に低下し，やがては再度上昇している。したがって，利潤率は長期的には循環していると判断できる。

22.4 利潤率の歴史的動向と長期波動論の可能性

第1節ではマルクスの利潤率の傾向的低下法則を検討し，低下するためには剰余価値率上昇と生産手段・労働力の価値比率の低下以上に，資本の技術的構成が高度化しなければならず，そうしたタイプの技術革新は一般的にはいえないので，利潤率の傾向は不確定であると結論づけた。第2節と第3節では，蓄積モデルを設定して，蓄積過程に規定された利潤率循環を数値解析してみた。二部門分割（第2節）の蓄積モデルの数値解析の結果は，利潤率の成長循環はパラメーターと初期値の違いによって多様な運動を示し，モデルの世界では雇用率が安定的であれば利潤率も安定的に推移し，雇用率が極端に低下したり完全雇用の壁にぶつかれば，利潤率は傾向的に低下したり急落する法則性が見いだされることを検出した。三部門分割（第3節）の解析結果は，価格調整型蓄積では平均利潤率が長期的に波動しており，数量調整型蓄積ではプラスの一定値に収束し，ミックス型蓄積では平均利潤は長期的にも上昇から低下そして再上昇しており，超長期的に波動していた。どの調整タイプをとっても，利潤率が傾向的には低下していなかった。本節では，利潤率の歴史的動向をみておこう。

図22-28は，アメリカ合衆国の利潤率の長期動向を示している。1890年代前半，1910年代後半，1930年代に利潤率は低下傾向を示しているが，第2次大戦中から戦後直後にかけて急上昇し，その後は循環しながら傾向として低下している。したがって利潤率の歴史的動向は，図の太線で示されるように長期波動をしていると判断できる。古野高根氏は，アメリカ合衆国と日本の1891年から1991年までの，非住宅構造物と設備・機械の対前年増加率を検出した（図22-29）[532]。そして古野氏は，アメリカにおいては，非住宅構造物は1903年が山，1934年が谷，1972-73年が山となり，ほぼ60年程度の周期で変動しており，機

図 22-28　アメリカの利潤率の歴史的動向

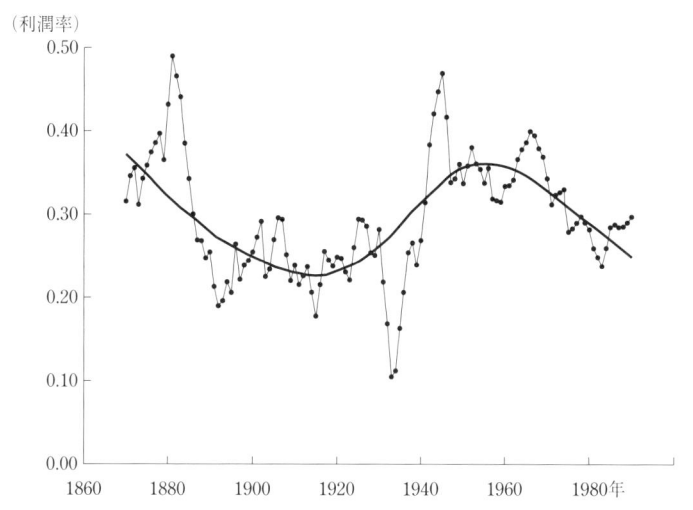

出所：Gérard Duménil and Dominique Lévy, *The Economics of the Profit Rate*, Edward Elgar, 1993, p. 251.

械・設備は，山が1907年，1947-48年，谷は1933年，1959年で20〜25年の周期がみられる，と結論している。両者を合算すると，二つの小循環を抱える長期循環を形成し，山は1903年と1974年，谷は1933年になる。日本の場合は，非住宅構造物は1920年と1968年が山，1946年が谷となり，設備・機械は，1897年，1919年，1940年，1969年が山，1933年，1946年，1955年，1984年が谷となる。そして両者を合算すれば，1920年と1969年が山，1940年代が谷と想定され，ほぼアメリカと近似している。このように20世紀のアメリカと日本において，長期波動は確認できるといえる[533]。古野氏は，戦後の利潤率の動向を法人企業統計を駆使して詳細に分析しているが，総資産純利益率の推移のみを紹介する

---

532)　古野高根『20世紀末バブルはなぜ起きたか　日本経済の教訓』（東京経済大学・博士論文〈経済学〉）第3章第2節第2項，参照。この博士論文は，桜井書店から2008年に出版される予定である。
533)　長期波動論の諸系譜については，同上の博士論文の第3章第1節，参照。また，加藤雅『景気変動と時間　循環・成長・長期波動』（岩波書店，2006年）は長期波動（コンドラチェフ波動）を詳細に論じている。

図 22-29 資本ストック（非住宅構造物＋設備・機械）対前年比増加率

米国

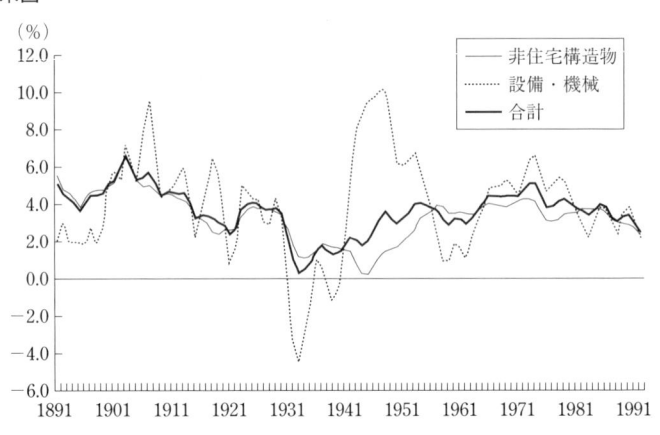

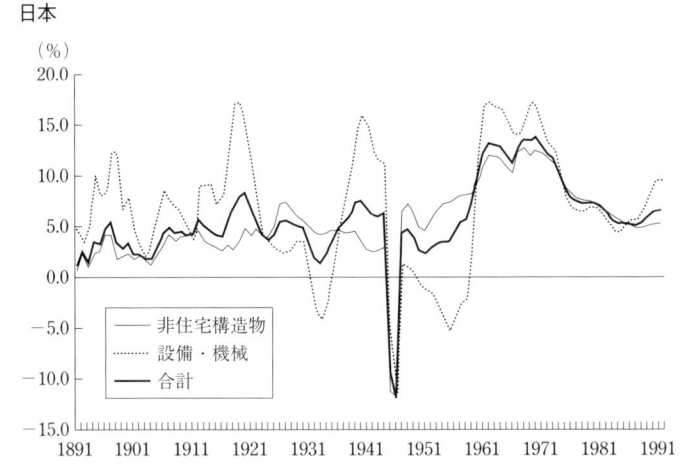

日本

出所：古野高根『20世紀末バブルはなぜ起きたか 日本経済の教訓』（博士論文）80頁より。
原資料：A. Maddison, "Standardised Estimates of Fixed Capital Stock: A Six Country Comparison", in A. Maddison, *Explaining the Economic Performance of Nations Essay in Time and Space*, Edward Elgar Publishing CO., 1995 より作成。

と，図 22-30 のようになる。製造業（資本金10億円以上）は，1960年代後半の山から1970年代半ばにかけて低下し，1980年代末にかけて回復したが，1990年代は傾向として低下した。非製造業は，1960年代の高原状態から20世紀末まで低下傾向にあったと判断できる。国内銀行は，1960年にかけて上昇したあと，

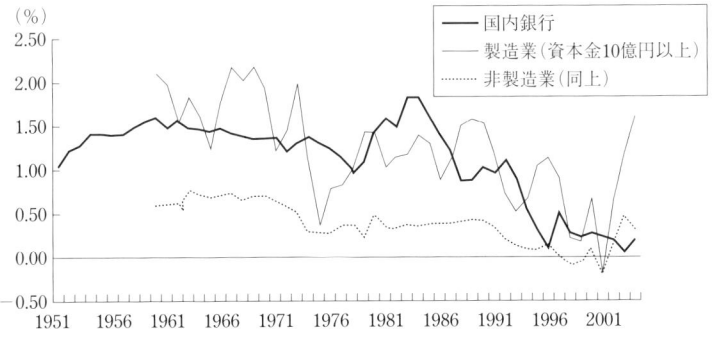

図22-30 総資産純利益率推移

図22-31 負債倍率推移

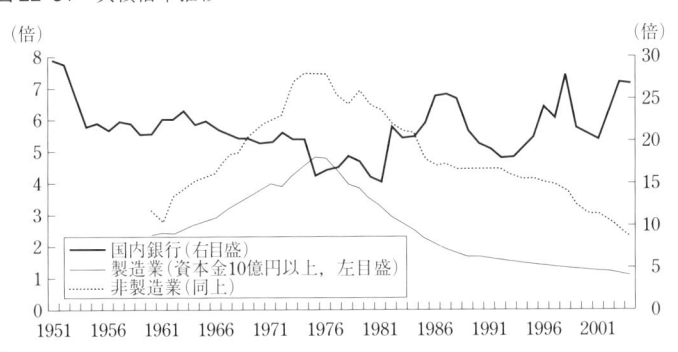

1978年にかけて低下し，1983-84年にまで回復するが，1990年代末にかけて低下傾向にあった，と判断できる。図22-31は負債倍率の推移を示しているが，製造業の利潤率低下傾向と負債倍率の低下傾向が注目される。

以上の利潤率の歴史的動向の分析によっても，歴史的には利潤率は長期波動を示していることが確認される。こうした利潤率の長期的循環を，長期波動論と結びつけるマルクス経済学者も存在してきた[534]。たとえばアーネスト・マ

---

[534] 以下のマンデルとゴードンの紹介は，前掲古野論文の要約である。

ンデルは,利潤率を基軸としながら長期波動をつぎのように説明した[535]。

(1) 実物資本への投資が過小で貨幣資本が過剰,科学研究活動の加速化,資本に有利な階級闘争の展開,利潤率の上昇,そしてヘゲモニー国家の出現。

(2) 利潤率が上昇し資本蓄積が活発化する,プロレタリアートが抵抗し利潤率は高位で平準化する,労働者の立場の強化,信用の爆発。

(3) 階級闘争の激化,過剰蓄積,利潤率の長期低下,階級闘争の先鋭化,合理化投資。

(4) 通貨不安の増大,投資率と蓄積率の低下,社会的政治的危機。

マンデルによると,資本主義は1789年以来5回の長期波動を繰り返していることになる。

また,アメリカのSSA学派(Social Structures of Accumulation)の代表的論客のデービッド・ゴードンは,長期波動の過程をつぎのように特徴づけている[536]。

(1) 拡張期は好ましい蓄積の社会的構造と安定のもとではじまる。

(2) 投資のブームと経済活動の急速化。

(3) 投資は限界まで促進され,労働市場は対応不可能に陥る。

(4) 蓄積の原則や制度の変更に抵抗する。

(5) 経済停滞,現在の蓄積の社会構造の解体のはじまり。

(6) 回復は新しい制度的構造の構築に依存する。

(7) 制度的構造は,先立つ経済危機のさいの経済闘争によってのみ形成されるのではない。

(8) 資本主義の新しい段階への移行。

(9) 資本主義の各段階は長期の拡張とそれにつづく長期の不況をもつ。

こうした利潤率の長期波動をゴードンたちが,蓄積の社会的構造(社会条件)の変化と結びつけて説明しようとしている点,さらに,その変化によって段階的発展を画そうとしている点は,資本主義の長期発展論としても注目される。ともかく,利潤率が歴史的には長期波動している事実は,長期波動論(コンド

---

535) アーネスト・マンデル著,岡田光正訳『資本主義発展の長期波動』(柘植書房,1990年)。
536) D. M. Gordon, "Long Swings and Stages of Capitalism", in D. M. Kotz, T. McDonough and M. Reich eds., *Social Structures of Accumulation: The Political Economy of Growth and Crisis*, Cambridge University Press, 1994.

ラチェフ波動）の理論的可能性を示唆していることを指摘しておこう。

研究を深めるために

マルクス『資本論』第1巻第23・24章，第3巻第13〜15章
アーネスト・マンデル著，岡田光正訳『資本主義発展の長期波動』（柘植書房，1990年）
R. M. Goodwin, "A Growth Cycle", in C. H. Feinstein ed., *Socialism, Capitalism and Economic Growth*, Cambridge University Press, 1967
D. M. Gordon, "Long Swings and Stages of Capitalism", in D. M. Kotz, T. McDonough and M. Reich eds., *Social Structures of Accumulation: The Political Economy of Growth and Crisis*, Cambridge University Press, 1994
置塩信雄『経済学と現代の諸問題―置塩信雄のメッセージ』（大月書店，2004年）
加藤雅『景気変動と時間 循環・成長・長期波動』（岩波書店，2006年）

第23章　資本蓄積の現代的傾向

23.1　資本蓄積の一般法則（マルクス）と現代

　マルクスは『資本論』第1巻第23章第4節において，資本制的蓄積の絶対的・一般的法則をつぎのように論定した。重要な文章なので全文引用して検討しておこう。

　「社会の富，機能資本，機能資本の増大の範囲と活力，したがってまたプロレタリアートの絶対的大きさおよび彼らの労働の生産力，これらが大きくなればなるほど，それだけ産業予備軍が大きくなる。使用可能な労働力は，資本の膨張力の場合と同じ諸原因によって発展させられる。すなわち産業予備軍の相対的大きさは，富の力能につれて増大する。しかし，この予備軍が現役の労働者軍と比べて大きくなればなるほど，固定的過剰人口，すなわち彼らの労働苦に比例して貧困が増大していく労働者諸層が，それだけ大量的となる。最後に，労働者階級中の貧民層と産業予備軍とが大きくなればなるほど，公認の受救貧民層がそれだけ大きくなる。これこそが資本主義的蓄積の絶対的・一般的な法則である。他のあらゆる法則と同じように，この法則も，その実現にあったては多様な事情によって修正されるが，これらの事情の分析はここでの問題ではない。」[537]

　このマルクスの論定した資本蓄積の一般的法則は，現代では妥当するのだろうか。あるはどのような現代的形態で発現しているのか，あるいは作用が停止しているのだろうか。マルクス以降こうした諸課題は，いわゆる「窮乏化論争」としてマルクス主義者の間で論争されてきた[538]。本書では立ち入って検討しないが，マルクスの文脈にそってその意味することを確認しておこう。第一に，

---

537)　マルクス『資本論』第1巻第23章第4節，第4分冊，1106-1107頁（ただし，訳文は変えてある）。

538)　「窮乏化法則」についてはさしあたり，『資本論体系』3（富塚良三・服部文雄・本間要一郎編「剰余価値・資本蓄積」有斐閣，1985年）の第Ⅲ部（相澤与一執筆），参照。

マルクスは法則はそのまま発現するのではなく，諸事情によって修正されると述べている。すなわち，「他のあらゆる法則と同じように，この法則も，その実現にあたっては多様な事情によって修正されるが，これらの事情の分析はここでの問題ではない」。労働者階級の抵抗，世代間労働力を維持するための国家の法律による規制（たとえば「工場法」），独占資本主義のもとでの社会政策，現代の国家の社会福祉・社会保障政策，そしてなによりも労働者階級の力量の増大によって，労働者の状態は改善されてきたことは歴史的事実として承認しなければならない。したがって，マルクスの論定どおりに発現していないからといって，一般法則そのものを否定するのは皮相な批判である。第二に，マルクスは産業予備軍が累積的に増大していくと考えている。すなわち，「産業予備軍の相対的大きさは，富の力能につれて増大する。しかし，この予備軍が現役の労働者軍と比べて大きくなればなるほど，固定的過剰人口，すなわち彼らの労働苦に比例して貧困が増大していく労働者諸層が，それだけ大量的となる。最後に，労働者階級中の貧民層と産業予備軍とが大きくなればなるほど，公認の受救貧民層がそれだけ大きくなる」と述べている。こうした産業予備軍の累積という想定のもとで，マルクスは利潤率の傾向的低下法則を論定したのではないかということは，前章でひとつの解釈として提示しておいた。歴史的には利潤率は長期的変動をしているのであって，マルクスの利潤率の傾向的低下論は成立してこなかったことを，再度指摘しておこう。

　つづいてマルクスは，資本制的蓄積の敵対的性格をつぎのように要約している。

　「第4篇で相対的剰余価値の生産を分析したさいに見たように，資本主義制度の内部では，労働の社会的生産力を高めるいっさいの方法は，個々の労働者の犠牲として行なわれるのであり，生産を発展させるいっさいの手段は，生産者の支配と搾取との手段に転化し，労働者を部分人間へと不具化させ，労働者を機械の付属物へとおとしめ，彼の労働苦で労働内容を破壊し，科学が自立的力能として労働過程に合体される程度に応じて，労働過程の精神的力能を労働者に疎遠なものにするのであり，またこれらの方法・手段は，彼の労働条件をねじゆがめ，労働過程中ではきわめて卑劣で憎むべき専制支配のもとに彼を服従させ，彼の生活時間を労働時間に転化させ，彼の妻子を資

本のジャガノートの車輪のもとに投げ入れる。しかし，剰余価値の生産のいっさいの方法は，同時に蓄積の方法であり，その逆に，蓄積のどの拡大も，右の方法の発展の手段となる。それゆえ資本が蓄積されるのにつれて，労働者の報酬がどうであろうと——高かろうと低かろうと——労働者の状態は悪化せざるをえないということになる。最後に，相対的過剰人口または産業予備軍を蓄積の範囲と活力とに絶えず均衡させる法則は，ヘファイストスの楔がプロメテウスを岩に縛りつけたよりもいっそう固く，労働者を資本に縛りつける。この法則は，資本の蓄積に照応する貧困の蓄積を条件づける。したがって，一方の極における富の蓄積は，同時に，その対極における，すなわち自分自身の生産物を資本として生産する階級の側における，貧困，労働苦，奴隷状態，無知，野蛮化，および道徳的堕落の蓄積である。」[539]

この引用文の前半には，みごとに労働の疎外が描かれている。「生産を発展させるいっさいの手段は，生産者の支配と搾取との手段に転化し，労働者を部分人間へと不具化させ，労働者を機械の付属物へとおとしめ，彼の労働苦で労働内容を破壊し，科学が自立的力能として労働過程に合体される程度に応じて，労働過程の精神的力能を労働者に疎遠なものにするのであり，またこれらの方法・手段は，彼の労働条件をねじゆがめ，労働過程中ではきわめて卑劣で憎むべき専制支配のもとに彼を服従させ，彼の生活時間を労働時間に転化させ，彼の妻子を資本のジャガノートの車輪のもとに投げ入れる」。この労働疎外は，資本の生産過程や現代の労働過程（第5章）で考察したように，現代的な管理機構によって進行し，現代でも貫徹している。労働者は自ら闘わなければ「働きがい」を喪失し，精神的ストレスと病気に悩まされ，過労死と過労自殺に追い込まれているのが，現代日本の現実である。そしてマルクスは，富と貧困の両極的な蓄積が進行すると予言した。すなわち，「この法則は，資本の蓄積に照応する貧困の蓄積を条件づける。したがって，一方の極における富の蓄積は，同時に，その対極における，すなわち自分自身の生産物を資本として生産する階級の側における，貧困，労働苦，奴隷状態，無知，野蛮化，および道徳的堕落の蓄積である。」

---

539) マルクス『資本論』第1巻第23章第4節，第4分冊，1108頁。

表 23-1　開発途上国と市場経済移行国における栄養不足人口の現状（2000～2002年）

栄養不足人口の割合が，
A：35％以上（非常に高い）
B：20～34％（やや高い）
C：5～19％（やや低い）
D：2.5～4％（非常に低い）
E：2.5％未満（極度に低い）

地域・国		地域・国		地域・国	
東アジア		スリナム	C	ザンビア	A
中華人民共和国	C	ウルグアイ	D	ジンバブエ	A
朝鮮民主主義人民共和国	A	ベネズエラ	C		
モンゴル	B			**西アフリカ**	
大韓民国	E	**近東**		ベナン	C
		アフガニスタン	A	ブルキナファソ	C
東南アジア		イラン	D	コートジボワール	C
カンボジア	B	ヨルダン	C	ガンビア	B
インドネシア	C	クウェート	C	ガーナ	B
ラオス	B	レバノン	D	ギニア	B
マレーシア	E	サウジアラビア	D	リベリア	A
ミャンマー	C	シリア	D	マリ	B
フィリピン	B	トルコ	D	モーリタニア	C
タイ	B	アラブ首長国連邦	E	ニジェール	B
ベトナム	C	イエメン	A	ナイジェリア	B
				セネガル	B
南アジア		**北アフリカ**		シエラレオネ	A
バングラデシュ	B	アルジェリア	C	トーゴ	B
インド	B	エジプト	D		
ネパール	C	リビア	E	**独立国家共同体**	
パキスタン	B	モロッコ	C	アルメニア	B
スリランカ	B	チュニジア	E	アゼルバイジャン	C
				ベラルーシ	E
北アメリカ		**中央アフリカ**		グルジア	C
メキシコ	C	カメルーン	B	カザフスタン	C
		中央アフリカ共和国	A	キルギス	C
カリブ海		チャド	B	モルドバ	C
キューバ	D	コンゴ共和国	A	ロシア	D
ドミニカ共和国	B	コンゴ民主共和国	A	タジキスタン	A
ハイチ	A	ガボン	C	トルクメニスタン	C
ジャマイカ	C			ウクライナ	D
トリニダード・トバコ	C	**東アフリカ**		ウズベキスタン	B
		ブルンジ	A		
中央アメリカ		エリトリア	A	**バルト海諸国**	
コスタリカ	D	エチオピア	A	エストニア	C
エルサルバドル	C	ケニア	B	ラトビア	D
グアテマラ	B	ルワンダ	A	リトアニア	E
ホンジュラス	B	スーダン	B		
ニカラグア	B	ウガンダ	C	**東ヨーロッパ**	
パナマ	C	タンザニア	A	アルバニア	C
				ボスニア・ヘルツェゴビナ	C
南アメリカ		**南アフリカ**		ブルガリア	C
アルゼンチン	E	アンゴラ	A	クロアチア	C
ボリビア	B	ボツワナ	B	チェコ	E
ブラジル	C	レソト	C	ハンガリー	E
チリ	D	マダガスカル	A	マケドニア	C
コロンビア	C	マラウイ	B	ポーランド	E
エクアドル	D	モーリシャス	C	ルーマニア	E
ガイアナ	C	モザンビーク	A	セルビア・モンテネグロ	C
パラグアイ	C	ナミビア	B	スロバキア	E
ペルー	C	スワジランド	C	スロベニア	E

出所：WFP国連世界食糧計画「ワールドハンガーマップ」より作成。
原資料：国連食糧農業機関（FAO）「世界の食糧不安の現状（The State of Food Insecurity in the World）2004」。

貧困の中身として具体的に規定している諸点を，吟味してみよう。

現代の貧困　グローバル次元でみれば，飢餓線上をさまよっている貧民層と一握りの億万長者として，富と貧困の両極的蓄積は現代でも貫徹している。表23-1は国連世界食糧計画が発表した「ワールドハンガーマップ」から作成したものであるが[540]，Aが国内人口の35％以上が栄養不足状態にある国，Bが20～34％，Cが5～19％，Dが2.5～4％，Eが2.5％未満の国である[541]。欧米・日本では，2.5％未満と最低限の生活は一応維持されているが，アフリカ・インド・中南米の多くの国では，20％以上の国内人口が栄養不足状態にある。NPO法人・国連WFP協会は，世界の飢餓についてつぎのように報告している。①飢えと栄養不足が，世界第1位の死亡原因である。②飢えと貧困によって，世界では毎日2.5万人が死亡している。③世界にはすべての人々が食べるのに十分な食糧があるのに，8億人以上がつねに空腹状態にある。④飢えに苦しむ人のほとんどが開発途上国に住み，サハラ砂漠以南では3人に1人が飢えている。⑤飢えに苦しむ人々のうち，3億人以上が南アジアに住んでいる。⑥貧しい家庭では収入の70％以上が食費に支出されている。ちなみに，アメリカの平均的家庭は10％である。⑦貧しい国々おける食糧不足の最大の原因は旱魃である。⑧世界では5秒に1人の子供が，飢えに関連する病気で死亡している。⑨アフリカの子供の死亡率は，ヨーロッパの8倍である。⑩世界では毎年600万人の5歳以下の子供が，栄養不足に関連する病気が原因で死亡している。

---

540)　http://www.wfp.or.jp/hungermap（2007年10月13日）より。
541)　栄養不足の国民を20％以上抱える国々は，つぎのようになる。アジア・太平洋地域：カンボジア36％，バングラディシュ35％，朝鮮民主主義人民共和国34％，ラオス24％，インド24％，スリランカ23％。近東・中央アジア地域：アフガニスタン70％，タジキスタン64％，アルメニア46％，イエメン33％，イラク27％，アゼルバイジャン23％。西アフリカ地域：シエラレオネ47％，リベリア39％，ニジェール36％，ギニア32％，セネガル25％，ブルキナファソ23％，マリ20％。東アフリカ・中央アフリカ地域：中央アフリカ共和国44％，チャド32％，カメルーン25％，コンゴ共和国32％，コンゴ民主共和国73％，ソマリア71％，ブルンジ69％，エリトリア58％，ケニア44％，エチオピア44％，ルワンダ40％，スーダン21％，ウガンダ21％，タンザニア47％，ジブチ（データなし）。南部アフリカ地域：アンゴラ50％，ザンビア50％，マダガスカル40％，ジンバブエ38％，マラウイ33％，レソト26％。中南米地域：ハイチ50％，ニカラグア29％，ドミニカ共和国26％，グアテマラ25％，ボリビア23％，ホンジュラス21％（調査年の違いで，表23-1とは一部違いがある）。

⑪ビタミン A の不足で,毎年100万人の赤ちゃんが死んでいる。

　米経済誌『フォーブス』は恒例の長者番付を発表しているが,トップのビル・ゲイツ氏は総資産500億ドル,イタリアのシルヴィオ・ベルルスコーニ元首相は第37位の110億ドル,ヘッジファンドのジョージ・ソロス代表は第71位の72億ドル,第292位のデヴィッド・ロックフェラー氏は25億ドルになる。日本人では,第107位の武富士の武井保雄一族の54億ドルがトップである[542]。資産10億ドル以上の億万長者は世界で691人,そのうち日本人は24人になる。資産10億ドル以上の人数は,1995年140人,2003年476人,2006年691人となり,ひとにぎりの世界の富豪への資産の集中化が進んでいることがわかる。

　世界の難民は20世紀になって発生し,第2次世界大戦後深刻化した。難民は増加しつづけ,1990年代の地域紛争によってクルド難民,ルワンダ難民,コソボ難民,東チモール難民などが発生した。UNHCR（国連難民高等弁務官事務所）や UNRWA（国連パレスチナ難民救済事業機関）によれば,世界の難民は約2300万人になる。この数は,UNHCR や UNRWA の保護や支援の対象となっている難民に限られている。アメリカ合衆国の難民委員会によれば,約4000万人に達する。このように難民が増加している背景には,20世紀末以来の内戦の増加と,各国の難民受入れに対する消極的対応により多くの最貧国が受け入れている現実がある。

　さきの表23-1では除かれているが,欧米や日本では栄養不足人口は2.5％未満であり,生理的最低限の生活をしている人々は,皆無ではないがそんなに多くはない。その意味では絶対的貧困はないと判断してよいだろう。しかし,アメリカでも日本でも所得や資産の格差は最近拡大してきた。アメリカの所得格差の研究によれば,①1970年代以降,家族所得の格差は拡大した。②上位層の所得シェアは大恐慌以前に回帰した（低下から上昇へ）。③大富豪は,レントナーではなく,"Working Rich" である（成功した大企業家・大企業経営者・ウォール街の報酬など）。④所得階層間の世代移動は低下した。⑤賃金格差も拡大した[543]。日本においても格差は拡大してきた。ごく最近の1990年代末か

---

542) http://plaza.rakuten.co.jp./HEAT666/diary/200603100000（2007年10月13日）より。

543) 佐々木隆雄「1970年代以降のアメリカの所得格差の拡大—上位層への所得集中度の大恐慌以前への回帰を中心に」(『季刊 経済理論』第45巻第1号,2008年4月,10-19頁)。

ら2004年を比較した企業規模間格差，男女間格差，学歴間格差，年齢階層内の格差の詳細な研究によれば，すべて格差は拡大した[544]。

労働苦　マルクスやエンゲルスの本来の労働観は，創造的・主体的活動が労働であり，個々人のもつ潜在的能力を開発・成長させるというものだった。ところが，資本制生産は剰余価値の搾取を目的としているので，労働は疎外されている。冒頭に引用したようにマルクスは，「生産を発展させるいっさいの手段は，生産者の支配と搾取との手段に転化し，労働者を部分人間へと不具化させ，労働者を機械の付属物へとおとしめ」ている，と喝破した。現代では，生産がオートメーション化され，機械がコンピューターによって自動制御されることによって，労働者の部分人間化，機械への従属化はいちだんと進展したといえる。さらにマルクスは，「労働苦で労働内容を破壊し，……，労働過程の精神的力能を労働者に疎遠なものにする」と喝破したが，現代でも労働は生き生きとした労働ではなく，生活するためにやむをえず働かざるをえない強制された労働であり，それゆえに労働の創造性や芸術性や解放感が破壊されている。また，労働者の主体性（精神的力能）は，生産物が労働者の所有にはならないで資本の所有物に転化してしまっているばかりか，剰余価値が資本に転化することによって（資本蓄積），自らの生産物が自分を支配し搾取する主体として敵対してくる。こうした労働者の主体性喪失は，最も本質的な労働苦であり貧困の内容でもある。最後にマルクスは，「これらの方法・手段は，彼の生活時間を労働時間に転化させ，彼の労働条件をねじゆがめ，労働過程中ではきわめて卑劣で憎むべき専制支配のもとに彼を服従させ，彼の妻子を資本のジャガノートの車輪のもとに投げ入れる」としているが，現代日本の労働者は，一方で激しいリストラ（自発的退職）の嵐にさらされながら，労働時間の延長やサービス残業を強制されてきた[545]。その帰結は，生活時間の労働時間への転化であり，家族（妻子）は，労働者の労働時間に合わせた生活スタイルと生活時間の配分が強制されることになる。マルクスの労働疎外の要約はみごとに現代においても，残念ながらも，生きつづけている。

544）　宇仁宏幸「日本における賃金格差拡大とその要因」（同上，20–30頁）。
545）　森岡孝二編『格差社会の構造―グローバル資本主義の断層』（桜井書店，2007年）。

この労働疎外は，資本の生産過程や現代の労働過程（第5章）で考察したように，さまざまなレベルでの労働者分断化攻勢（独占的労働市場と非独占的労働市場，企業内部の正規社員と非正規社員，管理者と非管理者）や現代的な企業内官僚制の管理機構によって進行している。労働者のさまざまな抵抗や闘争については第2節で考察するが，資本の専制に委ねておくかぎり，「働きがい」を喪失し，精神的ストレスと病気に悩まされ，過労死と過労自殺に追い込まれていかざるをえないだろう。東京都の研究所の調査によると[546]，全国の55～64歳の就労者の健康状態は，うつ病が疑われる男性就労者は10.0％，男性失業者で19.8％，女性就労者で14.4％，女性失業者で17.2％，にもなっている。自尊感情が傷つけられている割合は，男性就労者18.9％，男性失業者18.4％，女性就労者18.4％，女性失業者12.1％となる。老後の不安をもっている割合は，男性就労者9.3％，男性失業者10.6％，女性就労者9.6％，女性失業者12.1％，になる。おおむね，失業者のほうが就業者より病気や不安をもっている割合が高いが，就労者の中でも高い。また，従業員の削減がない企業でうつ病が疑われる割合は9.0％なのに，15％以上の削減がある企業では21.3％と高まっている。失業（リストラ）の脅威が，従業員の精神状態に悪影響を与えてることになる。「過労死」は，ある推定によれば，「年間1万人を超え，重度障害を含めると数万人規模に達している」[547]。さらに，「過労死」どころか「過労自殺」にまでエスカレートしている[548]。「働きすぎ」から「働かせすぎ」に転化しているといえる。

　奴隷状態　奴隷労働そのものが，資本主義成立期の環大西洋経済圏の北米・南米・カリブ海地域のプランテーション農業での主要な生産力であった。彼らは，アフリカ大陸から売買されてきた。その後奴隷が解放されて，アメリカ合衆国は本格的に資本主義を発展させたが，現代においても奴隷状態の人々が存在する。世界には2700万人の奴隷が存在し，毎年少なくとも60万～80万人もの人々が国外に人身売買されており，その半数以上は「性的搾取」の被害者にな

---

546)　杉澤秀博「中高年者の職業ストレスといきがい，健康」（社団法人・中央調査社『中央調査報』No. 527)。
547)　川人博『過労死と企業の責任』（労働旬報社，1990年）60頁。
548)　川人博『過労自殺』（岩波書店，1998年）。

っているという[549]。現代の女性労働者は賃金で差別されているうえに,「性的虐待」(セクシュアル・ハラスメント,アカデミック・ハラスメントなど)の被害を受けている。さらに現在,派遣労働者層が増加してきたが,彼らの受け取る賃金や労働条件は劣悪であり,「奴隷状態」に近いといえるだろう。さらに家庭内では,児童虐待がアメリカや日本において深刻な社会問題になってきたことは,周知の事実である。

無知 グローバルにみれば,マルクスの断定した無知状態に多くの人々がおかれている。表23-2は,世界の文盲率と文盲人口を示している[550]。文盲率は教育の普及状態を反映しているが,世界最大の人口を抱える中国の文盲率は18.5％と依然として高いし,文盲人口は2億2800万にもなる。第2位の人口国インドにおいては48％と,国民の半数近くが文盲状態である(4億4900万人)。インドには2億2000万人を上回る栄養不足人口がいることとあわせてみれば,急速な工業化とハイテク産業化によってエリートや大富豪が出現している反面,こうした貧困と無知状態におかれている半分近くの人々が存在する。マルクスの蓄積の一般法則は,「グローバル資本主義」において貫徹しているとしなければならない。文盲率の高い77ヵ国の合計文盲人口は,12億5400万人にもなる。

先進資本主義国の文盲率そのものは極端に低いが,だからといって情報が公開されて,国民が正しい情報を得ているとはかならずしもいえない。情報通信技術(IT)は,一方では情報の交換を飛躍的に増大させたが,他方では,情報は国家機関やマス・メディアに独占されている場合が多くある。あるいは大衆は,情報の氾濫の真っただ中で生活しているともいえる。どの情報が正確なのかを判断するだけの能力と見識が必要とされるが,学歴の違いや受ける情報教育の高低によって,情報へのアクセスと発信能力の格差を生みだしている。権力機関やマス・メディアは意図的に世論を操作し,正しい事実は隠蔽され報道されないことが,世界中で起こっている。情報社会におけるこうした情報からの隔離現象は,まさに国民大衆が無知状態におかれていることになる。

野蛮化 自然界の動物はメスを求めてオス同士が闘うが,殺すことはない。

---

549) ケビン・ベイルズ著,大和田英子訳『グローバル経済と現代奴隷制』(凱風社,2002年)。
550) http://vi-no-japan.hp.infoseek.co.jp/japanese/world.monmou.html. (2007年10月25日)より計算。

表 23-2 文盲率と人口　　　　　　　　　　　　　　　　　　　　　　（単位：万人，％）

国名	人口	文盲人口	文盲率	国名	人口	文盲人口	文盲率
ネパール	2,113	1,531.9	72.5	バーレーン	60	8.9	14.8
アフガニスタン	2,088	1,430.3	68.5	ヨルダン	558	74.8	13.4
エチオピア	5,851	3,773.9	64.5	ブルネイ	30	3.5	11.8
パキスタン	13,415	8,344.1	62.2	ペルー	2,395	270.6	11.3
バングラデシュ	12,007	7,432.3	61.9	メキシコ	9,658	1,004.4	10.4
リベリア	282	174.0	61.7	ポルトガル	981	102.0	10.4
アンゴラ	1,119	660.2	59.0	エクアドル	1,170	115.8	9.9
モロッコ	2,762	1,555.0	56.3	スリランカ	1,830	179.3	9.8
スーダン	2,729	1,470.9	53.9	パナマ	267	24.6	9.2
エジプト	6,060	2,945.2	48.6	シンガポール	304	27.1	8.9
インド	93,600	44,928.0	48.0	ベネズエラ	2,271	202.1	8.9
グアテマラ	1,093	485.3	44.4	マルタ	37	3.2	8.7
ナイジェリア	11,512	4,938.6	42.9	コロンビア	3,563	310.0	8.7
イラク	2,061	865.6	42.0	フィジー	80	6.7	8.4
アルジェリア	2,917	1,120.1	38.4	香港特別行政区	631	49.2	7.8
ウガンダ	1,985	758.3	38.2	ベトナム	7,518	473.6	6.3
サウジアラビア	1,884	700.8	37.2	タイ	6,000	372.0	6.2
チュニジア	909	302.7	33.3	キプロス	76	4.3	5.6
タンザニア	3,080	991.8	32.2	フィリピン	7,190	388.3	5.4
シリア	1,462	426.9	29.2	チリ	1,442	69.2	4.8
エルサルバドル	580	165.3	28.5	イスラエル	570	25.1	4.4
パプアニューギニア	440	122.3	27.8	キューバ	1,102	47.4	4.3
イラン	6,113	1,693.3	27.7	アルゼンチン	3,522	133.8	3.8
ホンジュラス	614	167.6	27.3	カナダ	2,996	101.9	3.4
コンゴ民主共和国	4,681	1,062.6	22.7	ギリシャ	1,048	34.6	3.3
ケニア	3,181	696.6	21.9	スペイン	3,927	113.9	2.9
クエート	169	36.2	21.4	ウルグアイ	320	8.6	2.7
アラブ首長国連邦	226	47.0	20.8	ユーゴスラビア	1,057	22.2	2.1
カタール	56	11.5	20.6	ルーマニア	2,261	47.5	2.1
中国	123,280	22,806.8	18.5	韓国	4,555	91.1	0.2
南アフリカ	4,239	771.5	18.2	イタリア	5,740	109.1	1.9
ドミニカ共和国	805	144.1	17.9	バハマ	28	0.5	1.8
トルコ	6,270	1,109.8	17.7	ブルガリア	836	14.2	1.7
ミャンマー	4,592	776.0	16.9	ウクライナ	5,109	61.3	1.2
ブラジル	15,787	2,636.4	16.7	ハンガリー	1,019	8.2	0.8
マレーシア	2,058	339.6	16.5	ロシア	14,774	73.9	0.5
インドネシア	19,681	3,188.3	16.2	ベラルーシ	1,025	5.1	0.5
ジャマイカ	249	37.4	15.0	カザフスタン	1,653	6.6	0.4
ジンバブエ	1,191	177.5	14.9	ウズベキスタン	2,291	6.9	0.3

出所：http://vi-no-japan.hp.infoseek.co.jp/japanese/world/monmou.html.（2007年10月25日）より．

ライオンの世界では,母親を奪うために子供を殺すことがたまたまあるようだが,例外的である。ところが霊長類の中で最高の知力と文明を発達させてきた人類は,戦争という武力を発動して他民族を殺害し隷属化させてきた。古代における被征服民族の奴隷化,戦国時代の日本での侵略地域民の強制労働と奴隷化などがあり,資本主義社会になると大規模な戦争によって植民地や領土を拡大していった。20世紀には,2度にわたる世界戦争,朝鮮戦争,ベトナム戦争,アフガニスタン・湾岸・中近東戦争,などの地域的・代理的戦争が繰り返されてきた。現在は,宗教的・部族的・民族的な対立による戦争が多発しており,またそのために,多数の難民生活が強制されている。国権の発動としての武力行使によって,人民大衆が殺しあうことを命令されているのである。国家そのものが野蛮化する状態におかれている。国家そのものは民主化されてきたことは歴史の前進であるが,国家そのものの階級的性格は変化していないのである。

　さらに,以上考察してきた世界で現存している貧困・労働苦・奴隷状態・無知・野蛮化が複合的に作用している結果,その集中的皺寄せが若い世代に押し寄せている。教育の危機であり,凶悪犯罪の多発である。こうした現象は,豊かになった先進諸国で,激しい精神的貧困化が進行していることを証明しているといえる。この点は,マルクスのいう道徳的堕落として,つぎに考察しよう。

　道徳的堕落　さきに考察した人身売買などは,昔からの人間としての規範から逸脱した道徳的堕落にほかならない。そもそも,資本制商品経済は労働力の商品化を基礎として成立しているが,生身の人間の労働能力を商品として売買すること自体は,人間そのものの売買(人身売買)からは解放されているが,労働者を賃金奴隷として扱っていることにほかならない。資本制商品経済そのものが,階級による搾取の廃絶の観点からすれば,道徳的に堕落した経済システムなのである。そのもとでの商品,貨幣,資本による物象化と物神性,その虚偽意識に囚われた人間(社会人)そのものが,道徳的束縛から解き放たれていないことを意味する。マルクスが喝破したこうした道徳的堕落は,資本の専制支配を打倒しないかぎり,一般的に作用しているといわざるをえない。以下では,現代に特徴的な教育の危機や人間危機(精神的貧困化症候群)について取り上げよう。

　いじめ,登校拒否,学級崩壊などに象徴される教育荒廃症候群は,現在の日

本政府自らが認めている。しかしこうした教育危機は教育だけの問題ではなく，日本社会全体の目標喪失と閉塞感，政・官・財が一体となった金権腐敗と堕落が，子供たちの世代に反映したものにほかならない。教育の荒廃をもたらしたのは，現場の教師たちではなく，自由民主党政権下の文部省（現在の文部科学省）の文教政策にあることは否定できない。それなのに文部官僚も経済官僚と同じく，自らは責任をとろうとはしなかった。まさに，行政府自体が政治的に道徳的堕落に陥ってしまっているのである。そればかりではなく，教育の荒廃や少年犯罪の増加・凶悪化の解決手段として，教育基本法を改正し，道徳教育の強化，能力主義，エリート主義の復活（飛び級制度の自主的採用の推奨）などが進んできた。全国共通テスト（大学入試センター試験）を実施し，偏差値教育による受験戦争に子供たちを押しやったのは文部省の文教政策にほかならない。人間の成長過程を支援する教育そのものが荒廃してきたということは，道徳的に堕落した人間を生みだすことに通じている。

　こうした教育の荒廃は，家庭と社会の「崩壊」による人間の精神危機の一環とみなければならない。根源は大人の世界にあり，そこを認識しておかないと解決の方向性を見失うだろう。現代の精神危機は現代資本主義がもたらした労働と生活の疎外であり，資本物神を極度に深化させたものである。グローバルな投機活動の横暴は，この物神性の極致の世界である。証券の取引の仕方とか企業家になることを小学生のときから教え込もうとするような経済（学）教育なるものは，人間としての規範を教える教育の原点とは対極的な教育であるといわざるをえない。

　最も資本主義化しているアメリカでは，こうした精神危機も最も進んでいるといえよう[551]。アメリカは，伝統的社会のないままに資本主義社会がヨーロッパから輸入されたから，個人主義は「人間の進歩の最後の段階」であり，「生活信条」であり，「社会連帯の根源」となった。経済生活においては，レッセ・フェーレと，賃金制度と，生産と消費の商品化によって，個々人の社会的存在が見えにくくなっている。個人主義とアメリカ合衆国と資本主義とが一体

---

551) 以下の考察は，James O'Connor, *Accumulation Crisis*, Basil Blackwell Inc., 1984, pp. 13-21 の要約である。

のものと意識される。政治生活においては，個人がアトム化され，すべての責任を個人に還元してしまう「犠牲者への非難」と「スケープ・ゴート主義」が横行する。社会生活においては，公共活動や社会活動からプライバシーの世界への逃避が進行する。哲学的には，知識の源泉は個々人の精神と感性の中にあるとする理神論が開花する。こうした個人主義は，アメリカ資本主義の強固なイデオロギーとなっている。

　もともと個体（individuality）概念は近代的私的所有の成立によって生まれたが，資本制所有に転化することによって個体概念が物神化され，個人の意思とは無関係に，競争と価値法則の支配にさらされるようになった。伝統的社会のないアメリカでは，この個人主義が大企業や国家と深く結びつくようになった。資本主義の初期においては，個人主義は汗を流して獲得した財産に根ざしていて，自由で平等な人間尊重の基礎であった。しかし資本主義の確立と独占化は，個々人の自立と自己規律を依存性や受動性に変質させ，自己啓発は標準化・絶望・無能者化に変質してしまった。このように変質した近代的個人主義イデオロギーの特徴は，①賃金労働者の均一化であり，②個性が地位・仕事・役割にとってかわられ，③個性が消費財の所有によって表現されそれに満足し，④個人が政治的には投票者に，経済的には納税者に還元されてしまう。その結果個人は，労働力商品の所有者，仕事や地位の保持者，欲望の担い手，投票者，という四つの性格ないし役割に特定化され，相互に隔離される。

　こうしたアメリカ発の個人主義イデオロギーに，戦後の日本社会も汚染されてきた。ジェームズ・オコーナー教授が1980年代前半において警告した人間危機が，21世紀になった日本にも蔓延してきたのである。しかしアメリカは，個人主義を徹底化し経営者の社会的責任を追求したから，バブル崩壊から比較的早く立ち直り，90年代の「一人勝ち」状態を生みだした。ところが日本社会は，現存する伝統的な集団主義をご都合主義的に使い分けてきたから，無責任体制（隠蔽，先送り，馴れ合い）に陥ってしまった。

　さきに考察した教育の荒廃は，こうした現代資本主義が進めてきた個人主義の変質（労働と生活の疎外）と深く結びついている。社会学で研究されるアイデンティティ・クライシス（自己喪失の危機）の，教育の現場での発現なのである。この状況下では人間の一部の才能だけが異常に発達し，ほかの才能が衰

退する。そのために，自己自身の存在意義を確認することができず，したがって他者を理解し尊重することもできなくなる。アイデンティティ・クライシス症候群から解放されるためには，社会的個体を獲得しなければならない。そのためには，人間の才能と活動（自然的人間，人文的人間，社会的人間）をバランスよく全面的に成長させなければならない。

23.2 資本蓄積の歴史的法則（マルクス）と現代

マルクスは，『資本論』第1巻第24章第7節「資本主義的蓄積の歴史的傾向」において，資本主義から社会主義への歴史的必然性を論定した。その現代的妥当性を吟味しておこう。

収奪者の収奪 本源的蓄積とは，自己の労働にもとづく私的所有の解消過程であった。そもそも，私的所有者は労働者自身から非労働者までの幅があるが，小経営の基礎は，労働者自身が生産手段を私的に所有していることにあった[552]。その私的所有が，資本主義的私的所有へ転化した。この資本家による資本主義的所有の収奪過程は同時に社会主義の準備過程であるとして，マルクスはつぎのように描写している。

「こうした収奪は，資本主義的生産そのものの内在的諸法則の作用によって，諸資本の集中によって，なしとげられる。一人ずつの資本家が多くの資本家を打ち滅ぼす。この集中，すなわち少数の資本家による多数の資本家の収奪と相ならんで，ますます増大する規模での労働過程の協業的形態，科学の意識的な技術的応用，土地の計画的利用，共同的にのみ使用されうる労働手段への労働手段の転化，結合された社会的な労働の生産手段としてのその使用によるすべての生産手段の節約，世界市場の網のなかへのすべての国民の編入，したがってまた資本主義体制の国際的性格が，発展する。この転化過程のいっさいの利益を横奪し独占する大資本家の数が絶えず減少していくにつれて，貧困，抑圧，隷属，堕落，搾取の総量は増大するが，しかしまた，絶

---

552) マルクス『資本論』第1巻第24章第7節「資本主義的蓄積の歴史的傾向」，第4分冊，1303頁。

えず膨張するところの,資本主義的生産過程そのものの機構によって訓練され結合され組織される労働者階級の反抗もまた増大する。資本独占は,それとともにまたそれのもとで開花したこの生産様式の桎梏となる。生産手段の集中と労働の社会化とは,それらの資本主義的な外皮とは調和しえなくなる一点に到達する。この外皮は粉砕される。資本主義的私的所有の弔鐘が鳴る。収奪者が収奪される。」[553]

資本蓄積と集積・集中運動の背後で,「労働過程の協業的形態,科学の意識的技術的応用,土地の計画的利用,共同的にのみ使用されうる労働手段への労働手段の転化,結合された社会的な労働の生産手段としてのその使用によるすべての生産手段の節約」,要するにマルクスの構想する社会主義の基礎が準備されているとみている。そして,資本主義体制の国際的性格(グローバル化)が進展していく。それとともに,「貧困,抑圧,隷属,堕落,搾取の総量は増大する」が,他方では,「資本主義的生産過程そのものの機構によって訓練され結合され組織される労働者階級の反抗もまた増大する」と展望している。労働者階級は「資本独占」(専制)による蓄積の一般法則を甘んじて受け入れることを拒否して,訓練・結合・組織され,収奪者を収奪すると展望していた。資本主義の自動崩壊論とは明らかに違うことを確認しておこう。

個人的所有の再建　資本制生産様式は私的所有を否定したが,資本制的所有が否定され個人的所有が再建される(否定の否定),とマルクスは論定した。

「資本主義的の生産様式から生まれる資本主義的取得様式は,それゆえ資本主義的な私的所有は,自分の労働にもとづく個人的な私的所有の最初の否定である。しかし,資本主義的生産は,自然過程の必然性をもってそれ自身の否定を生みだす。これは否定の否定である。この否定は,私的所有を再建するわけではないが,しかし,資本主義時代の成果—すなわち,協業と,土地の共有ならびに労働そのものによって生産された生産手段の共有—を基礎とする個人的所有を再建する。」[554]

この「共有を基礎とする個人的所有の再建」の内容をめぐって,わが国では

---

553)　同上書,1305-1306頁。
554)　同上書,1306頁。

論争がつづいた。それは，論争参加者の共産主義像と深くかかわっている。マルクスの真意は，この文章の前後の文脈と切り離して理解すべきではない。すなわち，労働と生産手段との再結合の問題，資本制生産様式の生成・発展・消滅の過程（資本制的搾取の廃絶），共有（アソシエート）を基礎とすることの含意，などの観点から理解すべきことをここでは指摘しておこう。

つづけてマルクスは，分散的私的所有の資本主義的所有への転化は，資本主義的所有の社会的所有への転化よりも，長い・苦しい・困難な過程であるとするが[555]，社会主義の実践とその失敗（ソ連の崩壊）をへたわれわれは，社会的所有への転化は，やはり長い・苦しい・困難な過程であることを覚悟しなければならない。歴史は決して飛躍しない。

23.3　集積・集中運動の現代的形態—多国籍企業のグローバルな再編成

マルクスは資本蓄積の歴史的傾向として，ひとにぎりの少数の資本への集中化傾向を見通した。マルクス自身も完全独占になるとは予想しなかったように，集中化傾向とともに，新産業・新製品開発によるベンチャー企業の出現や，中小資本（中小・零細企業）の残存による分散化傾向によって，複数の巨大株式会社形態の独占資本が支配してきた。ある場合は，独占による競争制限を取り除くために，完全独占が国家によって分割される場合もあった。いいかえれば，集中化と分散化が繰り返されてきたといえる[556]。M&A（集中・合併）運動が典型的に進行してきたのは，アメリカ合衆国である。そのアメリカにおいては，集中・合併運動の第1波は19世紀末から20世紀初頭に起こり，第2波は1920年代の株式ブーム期に，第3波は1960年代にコングロマリット化として起こった。1980年代から現在までは第4波にあたるが，その特徴は事業部門を分割し，コア部分を合併によって強固にし，周辺部門を売却していく点にある（リストラクチャリングの一環）。雑誌『経済』は多国籍企業の特集号をだしたので，これ

---

555)　同上書，1306-1307頁。
556)　「集積・集中と分散・新生」傾向については，北原勇氏の一連の研究がある。『資本論体系』10（北原勇・鶴田満彦・本間要一郎編「現代資本主義」）の第Ⅱ章補論の文献（大林弘道執筆）を参照。

を利用しながら，最近の世界的な集中運動を産業別に概観しておこう。

　多国籍企業　産業別に概観する前に，21世紀初頭における多国籍企業の特徴についてみておこう。『経済』の編集部は特集号の冒頭において「特集に当たって」として，多国籍企業とその世界戦略，その矛盾，抵抗運動，について総括的に整理している。まず，資本輸出の現代的な発展形態としての多国籍企業の最近の特徴として，

> 「①多国籍企業の子会社への投資が増えている，②国境を越えた合併・買収投資が増えている，③多国籍企業がグローバルに調達する資金が対外直接投資の額を上回っているなどの興味深い分析があります。また，多国籍企業の資金調達による国際資本市場の膨張とその中で果たす多国籍銀行の役割，あるいは国際的な証券投資の拡大と機関投資家の役割についても注目して分析がされています。／こうした過程をつうじて，国境を越えた世界的な規模での資本の集積・集中が進み，巨大な国際独占体としての多国籍企業が成長し，世界経済を支配するようになっています。」[557]

その経営戦略は，

> 「地球上の最適地における立地と投資，原料・部品の調達，生産，販売，資金調達・管理，最適地での研究・開発という，文字通りのグローバル戦略です。企業内取引の拡大，価格操作や会計上の操作，税金対策，労働対策など，あらゆる手法を駆使した利潤追求を行っています。」[558]

　多国籍企業の数は世界で数万社になるが，アメリカの多国籍企業が多い。それはしかし，さまざまな矛盾や軋轢や反対運動を引き起こしている。すなわち，国民経済との矛盾を生みだし，南北格差を拡大し，発展途上諸国の貧困・飢餓を強め，地球環境の破壊と世界経済の攪乱を強めている。しかも，多国籍企業を中心としたグローバリゼーションは，新自由主義にもとづくアメリカ帝国主義の世界戦略として展開されており，それに対する抵抗が増大してきた。その例として，EUの抵抗，南米共同市場構想，アジア共同体構想，国際労働組合総連合，ILOの「働きがいのある人間らしい仕事」（ディーセントワーク）運

---

557)　『経済』2007年5月号「総特集 世界の多国籍企業」，6頁。
558)　同上。

動,世界社会フォーラム,OECDの「多国籍企業行動指針」,コーポレート・ガバナンス,コンプライアンス,CSRなどに,注目しなければならない[559]。

表23-3は,産業別の世界のトップ10企業を総括的に示しているので,適宜参照してほしい。

石油[560]　かつての7大メジャーは,4大メジャー(エクソンモービル,ロイヤル・ダッチ・シェル,BP,シェブロン)に集約された。国際石油企業の上位50社は,スーパー・メジャー,産油国国営石油会社,石油消費国の石油会社,新興の国営企業色の強い石油会社,に分けられる。余剰生産能力がないから,それぞれのグループ間での資源争奪競争が熾烈化している。その世界市場価格は石油先物が決定しており,高付加価値化や共同企業体化が模索されている。とくに最近の原油急騰で,スーパーメジャーと資源ナショナリズムとの対抗が激化した。

鉱物資源[561]　エネルギー価格の急騰に引っ張られて,価格が急騰している。そして資源会社の大再編統合が進み,寡占化が完成段階にきており,南アフリカの巨人アングロアメリカン,英国豪州資本のBHPビリトン,英国資本のリオチント,南米ブラジルのCVRD(リオドセ)の4大メジャーが,鉄鉱石・石炭・非鉄金属・貴金属をにぎり,商品価格を動かしている。資源とくに重要戦略資源(鉄,鉛,ニッケル,モリブデン,タングステン,コバルト,アルミニウム,ウランなど)は世界的に偏在しているから,その争奪戦は熾烈である。さらに,鉄1トンをつくるには,鉄鉱石が1.2〜1.5トンが必要で,その鉄鉱石を掘りだすのに4〜5倍の土石が掘りだされる(剥土量の巨大化)。これが,地球環境の悪化を促進している。

農業・食料[562]　アグリビジネスの実態については第14章第5節で考察したので,ここでは吸収・合併運動についてみておこう。アグリビジネスの海外進出や多国籍化は,つぎのようになる。「農業部門の企業(アグリビジネス)については,カーギル等の穀物商社,ドールやユニリーバ等の熱帯一次産品を原

---

559)　同上,7-10頁。
560)　萩村武「メジャーと国営石油会社の攻防」(同上,12-21頁)。
561)　高橋文夫「資源の争奪戦と企業の買収合戦」(同上,22-30頁)。
562)　久野秀二「多国籍アグリビジネスの再編と強まる支配」(同上,31-44頁)。

表 23-3 産業別・世界のトップ10企業

	1位	2位	3位	4位	5位
銀行	シティ・グループ〈米14〉	フォルティス〈ベルギー・蘭18〉	グレディ・アゴリコル〈仏19〉	HSBCホールディングス〈英26〉	BNPパリバ〈仏34〉
生保	INGグループ〈蘭13〉	アクサ〈仏15〉	ゼネラリ〈伊21〉	アヴィヴァ〈英28〉	プルーデンシャル〈英52〉
損保	アリアンツ〈独16〉	AIG〈米20〉	バークシャー・ハサウェイ〈米42〉	チューリッヒ・ファイナンシャル〈スイス63〉	ミュンヘン再保険〈独74〉
証券	モルガン・スタンレー〈米98〉	メリル・リンチ〈米110〉	ゴールドマン・サックス〈米124〉	リーマン・ブラザーズ〈米176〉	野村ホールディングス〈427〉
コンピュータ	IBM〈米29〉	ヒューレット・パッカード〈米33〉	デル〈米88〉	NEC〈128〉	富士通〈133〉
ソフトウェア	マイクロソフト〈米140〉	エレクトロニクスデータシステム〈米316〉	アクセンチュア〈米379〉	コンピュータ・サイエンス〈米465〉	
半導体	インテル〈米144〉	フレクストロニクスIntl〈フィリピン433〉	オネックス〈カナダ474〉		
電機・電子	シーメンス〈独22〉	日立〈38〉	サムスン電子〈韓46〉	松下電器〈47〉	ソニー〈65〉
自動車	ゼネラル・モーターズ〈米5〉	ダイムラークライスラー〈独7〉	トヨタ自動車〈8〉	フォード〈米9〉	フォルクスワーゲン〈独17〉
宇宙・防衛	ボーイング〈米91〉	ユナイテッド・テクノロジーズ〈米126〉	EADS〈蘭130〉	ロッキード・マーチン〈米150〉	ノースロップ・グラマン〈米190〉
通信	NTT〈24〉	ベライゾン・コミュニケーションズ〈米50〉	ドイツ・テレコム〈独54〉	ボーダフォン〈英66〉	フランス・テレコム〈仏71〉
ネットワーク	ノキア〈フィンランド131〉	モトローラ〈米152〉	シスコ・システムズ〈米241〉	エリクソン〈スェーデン319〉	アルカテル〈仏411〉
石油	エクソンモービル〈米1〉	ロイヤル・ダッチ・シェル〈英・蘭3〉	BP〈英4〉	シェブロン〈米6〉	コノコフィリップス〈米10〉
鉄鋼	アルセロール〈ルクセンブルク137〉	新日鉄〈168〉	ミッタル・スチール〈蘭208〉	JFEホールディング〈218〉	ノルスク・ハイドロ〈ノルウェー222〉
採鉱・原油	BHPビリトン〈英・豪195〉	アングロ・アメリカン〈英196〉	RAG〈独214〉	リオ・チント〈英・豪310〉	エンカナ〈カナダ396〉
建設	ブイグ〈仏191〉	バンシ〈仏223〉	ホッホティーフ〈独389〉	スカンスカ〈スェーデン400〉	鹿島建設〈432〉
化学	BASF〈独94〉	ダウ・ケミカル〈米114〉	バイエル〈独163〉	デュポン〈米205〉	三菱化学〈299〉
医薬品	ファイザー〈米101〉	ジョンソン・エンド・ジョンソン〈米104〉	グラクソ・スミスクライン〈英143〉	サノフィ・アベンティス〈仏159〉	ノバルティス〈スイス177〉
エンターテイメント	タイム・ワーナー〈米122〉	ウォルト・ディズニー〈米180〉	News Corp.〈米256〉	ベルテルスマン〈独287〉	CBS〈米468〉
航空	エールフランス-KLM〈仏228〉	ルフトハンザ〈独282〉	AMR〈米312〉	日本航空〈333〉	UAL〈米369〉
小売	ウォルマート〈米2〉	ターゲット〈米97〉	シアーズ〈米107〉	フォンシエール・ユリ〈仏198〉	フェデレイテッド〈米262〉

出所：『経済』編集部作成（『経済』2007年5月号，10-11頁）。
原資料：『FORTUNE Global 500』(2006年版)。
注：売上高順位。〈 〉内は本国名と500社中の順位。□は日本企業。

料とする流通・加工企業にみられるように，世界に偏在する資源確保を目的とし，世界規模で資源供給を支配するための国外進出がかなり早い段階から行われてきた。これに対し，食品加工部門のアグリビジネスは，一部の例外を除き1980年代後半から，食品小売企業は90年代から急速に多国籍展開を強めてきた。

第23章　資本蓄積の現代的傾向　381

6位	7位	8位	9位	10位
UBS〈スイス36〉	バンク・オブ・アメリカ〈米37〉	JPモルガン・チェース〈米45〉	ドイツ銀行〈独48〉	HBOS〈英49〉
リーガル&ゼネラル〈英85〉	CNPアシュアランス〈仏109〉	メットライフ〈米112〉	エイゴン〈蘭149〉	プルデンシャル・ファイナンシャル〈米182〉
オールステート〈米160〉	ミレアホールディングス〈194〉	スイス再保険〈スイス209〉	ハートフォード・フィナンシャル〈米220〉	セント・ポール・トラベラーズ〈米246〉
キャノン〈170〉	リコー〈391〉	ゼロックス〈米431〉	クオンタ・コンピュータ〈台454〉	アップル〈米492〉
LG〈韓72〉	東芝〈87〉	タイコ・インターナショナル〈米136〉	ロイヤル・フィリップス〈蘭145〉	三菱電機〈181〉
本田技研〈31〉	日産自動車〈41〉	プジョー〈仏60〉	BMW〈独78〉	フィアット〈伊79〉
ハネウェル・インターナショナル〈米200〉	レイセオン〈米293〉	ゼネラル・ダイナミクス〈米298〉	BAEシステムズ〈英320〉	フィンメッカニカ〈伊444〉
テレフォニカ〈スペイン108〉	AT&T〈米121〉	テレコム・イタリア〈伊141〉	BT〈英162〉	スプリント・ネクステル〈米165〉
トタール〈仏12〉	中国石油化工公司〈中23〉	ENI〈伊27〉	PDVSA〈ベネズエラ35〉	中国石油天然気集団公司〈中39〉
アルコア〈米225〉	ポスコ〈韓236〉	上海宝鋼〈中296〉	アルカン〈カナダ313〉	コーラス・グループ〈英352〉
オイル&ナチュラルガス〈インド402〉	オクシデンタル石油〈米412〉	スルグートネフテガス〈露443〉		
大成建設〈438〉	中国鉄道工程総公司〈中441〉	ACS〈スペイン447〉	中国鉄道建設公司〈中485〉	中国建築工程総公司〈中486〉
SABIC〈サウジアラビア307〉	ライオンデル〈米349〉	ハンファ〈韓381〉	アクゾノーベル〈蘭418〉	住友化学〈499〉
ロシュ〈スイス204〉	アストラゼネカ〈英253〉	アボット〈米283〉	メルク〈米289〉	ブリストル・マイヤーズ・スクイブ〈米321〉
デルタ〈米414〉	ブリティッシュ〈英442〉			
PPR〈仏288〉	カールシュタット・クヴェレ〈独305〉	J.C.ペニー〈米339〉	ダイエー〈452〉	マークス&スペンサー〈英493〉

他の産業部門と同様，その背景には国内市場の成熟・飽和化と企業の寡占化が進み，価格競争を通じた市場獲得競争に限界が見え始めたことがある。すなわち，国外市場と低廉な労働力の確保としての多国籍企業展開である。」[563]。生産物別にみると，農業生産財はバイオ技術との結合しながら，「農業生産財部

門はさらに肥料，農業機械，種子，農薬，飼料等に分かれる。これらの関連産業に特徴的な動きは，国内独占企業間の相次ぐ合従連衡を通じて巨大な国際独占企業が誕生し，市場の寡占化が強まっていることである。」[564]。穀物取引・加工では，カーギルやバンギの例にみられるように，「このように企業買収や合弁事業といった形態をとりながら，農産物原料の代替化や高付加価値化，加工用途の多元化を通じた商品連鎖の拡張と垂直的調整の強化によって，バイオメジャーや穀物メジャー等の多国籍アグリビジネスは資本蓄積機会の外延的・内包的拡大を実現してきたのである。」[565]。食品加工は，1990年代以降大型の吸収・合併が行われてきたが[566]，現地生産・現地消費型の「複数国国内企業戦略」や，既存企業のブランドの買収を進めるかたちで展開された。

鉄鋼[567]　ミッタルのアルセロール買収によって誕生したアルセロールミッタルは，世界に衝撃を与えた。その生産額は，新日鉄の4倍にもなる巨大なものである。鉄鋼業は，自動車用鋼板の価格決定権を自動車業から奪い返すために，第2次大再編が進められてきた。「1国1メーカー」体制から，国際的連携・統合への道である。2007年世界ランキングは，アルセロールミッタル（1億970万トン）②新日鉄（3200万トン）③POSCO（3050万トン）④JFEスチール（2990万トン）⑤上海宝鋼（2380万トン）⑥コーラス・タタ（2280万トン）⑦済南・莱蕪鋼鉄（2077万トン）⑧USスチール（1930万トン）⑨鞍本鋼鉄（1841万トン）⑩ニューコア（1840万トン），と予想される。21世紀の鉄鋼業は，BRICs諸国の世紀になるだろう。鉄鋼業にかぎらないが，多国籍企業の買収は，（1）買収による過剰評価（バブル）と，そこから発生する余剰資金の銀行やファンドによる投機運用を引き起こしているし，（2）合併や吸収によって現地から離れていけば，労働者や地域は置き去りにされ，（3）寡占化の強化は，世界市場価格の高水準での固定化をもたらす危険性がある[568]。

---

563)　同上，31頁。
564)　同上，33頁。
565)　同上，36頁。
566)　同上，37頁。
567)　大場陽次「史上最大メーカーの誕生　アルセロールミッタル」（同上，45-55頁）。
568)　同上，55頁。

自動車[569]　自動車の海外生産は国内生産を超えるようになったが，グローバルな規模での再編が進行してきており[570]，米ビッグスリーの地盤は沈下している。当面する問題は，環境対策とその拡大路線の見直しにある。

電子機械[571]　日本企業は上位10社中5社，上位18社中8社を占めているが，バブル崩壊後，抜本的リストラや国際的規模での再編成が進んでいる。これからは成熟化していくし，アジアとの共同化が求められている。さらに，高品質で安全な製品が求められている。

化学[572]　企業再編は，「総合化学」という多角化戦略から，「選択と集中」によるコア事業集中戦略への転換としておこなわれてきた。日本企業のグローバル化は遅れており，化学産業全体が安全性と環境対策を迫られている。

航空宇宙[573]　アメリカが世界の航空機1万1500機の半分を持っているが，ジェット旅客機市場はエアバスとボーイングの2社独占，ジェット・エンジンは，GEが売上高の26％，ロールスロイス20.8％，プラット＆ホイットニー17.2％，を占めている。世界の軍事支出の半分近くを占めるアメリカでは，産軍複合体制が早くから支配してきたが，軍需産業の吸収・合併に対する反トラスト法が緩和されたことによって，集中・独占化が進んだ。企業買収のほとんどは軍需契約高上位10社内で進み，各兵器別に2〜3社独占となった。その問題点は，日本などの高い民間技術が軍事利用される危険性があり，また，アメリカ政府の新国家宇宙政策と密接な関係があり，産軍複合体制を強化する危険性があることである。

医薬品[574]　医療関係産業が利潤追求，そして吸収・合併による規模拡大競争をしている。病気が利潤追求の手段となるのは製薬ばかりではない。「医療機器の生産企業，民間の営利医療保険会社などから，企業化した病院チェーンを含め，さまざまな関連企業が存在しており，その全体の市場規模は巨大なものとなる」[575]。世界最大のファイザーは，32ヵ国に60ヵ所の製造工場を持ち，

---

569) 丸山惠也「世界支配をめざすトヨタ，GM」（同上，56-68頁）。
570) 同上，60頁の図5，参照。
571) 大西勝明「世界競争と戦略 日立，松下，シャープ」（同上，69-81頁）。
572) 北島治「先行する欧米企業 ケミカル，シェル」（同上，82-90頁）。
573) 上田慧「企業の集中統合化と国際共同開発」（同上，91-101頁）。
574) 角瀬保雄「世界の製薬企業とファイザー」（同上，102-114頁）。

11万5000人の従業人が100ヵ国以上で働いている。製薬産業はIT産業とともに研究・開発投資が盛んであるが，かならずしも成功しない場合には，開発に成功した企業の買収が盛んにおこなわれるのが特徴的である。その問題点は，引用にもあるように，利潤追求と医療活動との矛盾にある。

保険[576)]　売上高トップはオランダのINGグループ，第2位がフランスのAXA（アクサ）グループ，第3位がドイツのALLIANZ，のヨーロッパ系が占めている。第4位のアメリカのAIGは典型的な多国籍企業である。吸収・合併の特徴は，規制緩和と競争激化，グローバル化と貨幣資本の過剰にあり，ヨーロッパでは銀行との結合を強めている。その問題点は，①多国籍化を金融機関は見直している，②多国籍企業化と国民経済，③多国籍企業は保険産業を担えるか，④多国籍保険企業による多国籍企業の「免罪」，⑤消費者の利益，⑥福祉制度・社会保険を代替できるのか，という点にある[577)]。

多国籍銀行[578)]　その業務内容は，1970年代のユーロバンキング，1980年代後半の投資銀行化と企業買収・吸収合併，現在は新興諸国でのリテール業務（ローカル化），へと変化してきた。1999～2001年の金融機関がかかわるM&Aは急速に進展したが[579)]，日本の3大メガバンクは多国籍化に遅れている。それには，円の国際化が遅れていることが関係している。

欧米金融機関[580)]　世界の優れた銀行（エクセレント・バンク）は，1984年には16行あったのが，1998年には12行に減り，2004年には9行になった。しかも新しく登場したのが6行もあり，16行は実質的には3行に吸収されたことになる[581)]。銀行統合を進めた直接的要因は規制緩和と市場拡大であったが，1997年のアジアやロシアの通貨危機や2000年代初頭のワールドテレコムやエンロンなどの大型破産事件による銀行の損失も統合を加速化した。しかし，多国籍化と多角化はメリットだけでなく，ハイリスクというデメリット（危険）も

---

575)　同上，102頁。
576)　知見邦彦「諸国民の利益と相容れない海外展開」（同上，115-124頁）。
577)　同上，123-124頁。
578)　河村健吉「国際間M&Aに遅れる日本メガバンク」（同上，125-136頁）。
579)　同上書の詳細な表5（134-135頁），参照。
580)　中野瑞彦「進む統合・多角化とリスク」（同上，137-147頁）。
581)　同上の139頁，図1，参照。

あることに注意しなければならない。

　証券[582]　アメリカの企業（モルガン・スタンレー，メリル・リンチ，ゴールドマン・サックス，リーマン・ブラザース）が圧倒的優位を占めているが，米政界との結びつきが強い（ウォールストリート＝ホワイトハイウス同盟）。

研究を深めるために
マルクス『資本論』第1巻第24・25章
James O'Connor, *Accumulation Crisis*, Basil Blackwell Inc., 1984
『経済』2007年5月号「総特集 世界の多国籍企業」
森岡孝二編『格差社会の構造——グローバル資本主義の断層』（桜井書店，2007年）

582）　田村八十一「競う米投資銀行 モルガン，メリル，ゴールドマン」（同上，148-156頁）。

第24章　国家と金融寡頭制支配

　マルクスは，1857年の著述プランの第3項目として，「ブルジョア社会の国家の形態での総括。それ自体との関係で考察すること。『不生産的』諸階級。租税。国債。公信用。人口。植民地。移民。」を予定していた[583]。エンゲルスは，「社会から生まれながらも社会のうえにたち，社会に対して自らをますます疎外していくこの権力が，国家である」[584]とし，支配階級が私有財産を保護し，秩序を維持し，共同社会事務をおこなうとした。また，「国家は全社会の公式の代表者であり，目にみうる一団体に全社会を総括したものであった」[585]とし，市民社会の総括者としての国家について述べている。マルクスもエンゲルスとともに「近代の国家権力は，ブルジョア階級全体の共同事務を処理する委員会にすぎない」と規定した[586]。「国家によるブルジョア社会の総括」の内容について，宮本憲一氏は総括的につぎの5点に要約している[587]。①資本主義社会の内外の敵対勢力を暴力的に抑圧し，支配階級を保護し，その社会秩序を安定すること。②営業者，とくに資本の生産の一般的共同社会的条件の創設・維持管理。③市民，とくに労働者の生活の一般的共同社会的条件の整備。④商品・貨幣の流通や信用の対内・対外的な一般的条件の整備。⑤資本の本源的蓄積の助成，独占や土地所有の規制，資本や労働力の都市集中のための基盤づくり，地域的な諸矛盾を調整するための地域社会の統一と管理。⑥環境や資源の管理。この分類にしたがって，その内容を整理しておこう。

---

583)　マルクス，武田隆夫ほか訳『経済学批判』（岩波文庫版）306-307頁。
584)　エンゲルス『家族・私有財産・国家の起源』（『マルクス＝エンゲルス全集』大月書店版，第21巻）169頁。
585)　エンゲルス『反デューリング論』（『全集』第20巻）289頁。
586)　マルクス＝エンゲルス『共産党宣言』（『全集』第4巻）477頁。
587)　宮本憲一『現代資本主義と国家』（岩波書店，1981年）76-79頁。

24.1 国家によるブルジョア社会の総括

階級国家 資本制社会を包摂した産業資本の自由な利潤獲得（価値増殖）を保証するのが，資本制国家の基本的任務である。それを妨害する敵対的行為や人物や団体に対して，国家は階級的性格を露骨にあらわしてくる。資本としての価値増殖活動の基礎にある私有財産制を脅かすような行為（たとえば強盗・詐欺・放火など）に対しては，「公正な社会的ルール」を法律によって強制し，それに違反したものに対しては裁判権と警察力によって処罰する。また，通常の労使関係（正常な搾取関係）を破壊するような労働者階級の権利要求運動（たとえばストライキや大規模な街頭デモなど）に対しては，直接に警察力や軍隊という暴力機関を動員して弾圧・鎮圧する。こうした階級社会を総括する国家であることを無視することはできない。しかし，支配階級の利害といってもその内部にはさまざまな内部対立があるし，対立する諸階級（労働者階級と土地所有階級）との階級闘争を調整しなければならない。諸階級の利害の複合的・総合的作用の結果として，支配階級総体の利害が貫徹する。マルクスとエンゲルスが資本総体の共同委員会と規定したのは，正しい現実的な見方であったといえる。

生産の一般的共同社会的条件の創設・維持管理 資本の価値増殖運動（資本循環）のいわば土台として，さまざまな外部経済（インフラストラクチャー）が存在する。たとえば，道路・港湾・鉄道・空港などの運輸機関，電信・電話などの通信放送施設，工業団地・工業用水・エネルギー施設・多目的ダム・共同防災施設・共同研究機関などのいわゆる産業基盤，などである。こうした外部経済は私的資本が経営したり負担することは不可能なので（可能なら内部経済化・民営化されるし，それが公共性のために規制されることもある），国家が国民全体から徴収した税収入でもって負担する。

生活の一般的共同社会的条件の整備 市民とくに労働者の生活のためには，上下水道，公園，医療衛生施設（病院やゴミ処理施設），社会福祉施設（保育所・老人ホーム・職業訓練所・職業安定所），交通・通信施設などの共同消費機関が必要不可欠である。また，さまざまな自然災害を予知し防災し回復する

ための防災機関も必要になる。さらに，学校などの公教育施設も必要不可欠である。都市の過密化が進めば進むほど，生産力水準が高まれば高まるほど，また福祉国家政策や民主主義が進展すればするほど，こうした共同消費機関，防災機関，教育の必要性は高まってきた。こうした活動や施設は共同社会的であり，私企業の利潤採算に合わないから，国家とくに自治体にゆだねられる。民営化される場合にも，さまざまな規制が加えられる。

　商品・貨幣・信用の一般的条件の整備　各国の通貨（中央銀行券）は国民的制服をまとっており，世界的には金しか世界貨幣として機能しなかった。国家はその国の通貨発行権をもっており，発行にさいしてはさまざまな規制権をもっている。中央銀行や公信用制度は国家がつくり，運営しているのである。そのさい，国家は法律によって通貨単位の度量標準を決めることによって，貨幣名称が確立する（円とかドル）。さらに，地理上の測量，経済統計の作成，気象観測，交通安全施設などを維持・管理して，全国的に一律化したルールを整備する。産業資本主義をいち早く確立したイギリスにおいても，国家は財政支出とともに中央銀行政策として金融政策を展開していた。金本位制によって，イギリスの金融政策は全世界に影響を与えていた。国際的な金の流出入が，中央銀行同士の金管理によって実行されていた，ともいえる。

　地域社会の統一と管理　国家は本源的蓄積過程に暴力的に介入してきた。もともと本源的蓄積は，経済法則によって自動的に進行したのではない。血で血を洗うような生臭い階級闘争であった。暴力的な賃金労働者の形成過程が本源的蓄積の本質であるが，国家はこの過程の助産婦のような役割を果たした。すなわち国家は，農民の自由な移動や職業選択を制限するさまざまな慣習的装置を廃止することによって，労働力の商品化を促進した。また，本源的蓄積期には労働力が不足しているから，法律は，「これ以上働かなければならない」（労働日の延長）とし，「これ以上高い賃金で雇用してはいけない」（高賃金の禁止）とした。資本に有利に，賃労働には敵対的であった。これに違反した労働者は，国家権力によってどんどん処罰された。一度ならず違反した労働者の額には見せしめのために焼印を押したり，処刑することもあった。また，農民からの債務の取り立てや，農村から追いだされた農民の都市への定住化の過程で，国家はさまざまな権力を行使した。まさに本源的蓄積期の国家は，露骨に階級国家

としての性格を発揮したといる。

資本主義社会の発展は，農村の過疎化と都市の過密化を生みだしてきた。それと同時に，地域間の諸矛盾が生まれるので（都市問題や農村問題），国家は自治体を下部機関としながら，地域間矛盾の調整に乗りだす。市場の全国的な統一，初期独占や土地所有者の特権の排除，交通・通信手段のネットワーク化と集権化を進める。

環境や資源の管理　資本主義経済は，生産力を飛躍的に高めながらも，第14章で考察したように，貴重な環境を破壊し，有限な資源を浪費してきた。環境破壊や資源の浪費に対しては，早くから規制がはじまっていたが，現代の環境破壊にみられるように実効がなかったといえる。地球規模での環境破壊が進み，人類全体の生命危機が進行してしまっている現代においてこそ，国家は環境や資源を合理的に管理しなければならないし，自然を科学的に制御し，自然と共生できるような社会経済システムをつくりあげなければならない。

国家の統合機能―資本主義社会と市民社会　国家によるブルジョア社会の総括の内容は以上のように整理できるが，ブルジョア社会とは資本主義的に編成された市民社会といってよい。どのように編成されているのか，いいかえれば，資本主義社会と市民社会とがどのような関係にあるのか。宮本憲一氏は，国家の総括業務を，大きく権力事務と共同管理事務に分けて，両者の関係についてつぎのように規定している。

「したがって，国家の役割は，権力的事務と共同事務とが並列して存在するのではない。両者の性格はつねにメダルの表裏の関係にあって，この社会の下では，権力的総括として統一されている。どのような国家の役割が中心になるかは，民主主義制度が確立した現代では，国民の世論や運動に規定され，支配政党が決定権をもつが，長期的には資本主義の生産関係とそれにもとづく財政に制約されている。」[588]

両者は「メダルの表裏の関係」にあり，どちらの業務が中心になるかは，短期的には世論や運動，長期的には資本主義の生産関係と財政に規定される，としている。注目すべき見解であるが，市民社会というのはある意味では超歴史

---

588)　宮本憲一，前掲書，80頁。

的に存在してきた共同体的社会であり，そこでは超歴史的な社会原則が実現されていく世界でもある。この意味では，資本主義的な価値関係を生産関係とみ，超歴史的な使用価値視点を生産力とみれば，市民社会は生産関係によって包摂されている生産力の体系，いいかえれば，生産関係を剥ぎ取ったときに残る生産力の体系とみることができる。そして，社会の再生産という観点からみるならば，資本の価値増殖運動によって，「資本＝賃労働関係」が日々拡大・深化しながら再生産されることをとおして，生産力の体系も日々再生産される関係にある[589]。両者の関係はまさに「社会再生産の表裏」の関係であり，社会原則（実体）が資本主義的に実現（形態）していることにほかならない。

24.2 金融資本と金融寡頭制支配

こうした国家によるブルジョア社会の総括は，独占資本主義になり金融資本が支配するようになると，金融資本自身が，労働者階級を押さえ込むために，国家権力を掌握するようになる。それが金融寡頭制であるが，先駆的に分析したヒルファディングを検討しておこう。

金融資本の定義 第11章第5節で考察したように，ヒルファディングは金融資本をつぎのように規定した。「かような仕方で現実には産業資本に転化されている銀行資本，したがって貨幣形態における資本を，私は金融資本と名づける。」[590] これに対してレーニンは，「生産の集積，そこから発生する独占，銀行と産業との融合あるいは癒着——これが金融資本の発生史であり，金融資本の概念の内容である」[591]と規定した。本書ではレーニンの規定を採用し，産業独占と銀行独占との融合・癒着関係（結合関係）としての金融資本概念を使用してきた。

国家権力の支配 さてヒルファディングは，『金融資本論』第23章「金融資

---

[589] こうした整理は，本間要一郎氏の高島善哉の資本主義社会と市民社会との相互関係の解説に近い（本間要一郎「解説 価値論の復位について」山田秀雄編『高島善哉 市民社会論の構想』新評論，1991年）。

[590] ヒルファディング『金融資本論』中，97頁。

[591] レーニン『帝国主義』78頁。

本と諸階級」において，独占の形成は国家権力強化の意識を呼び起こし，国家権力を支配するようになり，国家権力をとおして官僚や軍隊にも支配力を伸ばし，帝国主義諸政党によって帝国主義政策が実行される過程を描きだしている。国家権力を支配する力は，

> 「同時に，資本は，直接にはそれ自身の経済的力によって，間接にはほかの諸階級の利害関係をそれ自身の利害関係に従属させることによって，国家権力を支配する力ができてくる。」[592]

金融資本と大土地所有者の連合　初期資本主義の個別資本家は敵対的に競争し，政治的共同行動ができなかった。国家の市民として，近代的憲法国家の建設で市民と一致していたが，資本主義の勝利とともに，地代収得者・ブルジョアジー・連合した小市民とプロレタリアートの三階級が解き放された。産業法規をめぐって，産業資本家団体・協同組合・労働者組織が形成された。しかし，産業資本と商業資本・貸付資本は対立しており，後者たちは国家の保護を必要としていた[593]。しかしカルテルの結成は，経済的勢力を合一し政治的作用力を高める。資本主義的発展は農民と対立するが，大土地所有者とは利害が一致する。資本主義のいっそうの発展はこの利益共同を粉砕し，関税政策をめぐっても対立する。しかし金融資本が成立するとその関税政策によって利害は共通し，労働運動に対する敵意がこの二大階級を連合させる[594]。

大土地所有者の変化と金融資本の国家支配　この連合によって，土地所有者階級の性格が変化する。すなわち，地代を源泉とする大土地所有階級から，産業利潤の分け前にあずかる階級へと変化する。金融資本は不動産担保金融への関心を高めるが，そのさい，土地価格の高さが決定的に重要となるから，農業関税の引上げに共通の利害を持つようになる。また社会的地位を向上するために，都市資本家は婚姻関係によって大土地所有者との結合をはかる。このような大土地所有者との利害関係の連帯性を背景として，金融資本は国家権力を支配することができるようになる。すなわち，

> 「大土地所有者の支持を得ることによって，同時に，金融資本は，最高かつ

---

592)　ヒルファディング『金融資本論』下，118頁。
593)　同上書，118-120頁。
594)　同上書，120-123頁。

最有力な官職の一大部分を占めて官僚と軍隊との支配力を振るう階級を，自己に確保することになる。同時に，帝国主義の国家権力の強化，陸海軍および官僚一般の増加を意味し，またこれによって金融資本と大土地所有との利害関係の連帯性をも強めるのである。」[595]

中間階級の反動化 中間階級（小経営）はどのような立場になるか。資本主義の発展とともに産業内部の対立も発展するが，関税政策がカルテル産業と非カルテル産業を結びつけ，非カルテル産業の競争力のある資本家はカルテル化に向かう。中小資本（小経営）は大資本（大経営）に間接的に従属するようになり，小経営の大経営への補助経営化が進む。資本主義の初期には，中間階級（小経営）は反資本主義的だったが，現在では小経営は資本主義の急速な発展に救いを求め，労働者階級と鋭く対立するようになっている。そして，小経営層は労働者階級と対立するがゆえに，大資本と金利生活者にとっての防衛隊となり，それを農村階級が支持するようになる。中間階級には追随政策はあるが，独自の階級政策がないから，帝国主義政党の同伴者となる。

「かくして，中間階級は，強い政府権力の熱狂的支持者となり，軍国主義に心酔し，権威を振り回す官僚政治に心酔する。かくして，中間階級は帝国主義的諸階級の用を勤め，この点でのこれらの階級の最も大切は同盟者となる。しかしまた，帝国主義は，それ自身，中間階級に一つの新しいイデオロギーを与える。資本の急速な拡大に対しては，中間階級は，自分自身のためにもその事業のヨリ順調な進行を期待し，その営利機会の増加，その顧客の購買力の増大を期待し，かくして，この階級は帝国主義諸政党の熱狂的な同伴者となる。同時に，この階級は，選挙干渉手段に，なかんずく取引上のボイコットに，最も利用されやすく，その弱さがこの階級を政治的にも最も適当な利用対象となすのである。」[596]

新中間階級の登場とその矛盾 しかし小売商人層，外観的独立者，単独経営者はプロレタリアートに与(くみ)する。資本の有機的構成の高度化（生産力の飛躍的発展）は，新中間階級（技術従業者・技術使用人）を大量生産するし，株式会

---

595) 同上書，129頁。
596) 同上書，136-137頁。

社の発展（所有と経営の分離）もホワイトカラーを増大させる。こうした新中間階級は，金融資本側とプロレタリアート側のあいだを揺れ動く。資本主義が揺らいでくれば，新中間階級はプロレタリアート側に追いやる可能性がある。新中間階級の供給増加と生涯使用人化によって下層部分が増大するのに，大独占の成立（産業と銀行の結合）は新中間階級への需要を減少させるから，賃金が圧迫されるしその状態を悪化させる[597]。このように新中間階級の態度は流動的である。資本主義が拡張しているときには，新中間階級は帝国主義イデオロギーに囚えられるが，その状態を圧迫する諸傾向が強まれば，新中間階級はプロレタリアート側に駆り立てられる。労働者階級が前進すれば，ブルジョア的階層は団結するが，その指揮をとっているのは大資本（金融資本）である[598]。

金融寡頭制支配の諸手段　レーニンは，『帝国主義』第3章「金融資本と金融寡頭制」において，ヒルファディングなどの実証的分析を利用しながら，金融寡頭制支配の実態を明らかにしている。金融寡頭制の弁護論者たちは，寡頭制形成の「からくり」，やり口，収入の大きさ，議会との結びつきなどを塗りつぶし，金融寡頭制を美化している。レーニンは，金融寡頭制支配の源泉として「参与制度」を重視する。それが，指導者―親会社―子会社―孫会社という系列支配によって巨大な経済力の支配をもたらす。株式所有の「民主化」は大株主の支配を容易にしているにすぎず，「参与制度」は，貸借対照表を操作したりして子会社をとおしてどんなことでも遂行することを可能とする。さらに「参与制度」は外国銀行による支配をもたらし，ロシアの銀行の「活動資本」の4分の3が，外国銀行の子会社銀行が所有していた。

　レーニンもヒルファディング同様に，金融資本の有価証券発行によって金融寡頭制が発展し，強化される過程を考察している。ただし，ヒルファディングは銀行支配を強調する傾向が強いが，レーニンは，産業独占と銀行独占が融合・癒着関係を強化することを重視している。また，不況期に小企業が破滅すると，大銀行は「整理」と「再建」過程に「参与」し，吸収・合併を進める。

---

597)　同上書，138-141頁。
598)　同上書，141-143頁。

さらに，金融寡頭制は大都市近郊の土地投機に乗りだすが（銀行），銀行の独占は，地代の独占および交通路の独占と融合することによって，大土地所有者を巻き込んだ融合・癒着関係を強化する。

金融寡頭制の支配力は社会生活全体へ浸透していくが，その典型的な例として，官吏の金融資本の世界への天下りが指摘される。さらに，所有と機能の分離は帝国主義において最高に発展するとして，金融寡頭制の支配は国家間にまで展開する。すなわち，

> 「帝国主義とは，あるいは金融資本の支配とは，このような分離が巨大な規模に達している資本主義の最高段階である。ほかのあらゆる形態の資本にたいする金融資本の優越は，金利生活者と金融寡頭制の支配を意味し，金融上の『力』をもつ少数国家がその他のすべての国家にたいして傑出することを意味する。」[599]

とし，当時の有価証券発行高の推移や，有価証券総額の80％をイギリス，フランス，アメリカ合衆国，ドイツが所有していたことを，明らかにしている。

24.3　金融寡頭制の現代版—日本の政・官・財複合体制

金融寡頭制の現代版は，アメリカでは産軍複合体制やウォールストリート＝ホワイトハウス同盟である。前者は軍需産業と国防省との癒着関係であり，後者は証券取引を中心とした経済界と政府との癒着関係である。アメリカにおいては財界人が，政界とくに閣僚や大使に転出することが特徴的である。日本における現代版は政・官・財の複合体制である。

本節では，戦後日本における実態を考察しておこう[600]。

24.3.1　政・官・財複合体の構造

経済力を支配する財界（個々の独占的巨大企業，企業集団，財界の全国組織である日本経済団体連合会，経済同友会，日本商工会議所など）は，直接・間

599）　レーニン『帝国主義』98頁。
600）　本節は，拙著『戦後の日本資本主義』の第1章第5節第1項と第8章第4節第1項を，若干修正したものである。

接のルートをとおして，保守政権を中心とした政党に政治献金する。選挙のときには，企業ぐるみの投票が組織される。アングラでは，さまざまなワイロ資金が提供される。また，バブル期の証券スキャンダルによって暴露されたように，政治家の政治資金を増殖させることを企業そのものがやっている。

　見返りとして政界が財界に提供する利益は，戦後支配的となった金融・財政政策や長期経済計画をとおして実現する（行政指導）。第4章で考察したように，国家は価値増殖運動の全過程において企業を援助する。また，資本にとっての外部経済を整備・維持してきた。また第1節で考察したように，国家の財政支出が飛躍的に増大した現代では，バラマキ政治をつくりだし，土建屋国家を生みだす。バブル崩壊後の不良債権問題を深刻化させた一つの要因は，このような日本特有の政界と財界との癒着関係であった。

　行政を担う官庁は，財界と政界とのパイプ役を演じる。行政指導の名のもとに，独占的巨大企業へのガイドラインを提示し，業界全体のいわば「護送船団方式」による誘導が実施された。こうした間接的指導とは別に，政府系機関は独占的大企業に対して，融資関係・税制関係・特別償却制度などのさまざまな優遇処置を講じてきた。財界が官僚たちに与える見返りは，政治家に対してと同様に直接的なワイロの提供であり，さまざまな資産保護であり，官僚の天下り先の提供である。政界が官僚に与える見返りは，官僚人事であり官僚の政界への転身である。

　日本国憲法の主権在民主義下では国家は主権者たる国民に奉仕すべき機関であるが，日本社会は紛れもない資本主義社会である。政・官・財の複合体制が支配権を握っている。しかし国家は，第1節で考察したように，階級支配機能と共同管理機能との二重機能を果たさなければならない。市民社会の基本的権利（生存権，労働権，教育権，自治権，思想・信条・結社・学問の自由など）を，金融寡頭制といえども侵害することはできない。日本的特徴としては，この複合体制が閨閥を形成しているところにある。また象徴制ではあるが天皇制が存続してもいる点も，指摘しておかなければならない。

24.3.2　政・官・財複合体の腐敗

　バブル崩壊とともに，証券・銀行・経済スキャンダルが検察当局の捜査によ

って暴露されてきた。ごく最近では，安倍内閣の閣僚があいついで政治資金の不正処理で辞職したし，元防衛省事務次官の防衛省買付をめぐる一連の疑惑事件が捜査中である。後者は，アメリカ並みの産軍複合体制が日本にも存在していることを，白日のもとに曝したことにもなる。こうした一連のカネをめぐるスキャンダルは，現代資本主義の腐朽化の証明でもある。それは，高度経済成長をリードしてきた政・官・財の複合体制の腐敗にほかならず，しかも暴力団関係の闇の世界と結びついていたことは，市民社会の諸原則をまったく踏みにじるものであり，日本の金融寡頭制は内部中枢から崩壊しはじめているといわざるをえない。もともと，政・官・財の関係は「三すくみ」の関係といわれる。政治家は任命権を持っているから官僚に強いが，財界からカネを貰うから弱い。官僚は，行政を通じて利益を与えるから財界には強い。同じ理由から，財界は，政治家には強いが官僚には弱い。だからこそ，癒着体質が安定的に支配してきたともいえる。

経済と政治の癒着 金権政治による汚職・疑獄・スキャンダルは戦前から発生しており，枚挙にいとまがない。バブル期に癒着関係がいっそう深まったから，ここではバブル期におこなわれていた例として，証券大手4社による「損失補填事件」と「住専問題」を紹介しておこう。前者は，証券大手4社が大株主の株価下落による損失を補填していたという事件である。一般投資家が損をだしてもなんら補填されないのに，特定の大株主の損失だけを補填していたのだから，世論はいっせいに批判した。損失を補填したリストを新聞が報道したが，リスト・アップされた企業は六つのグループに類別される[601]。①日立，トヨタ，松下を含む「優良企業」グループ。証券会社が手放したくない優良顧客である。②中堅鉄鋼商社の阪和興業やツムラなどの「財テク企業」グループ。財テクの実体は，証券会社が利回りを保証する「ニギリ」だった。③公立学校共済や年金福祉事業団などの公的資金グループ。証券会社にとっては高齢化社会で膨らむ年金資金が大事な顧客となり，年金資金団体のほうは，将来の年金支払いに備えて年金財源を拡大しておく必要があった。しかし，その運用が未熟であることが暴露された。④地方の中小金融機関や各県信用農業協同組合連

---

601) 日本経済新聞社編『宴の悪魔』（日本経済新聞社，1991年）35-50頁。

合（県信連）などのグループ。地方金融機関は利ザヤの縮小に悩んでいたし，県信連は農協の稼ぎ頭であった。県信連が損をすれば農協の経営が危うくなる。損失補塡の裏には，住専処理と同じく，農協を選挙基盤とする自民党政権の政治的配慮がうかがえる。⑤グループ企業への粉飾まがいの損失補塡である。山一證券の山一総合ファイナンスへの補塡がその典型である。⑥最後は，政界関係の補塡であった。

　金融機関の不動産関連企業への融資実体が暴露されたのが，住宅金融専門会社（住専）7社の破綻事件である[602]。バブル崩壊直後の1990年3月に，大蔵省は不動産向け融資の「総量規制」通達をようやくだしたが，住専への融資は枠外においた。住専は，本来の住宅ローンとはまったく関係のない不動産会社への融資にのめり込んでいったが，融資先に困っていた農協系金融機関（県信連）は，住専への新規融資を拡大した。それを契機に，住専の母体行（都市銀行や信託銀行などの一流金融機関）は，不良債権を住専に押しつけ自らの融資を引き揚げてしまった。住専向け融資が銀行から農協系にシフトしたのである。住専の役員が一流金融機関・大蔵省・証券会社のOBによって占められていたことによっても，財界内部と官・財の癒着関係がわかる。しかし地価は下がりつづけたから，不動産会社への融資は不良債権化した。1995年3月末の住専7社の負債残高は12兆9000億円に達したが，そのうち農協系金融機関の融資は42％の5兆5000億円にもなっていた。責任と負担のなすりあいが政治問題化し，結局農協側の負担は5300億円にしかならず，政府は6850億円の公的資金の投入を発表せざるをえなくなった[603]。一流金融機関は住専に不良債権を押しつけて引き揚げてしまったし，大蔵省は住専の経営状態を知っていながらもなんらの抜本策をださなかった。農林水産省も「共犯者」であることには変わりはない。債務を支払わない不動産会社は闇の世界とつながっていたし，住専や融資先の不動産会社から自民党代議士への政治献金がなされていた。この住専事件は，財界内部の癒着と無責任体制，政・財間の癒着体制，政・官・財複合体制と闇の世界とのつながりを，白日のもとにさらけだした[604]。

---

602)　有森隆『銀行の犯罪』（ネスコ／文藝春秋社）1996年，第1章。
603)　佐藤章『金融破綻』（岩波書店，1998年）304-322頁。

政治と官庁の癒着　官僚出身の代議士は多いし，なかには総理大臣になった人も数人はいる。代議士は出身官庁の利害を代弁する族議員となり，官庁の利害と既得権益を守ろうとする。行政改革の必要性は早くから叫ばれてきたが，既得権益を守ろうとする官僚によって骨抜きにされてきた。さらに特殊法人が関連会社をつくりつづけ，今日の特殊法人（独立行政法人）の巨大な債務を生みだしてしまった。関連会社は，官僚の天下り先となってきた。徹底した行政改革ができないのは，行政の実権を官僚がにぎっているからであり，官僚に反旗を翻されたなら，この国の政治は機能不全となってしまうからである。

　官庁と経済の癒着　官庁は，行政指導によって財界の利害を誘導してきた。それが高度成長期には，アメリカへのキャッチング・アップを成功させたといってよい。1980年代にはそれが，日本的システムの強さとして世界的にも宣伝された。しかしバブル崩壊によって，こうした行政指導（「護送船団方式」）は破綻した。財界は，行政指導によって救済されるだろうという甘えを持ち，官庁は経済危機の深刻性を認識できないままに，抜本的解決策をださなかった。そればかりでなく，行政指導は一種の「馴れ合い」を生みだし，官僚は財界からの接待攻勢で堕落し，公正な指導ができなくなった。官僚は経済危機の深刻性を認識できないままに，官僚特有の保身に走り，問題解決を先送りしてきたのである。破綻する企業は，市場のルールによって淘汰させるという180度の方向転換をし，自らの行政指導の過ちの責任を回避してきた。市場原理主義（規制緩和）と行政指導とのあいだを，政治の波にもまれながら揺れつづけているのである。

　政・官・財複合体と闇の世界との癒着　こうした政・官・財の複合体は，バブル期に闇の世界（暴力団）との結びつきを強めていった。中曽根内閣から竹下内閣に政権が移るときの「ほめ殺し」は，いわゆるマフィア型の資本主義の危険性を示した。バブル期に銀行は，地上げなどのために暴力団関係者を利用し，腐れ縁を深め，深みにはまった。暴力団関係者のほうは，はじめは処女のごとく，少額の融資を申し出てキチンと返済する。実績をつくって営業の第一

---

604)　内橋克人氏は，こうした現代日本の政・官・財癒着体制が，マフィア型資本主義になる危険性を警告している。同『破綻か再生か』（文藝春秋社，1994年）230-232頁。

線の幹部と親しくなり，弱みをにぎり，一気に大口融資を引きだして踏み倒す。不正融資を知った仲間（舎弟企業）の経済ヤクザが，スキャンダルだといいたてて融資を求めつづける。銀行側はスキャンダルの表面化を恐れて，ノン・バンク経由の迂回融資などによって「正規の取引」にする。したがって，不正融資は闇から闇へと巧妙に実行された[605]。一流銀行がこうしたことをやったのである。

24.4　金融寡頭制のイデオロギー支配——戦後日本

24.4.1　国家の統合機能

　現代の国家は，資本循環の全過程に政策的に介入し，資本主義システムを組織化・管理化しようとしている。そして第1節で考察したように，国家は，支配階級たる資本家階級に奉仕する機関（階級国家）であるとともに，さまざまな社会原則を遂行する共同管理業務もしなければならない。独占段階になると国家は，階級支配を貫徹させるために，労働者階級に権利を保証し（「同権化」），体制に反逆しないように体制内に統合化しようとしてきた（国家の統合機能）[606]。それとともに，私有財産制と資本の価値増殖を脅かす個人や団体やその運動に対しては，資本主義システムの擁護者として「法と暴力」でもって直接的に対決する。それと関連して，優秀で従順な労働力を養成するための教育制度をつくり，資本主義支持のイデオロギー操作をする。

　もともと，資本の価値増殖運動を担うのは生身の人間であるから（資本の人格化），イデオロギー（思想）は資本の運動に重要な影響を与える。まず，資

---

605) 前掲の有森隆『銀行の犯罪』1-2頁。この書物は，住専問題をめぐる金融機関・闇経済・不動産会社・大蔵省の責任を追及している。金融スキャンダルを追跡した勇気ある「告発」を若干紹介しておこう。朝日新聞経済部編『金融動乱』（朝日新聞社，1999年）は，総会屋と金融機関との不正な融資関係を明らかにしている（第2章）。山下章則『大銀行の犯罪』（ザ・マサダ，1996年）は銀行の内部告発であるが，イトマン事件を詳しく報告している。日本経済新聞社『宴の悪魔』は，証券スキャンダルの深層を紹介しており，右翼・暴力団関係者の東急電鉄株買占め事件と，その背後での証券会社の資金提供が描かれている（50-60頁）。

606) 21世紀初頭の日本における国家の統合機能の揺らぎについては，拙著『戦後の日本資本主義』第8章第2〜4項，参照。

本主義を賛美する思想や経済学が誕生する。プロテスタンティズムは，勤勉と節約を美徳とすることによって，新興ブルジョアジーの宗教となる。そして，「自由・平等・博愛」といったブルジョア革命の理想を謳歌する功利主義が生まれてくる。主流派経済学の根底にある「三位一体」範式は，第17章で考察したように，資本・土地所有・賃労働の関係を平等関係であると説明してきた。しかし表面的な「自由・平等・博愛」の虚偽性を暴露し，資本主義を批判する経済学や思想や社会主義運動が誕生してくる。「三位一体」範式の対極にあるのが労働価値説であり，賃労働と資本の関係を搾取関係として，土地所有は搾取（剰余価値）の分配関係として説明し，搾取社会を根絶するための社会主義・共産主義を構想した[607]。

こうした経済学説としてのイデオロギーのほかに，民族や宗教や風土などに規制されたさまざまなイデオロギー（思想）が，資本の価値増殖運動に影響を与える。戦前の国家的イデオロギーは天皇制であったが，戦後は平和憲法によって象徴天皇制に変わった。そして被占領状態から冷戦体制下のアメリカ陣営に組み込まれることによって，アメリカ的な生活様式や民主主義が日本社会に移入された。本項では，戦後日本の金融寡頭制が展開した国民統合のための代表的なイデオロギーを，批判しておこう。

24.4.2　戦後のイデオロギー[608]

会社主義　占領軍によって軍国主義が一掃され，アメリカの民主主義が導入されたことは，日本社会の革命的変化であった。金融資本の支配形態は，戦前の財閥から企業集団に変貌した。戦前の財閥支配は封建的な家族支配であったが，戦前・戦中の企業のリーダーたちは戦犯などで退き，「三等重役」たちがリーダーとなった。しかし「経営者革命」が実現したのではなく，会社や企業集団に忠誠を誓う経営者たちが，アメリカ的な合理性にしたがって組織全体の利害を代表するようになった。封建時代の大名の家臣団が「お家と名」を存続させることを最優先させたのに似ていて，ビジネス・リーダーたちは，巨大企

---

607)　マルクスの社会主義・共産主義像については，さしあたり，拙著『戦後の日本資本主義』第10章第3節，参照。
608)　本項は，同上書の第1章第5節第2項を若干書き直したものである。

業と企業集団を存続させ増殖することを目標とした。「会社が会社を支配し，会社が会社に支配される」会社主義が誕生した。

それと対応するように労働組合も，総労働の立場や産業全体の立場（産業別労働組合運動）から後退し，企業の存続と増殖を優先した企業別組合運動が支配的となった。企業内の従業員は，年功序列制と終身雇用制の影響もあって，企業の発展によって生活を向上させることを目標に，生産性向上に積極的に協力し，拡大するパイの分配闘争に力を傾注するようになった。経営者と同様に従業員にも会社主義が形成された。高度成長の終焉とバブルの崩壊以後の激しいリストラは，こうした会社主義を動揺させている。

こうした企業内部での会社主義は，企業体制が日本社会の体制であるかのような「日本株式会社」主義を生みだした。前節で考察したような政・官・財の複合体制が形成され，政・官の「行政指導」に誘導されながら，業界全体の発展こそ国家そして国民の発展であり課題である，とするイデオロギーが誕生した。戦前の植民地獲得が国益とされたように，戦後はアメリカの生産力にキャッチング・アップしていくことが国民的課題とされた。

輸出主義 日本は，資源の多くを世界に依存しなければならない。戦前の軍国主義は資源を求めて軍事的に侵略したが，戦後は植民地体制が世界的に崩壊したし，軍事力の対外発動を禁じた平和憲法は戦前型の資源確保路線を不可能とした。そこで輸出を振興し，獲得した外貨で資源を輸入していくことが，至上命令となった。こうした国民的課題の名のもとに，政府と巨大企業集団は輸出産業の保護と育成を最優先させた。

戦後の復興過程において，石炭・鉄鋼・海運を中心とした基幹産業を優先した融資から（傾斜生産方式），重要産業の独占的巨大企業を優先した融資（集中生産方式）への転換が起こった。また1950年代の初期に政府系金融機関が設立・改組され，政府系の資金が重要産業の有力企業に優先的に貸し付けられた。しかしこの時期にはまだ，輸出産業を優先する政策は登場してはいなかった。むしろ国内の重要産業の近代化と確立が，優先された。しかし高度成長期になり，新鋭の重化学工業の建設と新製品が叢生するようになると，政府は輸出競争力に劣る先端産業は手厚く保護し，輸出競争力がついた産業から貿易自由化要求に応じていった。輸出競争力を強化し，経済大国化していこうとする輸出

主義が登場してきたのである。会社主義のもとで，輸出市場こそ日本の生命線であり，輸出を量的にも質的にも拡大することが国民的課題であるかのようなイデオロギーが登場してきた。実際に，アメリカの生産力水準に追いつき追い越すようになると（1960年代後半），日本は経済大国となった。さらに，貿易黒字で稼いだドルが資本輸出されるから，やがて世界一の債権国になった（1980年代）。こうした，高度成長，経済大国化，債権大国化は輸出主義の成功によってもたらされたといえるが，その背後で払った犠牲は小さくはなかった。たとえば，環境問題の激化，福祉や教育の軽視，内外価格差などである。

文教政策 国家は第1節で指摘したように国民統合機能を果たさなければならないが，まさに文部省（現文部科学省）の文教政策がこの機能を果たしてきた。戦前の教育政策は天皇制イデオロギーと軍国主義教育であったが，戦後は平和憲法のもとでの民主主義教育を基本としてスタートした（教育基本法，学校教育法）。しかし，戦前の日本社会は一種の集団主義・全体主義が支配していたから，侵略戦争に反対した自由主義者・民主主義者・社会主義者は激しく弾圧され，大正デモクラシーは挫折した。民主主義が定着していなかったから，民主主義教育は次第に変質し，高度成長と会社主義や輸出主義に役立つ人間の養成政策となった。そのために，市民社会の責任ある一員としての自立した個人の形成と，その連帯と協同の重要性を教えるものではなく，会社や国家に貢献できる従順な人材，国際競争を担う知識と技術を持った人材の養成が，重視されてきた。こうした文部省の文教政策に真っ向から闘ってきたのが，教育の現場を守る教師たちの団体である日本教職員組合（日教組）であった。

戦後日本のイデオロギー論争 戦後のイデオロギー論争として，ナショナリズム，教科書問題，憲法論争を取り上げておこう。マルクスやエンゲルスは『共産党宣言』において，世界のプロレタリアートに団結を呼びかけた。しかしその後の歴史は，インターナショナリズムが前進し世界革命が成功したのではなく，20世紀の「社会主義」は「一国社会主義」として誕生し，かつ崩壊していった。高島善哉は，国家や民族は体制が変わっても永久に存続すると断言した[609]。いまや民族問題（ナショナリズム）は，マルクス主義のアキレス腱といってよい。あの悪名高いスターリンの著作くらいしか，まともに民族問題を扱ったマルクス主義文献は存在しないのであり，高島の生産力理論は，まさ

にこの民族問題を社会科学から解明しようとしたものにほかならないといえる。戦前の日本ではナショナリズムは軍国主義に利用されたが、民族とその文化や生活様式の相互理解と相互尊重に立ってはじめて世界レベルの交流と団結が可能となるのである。ちょうど自立した自由人の連合として共産主義社会が成立するのと同じく、自立した平等互恵の民族の連帯として世界共産主義が構想される。戦後の金融寡頭制は、会社主義、輸出主義、「日本株式会社主義」という経済主義イデオロギーとして、国民感情を利用し操作することに一応は成功したといえるが、今日では愛国主義を鼓舞し、憲法9条を改悪し、軍隊たる自衛隊の海外での集団的自衛権の発動を可能とするために、ナショナリズムを悪用しようとしている。

ナショナリズム論争は、教科書問題によって鋭く提起されてきた戦前の戦争の性格をめぐる論争にもなった。アジア・太平洋戦争は明らかに侵略戦争であり、帝国主義国相互の植民地獲得競争が引き起こした戦争であった。侵略戦争であったことを否定する人たちは、日本の軍事進出と植民地政策は、欧米の植民地から独立化する契機となったとする。これは日本軍国主義の免罪論である。植民地化されたアジアの国や地域にとっては、宗主国が入れ替わっただけであり、いわば、奴隷の主人が替わったからといって奴隷制度がなくなるのではないのと同じである。侵略されたアジアの人民は、けっして日本軍を解放者として歓迎したのではない。それは戦後の占領軍をみてもわかるだろう。初期の占領軍は財閥解体、土地改革、労働改革を推進したが、それは日本軍国主義の基盤を解体することを主目的としており、けっして日本人民を天皇制と資本主義体制から解放しようとしたものではない。侵略戦争否定論は、まさか占領軍を解放軍などとは規定しないであろう。まさに主権が奪われた国家であり、それは、日本の旧植民地においても基本的には同じ状態だったとしなければならない。

さまざまなイデオロギー論争の原点には憲法論争がある。戦後の政治的対立はまさに、平和憲法を守るか（護憲派）、それとも憲法を変えるか（改憲派）

---

609) たとえば、高島善哉『民族と階級』（『著作集』第5巻、こぶし書房、1997年）第2章、参照。

をめぐって展開してきた。資本主義体制を支持する人たちのあいだでも改憲には反対の人たちがいるからこそ，簡単に憲法を改悪することはできなかった。また，平和憲法による軍事費の制約が，日本の経済成長に貢献したことも事実である。しかし憲法が形骸化していること，また憲法の規定をさらに発展・充実させる必要性があることも事実である。これからの憲法論議は，守るべきもの発展させるべきものをはっきりさせて展開すべきである。まかり間違っても，日米安保体制下での集団的自衛権の発動を許すようなことがあってはならない[610]。

研究を深めるために

ヒルファディング，岡崎次郎訳『金融資本論』第23章（岩波文庫版）
レーニン，宇高基輔訳『帝国主義』第3章（岩波文庫版）
高島善哉『民族と階級』（『著作集』第5巻，こぶし書房，1997年）
宮本憲一『現代資本主義と国家』（岩波書店，1981年）

---

610) 金融寡頭制を包囲していく戦略については，拙著『戦後の日本資本主義』第9章第3節，参照。

索　引

あ

IMF（国際通貨基金）　27,167,300
ILO（国際労働機関）　68,378
IT（情報通信革命）　73,370,384
アグリビジネス　192,206,208-210,379-380,382
アソシエーション（自由人の連合体，共産制社会）　71

い

イデオロギー　29,68-71,111,219,223,299,374,392-393,399-403
　個人主義——　40
　戦後日本の——論争　402-403
イノベーション　72,74,346
EU　32,168
インフレーション　28,55,170,302,304,311-312,315,317,319-323,324-328
　——心理　302,305
　貨幣論的——　55
　財政——　317
　真正——　304-305
　信用——　317
　生産性変化率格差——　304,319-320,322-323,325

う

運動法則　34,63
運輸業　88,92,95
宇野学派（宇野理論，三段階論，原理論，恐慌論，流通形態論）　29,31,33,38,41,87,128,166,267,270-271,281,288,297,354
ウォールストリート＝ホワイトハウス同盟　394

え

SGCIME　128
SSA学派　360
ME革命　78,80
FRB（連邦準備制度理事会）　54

お

置塩の定理　333,349
オートメーション　30,73,76,80,82,368
オープン・システム　315,326

か

階級　56,58,71,125,195,199,201,214,234,334,338,364,372,386-387,390-392,404
　——構成　245,246
　——社会　58,387
　——闘争　29,62-63,66,68,70,216-218,223,360,387
　支配——　200,259,386-387,399
　新中間——　392-393
外国貿易　32,33,260,330
回復　87,190,224,261,264,292,294-296,302-303,307-310,321,351-352,358-360,387
　自動的——　307,321
価格
　——体系　213,314,311,318,326
　——（物価）指数　297
　——の度量標準　49-50,53,314-315,318,322,388
　——のバロメーター機能　270
　——変動　95,100,109,142-145,186,203,264,269-271,281,297,322,335,337
　再調達——　272,336
　費用——　202,251-252,261,315
　予想——　264-265,269-270,275,283,313
価格維持＝操業度（数量）調整　266,320
回転　60,69-70,86,92-95,97,100,113-114,153,255,309
　——期間（時間）　90,92,94-95,97,140,185
　——循環　93-94
　——率（数）　92,94,97
科学
　——＝産業革命　30,72-76,149
　——の意識的応用　26
囲い込み運動（エンクロージャー）　219-220
寡占　128

――度(HHI) 24
貸付・返済 67
過剰人口 219,222,225-226,228,334,362-363
　潜在的―― 226,229-230
　相対的―― 225-227,229,364
　停滞的―― 226,228-230
　流動的―― 226,228-229
過剰能力
　意図された――(遊休予備資本) 131,302,309
　意図せざる―― 273,302
加速度原理 263,271
価値 40-42,44-45,47-54,57-62,70,87-88,90-94,98-101,103-106,108-110,112-118,120-125,127,134,136-137,140-141,153,155,167,183-184,187-188,204,212,247-249,268-290,314,318,321,390
　――維持 93,98
　――価格 108-109,116,122,183-184,187-188,204,212,247,312
　――革命 98
　――規定 45,73,212,214-215,252
　――形成過程 43-45,57,59-60,63,115
　――形態 49,312-314
　――構成説 115,247,249
　――視点 41,103-104,390
　――水準 61,124,136,166-167,218,281,311,318-320,323
　――増殖(運動・過程) 29,38,45,56-60,63-64,68,70,72-73,85-86,88,93-94,97-98,113-114,140,148,162,179,184-185,199-200,216,223,255,299,329,387,390,395,399-400
　――体系(方程式) 40,44-46,122-123,137
　――の外在的尺度 314
　――の内在的尺度 314
　――表示機能 50,281,312
　――変動 90
　――法則 115,123,165-166
　虚偽の社会的―― 202
　移転―― 42,45,57,60,90,92,94,99,105,108
　交換―― 40,42,99,259
　個別的―― 37,262
　市場―― 117,124,204,234,259
　社会的―― 37,126,202,262
　新―― 45,57,59-60,93,99,104,114-115,248,330
価値尺度 47-51,166-167,281,297,311-313,315,317,320-321,325
　――機能の麻痺説 320
価値喪失 91,97-99,101,294,307
価値と価格の乖離 116,127
価値破壊 308-309,321
GATT(関税と貿易に関する一般協定) 167
株式会社(資本) 70,85,112,118-119,153,160,172-177,179-182,190,199-220,221-223,260,330,377,401,403
株主 85,173-176,178-180,393,396
貨幣(マネー) 38,40-41,45,47-48,50-57,63,69,87-88,90-91,97,99,104,112,153-156,158-160,163-164,169-172,174-176,183-184,186,189,191,253-256,259,264,268-269,289,291,294,297,306,308,311-317,321-322,372,386,388
　――ゲーム 168
　――指図証 185
　――錯覚 302,305,317,328
　――取引市場 189
　――ベール説 327-328
　――の還流 47,86,91,153,158,169,171,183-184,186
　計算―― 50,91
　流通必要――量 90
貨幣資本 57,60,67,86,88,90,95-97,100,118,144,146,155-156,161-162,166,171,173,288,293,297,360,384
　――家 161,173-174,182-184,190
　――の遊離と拘束 90,95-97,142,147
貨幣数量説 54-55,315,327
貨幣流通の法則 55
可変資本 60,70,93,95,104-105,114-115,121-122,134,155,157,159,224,234,237-239,241-242,255,269,272,283,330
カルテル 125,142,144-146,391
　――価格 124-126,146
　――化産業 125-127
　非――化産業 125-126,133
過労死 62,68,364,369
過労自殺 62,68,364,369
為替(相場) 55,168,189,281
　――市場 170
　――媒介機能 53,171
環境
　――破壊 204,389

索 引　407

──問題　75,192,194,199,201,402
環大西洋経済圏　31,369
環太平洋経済圏　32

き

機械制大工業　30,39,63,72,75,82
危機
　　教育──　372-374
　　経済──　323,326,360,398
　　自己喪失の──（アイデンティティ・クライシス）　374-375
　　通貨危機　29,384
　　人間──　372,374
規模の経済　118,124,132
窮乏化論争　362
教育　67,101,227,223,352,370,373-374,387-388,402
　　──機関　224
　　──政策　68,402
　　──費　212
　　偏差値──　373
企業
　　──活動　74,209-210,212,322
　　──集団　16,164,180-181,306,394,400-401
　　──者利得　144,178-179,242,249,255,257
　　──内官僚組織（統制）　82
　　個人──　173,176-177
　　中小零細──　126,146
技術　45,73-75,98,107,117,126,128,153
　　──革新（革命）　39,72-73,75,113,320,332,356
　　──独占　27,119,128
　　軍事──　73
　　限界的──　73,261-263
　　新──の導入・普及　74,117-119,126,176-177,261,318,349
　　標準的──　73,117-118,126,261-262,264,318
擬制資本　70,161,174,176,178-179,182,185,188-189,191,198,205
期待
　　──限界利潤率　133,306
　　──利潤率　158,261-265,270-271,273,275,283,285,289,293,301,307-308,336-337
供給
　　超過──　262,264,271,282,287,292-293,301
恐慌　27,29-30,52-53,64,67,93-94,97-100,116,149,165,167,190,223-226,260-261,263,266,280,289,292,294-296,300,302,304,306,308,316,318,321,334
　　──学説（論）　31,87,100,166,268,271-272,281,284,286,300,354
　　──の形態変化　31,98,132,306,318
　　──の実在的可能性　99
　　──の抽象的可能性　52,87,99
　　──負担の転嫁　307
　　過剰生産──　287,289-292,304
　　金融──（パニック）　167,300,305-306
　　実現──　52,87,89,100
　　周期的──　94,165
　　人為的・なし崩し的──　305-306
　　信用──　52,100,305
　　1929年大──　27,167,299-300
　　取引所──　292
　　非独占主導型──　304
虚偽意識　71,111-112,114,206,244,255,372
共産主義　377,400,403
　　資本家的──　119
行政指導　67,395,398,401
競争　26,32-33,38,63,70,73-75,93,111-112,114-119,125-126,128,131,137,149,157,163,172,175,177,185,189,198,203,235,247-249,249,252,255,259-263,270-271,297
　　──形態　101,119,145,149
　　──制限　119,126,128,377
　　──的産業　24
　　──市場　34
　　──の仮象　114,247
　　──の現実的運動　260-261
　　価格──　119,149,177,208,262,266,320,381
　　完全──　24,117,280,329
　　銀行間（貸付）──　162-163,288,294
　　自由──　15,25-26,30,33-34,38,117-119,126-127,128,133-134,136,149,155,165,212,266,280,282,318-319
　　製品差別化──　101,119,145,147,149,150-151
　　非価格──　149
　　部門間──　27,118-119
　　部門内──　27,118-119
自由競争資本主義　29,213,218
自由競争段階　29,33,117,119,136,151,266,293,301,303-304,306-307,310-311
銀行　28,51-52,54,100,140,142-145,147,153-164,

170-171,173,176-179,182,189,206,235-238,241-242,268-269,288-289,291-294,303,305,337,382,384,390,393-395,397-399
中央——　27-28,47,53,67,163,168-172,189,281,289,291,294,303,305,313-314,316,398
銀行券　28,50,53,156-158,169,171,189-190,247,313,315-316,321-322,327,388
　中央——　27-28,47,49-50,55,168-169
　不換——　27-28,34,47,49-51,153,167,169-170,280,300,305
銀行資本　54,111,140,142,144,146,155-158,160-161,163-164,171,234,236—238,240,242,390
　——の自立化　155
金
　——価格(指数)　48
　——生産(供給)　55,166,297,313-315,319,321
　——ドル交換停止　27,47,53,168-169,300
　——の法定価格(標準)　312-315,317
　重——主義　291,322
　新産——　312-315,317
均衡　33,100,105-108,124,133,154-155,165-168,194,238,240-241,249,264,270,280-281,290,296-297,303,328,338,346,364
　——成長率　38,280-281,291,297,313,319,321,388
　静かな——化　292,296
　需給——　106-107,109-110,118
　部門間——　105
　暴力的——化　292,296,308,311
金本位制　15,27,33-34,38,49,53,136,165-167,280-281,291,297,313,319,321,388
　——の形骸化　47,153,165,167,299,321
　——の自動調節メカニズム　312,316
　——の停止(廃止)　27,47,167-169,191,299-300,303
金融　15-16,78-79,147,151,163,169,173,176,191,301,305,310,394
　——化　76,169,208
金融資本　16,30,164,171,390-394,400
　アメリカ——　169
『金融資本論』　34,124,142,146,152,160,164,171-172,174,181,185,191,390-391,404
金融寡頭制　85,299,386,390,393-396,399-400,403-404
金融政策　28-29,67,300,303,305-306,308-310,388
　裁量的——　28
金利生活者　40,64,392,394
く
クローズド・システム　34,315,326
グローバリゼーション　30-31,34,36,75,191,199,222,378
　反——　30
軍事支出(費)　109,383,404
軍需産業　109,221,383,394
け
経営　16,32,80,173,180,193,198-199,221-222,245,375,387,392,397
　——者(革命論)　66,83,85,180-181,218,353,367,374,392,400-401
計画経済　268,273
　社会主義——　36
景気
　——学説　267,273
　——下降の歯止　296
　——政策　169,299-300,309,321
　——刺激政策　300,308,310
　——引締め政策　304-306,305,308
景気循環(産業循環)　15,31,33,52-53,64,67,74,87,93,100,103,106,110,120,132,149,155,158-159,165-167,172,223-225,226,255,261,265-268,270-271,273,278-281,283-284,286-288,291-294,296-301,304,306,308-309,310-311,316,318-319,320-321,332,335,340,346,353-354
　——の変容　31,300
　平均化機構としての——　165,166,281,296-297,311,318,321
経済
　外部——(インフラストラクチャー)　387,395
経済学　15,31,35,40,45,55,59,68,71,85,93,113,136,148,153,166,171,179,194-195,200,213-215,219,227,249,270,272,297,309,311,329,333,357,361,399-400
　——批判プラン(論争)　31-33,112,172,260
　近代——　68,111,113,117,131,195,244-245
　古典派——　39,89,259
　重商主義——　88

索引　409

重農主義―― 195
新古典派―― 24,29,39,56,69,123
　俗流―― 71,195,255-256,258-259
　マルクス―― 29,34,39,55,121,127-128,137,
　　172,179,327,359
　ミクロ理論(経済学) 39-40,99
経済原則 30,103,268
決済システム 28,157,166,171
経済法則 71,165,169-170,192,234,388
現役労働者軍 223-224,226-227,363
ケインズ政策 213,299,310
限界原理 126-127
現実資本 28,54-55,160,166,169,171,174,198,
　　292,294,297,303,305
建設期間 287
現代資本主義(国家独占資本主義) 15,29-34,
　　53,55,81,84,102,128,137,151,169,181-182,
　　200,211,213,266,299,302,304,306,308,311-
　　312,315,322,325-327,373-374,386,396,404

こ

公害 68,194,204
好況 120,165,224,261-264,267,282,284,286-289,
　　291-293,295-297,300-301,303-304,307,
　　308-310,318-319,346
　大量生産＝大量消費型―― 302
公共政策 67
広告・宣伝 39,66,101,119,141,145,149,151,302
工場制手工業(マニュファクチャー) 30,72,75
工場法 363
公正取引委員会 24,27
公定歩合 28
効用価値説 40
小切手 52
国債 28,162,171,186,188-189,222,317,386
国際収支 166,168-169,300,316
国民経済 31-32,34,63-64
国民所得 111,234,238,240-242
国連 32,366-367
国家 26,28-34,49,59,61,63,67-70,74-75,94,149,
　　169,195-197,200-201,205,216,218,220,223,
　　260,299-306,308-310,321,354,360,363,370,
　　372,374,377,386-391,394-395,399,401-404
　――紙幣 27-28,47,55,169-170
　――統合機能 389,399,402
　――によるブルジョア社会の総括 63,386,
　　390
　――の共同管理機能 200,389,395,399
　――の共同消費機能 200,387-388
　――の権力事務 389
　――の組織化(政策体系) 29,31,354
　――の福祉政策 200,213
　――の防災機関 387-388
　福祉―― 213,388
国家独占資本主義(現代資本主義) 15,26,29-
　　31,81,151,169,200,211,213,299-300,308,
　　310,321
　戦時―― 26,299
固定資本
　――の貨幣的補填(減価償却) 93-94,100,
　　105-106,108,153-154,159,268,282,284,287
　――の現物補填 93,98-99,153,155,268-269,
　　271,282,284,294,296
　――の残存価値 117-118
　――の耐用年数(寿命) 93-94
雇用 62,89,104,109,135,197,220,224-225,227,
　　229-230,232-233,246,269,272,303,335,388
　――率 265,269,272,283,286,289,293,295,303,
　　334,336-338,340,343,349,351-353,356
　完全―― 290,303,309,327,336-338,340,343,
　　346,348-349,351-353,356
　完全――調整 290,346,348
コングロマリット 377
コンドラチェフ波動 72,247,269,295,357

さ

在庫 91-92,95,100,142,145,273
　生産―― 91,95,101
再生産 65-66,88-89,99-100,102-106,108-109,
　　140-141,148,153-155,157-160,170,173,
　　183,193-194,196,212-213,215-216,238,
　　240,248,251,268,280,291,301,312,314,334,
　　390
　――外的消費 109
　――表式 44,89,103,105,108-110,135,155,
　　268-269
　――論 58,64,86,90,103
　拡大―― 58,65,159,292,314
　単純―― 58,278,314,338,340
　縮小―― 159-60,292-293,295,307-309
財政政策 28,167,299,305,310,321,395
財閥 164,222,400,403

搾取　26,39,58-60,62,66,68,70,103,111-112,114-116,124,141,158,183,188,193,197-198,202,212,219,225,234,242,244,257,363-364,368,372,375-377,400
　——率(度)　60,67,281,330,334,354
サービス　39,59,62,76,78-79,101,141,166,170,221,235,237-240,242,246,317
　——経済(化)　79
　——残業　62,368
サープラス　58,89,115-116,122-123,141,195,214,234,267-268,290,329
サミット体制　168
産業革命　63,72,74,222
産業基盤　67-68,200,387
産業構造　67,76,151
産業政策　67
産業予備軍　64,89,165,223-227,281,289-292,295-296,303,306,309,343,348,352-354,362-364,334
　——の枯渇　295,304-305
　——の蓄積　225,295,310,353,363
　——理論　305
サンクト・コスト(埋没費用)　99
参入障壁　26-27,118-120,128,131,133-134,145,281
参入阻止価格　128-132
参入阻止利潤率　132
三位一体範式　69-70,111-116,124,194,206,242,244-245,247,255-256,258-259,400
参与制度　393

し

自営農民層　220-221
市場　27,34,37,43,83-84,92-93,95,104,119-120,128,134,149,162,169,175,187,189-190,201,208,210,212,215-216,218,221,266,269,275,282,313,335,382,389,398
　——社会主義　30,222
　——(至上)主義(原理)　67,310,398
　——清算価格　264,270,318,335-336
　　証券——　153,174-175,179,182,185,190-191
市場価格　47,73,103,108-109,115-117,143,153,185,197,203-204,248,260-265,267-269,271,287,294,307,311,318,321,335-336,379
　——体系(方程式)　249
システム　63,113,165,219,222,296,353

資本主義——　31,64,353,399
　社会——　37,69,75
　社会経済——　40,192-193,372,389
　世界——　32
姿態変換　52,56-57,87,90-91,183
失業　165,223-228,286,292-293,295-296,300-301,310,327,353,369
失業率　286,325
　完全——　225,227
　自然——仮説　327
実現(命がけの飛躍)　27,37,52,55,57,65,75,87,91-92,100-101,103,108,129,133,155,158-159,170,183,213,223,256-257,264,267-269,270-272,274-275,280-281,283,289,291,297,299,302,306,311,329,335-337,354,362-363,382,390,395
　——率　269,273-275,304
　価値の——　87,103,223
私的所有　26,37-38,56,172-173,193,195,197-201,205,220,234,244,253,374-377
　資本主義的——　26,375-376
地主　197,220-221,203
　寄生——　197,220
支配(従属)　32,39,67,74,119,127,143-144,148-149,160-161,164,175,176,178-181,190,192,197,206,208,211,220-221
　会社——　178-179,181
支払手段　28,51,167
紙幣流通法則　55,169
資本　15,26-27,32-33,38,54,56-58,60,62-64,66-76,82,84-95,97,100,102,111-118,123-128,133,140-142,144-148,153-157,160-161,164,172-179,182-185,187-189,192,197-199,201-202,205-206,210,213,216,220-223,226,234-237,239,244-245,247-250,252,255-261,264,266,268-269,281-282,293-296,300,307-308,311,320,329,334-335,337-338,352-353,360,362,364,368-369,372,375,399-400
　——一般　32-33,172,260
　——移動　118,169,332
　——機能　64,85,87,179-180,200,242
　——係数　106-107,135,158,267,269,271,284,336
　——結合　118
　——循環　29,57,63-68,71,76,86-87,89-90,92,

索　引　411

　　99,103,105,140,169,183-184,216,223,299-
　　301,387,399
　――の技術的構成　106-107,135,158,224,267,
　　269,284,286,331,336,343,349,356
　――の指揮・監督　42,87,113
　――の生産力　69,75,113,255-256
　――の絶対的過剰生産　132,290,304
　――の総過程　70,89,255
　――の動員　176,189-190
　――の有機的構成　89,118,120-121,224,330-
　　332,334,392
　――破壊（廃棄・スクラップ）　149,293,295-
　　296,307-310,321
　――輸出　30,149,166,169,378,402
　過剰――　120,149,295,309,321
　機能――　47,54,64,67,156-157,172,179,183-
　　185,200,235,238,242,249,255,288-289,362
　最低必要――量　26,89,118,133,153
　自己――　15,142,155,160-161,163,178,234-
　　235,238,242,249
　支配的――　30,140,164
　社会――　161,172,176,200
資本家　26,60,63-66,70,85,104-105,107-110,114,
　　125,143,172,176,179,187,189-190,195,219,
　　221-222,237-239,241-242,244-245,251-
　　252,257-258,268,329,334-335,352,375,392
　――階級　31,56,58-59,62,189,201,216,220-
　　222,224-226,234,245-246,334,399
資本主義　15,27-29,31-34,38,40-41,55-56,63-64,68,
　　71-74,79,84,87,101,111-113,128,140,143,
　　148,151,163,165,168-169,172-173,179,186,
　　189,191-192,197,199-200,205,212,216,
　　219-222,225,234,251,291,299,311,333-334,
　　352-353,360,369,373-376,389,391-394,
　　397-400
　――一般　15,31,266,280
　――(的)取得法則　199
　――的生産(過程)　26,32,98,163,172-173,186,
　　190,195,251-252,256,259,375-376
　――の解体条件　295,329
　――の存続条件　329,332-333,352
　――の死滅性　29
　――の内在的諸法則　26,189,375
　――の内在的諸矛盾　296
　情報――　30,79,81,85,211,215,233
　法人――論　179,181

資本制生産様式　26,31,38,41,71-72,75,113,172,
　　192,195,198,251-252,256,259,376-377
資本制社会　29-30,42,67,72,124,163,186,205,
　　214,223-224,233,238-242,258-259,372-
　　373,386-387,389,395
資本蓄積　62,64-66,70,85,88-89,93,103-104,108,
　　118-119,122,131,134,136,140-141,145,153,
　　165,176,208,216,268,281-282,296,307,333,
　　337-338,348,352-355,360,362,368,375-
　　377,382
　――欲求（衝動）　54,155,352
　――論　64,66,219,287,335,353
　――積立金　100,153-155,159,269
　――メカニズム　282,301,331,354
　――の一般的法則　352,362,370,376
　――の停滞　293,307
　――の歴史的法則　375
　――モデル　103,267,270,273-274,278,332-
　　337,346,353-354,356
　価格調整型――モデル　270,332,354
　加速的――　284,286-287,289,301,303-304
　数量調整型――モデル　273-274,332,354
　ミックス型――モデル　332,356
資本＝賃労働（関係）　29,32,34,40,56,63-65,68,
　　75,84,87,105,112-113,116,201,216,219,280,
　　390
『資本論』　15,26,31,33,38,41-42,45,50,55,61-63,
　　68-69,71,75-76,85,87,92,94,96-97,100,
　　102-103,111-114,116,118,124,132,140,
　　147-148,152,171-172,181-182,191,193-
　　195,202,204,210,212,219-220,225-226,233,
　　247-249,253,258,260-268,270,281,290,296,
　　311,329,334,353,361-362,364,375,385
市民　67,386-387,391
　――運動　67
　――革命　31
　――社会　200,299,386,389-390,395-396,402
社会原則　30,389-390,399
社会主義　26,29,68,73,163,194,200,214,353,375-
　　377,400,402
　旧――　56
社会(制度)　29,36-38,41-42,44-45,58,67,69,71,
　　73,75,89,91,101,104,111,114,118,121,124,
　　126,128,141,143,145,148,157,160,163,172,
　　186-187,189,195,197,199,202-205,214,255,
　　290,299,320,335,373,386,389,396

——経済　35,201,203-204,389
　　——政策　363
　　——保障　59,66,201,213,218,299,322,363
　　——福祉　213,299,363,389
社会的空費　91,145-146
社債　70,162,176,178,186
周期　64,87,92,94,223,278,309,356
　　——の短縮化　309
　10年——説　269,309
需給の調整速度　142,301
集積・集中　15,94,118,128,145-146,177,180,190,246,376-378
　　——と分散・新生　146,177,377
集中　15-16,25,72,95,118,144,146,160,162,177-178,190,198,208-209,219,284,296,375-378,383
　　——・合併（M&A）　118-119,377
集中度　15-16,24,27,367
　一般——　15
　業種別——　16
　生産——　16
収奪　26,134,190,220-222,317,375-376
　　——者　26,375-376
受救貧民　227,229,230,362-363
自由の王国　73,147-148
需要　29,48,54,93,107,118-120,124,128,130,132,155-156,158,160,162,169,171,175,185-186,198,204,212,221,240-241,248-249,261-266,267-268,270-274,282-284,286-287,292-294,296,301,307-308,319,336,338,393
　架空的——　92,100
　社会的——　37,126,128,203,262-264,271,282,284-285,287,292,296,301
　超過——　262-264,271,282,284-285,287,292,296,301
　有効——　52,100,102,300,302,308,329
循環　15,29,31,72,86-90,98,154,170,175,223,260,267,269,278,281,284,292,296-297,304,307,309,320,332-335,338,340,343,346,351-354,356-357,359,361
　　回転——　93-94
　　成長——　103,278,322,332,335,351,354,356
春闘　68
準備金　89,143-144,154,156,160,177,314,316,322
　価格変動——　143
使用価値　35,39-42,50,56,59,70,91,98-99,103-104,142,149,155,182,184,188,194
商業　79,91-92,95,97,140-142,144-147,151-153,190,193,197,199-201,234-235,237-242,288
　　——人口　152
　　——手形　51-52,156-158
　　——利潤　91,142,145,234-235,237,239,242
　　——労働　101,141,157,234,237,239,242
商業資本　97,111,140-141,143-147,155-157,161,182,222,234-238,240,242,391
　　——の自立化　140,147
証券取引所　160,174,185,190
商人　89,91,97,100,140-142,144,146-147,153,221-222
消費　36-37,43,52,58-59,64-67,69,88-89,91,93-94,98,100-105,108-110,125,134,141,148,159,165,184,200,209,216,242,244,247,253,268-269,297,301,335,373
　　——者運動　39,67
　　——者主権　39,67
　　——者ローン　66,102,302
　過少——説　267,353
　大量——経済　102,151,302
商品　36-41,44-45,48-50,52,54-57,59-60,63,66-69,86-87,90-92,96-97,99,101,104,112,114-115,122,141-142,148-149,152,154-156,158,161,170,182-185,194,198,205,208,247,250-257,281,292,297,311-313,315,318,372,386,388
　　——取引所　142,144-145,160
　　——の二要因　38
　単純——流通　52,54-56,87,183
商品経済　36-39,41,51-53,56,63,91,145,148,219,244,253
　資本制——　40-41,56,63,69,103,114,118,140,148,169,372
商品資本　57,86-87,91,99-100,183,294
　　——循環　89-90,103
　　——の価値的・素材的補墳　103
情報（化）　30,76,370
剰余価値　38,55,57-66,70,74-75,82,86-91,95,99,103-105,109-116,118,120-124,127,136,140-141,145,156-157,165,183-184,187,195-197,202,205,214,216,218,223,233-238,240-242,244,247-248,251-252,255-257,259,267-268,290,296,304,329-330,332-334,362,364,368,400

索 引　413

　　――率　60-61,67,121-123,136,212,218,247,
　　　　280,330-333,353,356
　　絶対的――　61-62
　　相対的――　61,73,117,213,256,330,363
　　特別――　73,117,126-127,252,262,333
職業病　66,68
植民地　30,32,38,220-222,372,386,401,403
　　――再分割闘争　30
所得　69-70,111,125,173,213,229,238,240,242,
　　244-245,367
　　――格差　367
　　――再配分　59,213,308
所有　37,45,56,58,60,64,66,85,97,127,155,161,
　　172-173,175,177-181,188,195-197,199-
　　200,202,205,220,242,244-245,250,255,368,
　　374-375,392-394
　　個人――　176,178,181,199-201,376
　　個人――の再建　376
　　国家――(国有)　26,200-201,220
　　自治体――　201
　　資本――　70,173,179-180,188,242,249,255
　　法人――　34,200-201
　　分割地――　197-198
シンジケート　144-147
信用　32-34,55,100,112,140,153-158,160-163,
　　166,171-172,176-178,190-191,198,260,
　　271,284,288-289,297,303,306,308,360,386,
　　388
　　――関係　30,47,54,67,101,140,156,165,170,
　　234,289,297,306,314,322
　　――機構　29,54,153,155
　　――業　95,97,100,156
　　――主義　289,291,322
　　――制度　91,94,154,163,169-172
　　――売買　28,51,156
　　――創造　47,55,155,157-160,170-171,269,
　　289,291,303
　　――創造係数　316,322
　　――の緩和　294,308,310
　　――の制限　291-292,305
　　――逼迫　294
　　銀行――　153,156,289,291,303
　　公――　386
　　商業――　146,153,156,289,291,303
信用貨幣　27-28,47-52,55,57,156-158,160,169-
　　171,189-190,289,313

す

数値解析　267-268,273,275,288,293,296,318,
　　332-333,337,348-349,353,356
スタグフレーション　168,227,302,305,307
スターリン主義　26,29
ストック調整原理　271

せ

生活手段　44,58-61,64-66,93,103-107,109-110,
　　115-116,122,133-136,139,141,148,158-
　　159,212-213,215,237-240,247,264-265,
　　267-269,272,274,276,282-284,286-290,
　　292-295,301-304,318,335-337,346,351-
　　352,354
　　余剰――　58,115-116,122,141,234,267-268,
　　290,304
政・官・財複合体　299,373-378,397,401
税金　59,66,109,200,378
生産　16,24,30,36-39,41,43-45,52,55-56,58,60-
　　61,64-67,69-70,72,75-76,82,86-87,89-93,
　　95-98,103-104,107-112,114-115,121,124-
　　130,132,134,140-141,143-144,148,154,
　　156-157,164-165,169,172,176-177,183-
　　184,188,195-196,198,202,204,206,216,223,
　　234-238,240-242,244,251,253-255,257-
　　258,261-262,264,266,269,275,282,286,290,
　　297,301-302,329-330,335,363-364,368,
　　373,376,378,382-383,386-387,390,392
　　――過程　41,44-45,58,64,66-69,72,79,87-92,
　　94,96,98-102,111-112,116,140-141,147,
　　182-183,190,223,255-258,364,369,376
　　――関数　113,269,333
　　――時間(期間)　90,92,94,140,142,145
　　――の構造　44,269
　　結合された――　148,173
　　資本主義的――　26,32,98,163,172-173,186,
　　190,195,251-252,256,259,375-376
生産価格(法則)　47,54,108,109,116-118,120-
　　123,126-127,134,137,139,141,143,155,157,
　　165-166,177,187,192,195,197,201-204,
　　234-235,238,247-248,251,280-281,297,
　　311,318,331,333-334
　　――体系(方程式)　50,123,137
生産関係　29,32,41,56,63,65,83-85,103-104,112-

113,116,124,188,210,256,258,389-390
生産資本　57,86-87,91,95,143-144,161,175,178,
　　　183,189,294,296,302,308
　　──循環　86,88-89
　　──の価値喪失　97-98
　　──の遊休化　97
生産手段　37,41-44,56,60-61,67,70,75,86-87,90,
　　　94,99,104-105,109-115,121,134,161,178,
　　　186,197,224,238-240,242,244-245,253,
　　　258-259,264,270-271,286-295,301-304,
　　　331,334-336,351-352,356,375-377
　　──と労働力(資源と労働)の配分　118,120
　　共同的──　26
生産的労働　74,80-81,86,100,234
生産と消費の矛盾　301
生産能力　102,118,165,296
生産要素　57,69,112,192,244-245,250,259
　　──の三要素　44,70,111,242,244,258
　　本源的──　192,234,259
生産力　36,39,41-43,61-62,72-75,103-104,113,
　　　117-118,136,163,193,196,223,248,255,319,
　　　329-330,332,353,362-363,369,388-390,
　　　392,401-402
　　限界──　70,244
成長
　　──率循環　108,307
　　──論　106,270,335
制度学派　67
製品差別化(モデル・チェンジ)　27,39,101,119,
　　　145,147,149,151
世界経済　31-34,166,168,297,378
世界システム　32,219,222
世界戦争　73,167,299,367,372
世界市場　24,26,32-34,95,143,260-261,375,379
世界政府　32
絶対王政　31
セー法則　105

そ

操業度(稼働率)　119,132,266,269-271,273,282,
　　　293-294,302,304,306-308,319-321
　　──(数量)維持＝価格調整　266,320
　　計画──　273-275,301
　　標準──　120,269,273,302
創業利得　160,162,173-176,178-179
総計一致命題　109,121-122,127,136,319

相対価格　50,136,139,165,288,290,294,297,304,
　　　311,318,320,324-327
　　──調整機構　50,311,317-321,325-326
疎外　39,66,258,373-374,386
　　欲望の──　39,67,102,148
　　労働の──　42,62,66-67,75,113,216,364,368-
　　　369

た

耐久消費財　101,119
　　──のライフ・サイクル　309
　　──ブーム　102,149,151,212,301-302
多国籍企業　24,30,36-39,102,196,206,208-209,
　　　246,377-379,382,384
段階　30,42-43,72,88
　　──的時期区分　29-31
　　──論　31,33
団体交渉　66,68

ち

地域統合　32,168
蓄蔵貨幣　55,87,90,154
地代
　　貨幣──　196-197,219
　　差額──　126-127,201,203,234-235
　　資本制──　195,197,204
　　生産物──　196
　　絶対──　124,198,201,203-204,234
　　農業──　235-236
　　封建制──　195
　　労働──　196
長期波動　72,269,329,354,356-357,359-361
貯蓄　105,153-154,268,337
賃金　28,56,59,64,66,68-70,105,107-108,111-
　　　113,116,141,157-159,170,206,213,218,226,
　　　234,238-242,244-245,247,249,251-252,
　　　258-259,268-269,272,280,283,302,326,
　　　329-330,332,335,337,367,370,388,393
　　──財バスケット　59,62,136,212-213
　　──の下限　247,291,304
　　──の高位平準化　304,317,320
　　──のコスト効果　67
　　──の需要効果　67,340,353
　　──の低位平準化　324-325
　　──の労働の価格化　69
　　──前払い(後払い)　64,104

索引　415

監督―― 173,179,242,245,247,255
銀行―― 140
物価＝――の悪循環　307
年功―― 66
商業―― 140
割増―― 62
賃金率
　実質――率　58,62,107-108,122-123,136-137,
　　212-213,221,267,272,286-288,293,295,
　　302-305,307,310,332-333,336-337,340,
　　349,353
　実質――率の上昇　213,288,290,303-304
　実質――率の低下　292,304,309
　貨幣――率　58,109,123,134,136,139,212,265,
　　267,269,272,274,276,283-284,286-2890,
　　340,343,346,349,353
賃労働　32,42,75,84-85,112,114,116,211,213,219,
　　257-260,268,280,388,400

つ

通貨　54,168
　基軸―― 53
　国際―― 27,53-54,167-168,171,300
　成長―― 28,304,322
　――危機　29,384

て

帝国主義　29,167,299,378,391-394,403
『帝国主義』　118,120,164,390,393,394,404
停滞　25,119-120,127,131,149,196,219,273,293,
　　302-304,307,334,360
　長期―― 62,305
DI（ディヒュージョン・インデックス）　286
テイラー・システム　217
手形交換所　28,171

と

投機　53,95,142-144,153,160-162,168-169,175,
　　182,185-187,189-191,256,292,322,373,384,
　　393
　先物取引（定期取引）―― 142-145,187,190
投資　100,103,117,119,132,149,153-155,158-159,
　　189,203,263,267-269,271,308,349,351-352,
　　355,360,378,384
　――行動　31,131,149,261,266,271
　――の分散化傾向　309-310

研究・開発―― 119,149,384
過剰――説　267
新―― 106,117,119,132,153-155,159,261,
　　268-271,286-287,293-294,301,307
設備――循環　269
補塡――（の集中）　153,155,270,284,286,293,
　　296,301,309-310
――決定（関数）　132,271,282,332,337
独占
　――産業　127,134,320
　――＝停滞論　127,149
　――的大企業　16,27,34,37,62,68,85,119,200,
　　395
　――の安定化作用　302
　――の不安定化作用　302
　――の支配　127,320-321
　国際――体　378
　非――産業　134,320
独占価格　47,50-51,54,108-109,117,124-129,
　　132,134,136-138,146,149,167,187,204,266,
　　273,301-304,306-307,319-321
　非―― 108,117,132,134,136,138,167,304,320
　――体系（方程式）　47,132
独占資本　31,66,74,81,84,98,101,119-120,126-
　　134,147-149,212-213,215,222,246,266,282,
　　300-303,305-310,320-321,377
　――の恐慌対応力　177,247,306
独占資本主義　25,29-31,79,81,124,127,136-137,
　　145,149,151,153,164,167,212,215,266,284,
　　286,292,294,299-300,319-321,363,390
独占段階　15,29,98,117,119,151,281
独占利潤　74,117,126-127,129,134,136,146,215,
　　302,306-307,321
独立生産者　221-222,252
土地　26,53,70,111-112,127,140,192-195,197-
　　206,219-222,234-235,242,244-245,250,
　　255-256,258-259,376
　――価格　70,197-198,205,256,391
　――神話　53,206,256
　――投資　205,221
　――の計画的利用　26
土地所有　32-34,111-112,140,192-193,195,197-
　　199,202,204,210,219,234,238,240,260,386,
　　392,400
　――階級　89,155,195,199,387,391
トラスト　144,146,383

ドル本位制度　53,167-168,300
問屋制手工業　30

な

ナノテク　73
難民　367,372

に

ニューディール（政策）　299
日本銀行　28,54,170-171
　──券（日銀券）　28-29,51-52,169-171
日本国憲法　395

ね

ネットワーク　67,76,80,82,84-85,389
年金　53,59,85,206,213-214,218,223-224

の

農業（問題）　127,141,192-194,196,198-204,206,
　　208,210,219-221,223,226,235,237-238,240,
　　242,329,369,379
　合理的──　192-193,197-199,206

は

バイオ・テクノロジー　39,73-74,208,318,382
配当　173-175,177-1779,182
　──請求権　70
　──政策　161-162,177
パーセンテージ効果　26,118,128,130-131,134
発展
　均等──　286,288,294
発展途上国　32,38,56,151,201,222
バラッサ＝サミュエルソン効果　326
バブル　53,79,170,200,206,225,357,374,382-383,
　　395-398,401
繁栄　162,260
ハンガーマップ　366

ひ

東アジア共同体構想　32
必然性　36-37,56,68-69,71,112,114,124,143,148,
　　153,186,244,259,261,375-376
　盲目的な──　261
必然の王国　147-148
貧困　68,220,353,362-364,366-368,370,372,375-
　　376,378

ふ

ファンダメンタリスト　349
不安定就業　225,227-228,230,233
フォーディズム（フォード・システム）　62,212,
　　217
不換銀行券制度（管理通貨制度）　27-28,34,47,
　　49,50-51,153,159,167,169,171,280,300,305
腐朽性　25,79,182,191
不況　62,78,119,127,149,162,165,167,177,224,
　　261-263,267,270,282,284,286-288,292-
　　297,299-300,307-310,318-321,346,360,393
不均衡　105,109,165-166,281,289,291-292,296,
　　307,354
　──の累積　33,291,311,335
不均等
　──発展　31,286-289,300-301,308
　──縮小　292-295,308
　生活手段の──発展　287-289,292-293,302,
　　304
　生産手段の──発展　286-289,291-293,301-
　　302,304
物価騰貴　25,222,305-307,317,323,324
物質代謝過程　72,192,194
物象（化）　37,63,69,71,112,114,116,148,252-254,
　　260,372
　──の人格化　69,114,181,199,259,399
物神崇拝　38,69,253
物神性（的性格）　37,69,71,112,114,183,187,191,
　　244,253-256,259,372-373
　貨幣──　254,256
　資本──　182,245,255-256,258
　商品──　254,373
　土地──　205,245,255-256
物量関係（体系）　106,108,269
不変資本　60,70,91,93,95,104,114-115,121,134,
　　140-141,155,157,159,224,234,237-240,242,
　　247,271
部門構成　107,122,135,266,282,286,288,331,334,
　　336
振替　28,51-52,54,157-158,170-171
プランテーション　32,197
フリーター　230-232
プロレタリア　360,391-393,402
分益小作　32
分業　36,39,69,75,82,94,113,215,226

索　引　417

――にもとづく協業　75,82
　　家族内――　36
　　工場内――　36
　　社会的――　36-38,41,56,69,247

へ

平均原理　126
ヘゲモニー(覇権)　30,32,360
ペティ＝クラークの法則　76

ほ

ホワイトカラー　218,392
貿易　36,54,166,260,326,330,401-402
　　自由――　167
　　多角的――体制　166
封建制社会　29,219
簿記　91
本源的蓄積　29,56,63,219,222-223,375,386,388
ポンド体制　166

ま

マーケット・シェア(市場占拠率)　16,120,149
マス・メディア　68,370
マネー・サプライ(貨幣供給量)　28,55,170

め

MEGA　86,193

ゆ

唯物史観　39

よ

預金　28,52-53,97,100,154-160,170-171,235,268-269,289,306
　　――通貨　28,52,157-158,190
　　当座――　28,51-52,54,157-158,169,171
　　普通――　28,52
欲望　39,61,66-67,102,147-149,254,302,374
予備資本　97,100,154,156

り

利益集団　164
リカード派
　　――社会主義　112
　　新――(スラッファリアン)　116
利子

――請求権　70,186,189
　確定――付証券　162,186
利子率
　　――低下　295,308-309
　　――騰貴　305
利子生み資本　70,174,182-185,198,242,249,255,258
利潤　65-66,70,75,105,108,111,114-118,120,122-126,129,132-133,136,140-143,146,148,155-156,158-159,162,166,173-174,182,184-187,195,197,202,213,221,234-236,238,242,244-245,247,249-252,255-257,259,263,267-268,272,275,282-283,290,294,304,306,322,329,332-334,337-338,340,343,346,348,351-353
　　――原理　73,148,271
　　――動機　266,282
　　限界――　119,132-133,306
　　銀行――　157,160,234-235,237,242,329
　　産業――　142,144,160-161,174,236,238,242
　　商業――　91,140-142,145-146,234-235,237,239,242
　　超過――　126-127,202,205,262-263,318,320
　　独占的超過――　126,322
　　特別――　73,117,162-163
　　農業――　236,238,242
　　平均――　70,111,120-122,134,140,143-144,155,157,160,163,174,182,184,192,201-203,235-242,247,249,257,270-271,283-284,290,296-297,301-307,309-310,313,315,318-321,329-334,336-338,340,343,346,349,351-354,356-357,359-360,363
利潤率　27,50,67,88,108,115,118,120-121,125-126,129,132-134,136,141,157,165,175,188,234-236,238,247,274,249,257,261,263-265,269-270,272-273,280-281,283-284,286,288-290,293-296,301-304,306-307,309-310,313,315,318-321,329-334,336-338,340,343,346,348-349,351-354,356-357,359,360,363
　　――回復(改善)　295,309
　　――循環　284,333,356
　　――の傾向的低下法則　140,330,333,349,356,363
　　一般的(均等)――　123,128,133,140,145,157,182,250,313,331,333,349

限界—— 133,306
　　実現—— 269,274-275,276,293,307,332,337
　　総資本—— 133
　　独占—— 125,128,139
　　要求—— 128,133
リスク(プレミアム)　101,143,174,384
リストラ　368-369,377,383,401
流通
　　——時間(期間)　90,92-97,100,104,140-144,
　　　178
　　——必要金量　312,314-315
　　商品——に必要な貨幣量　90,312,314-316,
　　　322
流通過程　60,69,86-87,88—90,97,100-102,111,
　　113,140-142,145,156,182,223-224,270
流通手段　28,51-52,55,99,175
流通費　86,90-91,100-102,141-142,145-146,
　　237-238,242
流動資本　60,70,92-97,104-106,109,113,122,159,
　　177,183,235,238,267,269,271-272,288,332,
　　335
流動性　168

る

ルフチ・ローマン効果　106

れ

レギュラシオン学派　212
レッセ・フェーレ　373

ろ

労働　26,38,39,40-44,51,57-62,66-67,74-76,79-
　　82,84,90,93-94,98,101,113,118,123-124,
　　140,147,173,188,193,196-198,202,205-206,
　　211,214-215,218,247,249-250,252-253,
　　255-259,320,330,337-338,362-364,368,
　　373-378
　　——運動　61,212,218,305,391
　　——環境　68
　　——権　353,395
　　——証券説　51
　　——政策　61,68
　　——生産物　37-39,56,98,253-254
　　——の社会化　26
　　——の二重性　41-42
　　——日　61-62,94-95,113,148,388
　　——密度(強度)　61-62
　　——条件　59,66,218,363,370
　　生きた——　59
　　科学研究——　74
　　家族——　32,196
　　管理——　80-82,84,101,211
　　強制された——　42,82,143,368
　　銀行(信用)——　157-158,234,240,242
　　具体的有用——　41-42,44,98,114
　　自己——　32,205
　　私的——　37,51
　　社会的——　26,37,51,193
　　抽象的人間——　42,45
　　剰余——　42,60,173,188,196-197,202
　　資本への——の実質包摂　75-76
　　情報(処理)管理——　80,82,84
　　生産——　84,91,101
　　修繕——　93
　　事務——　80-81,84
　　熟練——　79-81,84,211,214,280
　　単純——　44,76,80,82,211,280
　　奴隷——　32,369
　　販売(流通)——　84,91,141,234
　　必要——　41-42,60
　　賦役——　196
　　複雑——　44,58,76,82,211
　　不熟練——　81,211
　　封建的・共同体的——　32
　　結合された社会的——　26
　　研究開発——　44,80-82,84,214-215
　　単純——　44,58,76,80,82,211
　　複雑——　44,58,76,82,211
　　保管——　91,101
労働価値説　40,68,112,195,400
　　投下——　40,112
　　支配——　50-52,57
労働過程　26,41,43-45,58,72,75-76,79,81-82,85,
　　90,94-95,98,101-102,113,211-212,217,233,
　　256,363-364,368-369,375-376,404
労働者　26,44,58-62,66-68,75-76,80-85,105,107,
　　109-110,112-113,122,133,165,197,199,211,
　　213,215-221,223-224,226,229,244,248,256,
　　258-259,268,272,280,291,296,299,305,307,
　　330-331,335,337,360,362-364,368-370,
　　372,375,382,383-388
　　——階級(意識)　26,42,56,58-59,62,67-68,71,

75,84-85,112,200-201,213,215,229,233,
　　　245-246,295,299,334,352,362-363,376,387,
　　　390,392-393,399
　　──の同権化　217
　　──のライフサイクル　224
　非正規──(社員)　230,232-233,369
労働市場　84,212,215,272,283,303,327,333,367-
　　　368,360
　　──の分断化　85,215
　独占的──　134,212,215,303,305,320,369
　非独占的──　134,215,303,369
労働時間(期間,日)　41,45,59-62,68-69,75,94,
　　　97,122-123,218,226,257,290,312,330,363-
　　　364,368
　社会的必要──　41
労働手段　26,42-45,58,60,80,92-93,98,103,105-
　　　107,109,115-116,122,134-135,139,157-
　　　159,264-265,267-275,282-284,286-287,
　　　293-294,296,301-302,307,318,336,354,
　　　375-376
　　──投入係数　45,122,134
　余剰──　58,115-116

労働対象　42-45,58,60,92,103,105-109,115,122,
　　　134-136,139,157-159,264-265,268-276,
　　　282-284,286-287,293,301,318,354
　　──投入係数　45,122,134-135
　余剰──　58,115-116
労働力　43-45,56,58-62,64,66-68,70,82,84,86-
　　　87,93,99,104-108,110-115,118,121-122,
　　　135,141,158-159,161,165,183,198,208,212,
　　　247-248,250-251,259,263,269-270,272-
　　　274,276,283,290,293,296,303,330-331,336,
　　　338,340,343,351,354,356,362,372,374,381,
　　　386,388,399
　　──再生産(機構)　58-59,66,212-213
　　──商品　59,64,66,69,216,374
　　──投入係数　123
　次世代の──　59
浪費(ムダの制度化)　74,151,193,198,317,389
ロシア革命　29

　わ

割引　28,51-52,156,158,189
　　──政策　163

長島誠一（ながしませいいち）

東京経済大学教授
1941年，東京に生まれ，疎開先の福島で育つ。
1965年，一橋大学経済学部卒業，1970年，同大学院経済学研究科博士課程単位修得・満期退学。一橋大学助手，関東学院大学専任講師・助教授を経て，現職。
著書『独占資本主義の景気循環』新評論，1974年
　　『現代資本主義の循環と恐慌』岩波書店，1981年
　　『景気循環論』青木書店，1994年
　　『経済学原論』青木書店，1996年
　　『戦後の日本資本主義』桜井書店，2001年
　　『経済と社会』桜井書店，2004年
　　『現代の景気循環論（第2版）』桜井書店，2007年
　　ほか

Mail seiichi@tku.ac.jp

現代マルクス経済学

2008年4月15日　初　版
2008年7月5日　第2刷

著　者	長島誠一
装幀者	加藤昌子
発行者	桜井　香
発行所	株式会社 桜井書店
	東京都文京区本郷1丁目5-17三洋ビル16
	〒113-0033
	電話　(03)5803-7353
	Fax　(03)5803-7356
	http://www.sakurai-shoten.com/
印刷所	株式会社 ミツワ
製本所	誠製本 株式会社

Ⓒ 2008 Seiichi Nagashima

定価はカバー等に表示してあります。
本書の無断複写(コピー)は著作権法上での例外を除き，禁じられています。
落丁本・乱丁本はお取り替えします。

ISBN978-4-921190-49-1　Printed in Japan

長島誠一著
経済と社会
経済学入門講義
ひろく・やさしく・共に学び考える全25講
A 5 判・定価2000円＋税

長島誠一著
現代の景気循環論
第2版
理論的考察と数値解析にもとづいて景気循環の実態に迫る
A 5 判・定価3500円＋税

長島誠一著
戦後の日本資本主義
いま，どのような「構造改革」が必要か
A 5 判・定価3000円＋税

大谷禎之介著
図解 社会経済学
資本主義とはどのような社会システムか
現代社会の偽りの外観を次々と剥ぎ取っていく経済学入門
A 5 判・定価3000円＋税

重田澄男著
マルクスの資本主義
資本主義概念をめぐるマルクスの模索と決断
A 5 判・定価3800円＋税

柴田徳太郎編
制度と組織
理論・歴史・現状
制度経済学を具体的に展開する
A 5 判・定価4700円＋税

桜井書店
http://www.sakurai-shoten.com/

菊本義治ほか著
日本経済がわかる 経済学

新しいスタイルの経済学入門テキスト
Ａ５判・定価2800円＋税

森岡孝二編
格差社会の構造
グローバル資本主義の断層

〈格差社会〉と〈グローバル化〉をキーワードに現代経済を読み解く
四六判・定価2700円＋税

西堀喜久夫著
現代都市政策と地方財政
都市公営事業からコミュニティ共同事業への発展

都市の創造力をつくりだす都市財政を追究
Ａ５判・定価3400円＋税

池上 惇・二宮厚美編
人間発達と公共性の経済学

公共性の再構築による改革を模索：〈人間発達の経済学〉の新展開
Ａ５判・定価2600円＋税

伊原亮司著
トヨタの労働現場
ダイナミズムとコンテクスト

気鋭の社会学研究者が体当たりで参与観察・分析
四六判・定価2800円＋税

ジョン・クランプ著／渡辺雅男・洪 哉信訳
日経連
もうひとつの戦後史

「闘う日経連」の異名をとった使用者団体の戦後史
四六判・定価2800円＋税

桜 井 書 店
http://www.sakurai-shoten.com/

戸原四郎著
ドイツ資本主義
戦間期の研究
1920・30年代に焦点をあてたドイツ資本主義発達史
Ａ５判・定価4600円＋税

王田美治著
フランス資本主義
戦間期の研究
1920・30年代に焦点をあてたフランス資本主義発達史
Ａ５判・上製4800円＋税

奥村　哲著
中国の資本主義と社会主義
近現代史像の再構成
中国近現代史の全体像を追究
Ａ５判・定価4800円＋税

エスピン-アンデルセン著／渡辺雅男・渡辺景子訳
ポスト工業経済の社会的基礎
市場・福祉国家・家族の政治経済学
福祉国家の可能性とゆくえを世界視野で考察
Ａ５判・定価4000円＋税

エスピン-アンデルセン著／渡辺雅男・渡辺景子訳
福祉国家の可能性
改革の戦略と理論的基礎
新たな，そして深刻な社会的亀裂・不平等をどう回避するか
Ａ５判・定価2500円＋税

ドゥロネ＆ギャドレ著／渡辺雅男訳
サービス経済学説史
300年にわたる論争
経済の「サービス化」，「サービス社会」をどう見るか
四六判・定価2800円＋税

桜井書店
http://www.sakurai-shoten.com/